Ontdek
Zwitserland

Inhoud

Zwitserland – veelgestelde vragen — 7

Favorieten — 12

In vogelvlucht — 14

Reisinformatie, adressen, websites

Informatie	18
Weer en reisseizoen	19
Reizen naar Zwitserland	21
Overnachten	24
Eten en drinken	26
Actieve vakantie, sport en wellness	28
Feesten en evenementen	30
Praktische informatie van A tot Z	32

Kennismaking – Feiten en cijfers, achtergronden

Zwitserland in het kort	36
Geschiedenis	38
Wilhelm Tell en het Eedgenootschap	42
Het Zwitserse bankgeheim en het geroofde goud	44
De Grand Tour of Switzerland	46
De Babylonische spraakverwarring	48
Kunstenaars in de Alpen	50
Op de alp: bergkoeien en alpenkaas	52
Nationale sporten – Schwingen en Steinstossen	54
Nationale parken en natuurreservaten	56
Trekken de gletsjers zich terug?	58
Wintersport in Zwitserland	60

Onderweg in Zwitserland

Basel en Jura	64
Basel	66
Omgeving van Basel	76
Jura, Ajoie, Sant-Ursanne	77
Franches Montagnes (Freiberge), Saignelégier	79
Le Chasseral, La Chaux-de-Fonds	83
Saut du Doubs, Val de Travers	85
Mittelland	88
Noordelijk Mittelland	90
Aarau, Lenzburg	91
Hallwilersee, Barokstad Solothurn	92
Omgeving Solothurn, Emmental	94
Langnau, Burgdorf	95
Entlebuch	97
Bern	102
Zuidelijk Mittelland, Biel en de Bielersee	111
Neuchâtel	112
Murten	113
Fribourg (Freiburg)	115
Gruyères	116
Zürich en Noordoost-Zwitserland	118
Zürich	120
Omgeving Zürich, Zürichsee	133
Rapperswil, Einsiedeln	134
Winterthur	136
Schaffhausen	138
Bodensee	139
Sankt Gallen	140
Appenzellerland	144
Alpstein en de Säntis	146
Churfirsten	147
Centraal-Zwitserland	148
Berner Oberland, Thun	150
Thunersee	151
Kandersteg	153
Interlaken	154
Jungfrauregion, Lauterbrunnental, Stechelberg	156
Mürren, Wengen	158
Grindelwald	159
Jungfraujoch, Brienzersee	160

Inhoud

Meiringen, Sustenpas	162
Haslital, Grimselpas	163
Vierwoustedenmeer	164
Luzern	165
Zuidwestoever Vierwoudstedenmeer	170
Älggi Alp, Engelberg	171
Noordoever Vierwoudstedenmeer	172
Luzerner Rivièra, Schwyz	173
Brunnen en Urnersee	174
Altdorf, Andermatt	179

Meer van Genève — 180

Lac Lèman	182
Genève	183
Omgeving van Genève	189
Nyon	190
Lausanne	191
Zwitserse Rivièra, Vevey	195
Montreux	198
Omgeving van Montreux	200
Alpes Vaudoises	201
Aigle en omgeving, Les Diableters	202

Wallis (Valais) — 204

Saint-Maurice	206
Martigny	207
Verbier	208
Beneden-Rhônedal	209
Saillon, Sion	212
Val d'Hérémence en Val d'Hérens, Arolla	214
Midden-Rhônedal	215
Sierre-Salgesch, Val d'Anniviers, Saint-Luc, Grimentz, Zinal	216
Leuk en Leukerbad	218
Natuurreservaat Pfyn-Finges, Lötschental	219
Zermatt	221
Saas Fee	222
Brig	224
Simplonpas, Goms	225
Aletsch Arena	226
Binntal	228
Furkapas	229

Ticino (Tessin) — 230

Val Leventina	232
Airolo, Valle Bedretto	233
Giornico, Biasca	234
Lukmanierpas	235

Bellinzona	237
Lago Maggiore, Locarno	239
Ascona	243
Isole di Brissago	244
Bergdalen van Ticino, Valle Verzasca	245
Lugano	249
Lago di Lugano	253
Gandria, Mendrisiotto, Monte Generoso	256
Monte San Giorgio	257

Graubünden 258

Chur	260
Omgeving Chur	263
Davos	264
Julierpas, Savognin	269
Hinterrheintal	270
Splügen, San Bernardinopas	271
Vorderrheintal	272
Valsertal, Disentis	273
Oberengadin	274
Silvaplana, Sils	275
Maloja, Bergell/Val Bregaglia	276
Stampa, Bondo	277
Sankt Moritz	280
Pontresina	282
Omgeving Pontresina	283
Berninapas, Zuoz	284
Unterengadin, Val Müstair	285
Guarda	286
Bad Scuol	287

Op ontdekkingsreis

Watch Valley	80
Biosfeerreservaat Entlebuch: hoogvenen, karst en steenbokken	98
Zürich-West: van industriële tot trendy stadswijk	128
Met de postkoets over de Gotthardpas	176
Honden en een klooster: de Grote St.-Bernhardpas	210
De wijngaarden van Lavaux	196
In de sporen van de Walsers naar Bosco Gürin	246
De meesterwerken van Mario Botta	254
Albulabahn en Bernina Express: Chur/Davos – Sankt Moritz – Berninapas – Tirano	266

Kaarten en plattegronden

Plattegronden

Basel	68-69
Bern	104-105
Zurich	123
Sankt Gallen	141
Luzern	166
Geneve	184
Lausanne	193
Lugano	249
Chur	261

Kaarten

Watch Valley	82
Steinbock Trek	100
Wandeling Motier-Mont Vully-Murten	115
Zurich-West	130
Wasserauen-Rotscafé Aescher-Ebenalp	146
Wandeling Triftbrug	163
Weg der Schweiz	175
Gotthard	178
De wijngaarden van Lavaux	197
Grote Sint Bernhardpas	211
Wandeling Gornergrat	223
Wandeling over de Greina	236
Bosco Gurin	248
Wandeling Monte Lemma - Monte Tamaro	255
Albulabahn	267
Bernina-express	268
Wandeling naar de bron van de Rijn	274
Wandeling op de Panoramica	278

▶ Dit symbool verwijst naar de uitneembare kaart

Märjelensee, Wallis

Zwitserland – veelgestelde vragen

Een eerste kennismaking met Zwitserland

Op een oppervlak vergelijkbaar met Nederland bevinden zich 26 kantons, 48 vierduizenders, 1484 meren, 40 Alpenpassen en 4 taalgebieden. Een enorme variatie op een kleine schaal, ondoenlijk om in korte tijd te leren kennen.

Wie weinig tijd heeft, doet er goed aan zich te beperken tot één vakantieregio: het goed bereikbare Centraal-Zwitserland, de bergen van Wallis, het zuidelijke Ticino of de glooiende heuvels van Oost-Zwitserland.

Hoe kan ik in weinig tijd toch veel zien?

Wie graag een rondreis maakt en veel van het land wil zien kan de *Grand Tour of Switzerland* volgen (of een deel ervan), een 1600 km lange bewegwijzerde autoroute kris-kras door Zwitserland, over 5 Alpenpassen en langs de belangrijkste highlights en steden van het land.

Welke steden lenen zich voor een meerdaagse trip?

Zwitserland heeft veel mooie steden: zes grote steden met meer dan 100.000 inwoners en veel kleine stadjes. De meeste Zwitserse binnensteden hebben hun historische karakter behouden. Leukste steden voor een city trip zijn (in volgorde van persoonlijke voorkeur): Basel (cultuur), Bern (musea), Zurich (shoppen), Luzern (excursies) en Lugano (Italiaanse sfeer). Maar ook veel prachtige kleine steden, die op zich zelf geen meerdaags bezoek rechtvaardigen, mag u op een rondreis niet overslaan. Bijvoorbeeld: Solothurn, Murten, Lausanne, Fribourg, Sion, Thun, Sankt Gallen, Winterthur, Chur, Bellinzona en Locarno.

Door de korte afstand tussen veel steden is een gecombineerd bezoek aan 2 of 3 steden goed mogelijk (bijvoorbeeld Basel-Solothurn-Bern, of Zurich-Winterthur-Sankt Gallen).

Kunstmuseum Fondation Beyeler, Basel

Wat zijn de landschappelijke hoogtepunten?

Zwitserland ligt in het hart van de Alpen. De vele 4000-ers zijn het letterlijke hoogtepunt, het Jungfrau-Aletschgebied is opgenomen op de UNESCO-Werelderfgoedlijst. Voor het uitzicht op deze hoge toppen neemt u natuurlijk een van de vele kabeltreinen of zweefbanen, waarvan dit land de pionier is. Onvergetelijk uitzicht hebt u vanaf de Santis of Pilatus, of de uitkijkpunten Diavolezza en de Gornergrat. En helemaal er middenin zit u bij het Jungfraujoch (hoogste spoorwegstation op 3454 m), de Metro Alpin in Saas-Fee, of de Klein-Matterhorn (3800 m) bij Zermatt. Maar ook laag-Zwitserland kent landschappelijke hoogtepunten. Zoals het rotsamfiteater Creux-du-Van in de lieflijke heuvels van de Jura, of het zonnige Lago Maggiore.

Welke musea mag ik niet missen?

Zwitserland heeft ongeveer 700 musea. Genoeg te beleven dus tijdens een *city trip* of op een regenachtige dag.

Over de geschiedenis leert u alles in het *Schweizerisches Landesmuseum* in Zürich, het meest bezochte museum van Zwitserland. Een mooi natuurhistorisch museum vindt u in Bern (mineralen).

Toonaangevende musea op het gebied van 19e en 20e eeuwse kunst zijn: Fondation Beyeler (Basel), Kunstmuseum Bern, Kunsthaus Zürich, Museum Oskar Reinhart (Winterthur) en Fondation Pierre Gianadda (Martigny). Het MAMCO (*Musée d'Art Moderne et Contemporain*) in Genève is het grootste museum voor moderne en hedendaagse kunst van Zwitserland. Enkele Zwitserse kunstenaars hebben eigen musea: Zentrum Paul Klee (Bern), Kirchnermuseum (Davos), Segantini Museum (St. Moritz). Belangrijke fotomusea zijn die van Winterthur en Genève.

Op het gebied van verkeer, wetenschap en techniek staat het *Verkehrshaus der Schweiz* in Luzern aan de top, een van de veelzijdigste verkeersmusea in Europa en het grootste museum van Zwitserland. En verder: het *Mu-*

Zwitserland – veelgestelde vragen

sée *International d'Horlogerie* (La Chaux-de-Fonds), *Technorama* (Winterthur), CERN-*Microcosm* (Genève), over kleine deeltjesfysica, en het bezoekerscentrum over de Gotthardbasistunnel (Biasca).

Sportliefhebbers halen hun hart op in het Olympisch museum in Lausanne of het FIFA-museum in Zürich.

Wat zijn de mooiste parken en alpentuinen?

De grote steden Basel, Bern, Genève, Lausanne en Zürich hebben prachtige botanische tuinen, meestal verbonden aan de universiteit van die stad. In Ticino mag u de idyllische botanische tuin op de Isole di Brissago in het Lago Maggiore niet missen, met subtropische planten uit de hele wereld.

Natuurlijk hoort een bezoek aan een alpentuin bij een Zwitserlandreis, al was het alleen al om de namen van de verschillende alpenplanten te leren kennen. De mooiste alpentuinen zijn de volgende: de Schynige Platte in het Berner Oberland, bereikbaar met een tandradbaan, net als de alpentuin Rambertia op de Rochers-de-Naye bij Montreux. De grootste alpentuin is Alpinum Schatzalp bij Davos. Hier bloeien 's zomers circa 3.500 verschillende bergplanten.

Interessant voor zowel tuin- als kunstliefhebbers is het Ennea boommuseum bij Rapperswill, een landschapstuin vol bomen en sculpturen.

Kan ik Zwitserland zonder auto bezoeken?

Zwitserland is een van de beste landen om met het openbaar vervoer rond te reizen. Het heeft een dicht spoorwegnet. Tussen alle steden gaat minimaal 1 keer per uur een trein, aansluitend brengen de beroemde gele postbussen u naar alle dorpen. En ook de bootdiensten over de meren en veel van de tandradbanen en treintjes maken deel uit van het Zwitsers openbaar vervoer. Met de *Swiss Travel Pass* reist u met 1 kaartje door het hele land.

Er is ook een spoorvariant van de *Grand Tour of Switzerland*: een 1200 km lange treinrondrit door het land, be-

Postbus op de Furkapas; op de achtergrond de Grimselpas en de Finsteraarhorn

Zwitserland – veelgestelde vragen

Dammen bouwen in bergbeken, voor kinderen een favoriete bezigheid

staande uit een aantal beroemde treintrajecten. Eerst van Basel naar Zürich en St. Gallen, dan met de *Voralpen-Express* naar Luzern en de *Golden Pass Line* naar Montreux. Dan de trein via Martigny en Visp naar Zermatt en met de *Glacier Express* naar Chur en Sankt Moritz. Verder met de *Bernina Express* en de aansluitende bus naar Locarno, waar de *Wilhelm Tell Express* u via Luzern terugbrengt naar Basel of Zürich.

Wat is leuk om te doen met kinderen?

Een gezinsvakantie in Zwitserland betekent een actieve vakantie met fiets- en wandeltochten in de natuur. Er zijn eindeloos veel activiteiten die leuk zijn voor kinderen. Denk bijvoorbeeld aan: wandelen over spannende hangbruggen, leuke treinritten, boottochtjes en kabelbanen, tochten door kloven, naar watervallen en gletsjers. Voor waterpret zijn er de vele meren, met strandjes en speelterreinen en een groot aantal zwembaden. En wat doen kinderen liever dan dammen bouwen en bergbeekjes omleiden? Ook zijn er leuke accommodaties voor gezinnen met kinderen, zoals overnachten op een boerderij en slapen in het stro. En veel vakantieparken (Landal, REKA) hebben kids clubs en kinderopvang voor de allerkleinsten. Kinderen tot 16 jaar genieten vaak van aanzienlijke kortingen in hotels, bij attracties en zwembaden.

Zwitserland is duur. Hoe houd ik de kosten in de hand?

Met name hotelkamers en restaurants zijn duur en zijn al snel anderhalf tot twee keer zo duur als in de omringende landen. Levensmiddelen in de supermarkten zijn (door het lage BTW-tarief) niet veel duurder dan bij ons. Wie dus een huisje huurt of gaat kamperen en vaak zelf kookt kan ook in Zwitserland voordelig op vakantie. Over budgetaccommodatie gesproken: Zwitserland heeft een aantal van de fraaiste jeugdherbergen die u zich kunt voorstellen. Zoals die in Solothurn in een historisch pand aan de Aare, of in Saas-Fee, met een gratis wellnessafdeling.

Veel vakantieregio's (Arosa, Adelboden, Saas Fee, Savognin, St. Moritz, Val d'Anniviers) doen er van alles aan om u te helpen de kosten in de hand te houden. Zo bieden veel steden en regio's hun gasten kortingspassen voor gratis openbaar vervoer (de meeste grote steden), musea of kabelbanen. En vaak niet alleen voor hotelgasten: Wie op een camping of camperplaats overnacht bij Saas-Fee, mag tijdens zijn verblijf gratis gebruik maken van vrijwel alle kabelbanen. Ook 's winters zijn er steeds meer van dergelijke aanbiedingen. 100 Hotels in Sankt Moritz bieden hun gasten sinds kort nu gratis skipassen voor de duur van hun verblijf.

Tips voor gratis attracties en kortingen

Veel zomerfeesten en festivals zijn gratis of hebben gratis concerten. Op de Marché Folklorique in Vevey is 's zomers elke zaterdagochtend muziek en gratis wijn.

De volgende musea en attracties zijn gratis: de botanische tuinen van Basel, Bern en Lausanne; kunstmuseum Solothurn, kunstmuseum Lausanne, Berenpark Bern, alle zwembaden in Bern, Heimatmuseum Davos, CERN Microcosm Genève, Queen studio experience Montreux, Infocentrum Gotthardbasistunnel Biasca, kunstmuseum Neuchâtel (alleen op wo.).

En bedenk: Wandelen in die prachtige Zwitserse bergen of een duik in een van de blauwe meren, het is allemaal onbetaalbaar!

En dan nog een laatste tip

Persoonlijk ga ik graag naar Zwitserland om in de bergen te wandelen en te klimmen, maar Zwitserland is ook een land voor echte waterratten! Het heldere en schone water van de meren van Ticino, Genève of Bodensee nodigt 's zomers uit tot een duik. En bij mooi weer dobberen de Zwitsers massaal in de Rijn bij Basel en de Aare in Bern. Erg populair is dit *Aareschwimmen* en *Rheinschwimmen*, waarbij men zich kilometers door de stroom laat meevoeren met een drijftas (met je kleren waterdicht verpakt), om vanaf het eindpunt weer terug te wandelen. In Basel ziet u 's zomers soms honderden mensen in de rivier dobberen. Zwemspullen dus niet vergeten!

En als het te koud is om te zwemmen in de openlucht zijn er altijd nog de vele verwarmde zwembaden, thermen, wellnesscentra, hotels met spa's en sauna's om heerlijk te ontspannen.

In de thermen van Leukerbad zijn ook kinderen welkom

Creux-du-Van. Natuurspectakel in het Juragebergte. Zie blz 86.

Le funi, Fribourg. Kabelspoorbaantje midden in de stad. Zie blz. 114.

Favorieten

De reisgidsen van de ANWB worden geschreven door auteurs die hun gids vaak herzien en daarom steeds weer dezelfde plaatsen bezoeken. Uiteindelijk ontdekt elke auteur zijn favoriete plaatsen.
Dorpen die buiten de toeristische route liggen, een heel mooi museum, plaatsen die uitnodigen om te ontspannen, een stukje oernatuur - gewoon plaatsen die een goed gevoel geven, waar je altijd wilt terugkeren.

Rocher-de-Naye, Vaud. Fantastische uitzichtberg boven Montreux. Zie blz. 203.

Aleschgletsjer, Wallis. De langste gletsjer van de Alpen. Zie blz. 227.

Kunstmuseum Winterthur. Toonaangevende Zwitserse kunst. Zie blz. 137.

Lobhornhütte. Berghut boven het Lauterbrunnental. Zie blz. 157.

Centovalli Express. Smalspoorlijn Locarno-Domodossola. Zie blz. 241.

Panorama Soglio. Uitzichtdorp in het Val Bregaglia. Zie blz. 279.

In vogelvlucht

Basel en Jura
Voor velen de eerste kennismaking met Zwitserland: Basel met zijn historische binnenstad en vele musea. Overal moderne kunst en architectuur. Tussen Basel en het Meer van Genève strekt zich de Jura uit, een langgerekt middelgebergte met diepe kloven in het kalkgesteente. Zie blz. 66.

Mittelland
Tussen de Jura en de Alpen ligt het Schweizer Mittelland, een heuvelachtig gebied met het meer van Neuchâtel en echt Zwitserse steden als Bern, Fribourg en Solothurn. Naar het zuiden leiden prachtige dalen naar de Voor-Alpen, zoals het Emmental met zijn authentieke kaasboerderijen. Zie blz. 88.

Meer van Genève
Alpenpanorama op besneeuwde bergen aan de zuidkant, vruchtbare wijngaarden aan de noordkant. En mondaine steden als Genève, Lausanne en Montreux op de oever van de grote watervlakte. In het achterland liggen de verkoelende bergen van de Alpes Vaudoises. Zie blz. 180.

Wallis
Het dal van de Rhône vanaf de Rhônegletsjer tot het Meer van Genève, aan weerszijden begrensd door de machtige Berner- en Walliser Alpen met Matterhorn, Monte Rosa en de Aletschgletsjer. Groot is het contrast met het warme dal, met oude steden als Martigny, Sion en Brig. Zie blz. 204.

Zürich en Noordoost-Zwitserland

De watervallen van Schaffhausen, Sankt Gallen met zijn barokklooster en Zürich als grootste stad van het land worden graag bezocht, maar ook de bergwereld van Appenzell en Glarus hebben veel te bieden. De 2502 m hoge Säntis is een voorpost van het hogere bergland. Zie blz. 118.

Centraal-Zwitserland

Het Berner Oberland met beroemde vakantieplaatsen als Grindelwald, Interlaken, Adelboden en Gstaad. Vanaf de meren van Thun en Brienz rijst de imposante Alpenmuur op, waarvan Eiger, Mönch en Jungfrau de bekendste. Luzern vormt de toegang tot het geografisch en historisch hart van Zwitserland rond het Vierwoudstedenmeer, het idyllische landschap van Wilhelm Tell. Zie blz. 148.

Ticino (Tessin)

Het zonnige Ticino is Zwitserlands kanton aan de zuidzijde van de Alpen. Het bekoort met zijn Italiaanse taal en flair, mondaine steden als Lugano en Locarno aan blauwgroene meren met weelderig subtropisch begroeide oevers. In de bergen liggen diep ingesneden dalen met klaterende beken, kleine dorpen en romaanse kerkjes. Zie blz. 230.

Graubünden

Het 'Bündnerland' wordt geheel ingenomen door Alpen, waar elk van de vele dalen zijn karakter, cultuur en taal (Duits, Italiaans, Retoromaans) heeft kunnen behouden. Spectaculaire spoorlijnen doorkruisen grootse alpenlandschappen met bekende toeristencentra als Davos, St. Moritz en Pontresina. Zie blz. 258.

Reisinformatie, adressen, websites

Een van de ontelbare kabelbanen: de Stanserhorn-cabriobahn, met panoramadek

Informatie

Internet

Hier staan algemene toeristische internetadressen vermeld ter voorbereiding van uw vakantie. Aan het begin van ieder hoofdstuk vindt u een overzicht van regionale toeristische websites.

www.anwb.nl/vakantie/zwitserland
Veel praktische informatie over Zwitserland die u nodig hebt voor uw vakantie vindt u op anwb.nl (info over tol, visum, rijbewijs, douane en meer).

Uitgaan en recreatie
Feestdagen en evenementen:
www.feiertagskalender.ch
Middeleeuwse feesten en markten:
www.adagionline.com
Nationale parken:
www.nationalpark.ch
Restaurants:
fr.viamichelin.ch, www.resto.ch

Verkeersbureaus

www.myswitzerland.com
Zwitsers verkeersbureau - Zwitserland Toerisme: tel. 00800 100 200 29 (gratis), Het verkeersbureau voor Zwitserland in Nederland en in België heeft geen bezoekadres. Er is een call center voor heel Europa, waar u in de eigen taal te woord wordt gestaan. De website is zeer uitvoerig en biedt informatie op regio, plaats, allerlei thema's en ook boekingsmogelijkheden. U kunt via de website diverse brochures aanvragen.

Informatie ter plaatse
In alle grotere plaatsen en steden zijn toeristenbureaus. De adressen en website zijn bij de betreffende plaatsen vermeld. U kunt er onder meer terecht voor hotelreserveringen, het boeken van tours en excursies en het aanschaffen van museumpassen of andere kortingspassen.

Leestips

Er is geen typisch Zwitserse literatuur. De literatuur in Zwitserland kent een nauwe wisselwerking met het eigen taalgebied (Duits, Frans, Retoromaans en Italiaans).

Het klassieke drama *Wilhelm Tell* werd een jaar voor zijn dood geschreven door de Duitse dichter **Friedrich von Schiller** (1759-1805). Geen andere Zwitser werd zo bekend als Wilhelm Tell, de nationale held. Zijn beeltenis staat op de achterkant van de vijf-frankenmunt.

Het beroemdste personage in de Duitstalige Zwitserse literatuur is zonder twijfel *Heidi*, de heldin in de kinderboeken van **Johanna Spyri** (1827-1901). De Heidi-romans behoren tot de populairste kinderboeken aller tijden.

Bekende persoonlijkheden in Duitstalige Zwitserse literatuur in de 20e eeuw waren **Max Frisch** (1911-1991) met werken als *Homo Faber, Biedermann und die Brandstifter* en *Stiller*, alsmede **Friedrich Dürrenmatt** (1921-1990), bekend van *Der Richter und sein Henker*.

De belangrijkste Franstalige Zwitserse auteur uit de 18e eeuw was **Jean-Jacques Rousseau** (1712-1778), geboren en getogen in Genève.

De Duitse schrijver **Thomas Mann** (1875-1955) leefde lange tijd in Zwitserland en werd bekend om zijn roman *Der Zauberberg* (1924), die zich afspeelt in het kuuroord Davos.

Weer en reisseizoen

Klimaat

Zwitserland is een land met verschillende klimaten. De Alpen hebben een hooggebergteklimaat, de lager gelegen en middelhoge gebieden (Basel, Mittelland, Jura, noordoosten) een gematigd tot koud landklimaat en het gebied aan de zuidkant van de Alpen (Lugano, Locarno) heeft een mediterraan klimaat met milde winters en warme zomers.

Zomer in Zwitserland

Ondanks een imago van een koud land van bergen en sneeuw zijn de zomers in grote delen van Zwitserland overwegend warm met maximumtemperaturen tussen 20 en 25 °C. De hoger gelegen berggebieden (Berner Oberland, Graubünden en Wallis) hebben aanzienlijk lagere temperaturen, met als vuistregel een daling van de temperatuur per 100 hoogtemeter met 0,5-1,0 °C. Op de hoogste bergtoppen komt de temperatuur zelfs amper boven het vriespunt uit en ligt sneeuw en ijs. In totaal is zo'n 2000 vierkante kilometer van Zwitserland bedekt met gletsjers en sneeuw.

Neerslag

Noordwest-Zwitserland, de Alpen en Jura kennen hoge neerslagcijfers, veroorzaakt door stijgingsregens aan de voet van het gebergte. In de winter valt in de Alpen en de Jura sneeuw tussen december en april. Het centrale Mittelland is wat droger dan de berggebieden omdat die voor een groot deel de buien opvangen. En vooral de zuidzijde van de Alpen (Ticino, delen van Graubünden en Wallis) heeft veel drogere zomers. Gemiddeld valt er in Zwitserland 1100 tot 1500 millimeter per jaar.

Kleding

Neem luchtige, maar ook warme kleding mee voor wisselende weersomstandigheden. Op bergtochten neemt u voor de veiligheid altijd een trui en een regenjack mee. In de winter hebt u warme kleding, handschoenen, muts, sjaal en warme jas nodig. Thermisch ondergoed zorgt voor extra warmte.

Reisseizoen

De Zwitserse steden kan men het hele jaar door bezoeken, evenals Ticino aan de zuidkant van de Alpen. In december zijn er in veel steden gezellige Kerstmarkten. In de lager gelegen delen van Zwitserland (het Mittelland, de vele

Het weer in Zwitserland (Zürich)

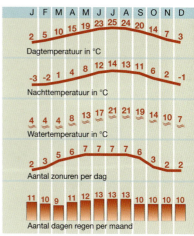

Reisinformatie

meren, of de laaggelegen delen van het gebergte) verdwijnt in het voorjaar de sneeuw snel en stijgen de temperaturen. Rondreizen kan men hier al vanaf april, met het besneeuwde bergland als decor, maar niet met het idee het gebergte te gaan doorkruisen.

Een groot deel van Zwitserland, de Alpen, kent twee hoogseizoenen: zomer én winter, met twee stille tussenseizoenen. De grote wintersportgebieden in Zwitserland zijn zeer sneeuwzeker in de periode december t/m april. Daarna ligt er tussen april en juni te weinig sneeuw om te skiën, maar nog te veel om te wandelen en te fietsen in de bergen. De meeste hoge passen zijn vóór 1 mei nog gesloten voor het verkeer, enkele zelfs pas tot juni.

De zomer – tussen eind juni en september – is de beste periode voor een actieve vakantie (bergwandelen, mountainbiken), hoewel men ook dan rekening moet houden met (soms snel) wisselende weersomstandigheden in de bergen. Begin juli is het hooggebergte op zijn mooist, dan bloeien de alpenweiden uitbundig. In de lager gelegen delen ten zuiden van de Alpen (Ticino) is het in juli en augustus zeer warm en mogelijk drukkend.

De herfst is schitterend vanwege de prachtige vergezichten die ontstaan door de heldere atmosfeer en het verkleuren van de bladeren. Voor landschapsfotografie is deze periode de mooiste. Na oktober zijn vrijwel alle hoge passen gesloten en is het wachten op het winterseizoen.

Schoolvakanties

Deze variëren per kanton (zie: www.schulferien.org/schweiz). De zomervakantie ligt globaal tussen begin juli en half/eind augustus. Dit is in Zwitserland ook het hoogseizoen, met de hoogste prijzen van accommodaties.

Met de postbus bereikt u vrijwel elk bergdal in Zwitserland

Reizen naar Zwitserland

Douane

Nederlanders en Belgen moeten in het bezit zijn van een geldig paspoort of een geldige identiteitskaart. Zwitserland maakt geen deel uit van de Europese Unie, maar hoort wel tot de *Schengenlanden* wat inhoudt dat er aan de binnengrenzen geen controle op identiteitspapieren plaatsvindt. Voor meer informatie over formaliteiten, rond huisdieren bijvoorbeeld of invoerbepalingen, verwijzen we naar www.anwb.nl onder Landeninformatie.

Heenreis

Vliegtuig

Vanuit Amsterdam vliegen KLM en Swiss direct op Basel, Zürich en Genève. EasyJet vliegt van Amsterdam ook op Basel, Zurich en Genève, voor lagere tarieven. Lugano bereikt u met Swiss via Zürich. Vanuit Brussel hebben Brussels Airlines en Swiss dagelijkse vluchten op diverse bestemmingen in Zwitserland. Enkele websites:
www.lowcostairlines.nl
www.vliegwinkel.nl
www.klm.com
www.swiss.com
www.brusselsairlines.com
www.easyjet.com

Auto

Op de website www.anwb.nl vindt u informatie over vakantieverkeer, files, tolwegen, Autobahnvignetten en brandstofprijzen. Vanuit Utrecht is de afstand naar Basel, 706 km, naar Brig 905 km en naar St. Moritz 962 km. Vanuit Midden- en Noord-Nederland is de route door Duitsland het snelst. Voor reizigers uit Zuid-Nederland of België is de route door Frankrijk sneller. U moet in Frankrijk wel tol betalen; daar staat tegenover dat u in Luxemburg zeer goedkoop kunt tanken.
Brandstof: LPG is beperkt in Zwitserland verkrijgbaar. De prijs voor benzine is in Zwitserland iets lager dan die in Nederland, diesel is iets duurder.

Trein

De treinverbinding tussen Nederland/België en Zwitserland is goed. Dagelijks rijden er diverse snelle treinen. De reistijd vanuit Amsterdam naar Basel met de snelle ICE is circa 7 uur, vanuit Brussel is dat 6 uur. Er zijn ook nachttreinen met slaapaccommodatie. Nadere informatie: www.nshispeed.nl, tel. 030 23 000 23 en www.treinreiswinkel.nl; voor België: www.b-rail.be, tel. 02 528 28 28.

Bus

Eurolines en Flixbus onderhouden frequente verbindingen met Basel, Genève en Zürich vanuit Nederlandse en Bel-

---

Swiss Half Fare Card
Kortingspas
Als u met de auto naar Zwitserland reist en van plan bent een aantal keer gebruik te maken van treinen, bussen en kabelbanen is het aantrekkelijk een *Swiss Half Fare Card* aan te schaffen.
U krijgt 50% korting op tickets voor trein, bus, boot, stadsvervoer en kabelbanen. De kortingspas is een maand geldig en kinderen reizen gratis mee. De Card kost € 110,- en is online aan te schaffen (www.myswissalps.com).
Als u lange reizen maakt kunt u beter een *Swiss Travel Pass* overwegen, voor onbeperkt vervoer in heel Zwitserland (zie www.myswitserland.com).

gische steden; zie www.eurolines.nl of .be; www.flixbus.nl. In het wintersportseizoen rijden er vanuit Nederland pendelbussen van Interbus naar diverse bestemmingen in Wallis; zie www.interbus.nu. Er zijn geen speciale fietsbussen naar Zwitserland.

Vervoer in Zwitserland

Eigen auto of huurauto

Voor het gebruik van snelwegen in Zwitserland hebt u een Autobahnvignet nodig. Het vignet is een kalenderjaar geldig plus december ervóór en januari erna. Het vignet kost CHF 40 en is verkrijgbaar bij de ANWB (online te bestellen), tankstations in Duitsland voor de grens, of direct aan de grens (soms lange wachttijden); er kan met creditcard of in euro's worden betaald. Aanhangers/caravans moeten een eigen vignet voeren. Voor een huurauto in Zwitserland hoeft u geen extra vignet aan te schaffen. Verder wordt er tol geheven bij enkele grote Alpentunnels buiten de snelwegen, zoals de Grote Sint Bernhardtunnel.

Hulp bij pech en ongeval: langs de snelwegen kunt u bij praatpalen de hulp inroepen van de **TCS (Touring club Suisse**, www.tcs.ch), de zusterorganisatie van de ANWB. U kunt ook bellen met tel. 140 (met Nederlandse mobiel +41 140).

Verkeersinformatie in Zwitserland
Internet: www.inforoute.ch
Weerbericht: (0041) 162
Toestand van de wegen: (0041) 163.

(Afwijkende) verkeersregels

Maximum snelheden: autosnelwegen: 120 km/h (auto's met aanhanger 80); overige wegen buiten de bebouwde kom 80 km/h; binnen de bebouwde 50 km/h. Boetes voor snelheidsovertredingen zijn zeer hoog!

Alcohol: het maximaal toegestane alcoholgehalte in het bloed is 0,5 promille; voor bestuurders die hun rijbewijs korter dan 3 jaar hebben is dit 0,01 promille. Gebruik van drugs in niet toegestaan.

Mobiel bellen: het is bestuurders van voertuigen (ook fietsers) verboden tijdens het rijden een mobiele telefoon vast te houden. Handsfree bellen is wel toegestaan.

Bergwegen: op bergwegen gelden enkele speciale voorrangsregels. Stijgend verkeer heeft voorrang op dalend verkeer, tenzij het stijgende voertuig zich dicht bij een uitwijkplaats bevindt. Op een *Bergpoststrasse* (postweg), herkenbaar aan een blauw vierkant bord met een gele signaalhoorn, moeten de aanwijzingen van de postautochauffeur worden opgevolgd.

Parkeren: in een 'blauwe zone' kan met een parkeerschijf gratis worden geparkeerd. Bij het parkeren op een helling moet de auto behalve met de handrem nog extra gezekerd worden. Bijvoorbeeld door de auto in de laagste versnelling te zetten, een wiel tegen het trottoir te draaien of een steen achter een wiel te plaatsen. Parkeren en stoppen is verboden ter hoogte van een gele streep. Pech of ongeval: de bestuurder dient in de auto een gevarendriehoek binnen handbereik te hebben.

Verlichting: in Zwitserland zijn automobilisten sinds 2014 verplicht om ook overdag met licht aan te rijden.

Flitspaalsignalering: radardetectieapparatuur is verboden evenals apparatuur met signalering voor flitspalen (zoals navigatieapparatuur, telefoons, tablets en laptops). Alle flitspaalinformatie moet van deze apparatuur worden verwijderd.

Winterbanden en sneeuwkettingen: het gebruik van winterbanden is niet verplicht, maar als u bij winterse omstandigheden in een auto zonder winterbanden het overige verkeer hindert, kunt u een boete krijgen. Bij een ongeval kan men u aansprakelijk stellen. Het gebruik van sneeuwkettingen is verplicht als de toestand van de weg dat noodzakelijk maakt; dat staat aangegeven met een verkeersbord. U wordt aangeraden in de winter altijd sneeuwkettingen mee te nemen.

Trein en openbaar vervoer

Het openbaar vervoer staat in Zwitserland op een zeer hoog niveau. Het spoornetwerk is wijd vertakt, frequent en accuraat. Daarom is een vakantie in Zwitserland per trein beslist te overwegen. Een relaxte heen- en terugreis en ter plekke kunt u met de trein en de Postauto overal komen. De tarieven zijn echter hoog, zeker wanneer u plannen hebt voor onvergetelijke treinritten zoals met de Glacier Express of de Bernina Express. Er zijn diverse kortingsmogelijkheden voor het Swiss Travel System (reizen met openbaar vervoer binnen Zwitserland: trein, bus, boot, en kortingen op veel bergbanen). Tickets kunt u aanschaffen bij een reisbureau of bij NS Hispeed (www.nshispeed.nl) of bestellen via Zwitserland Toerisme (www.swissrailways.com). In België via de NMBS (www.b-rail.be, tel. 02 528 28 28). Voor dienstregelingen van de Zwitserse spoorwegen: www.sbb.ch

Bus

Ook voor het onverwoestbare instituut Postauto, de gele bus die tot in de meeste gehuchten komt, bestaan abonnementen. Informatie en dienstregelingen op www.postauto.ch.

Bootvervoer

De grote meren in Zwitserland hebben hun eigen bootdiensten die allemaal opgenomen zijn in het Swiss Travel System (passen gelden ook voor deze bootdiensten). De witte salonboten met 1e- en 2e-klasdekken varen geregeld tussen de vele plaatsen langs de oevers. De meeste veerdiensten nemen geen auto's mee, afgezien van enkele uitzonderingen (Bodensee, Vierwaldstättersee, Zürichsee). U kunt diverse speciale excursies maken over de vele meren, zelfs een driemerentocht is mogelijk: Biel-Murten-Neuchâtel-Biel. De meren met een eigen bootdienst zijn: Bodensee, Untersee en Rijn, Meer van Genève, Thunersee, Brienzersee, Vierwaldstättersee inclusief Alpnacher See en Urner See, Zugersee, Ägerisee, Zürichsee, Hallwiler See, Murten See, Bielersee, Lac de Neuchâtel, Walensee, Silser See, Lago di Lugano, Lago Maggiore.

Tandrad- en kabelbanen

Tot het openbaar vervoer worden ook de tandradtreinen en veel kabelbanen gerekend. De meeste zijn ook 's zomers in werking. Op www.myswitzerland.com vindt u de dienstregelingen van alle kabelbanen, tandradbanen en panoramatreinen.

Voordeelpassen

Swiss Travel Pass: onbeperkt reizen gedurende 3, 4, 8, of 15 dagen (vanaf CHF 320, 15% reductie bij 2 of meer personen, <16 jaar 50%, 16-26 jaar 25% korting).

Swiss Travel Pass Flex: binnen een maand op een aantal te kiezen dagen (3, 4, 8 of 15 dagen, vanaf CHF 364).

Swiss Transfer Ticket: vanaf Zwitserse grens of luchthaven van en naar uw bestemming voor een vaste prijs (binnen één maand, 2e klas: CHF 135).

Swiss Half Fare Card: 50% reductie op overig openbaar vervoer (incl. enkele kabelbanen) in 1 maand (CHF 115).

Overnachten

Hotels

In Zwitserland met zijn lange traditie als toeristenland is een enorm aanbod aan hotels, in alle prijscategorieën. De steden zijn over het algemeen duurder dan daarbuiten. Gemiddeld genomen kost een 2-persoonskamer inclusief ontbijt in een 3-sterrenhotel in de Zwitserse vakantiegebieden in het hoogseizoen € 150; in de steden € 200, in Wallis en Graubünden iets minder.

Hotels boeken

Boeken kan rechtstreeks, of op internet via boekingssites, op **www.myswitzerland.com** (Zwitserland Toerisme), of via de websites van veel steden (Basel, Zürich, Genève).

Het loont de moeite verschillende boekingssites met elkaar te vergelijken. Zakelijke hotels hebben vaak voordelige weekendaanbiedingen en last-minuteprijzen. Een site als **www.tripadvisor.com** is handig om zijn recensies, boeken is vaak voordeliger op **www.booking.com**, bovendien kunt daar meestal gratis annuleren.

Historische hotels en B&B

Wie prijs stelt op een verblijf in een historische herberg, een wellnesshotel met geneeskrachtig bronwater, of een luxe designhotel, kan in Zwitserland beslist iets van zijn gading vinden.

Op de website van Zwitserland Toerisme **www.myswitzerland.com** kunt u zoeken op hotelcategorie: romantische hotels, hotels in de bergen, wellnesshotels, et cetera.

Een selectie van historische hotels vindt u op **swiss-historic-hotels.ch**.

Circa 1000 Bed & Breakfast-adressen in Zwitserland vindt u op de website **www.bnb.ch**.

Vakantiewoningen

Het huren van een vakantiewoning of châlet voor 1 of meer weken is vaak een voordeligere optie dan een hotel. Ook op dit gebied heeft de site van Zwitserland Toerisme (**chalet.myswitzerland.com**) een groot aanbod; u kunt daar rechtstreeks boeken. Met name toeristische streken als het Berner Oberland, Graubünden of Wallis hebben een groot aanbod aan vakantiewoningen.

Enkele aanbieders in Zwitserland zijn: **Interhome** (www.interhome.com), Landal (www.landal.nl) en REKA (www.reka.ch), een non-profitorganisatie met een groot aantal vakantiedorpen (geschikt voor gezinnen; activiteiten voor kinderen).

Budgetaccommodatie

Jeugdherbergen

Jeugdherbergen en andere budgetaccommodatie vindt u via: www.youthhostel.ch. Voor jeugdherbergen geldt geen leeftijdsgrens, u kunt ter plekke lid worden. Er zijn verrassend mooie herbergen, ook in de grote steden. De jeugdherberg van Saas Fee heeft zelfs een uitgebreide sauna; prijzen variëren van CHF 40-80 p.p. in een 2 persoonskamer inclusief ontbijt.

Natuurvriendenhuizen

Natuurvriendenhuizen bieden eenvoudige accommodatie voor mensen die graag midden in de natuur verblijven. Op www.alternatives-wandern.ch zijn de ligging en tarieven te zien van tientallen *Naturfreundehäuser*. De overnachtingstarieven behoren tot de laagste die men in Zwitserland kent, circa CHF 20-25 per persoon per nacht.

Overnachten

Historisch hotel Schatzalp boven Davos, gebouwd in 1898 als sanatorium en sinds 1954 in gebruik als een berghotel

Agrarisch toerisme

Schlaf im Stroh (slapen in het stro) kan op meer dan 200 boerderijen door heel Zwitserland (vooral Noord-Zwitserland). Informatie over deze overnachtingsmogelijkheden (vaak kamers of appartementen, soms slaapt u echt in het stro, in uw eigen slaapzak; prijs per persoon, met ontbijt vanaf CHF 25-30) vindt u op: www.agrotourismus.ch.

Kamperen

Vrij kamperen is in Zwitserland niet toegestaan. Zwitserland telt een paarhonderd campings. Een overzicht ervan vindt u op de website van de Zwitserse campingfederatie: **www.sccv.ch**.

De **TCS** (Touring Club Suisse) heeft 25 luxe campings, vaak met chalets, bungalows, pods, tipi-tenten of andersoortige accommodatie (www.tcs.ch).

Op de campingwebsite van de ANWB (www.anwbcamping.nl) vindt u onder het thema charmecampings een selectie van kleinschalige, rustige en mooi gelegen campings. Twee personen met een tent en een auto kost gemiddeld CHF 25-45. Reserveren voor het hoogseizoen valt aan te bevelen, vooral voor bergsportcampings en de campings aan de meren.

Berghutten

De 152 berghutten van de Zwitserse Alpen Club (Schweizerische Alpenclub, SAC) zijn meer dan elders bedoeld als uitgangspunt van klimtochten, minder als etappedoel in langeafstandswandelingen. Sommige hutten zijn echter heel geschikt om naar toe te wandelen en er te overnachten; men overnacht meestal op meerpersoons kamers. Leden van Nederlandse en Belgische bergsportverenigingen ontvangen korting in de hutten van de SAC.
Informatie: Schweizerische Alpenclub (SAC), tel. 031 370 18 18, www.sac-cas.ch.

Eten en drinken

De Zwitserse keuken(s)

De Zwitserse keuken combineert invloeden uit de Duitse-, Franse- en Italiaanse keuken. De regionale verschillen zijn groot en vallen samen met de taalgebieden. Veel gerechten hebben de lokale grenzen overschreden en zijn in heel Zwitserland populair:

Älplermagronen (Alpenmacaroni): Een gegratineerd gerecht van aardappelen, pasta, kaas, room en uien, doorgaans geserveerd met appelmoes.

Rösti: Een koek van gebakken geraspte, gekookte of rauwe aardappelen; in tientallen mogelijke varianten.

Kaasfondue en raclette: geschraapte en gesmolten kaas, die tegen het vuur aan een zijde wordt verwarmd.

Birchermüesli: De oer-müesli werd rond 1900 ontwikkeld door de Zwitserse arts Oskar Bircher-Benner van havervlokken, citroensap, melk, geraspte appel, hazelnoten of amandelen (als licht verteerbare avondmaaltijd).

Streekspecialiteiten

Duitstalige Zwitserland

Hier zijn het de talrijke streekgerechten die voor de meeste verrassing zorgen. Op de menukaart staat een bonte verzameling gerechten. Uit Noordoost-Zwitserland komt de populaire *St. Galler Bratwurst*: meestal kalfsworst die gewoonlijk wordt geserveerd met uien en rösti. Uit Bern stamt de voedzame *Berner Platte* (Berner-schotel) – een overvloedig gerecht met vlees- en worstsoorten. In heel Zwitserland bekend is het *Zürcher Geschnetzeltes*, een gerecht met kalfsvlees en champignons geserveerd met een roomsaus en rösti.

Graubünden

Kenmerkend is de stevige Bündner boerenkeuken met typische gerechten als *Pizzoccheri* (boekweitnoedels met groenten en kaas), *Capuns* (rollades van snijbiet, gevuld met groenten en vlees), *Maluns* (geraspte aardappelen, vermengd met meel en langzaam geroosterd in boter), *Churer Fleischtorte*

Zwitserse wijn

Uit Zwitserland komen uitstekende wijnen. Buiten het land weinig bekend, want ze worden weinig geëxporteerd. De grootste wijnstreken liggen in Franstalig Zwitserland: Langs het Meer van Genève (van west naar oost): La Côte, Lavaux en de Chablais. De bekendste witte wijn is hier de **dorin**, de bekendste rode de **salvagnin**.

De Walliser wijnen komen uit het Rhônedal. De bekendste witte Walliser wijnen zijn de **fendant** en de johannisberg. De belangrijkste rode is de **dôle**. In Noordoost-Zwitserland leveren de wijngaarden rond Zürich en Schaffhausen lekkere pinot-noirwijnen (**Blauburgunder**). Graubünden heeft wijn uit het Rijndal ten noorden van Chur (die Herrschaft). De vurig rode **herrschaftler** en **completer** zijn zeldzaam en prijzig.

De huiswijn van Graubünden, de **veltliner**, komt van over de grens. Het huidige Valtellina was eertijds een wingewest van Graubünden.

De wijn van Ticino is de **merlot**, een rode krachtige wijn van hoge kwaliteit.

(vleestaart uit Chur) of het *Birnbrot* (een dunne laag brooddeeg gevuld met een mengeling van gedroogd fruit en noten). Niet te vergeten zijn de *Engadiner Nusstorte* (taart met noten), de B*ündner Gerstensuppe* (gerstesoep) en natuurlijk het *Bündnerfleisch*. De beste delen van het rund worden gepekeld en geperst en vervolgens maandenlang in de ijle berglucht te drogen gehangen.

Romandië (Frans Zwitserland)

In heel Romandië geliefd zijn diverse worstsoorten, zoetwatervis en paddenstoelen. Kaasfondue, *raclette* en *croute au fromage* stammen eveneens uit Franstalig Zwitserland en zijn in heel Zwitserland geliefd. Meerforel en baars wordt gegeten rond de meren van Genève, Neuchâtel en Biel.

Ticino

In Ticino kookt men op z'n Italiaans. Voor inheemse gerechten moet u naar *trattoria's* en de *grotti*. Naast de vele pastagerechten (*spagetti, fettuccini, lasagne, tortellini, rigatoni, ravioli, cannelloni* et cetera) eet men hier de *polenta*, een maisbrij, die met kaas of worst gemengd als hoofd- of bijgerecht wordt geserveerd. *Marroni* (eetbare kastanjes) worden in heel Zwitserland in de winter geroosterd en warm op straat verkocht, of als *vermicelli* (gekookt en gesuikerd en dan door een pers gehaald - als een soort spaghetti) als dessert aangeboden. Op kastanjefeesten in Ticino worden allerlei producten van kastanjes aangeboden, zoals broden, deegwaren, pralines en broodbeleg.

Restaurants

In de Zwitserse steden en toeristenplaatsen is volop keus aan restaurants. De chique restaurants hebben doorgaans een Franse-Zwitserse of inter-

Een *Walliser Teller* past heel goed bij een aperitief of is lekker als tussendoortje

nationale keuken. Genève en Zürich hebben de grootste keus aan exotische restaurants, uit Azië maar ook uit het Midden-Oosten en Afrika. Een groot deel van de landelijke restaurants voert vanouds een *gutbürgerliche Küche*, met entrecotes, steaks, schnitzels, kaasfondue, enzovoort. Doorgaans is het eten in Zwitserland verzorgd en van goede kwaliteit, maar wel ca. 50% duurder dan thuis.

Swiss slow food

Als reactie op de internationalisering en de voortwoekerende fastfoodketens zijn oude recepten hier en daar weer in ere hersteld, noem het maar Zwitsers *slow food*. En veel van de betere restaurants maken gebruik van *bodenständige* producten, geteeld in eigen streek en volgens ecologische principes.

Speciale vermelding verdienen de Manora-restaurants, zelfbedieningsrestaurants van het Manor warenhuis en alleen te vinden in de grotere steden. Veel verse producten en prettig geprijsd; de formule doet denken aan de La Place-restaurants.

Actieve vakantie, sport en wellness

Wandelen

Zwitserland is een fantastisch wandelland, met een netwerk van 62.000 km wandelpaden, waarvan 21.000 km bergpaden. De bewegwijzering (gele bordjes) en wandelkaarten zijn uitstekend.

De belangrijkste langeafstandspaden van Zwitserland zijn: *Trans Swiss Trail 1* (31 etappes van Basel naar Chiasso); de *Trans Swiss Trail 3*, of *Alpenpanoramatrail*, is mogelijk de mooiste wandeldoorsnede van Zwitserland (31 etappes van Genève naar de Bodensee); de *Via Alpina*, van Montreux naar Liechtenstein, gaat over 14 Alpenpassen; de *Alpine Passes Trail* (33 etappes) door Wallis en Graubünden.

Alle landelijke, regionale en veel lokale routes staan beschreven op www.wandersite.ch en www.wanderungen.ch. In Zwitserland zijn topografische wandelkaarten overal verkrijgbaar. Vrijwel alle grote toeristenbureaus geven folders uit met wandeltips en op de sites van regionale toeristenbureaus kunt u wandelingen downloaden.

Wandel- en fietsinformatie

www.schweizmobil.ch: uitstekende website voor wandelen, fietsen, mountainbiken, skaten en kanovaren. Met wandel-, fiets-, skate- en kanoroutes, kaarten, informatie over openbaar vervoer, overnachtingsadressen en wandelgidsen. Mogelijkheid om kaartjes te downloaden en te printen en een gratis wandel-app te downloaden.
www.wanderungen.ch: uitgebreide wandelinformatie (Top-Touren, detailkaarten, wandelgebieden en gps-files).
www.wandersite.ch: informatie over allerlei soorten wandelingen.

Bergbeklimmen

Zwitserland trekt klimmers uit de hele wereld, uitgedaagd door beroemde bergen als Matterhorn of Eiger. Er zijn 152 berghutten in de Zwitserse Alpen, bedoeld als uitgangspunt voor klimtochten. De Schweizerische Alpen Club geeft een overzicht op www.sac-cas.ch. Daar vindt u informatie over hutten en klimgebieden en kunt u berghutten online reserveren. Klimcursussen kunnen worden gevolgd bij *Bergsteigerschulen* (www.bergsportschulen.ch), of via uw eigen nationale bergsportvereniging: in Nederland: www.nkbv.nl; in België: www.klimenbergsportfederatie.be.

Op veel plaatsen kunnen via lokale gidsenbureaus bergtochten worden gemaakt onder leiding van een berggids.

Fietsen, mountainbiken

Zwitserland heeft 9 nationale fietsroutes en 3 nationale mountainbikeroutes en een fietsroutenet van 3300 km. *Veloland* Zwitserland heeft ruim 8000 km fietspaden. Fietsen en mountainbiken zijn populair geworden, mede door die goede infrastructuur. U kunt uw fiets meenemen op de boot, in de bus en de trein, vaak ook met bergbanen. Op de website www.veloland.ch staat informatie over fietsen en mountainbiken (routegidsen, actuele routeinformatie, fietsvriendelijk onderdak, fietsverhuur).

De snelle opmars van de elektrische fiets gaat niet aan Zwitserland voorbij; in veel vakantieplaatsen zijn e-bikes te huur. Via de website www.myswitzerland.com, kunt u arrangementen boeken voor fietsen zonder bagage. Fietsservicepunten zijn er in het hele land.

Zomerskiën

Zomerskiën kan alleen in de hoogste gebieden boven de 3000 m en is sterk van de weersomstandigheden afhankelijk. Over het algemeen kan er alleen in de ochtenduren geskied worden, 's middags is de zon te sterk en neemt de sneeuwkwaliteit af. Informeer van tevoren naar de toestand van de sneeuw.

Zwemmen

In de Rijn (Basel), de Aare (Bern) en de Limmat (Zürich) wordt veel gezwommen, ondanks de stroming. Zwemmers lopen eerst stroomopwaarts of lopen na afloop terug. Ook in veel meren kan worden gezwommen; het water blijft echter vrij lang koud. Vooral de meren in Ticino hebben 's zomers een aangename temperatuur.

Watersport

Aan alle grotere meren kunt u zeil- en roeiboten, kano's en surfplanken huren en les nemen. Houd er rekening mee dat op veel bergmeren plotseling rukwinden kunnen opsteken.

Voor kanoërs zijn er uitdagende rivieren. De langste kanoroute van Zwitserland is de Aare-kanoroute, 120 km van Biel tot Full aan de Rijn (www.kanuland.ch). Voor wildwaterkajakkers en rafters zijn de Inn, Vorderrhein, Hinterrhein en Rhône geliefd.

Parapente en bungeejumpen

Parapente wordt veel beoefend in de bergen. Raadpleeg de regionale toeristenbureaus voor vliegscholen. Bungeejumpen kan op steeds meer plekken worden gedaan, o.a. in Chippis, Fiesch, Engelberg, vanuit de Schilthornbahn, uit de gondel naar de Stockhorn en in het Valle Verzasca in Ticino.

Canyoning

Canyoning is mogelijk in Wallis op een groot aantal locaties, in Centraal-Zwitserland in Interlaken, Engelberg en het Emmental, in Ticino in Intragna en Osagna, in Graubünden in Thusis en in Vaud in Château-d'Oex.

Golf

Zwitserland heeft 91 golfbanen. Op de website www.myswitzerland.com. staat een overzicht van alle golfbanen, plus 42 golfhotels, gelegen in de nabijheid van de mooiste banen. De 7 golfparken die Migros sinds 1995 opende, droegen bij aan de popularisering van de golfport. Veel golfterreinen liggen op grote hoogte in een prachtig bergdecor. Dergelijke banen zijn pas vanaf mei-juni bespeelbaar.

Wellness

Zwitserland heeft meer dan 20 thermale baden (*spa's*), vaak met een lange traditie. De Romeinen genoten al van de badhuizen in het stadje Baden. Zwitserland heeft circa 70 wellnesshotels en speciale wellnessbestemmingen.

De belangrijkste zijn: Leukerbad (grootste spa van de Alpen), Gstaad (ultramodern), Baden (sinds de Romeinse tijd), Bad Zurzach (grootste zwembad- en saunacomplex), Salzwasserbrunnen Rheinfelden, Engadin-bad in Scuol, Rigi-Weggis-Vitznau en Thermen Vals. Een overzicht vindt u op www.myswitzerland.com.

Feesten en evenementen

Zwitserland kent een groot aantal feesten en culturele evenementen. Veel ervan zijn regionaal en weerspiegelen de processen in het boerenjaar, zoals het verdrijven van de winter, of het drijven van de koeien naar de alm in juni. In de moderne tijd zijn daar talloze muziek-, film- en outdoorfestivals bijgekomen.

Winter- en voorjaar

In alle kantons wordt aan het eind van de winter carnaval gevierd. De belangrijkste zijn die van Basel en Luzern. Soms worden angstaanjagende maskers en vermommingen gedragen om boze geesten of de winter te verjagen. In Zürich eindigt de winter officieel met het *Sechseläuten* (na de winter wordt de klok weer om 6 uur geluid), een groot feest op de derde maandag in april (zie blz. 132). Bekend is ook de paasprocessie van Mendrisio, met meer dan 200 acteurs.

Zomer

De zomer is de tijd van de muziekfestivals, zomerfeesten en van lokale volksfeesten, zoals de *Alpauf- und Alpabzüge*. Aan het begin en het eind van de zomer dossen de bergboeren hun koeien prachtig uit met bloemen en bellen. Ze wandelen met hun kuddes naar de alpenweide en als de herfst nadert weer op dezelfde feestelijke wijze naar het dal. Deze tochten naar en van de alp trekken duizenden toeschouwers. Ook zijn er 's zomers worstelwedstrijden en jodelfeesten, met alphoornblazers en vaandelzwaaiers.

Uniek zijn de Walliser koeiengevechten, of *Combats des Reines*, waarbij de trotse Eringer koeien wedijveren om de heerschappij over de kudde. Getrainde koeien haken met de horens in elkaar en proberen zo de eretitel *Reine* (koningin) te veroveren.

Nationale feestdag

Op 1 augustus vieren de Zwitsers hun nationale feestdag, waarop het ontstaan van het Eedgenootschap wordt gevierd. Met toespraken, vreugdevuren en vuurwerk. Grote feesten in Zürich, Basel, Genève, Bern en Lugano en een speciale viering op de Rütli-weide.

Herfst

De herfst is de tijd van oogstfeesten, herfstmarkten en wijnfeesten, vooral in West-Zwitserland en Ticino. Op 6 december wordt in enkele kantons het kinderfeest **Nikolaus** gevierd. De goedheiligman heet hier *Sammichlaus* en zijn knecht *Schmutzli*.

Kerst en eindejaar

Rond Kerst zijn er concerten, koren, Kerstmarkten en kerkdiensten.

Op oudejaarsavond knallen niet alleen de kurken. Het einde van het jaar wordt op veel plaatsen met luidruchtige optochten, vuurwerk, trommelen, bellen, knallende zwepen en vermomde figuren gevierd. Zo worden volgens oude traditie kwade geesten op afstand gehouden. Op *Schulsilvester* in Zürich maken de kinderen en jongeren lawaai met koebellen, tijdens het *Silvesterdreschen* in Hallwil wordt het jaar met zweepslagen afgesloten, in Urnäsch gaan de mannen verkleed als *Silvesterklausen* onder luid gebel van huis tot huis.

Feestagenda

Januari
Snow Festival, Grindelwald: ijssculpturenfestival, www.grindelwald.ch
Luchtballonfestival, Château-d'Oex: 80 luchtballons boven de Alpen, www.festivaldeballons.ch.

Februari
Tschäggättä, Lötschendal (Wallis): Carnaval, met figuren in schapenvellen en angstaanjagende maskers.
Basel Fasnacht: om 04 uur start het driedaagse carnaval, www.fasnacht.ch.

April
Sechseläuten, Zürich: 3e maandag in april, www.sechselaeuten.ch.
Interlaken Classics: klassieke muziek, www.interlaken-classics.ch.
Luzern Festival: klassieke muziek, in drie perioden (Pasen, zomer en november), www.lucernefestival.ch.
Ascona Music Festival: april-mei, kamermuziek aan het Lago Maggiore, www.academyofeuphony.com.

Mei
Walliser koeiengevechten: de kantonale finale in Aproz, Wallis, www.finale-cantonale.ch.

Juni-juli
Fête de la musique, Genève: 3-daags festival van klassiek, jazz tot rock-, en Franse muziek, www.ville-ge.ch.
Lugano Festival Jazz: 5-dagen, veel gratis concerten, www.estivaljazz.ch.
Zürich Festspiele: opera, concerten, dans, theater en kunst (juni-eind juli), www.zuercher-festspiele.ch.
Wilhelm Tell Spiele, Interlaken: openluchtuitvoering van het beroemde toneelstuk van Schiller, juni-half sept., www.tellspiele.ch.
Zwitsers nationaal jodelfeest: elke 3 jaar in juni. Met jodelaars, vlaggenzwaaiers en alphoornblazers (2017 in Brig), www.jodlerverband.ch.
Züri Fäscht, Zürich: Driejaarlijks zomerfestival met miljoenen bezoekers; evenementen en vuurwerkshows (volgende: 2019), www.zuerifaescht.ch.
Montreux Jazz Festival: jazz, rock en pop, www.montreuxjazz.com.
Gurten Music Festival, Bern: 4-daags muziekfestival; DJ's en bands uit de hele wereld, www.gurtenfestival.ch.
Alphoorn Festival, Nendaz: Jaarlijks festival met concerten, wedstrijden en dans, www.nendazcordesalpes.ch.
Paléo Festival, Nyon: Zwitserlands grootste outdoor-muziekfestival, www.yeah.paleo.ch.
Blue Balls Festival, Luzern: 9-daags alternatief festival van blues, jazz, soul, funk, wereldmuziek, rock en pop, en action painting, www.blueballs.ch.

Augustus
Nationale feestdag: 1 augustus
Geneva Lake Festival: Avondfestival rond het meer met concerten, entertainment, culinaire ontdekkingen en vuurwerk, www.fetesdegeneve.ch.
Internationaal filmfestival, Locarno: 11 daags festival, www.pardo.ch.

November
Zibelemärit (Zwiebelmarkt), Bern: Feestelijke uien- en wintermarkt op de 4e maandag van november.
Herfstfestival, Lugano: wijn, muziek en Tessiner specialiteiten.

December
L'Escalade, Genève: Historische parades in klederdracht, markten en volksmuziek; www.compagniede1602.ch.

Praktische informatie van A tot Z

Alarmnummers

Landelijk alarmnummer: 112
Politie: 117
Ambulance: 144
Brandweer: 118
Bij diefstal of vermissing van uw bankpas/creditcard: www.pasblokkeren.nl, www.cardstop.be

Ambassades / consulaten in Zwitserland

...voor Nederland

Nederlandse Ambassade, Seftigenstrasse 7, 3007 Bern, tel. (+41) (0)31 350 87 00, zwitserland.nlambassade.org. Open: ma., wo. en do. van 9-14.30 uur, di., vr. 9-13 uur (op afspraak, paspoort- en visa informatie alleen tussen 15 en 16 uur). In noodgevallen kunt u bellen met het BZ Contactcenter in Nederland: tel. +31 247 247 247.
Nederlands consulaat Genève: rue de la Scie 4, 1207 Genève; tel. 022 787 57 30
Nederlands consulaat Zürich: Binzstrasse 18, 8045 Zürich; tel. 044 455 60 02

...voor België

Belgische Ambassade: Jubiläumsstrasse 41, 3005 Bern, tel. 031 350 01 50, www.diplomatie.be/bernnl
Belgisch Consulaat, Genève: rue de Moillebeau 58, 1209 Genève; tel: 022 730 40 00

Apotheken

Apotheken zijn geopend van 8.30-18.30 uur, buiten deze tijden zijn er 24-uurs-diensten. Het is raadzaam zelf een reisapotheek met reguliere geneesmiddelen mee te nemen.
Voor geneesmiddelen die onder de Opiumwet vallen (bepaalde slaapmiddelen en sterke pijnstillers) hebt u een gelegaliseerde medische verklaring nodig (meer informatie: www.hetcak.nl).

Elektriciteit

De netspanning is 230 Volt. Platte stekkers kunnen overal worden ingeplugd. Voor andere typen stekkers hebt u een verloopstekker (wereldstekker) nodig.

Feestdagen

Algemene officiële feestdagen zijn: Nieuwjaar, Paasmaandag, Hemelvaart, Pinkstermaandag, Eerste Kerstdag en 1 augustus (nationale feestdag). In de katholieke kantons (Fribourg, Wallis, Appenzell, St. Gallen, Ticino) worden bovendien gevierd: Driekoningen (6 jan.), St.-Jozef (19 mrt.), Sacramentsdag (2e do. na Pinksteren), St.-Petrus en St.-Paulus (29 juni), Maria Hemelvaart (15 aug.), Allerheiligen (1 nov.), Onbevlekte Ontvangenis (8 dec.) en 2e Kerstdag. Regionale feestdagen zijn: 23 juni Jura, 21 september Franstalig Zwitserland, 25 september Obwalden, 31 december Genève.

Geld

De munteenheid van Zwitserland is de Zwitserse frank (CHF). De laatste jaren is de koers van de Zwitserse frank sterk gestegen en ongeveer gelijk aan de euro (1-1-2017 1 CHF = € 0,92). In grote mate worden Euro's geaccepteerd; wisselgeld krijgt u in CHF.

Praktische informatie van A tot Z

Media

Televisie en radio

De belangrijkste tv-zenders zijn: 3 zenders van Schweizer Fernsehen (SF), 2 van Télévision Suisse Romande (TSR) en 2 van Radiotelevisione svizzera di lingua italiana (RSI).

Zwitserse radiozenders zijn er eveneens in drie talen, bovendien zijn er nog drie Engelstalige muziekzenders, waaronder World Radio Switzerland (WRS).

Langs de wegen staan borden met radiofrequenties waarop verkeersinformatie wordt uitgezonden.

Kranten

Zwitserland is nog een traditioneel krantenland. Belangrijkste landelijke kranten zijn de *Neue Zürcher Zeitung* en de *Tages-Anzeiger*.

Medische verzorging

Het niveau van de medische zorg in Zwitserland is hoog, maar duur. Zorg mede daarom voor een goede reisverzekering. Vraag bij uw zorgverzekeraar of via www.ehic.nl een Europese gezondheidskaart (EHIC) aan, voor vergoeding van noodzakelijke medische zorg bij ziekte of ongeval. Sommige zorgverzekeraars geven een zorgpas uit die tevens dient als Europese gezondheidskaart.

Openingstijden

Banken: ma. t/m vr. 8.30-16.30 uur; in kleine plaatsen tussen de middag gesloten.
Musea: di. t/m zo. 10-17 uur, eenmaal per week 's avonds 20-22 uur.
Postkantoren: 7.30-18.30 uur, in kleine plaatsen tussen de middag gesloten. Hoofdpostkantoren: za. tot 11 uur geopend.
Winkels: 8.30-18.30 uur, op zaterdag tot 16 uur, soms op maandagochtend gesloten. In kleine plaatsen sluiten winkels tussen de middag. In vakantiecentra en in grote stations zijn winkels ook op zon- en feestdagen geopend.

Reizen met een handicap

Veel hotels en accommodaties zijn rolstoeltoegankelijk. Via het SBB Call Center Handicap (tel. 0800-007 102) bestelt u een gratis in- of uitstaphulp op 160 stations. Veel kabelbanen en boten zijn ook toegankelijk voor rolstoelen. Mobility International Schweiz (MIS), geeft reisinformatie voor mensen met een handicap: www.mis-ch.ch.

Telefoon

Landnummer Zwitserland: 41.
Let op: Zwitserland is geen EU-lidstaat en valt buiten de roamingafspraken. Een aantal telecompartijen houdt uit gemak voor Zwitserland wel de EU-tarieven aan. In berggebieden is soms geen bereik.

Veiligheid

Teken: let op teken als u wandelt of kampeert in de natuur, want deze kunnen de ziekte van Lyme overbrengen.

> **Prijspeil**
>
> Budgetovernachting 2pk: vanaf CHF 80, middenklasseovernachting: CHF 140-200; eenvoudig lunchmenu: vanaf CHF 25; 3-gangendiner: vanaf CHF 50; taxirit (ca. 3 km): vanaf CHF 20; koffie: CHF 4,50; bier/wijn: vanaf CHF 6.

Kennismaking – Feiten en cijfers, achtergronden

Basel, Rijn met restaurant Rhynbadhüsli en Rochetoren

Zwitserland in het kort

Feiten en cijfers:

Officiële naam: Confoederatio Helvetica (Zwitserse Bondsstaat), afgekort CH. In de verschillende landstalen heet Zwitserland: Suisse (Frans), Schweiz (Duits), Svizzera (Italiaans) of Svizra (Retoromaans).
Oppervlakte: 41.285 km², ongeveer even groot als Nederland
Aantal inwoners: 8,1 miljoen
Hoofdstad: Bern
Grootste steden: Zürich (384.786), Genève (191.557), Basel (167.386), Lausanne (132.788), Bern (128.848), Winterthur (105.676)
Talen: Duits (67,3 %), Frans (20,4 %), Retoromaans (0,5%), Italiaans (6,5 %)
Betaalmiddel: Zwitserse Frank (CHF)
Tijdzone: Midden-Europese tijd
Landennummer: 0041

Geografie

Zwitserland bestaat uit drie grote landschapstypen: Jura, Mittelland en Alpen. In het noordwesten vormt het langgerekte Juragebergte de grens met Frankrijk ligt. Het grootste deel van Zwitserland behoort tot de Alpen, culminerend in de vierduizenders van Berner Oberland en Wallis. De hoogste berg is de Dufourspitze (4634 m) in de Monte Rosa groep. Tussen de Jura en de Alpen bevindt zich de glooiende hoogvlakte van het Mittelland, tussen het Meer van Genève en de Bodensee.

Geschiedenis

De naam van de Zwitserse Bondsstaat (Confoederatio Helvetica), is afgeleid van Helvetiërs, een Keltische stam die ten tijde van de Romeinen leefde in het gebied dat later Zwitserland zou worden. Het Zwitserse Eedgenootschap werd opgericht in 1291 als een verbond tussen de oerkantons Uri, Schwyz en Unterwalden. In de eeuwen die volgden sloten zich steeds meer kantons aan bij het Eedgenootschap. Pas in 1848 ontstond het moderne Zwitserland als bondsstaat met een federale grondwet. Soevereiniteit en neutraliteit hebben altijd hoog in het vaandel gestaan en de Zwitsers bleven hierdoor buiten de beide Wereldoorlogen. Zwitserland ligt als een enclave van afzijdigheid in de Europese Unie, maar in werkelijkheid is er geen sprake van isolatie. Sinds de toetreding tot de VN in 2002, vergaande economische samenwerkingsverdragen met de EU, deelname aan het verdrag van Schengen en de recente opmars van de euro als betaalmiddel, is Zwitserland economisch sterk met de rest van Europa verbonden.

Staat en politiek

Zwitserland is een bondsstaat die bestaat uit 26 kantons: Aargau (AG), Appenzell Ausserrhoden (AR) en Appenzell Innerrhoden (AI), Basel-Stadt (BS) en Basel-Landschaft (BL), Bern (BE), Fribourg/Freiburg (FR), Genève (GE), Glarus (GL), Graubünden (GR), Jura (JU), Luzern (LU), Neuchâtel (NE), Schaffhausen (SH), Schwyz (SZ), Sankt Gallen (SG), Solothurn (SO), Thurgau (TG), Ticino (TI), Nidwalden (NW), Obwalden (OW), Uri (UR), Valais/Wallis (VS), Vaud (VD), Zug (ZG) en Zürich (ZH). De kantons hebben een eigen regering en parlement, de kantonsraad. De conservatieve kantons Nidwalden, Obwalden, Glarus en Appenzell houden eenmaal per jaar een Landsgemeinde, een bijeenkomst waarbij met handopsteken beslist wordt over kantonnale aangelegenheden. De wetgevende macht berust bij de bondsvergadering (Bundesversammlung/Assemblée fédérale), die uit twee kamers bestaat: de nationale raad (Nationalrat/Conseil national) bestaat uit volksvertegenwoordigers en de statenraad (Ständenrat/Conseil des États) bestaat uit afgevaardigden van alle kantons. De bondsvergadering kiest de zeven leden van de bondsraad (Bundesrat/Conseil fédéral), de hoogste uitvoerende macht, vergelijkbaar met het Nederlandse kabinet. De raad is vier jaar in functie, elk jaar is een van de bondsraadleden voorzitter van de bondsraad en tevens bondspresident.

Economie en toerisme

Zwitserland heeft een moderne economie, sterk gericht op diensten, handel en export. Belangrijke industrieën zijn de horloge-industrie, micro- en biotechnologie, machinebouw, chemie en geneesmiddelen. De dienstensector biedt 73% van alle banen. Belangrijk zijn daar banken, verzekeringen, logistiek en toerisme. De Zwitserse Alpen horen tot de grootste trekpleisters in het wereldwijde toerisme.

De landbouwsector maakt slechts 4% van de economie uit. De bergboeren, ooit de bakermat van de natie, zijn voor een groot deel door de staat betaalde landschapsbeheerders geworden; met name het berglandschap moet aantrekkelijk blijven voor toeristen. In Graubünden verbouwt de helft van de boeren op biologische wijze, landelijk ligt dat op ongeveer 10%. Bio-producten worden breed omarmd door de consument en handel.

Bevolking

Zwitserland heeft 8,1 miljoen inwoners. De Zwitserse cultuur is sterk beïnvloed door die van buurlanden Duitsland, Frankrijk en Italië. Sinds de 19e eeuw is Zwitserland een migratieland en de globalisering heeft een sterke invloed op de Zwitserse maatschappij. Genève en Zürich scoren jaarlijks hoog op de lijst van leefbaarste steden in de wereld; ook op de lijst van duurste steden ter wereld figureren ze in de top. Binnen de kleine Alpenstaat zijn er grote regionale verschillen tussen de bevolkingsgroepen, vooral tussen de steden en de bergen. Rijke en kosmopolitische steden als Genève, Basel en Zürich zijn hip en trendy en maken internationaal naam op het gebied van kunst en design. Daartegenover staan traditionele bergstreken zoals het Appenzell, waar de conservatieve bergboeren pas in 1991 moesten toelaten dat ook hun vrouwen stemrecht kregen over kantonszaken. Enkele feiten van het Bundesamt für Statistik weerspreken ook het traditionele beeld van 'de Zwitser'. Zo is ruim 1 op de 5 bewoners geen Zwitser maar heeft een buitenlands paspoort.

Taal en religie

Zwitserland heeft officieel vier talen. Grootste deel van Zwitserland is Duitstalig (67,3%). In de Jura, de regio Fribourg, rond het Meer van Genève en westelijk Wallis wordt Frans gesproken (20,4%). Het Retoromaans (0,5%) is de taal die in Graubünden wordt gesproken. In drie zuidelijke dalen van Graubünden en in Ticino is Italiaans (6,5%) de voertaal.

In Zwitserland geeft slechts 11% van de bevolking aan niet-religieus te zijn; 42% van de bevolking is rooms-katholiek, 35% is *reformiert* of protestant en 4,5% is islamitisch.

Geschiedenis

Prehistorie en vroege geschiedenis

10.000 jr geleden — **Vondsten in grotten vormen de** eerste bewijzen van menselijke aanwezigheid in de Jura en in Appenzell.

8000-6000 — Na de laatste ijstijd verspreiden de mensen zich over de vlaktes die achterbleven na het afsmelten van de gletsjers. Mensen gaan in nederzettingen wonen en over op de landbouw.

3000 v.Chr. — Brons en ijzertijd. Bij La Tène aan het Meer van Neuchâtel zijn belangrijke resten gevonden van paalwoningen uit de ijzertijd. Keltische stammen bewonen de gebieden rond Basel en Bern. De Helvetiërs verspreiden zich over Zwitserland.

Romeinse tijd

58 v.Chr. — Het Romeinse leger onder Julius Caesar verslaat de Helvetiërs, die zich terugtrekken in het westen en noorden. De Romeinen vestigen kolonies en legerplaatsen in Nyon, Kaiseraugst, Biel en Avenches. Ruim tweehonderd jaar houden deze vestigingen stand. Steden als Aventicum (Avenches) met 20.000 inwoners bloeien op en de Romeinen leggen een netwerk van wegen en paswegen aan. De Kelten leven in deze periode van rust vreedzaam samen met de Romeinen.

Middeleeuwen

3e-4e eeuw — Invallen van Germaanse stammen uit het noorden leiden tot de val van het Romeinse Rijk. Het koninkrijk van de Franstalige Bourgondiërs breidt zich vanuit Genève uit over West-Zwitserland. De Duitstalige Alemannen vestigen zich in dezelfde periode in het noorden en oosten van Zwitserland. Deze verdeling van het gebied vormt de oorsprong voor de huidige taalgrens dwars door Zwitserland.

5e-10e eeuw — Het christendom verspreidt zich over Zwitserland. In 515 sticht de Bourgondische koning Sigismund in St-Maurice (Wallis) de eerste augustijnerabdij. Diverse Germaanse rijken (Franken, Duitse keizerrijk, Heilige Roomse Rijk) oefenen hun macht uit over het gebied met hun feodale stelsel met adel, geestelijken en boeren. Er volgen enkele eeuwen van betrekkelijke rust. In het noordoostelijke deel van het land worden het klooster van Sankt Gallen gesticht.

11e-13e eeuw — De hertogen van Savoye vergroten hun macht in het Franssprekende deel van Zwitserland, en bouwen in Wallis, het Mittelland en rond het Meer van Neuchâtel burchten met de karakteristieke ronde hoektorens. Machtige adellijke families, Zähringers en Kyburgers, beheersen in Oost-Zwitserland het politieke toneel. De Habsburgers krijgen steeds meer macht in Oostenrijk en het Duitssprekende deel van Zwitserland en nemen in de 13e eeuw het bezit van de Kyburgers over.

Het Eedgenootschap: geboorte van Zwitserland

1291 Voortdurende conflicten met de Habsburgers leidt tot de oprichting van het Zwitsers Eedgenootschap. De oerkantons Uri, Schwyz en Unterwalden zweren op 1 augustus 1291 op de Rütliweide een verbond. Met dit Eedgenootschap wordt de basis gelegd voor de latere Zwitserse staat. Sindsdien is 1 augustus de Zwitserse nationale feestdag.

1300-1500 In de volgende twee eeuwen sluiten zich steeds meer kantons aan bij het Eedgenootschap en worden het leger van de Habsburgers twee keer verslagen door de Zwitserse Bond: bij Sempach 1386 en bij Näfels 1388. Ook de Bourgondiërs worden door de Eedgenoten verslagen in Grandson aan het Meer van Neuchâtel in 1467 en later dat jaar bij Murten. De slag bij Murten op 22 juni wordt nog jaarlijks herdacht en geldt als een belangrijke datum voor de Zwitserse eenheid.

1499 Zwitserland verklaart zich onafhankelijk van het Vaticaan. Een paar jaar later wordt op verzoek van Paus Julius II de Zwitserse Garde opgericht, voor de bescherming van het Vaticaan, hetgeen nog altijd voortduurt.

1515 Een vredesverdrag met Frankrijk wordt gesloten, waarin de Eedgenoten zich verplichten van verdere gebiedsuitbreiding af te zien. Dit vormt de basis voor de al eeuwen door de Zwitsers volgehouden neutraliteitspolitiek.

Reformatie en Contrareformatie

1531 De 16e eeuw wordt Zwitserland gekenmerkt door de Reformatie, waarbij de autoriteit van de katholieke kerk wordt afgewezen, evenals veel van haar rituelen. Zwingli en Calvijn zorgen voor twee reformatiegolven, vooral in de steden. De landelijke gebieden daarentegen voelen zich erdoor bedreigd. Vooral na de Contrareformatie, ingeluid door het Concilie van Trente (1545-1563), leiden conflicten tussen de katholieke en protestantse kantons tot enkele godsdienstoorlogen. In Graubünden vindt de Reformatie zonder veel moeite ingang. Elke gemeente bepaalt zelf tot welke religie ze zich het meest voelt aangetrokken. De prediking en de bijbelvertaling geven nieuwe inhoud en betekenis aan de Retoromaanse taal.

1648 De Vrede van Westfalen erkent Zwitserland voor het eerst als onafhankelijke Europese natie.

Verlichting en Franse Revolutie

18e eeuw Vooral in de protestantse gebieden bloeit de handel, het bankwezen en het culturele leven onder invloed van de Verlichting.

1798 Grote sociale veranderingen worden ingeluid door de Franse Revolu-

Geschiedenis

tie. In 1798 bezetten de Fransen het gebied dat dan de Helvetische Republiek gaat heten. De Berner schatkist wordt naar Parijs overgebracht ter financiering van Napoleons oorlogen. Graubünden sluit zich in de Napoleontische tijd aan bij het Zwitsers Eedgenootschap en verliest zijn wingewest Valtellina aan het latere Italië.

1813-1815 Op het Congres van Wenen wordt de Zwitserse staat met zelfbesturende kantons hersteld. Neuchâtel, Genève en Wallis treden toe tot de nieuwe staat en het Eedgenootschap, waardoor het aantal kantons tot 22 wordt uitgebreid.

1848 Verschillen in taal en godsdienst leiden in 1847 tot de korte *Sonderbundskrieg* tussen de katholieke en protestantse kantons. De oorlog werd door generaal Dufour ten gunste van de protestantse, liberale kantons beslecht. Kort daarna vindt de oprichting plaats van het moderne Zwitserland als bondsstaat met een federale grondwet waarbij de macht van de individuele kantons wordt beperkt en de godsdiensten gelijke rechten kregen.

1891 Invoering van het referendum en de volksraadpleging, als pijlers van de directe democratie.

2e helft 19e eeuw Groei van de industrie, wegen en spoorwegen worden aangelegd en er wordt begonnen aan de tunnel door de Gotthard. Daarnaast komt het toerisme op. De tot de verbeelding sprekende eerste beklimming van de Matterhorn in 1865 zorgt voor de nodige nieuwsgierigheid. De Zwitserse neutraliteit leidt ertoe dat veel internationale organisaties zich in Zwitserland vestigen.

De 20e eeuw

1914-1918 In de Eerste Wereldoorlog blijft Zwitserland neutraal, ondanks sterke verdeeldheid tussen Franssprekende en Duitssprekende Zwitsers. Door de mobilisatie van grote aantallen soldaten aan de grenzen en het opvangen van tienduizenden vluchtelingen, waaronder Lenin, ontstond er groot gebrek aan voedsel, goederen én arbeidskrachten.

1918-1940 Klassenstrijd, economische crisis en opkomend fascisme.

1940-1945 In de Tweede Wereldoorlog is Zwitserland omsingeld door fascistische mogendheden en er ontstaat een verlammend conflict tussen zich aanpassen aan de situatie en de handel op gang houden of reageren. Onder leiding van generaal Guisan, die alle legeraanvoerders bij elkaar roept op de Rütliwiese, wordt besloten het land te mobiliseren en zich bij een aanval terug te trekken in de bergen. Intussen gaat men door met handel drijven met de As, inclusief wapenleveranties aan Duitsland. Pas in 1944 stopt Zwitserland alle handel met de Aslanden. Slechts weinig Joden worden opgenomen in Zwitserland, vanwege een strikte asielpolitiek. 26.000 Joden worden aan de Duits-Zwitserse grens teruggestuurd, een zekere dood tegemoet.

1945-1960 Na de oorlog bevindt Zwitserland zich in een vacuüm; haar afzijdige houding tijdens de oorlog wordt de Zwitsers niet in dank afgenomen. De politieke isolatie neemt af doordat Zwitserland een bemiddelende rol krijgt in diverse internationale conflicten. De industrie, het bankwezen en het toerisme groeien snel, de welvaart neemt toe.

1975 Invoering van het vrouwenkiesrecht.

1979 Het Franssprekende deel van de Berner Jura wordt een zelfstandig kanton (*Jura*).

1988 Via een referendum besluiten de Zwitsers geen lid te worden van de Europese Gemeenschap, en in 1992 ook niet van de Europese Unie.

1991 700-jarig jubileum van Zwitserland.

1998 - 2002 Een onderzoek naar Zwitserlands rol in de Tweede Wereldoorlog zorgt voor veel beroering onder de Zwitsers. Het befaamde Zwitserse bankgeheim verhult nog steeds de grote hoeveelheden goud die de nazi's in de oorlog bij Zwitserse banken onderbrachten.

2002 Via een referendum treedt Zwitserland toe tot de Verenigde Naties. Via verdragen is Zwitserland steeds nauwer verbonden met de Europese Unie maar van een toetreding lijkt voorlopig geen sprake.

2008 Toetreding van Zwitserland tot de zogenaamde Schengenlanden waarmee paspoortcontrole aan de grenzen vervalt. Zwitserland organiseert met Oostenrijk het Europees Kampioenschap voetbal op succesvolle wijze. De stad Bern is erg ingenomen met het Oranjelegioen.

2009 Bij het zogenaamde *minarettenreferendum* spreekt de Zwitserse bevolking zich uit tegen de bouw van minaretten, symbolen van de moslimcultuur. Het bankgeheim staat internationaal onder druk.

2010 Zwitserland krijgt met Simonetta Sommaruga de eerste vrouwlijke president en een vrouwlijke meerderheid in de Bondsraad.

2014 Middels een referendum stemmen de Zwitsers voor quota voor immigranten (in strijd met de regels voor een interne Europese markt).

2016 De Zwitsers spreken zich uit tegen een basisinkomen van 2500 franken voor iedereen.

Wilhelm Tell en het Eedgenootschap

Standbeeld van Wilhelm Tell in Altdorf, hoofdstad van het kanton Uri

Eind 13e eeuw kregen de Habsburgers steeds meer macht in het Duitssprekende deel van Zwitserland. De zorg voor deze nieuw verworven bezittingen lieten zij over aan Oostenrijkse landvoogden, oorzaak van veel conflicten. Hierop is de legende en het verhaal van Wilhelm Tell gebaseerd, die weigerde de hoed te groeten van een Oostenrijkse landvoogd en als straf een appel op het hoofd van zijn zoontje door midden moest schieten.

Het Eedgenootschap

Na de dood van Rudolf I van Habsburg verenigen de *Waldstätte* Uri, Schwyz en Nidwalden zich in hun verzet tegen de Habsburgers. Op de Rütliwiese aan de Urner See sloten zij op 1 augustus 1291 een verbond. Spoedig trad ook Obwalden toe tot dit verdrag. Met dit Eedgenootschap werd de basis gelegd voor de latere Zwitserse staat. Nog altijd is 1 augustus de nationale feestdag van Zwitserland. Het in het Latijn gestelde document wordt bewaard in Schwyz. De oerkantons sloten hun verdrag ook met het oog op de handelsroute over de Gotthardpas die Duitsland met Italië verbond. In 1230 was het Uri gelukt een brug te slaan over de Schöllenenschlucht die voordien onbegaanbaar was, waarmee de handelsroute een feit werd en waarvan de kantons zelf de vruchten wilden plukken.

Wilhelm Tell

De geschiedenis van Wilhelm Tell is het dramatische verhaal van de vrijheidslievende Zwitser die weigert te buigen voor het opgelegde gezag. In de legende is het de wrede Oostenrijkse landvoogd Gessler die op de markt van Altdorf in woede ontvlamt omdat gemzenjager Wilhelm Tell zonder te groeten langs de demonstratief opgestelde Oostenrijkse hoed loopt. Tell, die met zijn zoon Walter op stap is, moet zijn minachting duur bekopen. Slechts op één manier kan hij aan zijn doodvonnis ontsnappen: door van grote afstand met zijn kruisboog een appel van het hoofd van zijn zoon te schieten. Tell schiet zuiver en doorklieft de appel. Dan vraagt Gessler wat de bedoeling is van de tweede pijl die Tell bij zich draagt. 'Als ik mijn zoon zou hebben getroffen dan had ik mij op u gewroken' luidt het antwoord. Gessler kookt over van woede bij het horen van deze brutaliteit en laat Tell boeien en meevoeren naar zijn boot die hem over de Urner See naar het slot bij Küssnacht moet brengen. Op het water barst er een noodweer los dat Gessler en zijn soldaten beangstigt, zelfs zo dat Wilhelm Tell wordt bevrijd van zijn boeien en het roer moet bedienen. Tell koerst langs de steile oever, waar hij een plek kent die hem uit zijn benarde positie kan redden, een klein rotsplateau bij Sisikon waar hij met bovenmenselijke kracht opspringt en de boot terugduwt in de kolkende watermassa. Gessler moet in zijn nederlaag berusten en zinnend op wraak gaat hij huiswaarts. Tell spoedt zich over land naar Küssnacht en ligt al in een hinderlaag in de Hohle Gasse die naar het slot van Gessler leidt voordat de laatste voet aan wal heeft gezet. Daar voltrekt Wilhelm Tell het vonnis en doorboort met een welgemikt schot het hart van de gehate Gessler.

Het referendum – een Zwitserse uitvinding

Uniek voor het kleine vrijheidslievende land is het uitgesproken federalisme. Dit komt in twee elementen tot uitdrukking: in de sterke autonomie van de 26 kantons en hun gemeenten evenals in de directe deelname van de Zwitsers aan de politieke besluitvorming. Niet alleen de kantons hebben grote invloed – ook de afzonderlijke burgers hebben dat. Door de volksinitiatieven en het referendum kunnen de burgers hun invloed op de regeringsactiviteiten uitoefenen. Het referendum is een Zwitserse uitvinding, waarbij het volk kan beslissen over nieuwe bondswetten en algemene besluiten: binnen 90 dagen na het openbaar maken van een bondsbesluit kunnen minimaal 50.000 stemgerechtigden of minimaal 8 kantons vragen om een referendum. Het houden van een referendum is verplicht bij voorgestelde wijzigingen van de grondwet.

Bundeshaus in Bern

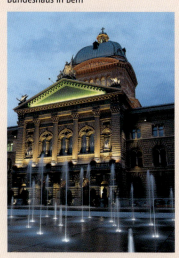

Het Zwitserse bankgeheim en het geroofde goud

SIX Swiss Stock Exchange, Zürich

De Zwitserse neutraliteit en zelfstandigheid brachten het land veel goeds. Veel internationale organisaties vestigden zich in Zwitserland en er vonden grote vredesconferenties plaats. Maar de Zwitserse neutraliteit heeft ook een keerzijde. Net als chocolade en horloges nemen het beruchte bankgeheim en het geroofde goud van de Joden een plaats in tussen de clichés over dit Alpenland.

Ontstaan van het bankgeheim

Vanaf WOI brachten veel rijken uit het buitenland hun vermogen naar Zwitserse banken, omdat de politieke stabiliteit in hun thuisland niet meer vanzelfsprekend was. De Zwitserse bankwet uit 1934 was een reactie op de bankencrisis na WOI. Gesteund door de wet konden Zwitserse banken persoonlijke informatie over klanten beschermen, door het gebruik van genummerde rekeningen.

Tegenwoordig zijn meer dan 100.000 mensen werkzaam in de bankensector, die rond 10% van het bruto binnenlands product levert en vermoedelijk met 3000 miljard US-dollar privaat vermogen zo'n 30-40% van het wereldwijde *offshore banking* (geld dat niet in het eigen land wordt beheerd) uitmaakt.

Vooral de laatste decennia kwam er internationaal veel verzet tegen het bankgeheim, omdat de Zwitserse banken worden gezien als een belangrijke schakel in de internationale belastingontduiking, het witwassen van crimineel geld en de georganiseerde misdaad. Het bankgeheim leek tot voor kort echter onaantastbaar.

Het geroofde goud

Omdat het ontstaan van het bankgeheim samenviel met de opkomst van het nationaalsocialisme in Duitsland, werd het bankgeheim vaak goedgepraat vanwege de bescherming die het veel Joodse burgers zou hebben geboden. In 1966 ontstond door een publicatie van de bank Credit Suisse de mythe 'dat door het bankgeheim het vermogen en leven van duizenden mensen zou zijn gered'.

De rol van de Zwitserse banken in WOII was echter minder nobel. Zwitserland heeft in de oorlogsjaren in totaal 295.000 vluchtelingen opgenomen, maar hield met een restrictieve toelatingspolitiek vanaf 1942 Joodse vluchtelingen tegen. Circa 25.000 Joodse vluchtelingen, die de Zwitserse grens wisten te bereiken, werden teruggestuurd, een zekere dood tegemoet.

Zwitserland fungeerde in de oorlog als financiële draaischijf voor de nazi's en nam van de Duitse Reichsbank grote hoeveelheden goud aan als betaalmiddel voor exportleveringen. Dit goud was grotendeels geroofd uit de bezette landen (Nederland, België, Luxemburg, Frankrijk, Polen, Tsjechoslowakije, etc.), en vaak afkomstig van slachtoffers van de Jodenvervolging. Na de oorlog dwongen in 1946 de geallieerden de Zwitsers uiteindelijk tot het afstaan van dit bezit. De strijd om het roofgoud werd met een betaling van 250 miljoen franken afgehandeld. Later bleek dit bedrag slechts een fractie van de werkelijke hoeveelheid goud te vertegenwoordigen. Na internationale druk kochten de Zwitserse banken in 1998 de Joodse claims af met 1,25 miljard dollar. In de Zwitserse banken ligt nog steeds 61.000 kg uit Nederland geroofd goud, met een waarde van 2 miljard euro. Nederland zag in 2000 echter af van verdere claims daarop.

Afschaffing van het bankgeheim

Het bankgeheim kwam meerdere keren onder druk, door het bekend raken van zogenaamde *Potentatengelder* (geld van dictators als Ferdinand Marcos, Slobodan Milosevic of Jean-Claude Duvalier) op Zwitserse bankrekeningen. Door openbaringen van klokkenluiders kwam steeds meer aan het licht over buitenlandse klanten. In 1996 begon een lange juridische strijd tussen diverse overheden en de Zwitserse banken. De VS dwong de Zwitserse banken UBS en Credit Suisse uiteindelijk tot bekendmaking van de rekeningen van Amerikaanse klanten en deelde boetes uit van respectievelijk 1,25 miljard en 2,8 miljard US-dollar. In 2014 sloot Zwitserland een overeenkomst met de VS over het uitwisselen van financiele gegevens. En met een akkoord over automatische uitwisseling van bankgegevens hebben de Europese Unie en Zwitserland in 2016 definitief het Zwitserse bankgeheim begraven. Vanaf 2018 wordt de bankinformatie over Europese burgers automatisch uitgewisseld met de fiscus in de betrokken EU-lidstaten en kunnen Europese burgers hun zwart geld niet meer verstoppen op een Zwitserse bankrekening.

Laatste etappe

Op dit moment geldt het afschaffen van het bankgeheim alleen voor buitenlanders. Zwitserse politici verklaarden recent nog dat wie in Zwitserland belasting wil ontduiken, 'voorlopig weinig hoeft te vrezen'. Maar linkse politieke partijen en de fiscale autoriteiten van de afzonderlijke Zwitserse kantons denken daar anders over. Het ooit onaantastbare bankgeheim lijkt zijn laatste tijd gehad te hebben.

De Grand Tour of Switzerland

De geschiedenis van het toerisme in Zwitserland is slechts twee eeuwen oud. Daarvoor werden de Alpen gemeden, als plaats waar de goden en demonen huisden, die 's winters voor lawines zorgden. De bergen werden gezien als obstakels, die men zo snel mogelijk diende over te steken op weg naar Italië. De Alpenpassen, in feite de laagste overgangen tussen de bergen, werden *beklommen* als ware het de hoogste bergtoppen.

De eerste toeristen

In de 18e eeuw veranderde dit toen wetenschappers, schrijvers en kunstenaars de Alpen verkenden en het berglandschap en hun bewoners gingen verheerlijken. Het gedicht *Die Alpen* (1732) van de Zwitserse arts Albrecht von Haller en de roman *Julie ou la Nouvelle Heloïse* (1761) van Rousseau – een liefdesroman die zich afspeelde in de bergen – vormde de aanzet tot de komst van de eerste toeristen, die op hun *Grand Tour* door Europa voortaan Zwitserland bezochten als zelfstandig reisdoel. *The Prisoner of Chillon* van Byron en de tot de verbeelding sprekende beklimming van de Matterhorn door Engelse alpinisten zorgden voor de nodige nieuwsgierigheid van met name welgestelde Engelse toeristen naar dat onherbergzame land. De *Grand Tour of Switzerland* was geboren.

Spoorlijnen brachten steeds meer toeristen naar Zwitserland, waar luxueuze berghotels werden gebouwd en waar werd gezocht naar ingenieuze manieren om de toeristen naar de hoogste toppen te brengen. In 1871 werd met de Rigibahn de eerste tandradtrein van Europa gebouwd, waarna onder meer de Pilatus-, Jungfrau- en Gornergratbanen volgden. De eerste met kabels aangedreven tandradbaan was in 1879 aan

de Brienzersee de baan naar hotel Giessbach, om toeristen vanaf het meer naar het hotel te brengen.

De Gouden Eeuw van het alpinisme

De beklimming van de Mont-Blanc in 1786 was de aanzet tot het beklimmen van de een na de andere hoge Alpentop. De periode tussen 1850 en 1865 wordt de *Gouden Eeuw* van het alpinisme genoemd, waarin vooral Engelse alpinisten met hun Zwitserse gidsen vele vierduizenders beklommen. Die periode van veroveringsdrang werd afgesloten met de tragische beklimming van de Matterhorn in 1865 door Edward Whymper en zijn team.

Kuuroorden en wellness

De geneeskrachtige werking van de Zwitserse thermale bronnen was al bij de Romeinen bekend, maar het kuren steeg pas tot grote hoogte nadat aan het eind van de 19e eeuw de Duitse arts dr. Alexander Sprengler de heilzame werking van het hooggebergteklimaat voor lijders aan longziekten als tuberculose ontdekt had. Samen met de Nederlandse hotelier Willem Jan Holsboer maakte hij van Davos een gerenommeerd herstellingsoord, dat wereldberoemd werd door Thomas Manns roman *De Toverberg*. Met de kuurpatiënten kwamen ook de eerste wintertoeristen. Na de ontdekking van de antibiotica ontwikkelde Davos zich tot wintersportplaats. Tot op heden vindt u nog overal in de Zwitserse bergen schitterende historische *Grand Hotels*. De nieuwste trend in kuren zijn de *wellnesscentra*, veelal op de mooiste locaties.

De moderne Grand Tour

De huidige autoreiziger kan nu ook de *Grand Tour* volgen, een ontdekkingsreis van 1643 km, door 4 taalgebieden, over 5 Alpenpassen, langs 22 grote meren, 11 UNESCO-Werelderfgoederen en 2 biosfeerreservaten. De route is geheel bewegwijzerd en heeft een uitgebreide eigen website (www.myswitzerland.com/grandtour) over de bezienswaardigheden, accommodaties en activiteiten langs de route (zie de kaart achterin deze reisgids).

De Babylonische spraakverwarring

Zwitserland heeft officieel vier talen: Duits, Frans, Italiaans en Retoromaans. De wet verplicht ieder kind op school een 2e nationale taal te leren en veel jongeren spreken ook nog goed Engels. Duits, Frans en Italiaans genieten een gelijke status binnen het parlement en de overheid. Sommige steden evenals veel kantons zijn geheel tweetalig.

onderwezen is ook de officiële schrijftaal. Het *Schwytzerdütsch* kent vele dialecten. Het is handig een paar woordjes Zwitsers duits te leren:
Grüezi mit ein and – hallo, goedendag (tegen meerdere personen)
Merci vilmal (klemtoon op de e) – hartelijk dank
Adee, widerluege – tot ziens
En guete – eet smakelijk

Zwitsers Duits (67,3 %)

Het zangerige *Schwytzerdütsch* dat gesproken wordt, is vaak nauwelijks te verstaan voor Nederlandse reizigers. Maar gelukkig verstaan de Zwitsers elkaar vaak ook niet, zodat iedereen wel verplicht is – hoewel ze er een hekel aan hebben – om *Hochdeutsch* te spreken om met elkaar te kunnen communiceren. Het Hoogduits, dat op de scholen wordt

Zwitsers Frans (20,4 %)

In West-Zwitserland – Jura, Fribourg, Neuchâtel, Vaud, Genève en westelijk Wallis – wordt Frans gesproken. Men spreekt van *Suisse Romande* of Romandië. In het gebied rond Murten en Fribourg en in de stad Biel/Bienne is men volledig tweetalig; binnen zinnen worden vaak woorden uit beide talen gebruikt. Ook het Frans kent zijn Zwitserse varianten, maar niet zoiets als Zwitserfrans. Het Frans is gelijk aan dat in Frankrijk, op enkele uitzonderingen na, zoals het gebruik van getallen: de Zwitsers zeggen *septante*, *octante* en *nonente* in plaats van *souixante-dix*, *quatre-veingt* en *quatre-veingt-dix* (eigenlijk makkelijker).

Zwitsers Italiaans (6,5 %)

In drie zuidelijke dalen van Graubünden/Grisons (Calanca, Bregaglia en Poschiavo) en in het hele kanton Ticino is Italiaans de voertaal. Zwitsers Italiaans heeft een Lombardijns accent.

Retoromaans (0,5%)

Deze taal ontstond in Graubünden toen de taal van de oorpronkelijke bewoners, de Retiërs, werd vermengd met het Latijn van de Romeinen. Dit alpiene Latijn was vroeger over het gehele berggebied van de Gotthard tot aan Triëst verbreid. In Graubünden spreekt men over *Romontsch* of *Rumantsch*. Sinds de 19e eeuw neemt het aantal sprekers van Retoromaans af, het zijn er nu nog maar zo'n 40.000. Bovendien zijn er ook nog eens 4 varianten. Praktische zaken als schoolboeken, overheidscommunicatie en toerisme bevorderden in veel plaatsen de overgang naar Duits.

Röstigraben

Met de grappig bedoelde term *Röstigraben* (röstikloof, genoemd naar het klassieke Zwitserse aardappelgerecht) beschrijft men de culturele grens tussen Frans- en Duitstalige Zwitsers, maar vooral de kloof in mentaliteit en politieke voorkeur tussen beide bevolkingsgroepen. Als voorbeeld diende de Saane/Sarine, de rivier die de taalgrens vormt in het tweetalige kanton en de stad Fribourg/Freiburg. Ten westen van de *röstigraben* is men over het algemeen progressiever en meer gericht op Europa. In het Frans spreekt men overigens van een *rideau de rösti* (röstigordijn) of *barrière de rösti* (röstihek). De poging om ook een *Polentagracht* in te voeren voor de taalgrens met de Italiaanstalige Zwitsers was weinig succesvol.

Swinglish

Zoals de Zwitsers ooit teruggrepen op het latijn om een naam te geven aan hun nieuwe land: *Confoederatio Helvetica*, ontstaat er nu een soort vijfde taal: *Swinglish* (Swiss meets English).
Met vier officiële talen is het soms lastig om, bijvoorbeeld op verkeersborden of verpakkingen iets aan te geven, het moet dan officieel in alle talen. Daarvoor heeft men een oplossing: toeristische borden langs wegen roepen daarom *Welcome to Switzerland* En wat drukt het gevoel om Zwitser te zijn beter uit dan het Engelse woord *Swissness*.

Swissness in Gstaad

Moderne kunst in Zwitserland

Het kleine Zwitserland heeft sinds eind 19e eeuw een verrassend aantal kunstenaars voortgebracht. Beeldhouwers als Jean Tinguely en Alberto Giacometti, of architecten als Le Corbusier werkten in heel Europa en kregen met hun werk een uitstraling tot ver over de Zwitserse grenzen. In recente tijd zijn vooral enkele Zwitserse *sterarchitecten* als Mario Botta en Herzog & de Meuron wereldwijd bekend. Daarnaast zijn er een flink aantal interessante – maar veelal buiten Zwitserland weinig bekende – Zwitserse schilders als Ferdinand Hodler, Cuno Amiet, Felix Valloton, Giovanni Giacometti, Giovanni Segantini, die ieder een eigen kenmerkende stijl ontwikkelden en waarvan het werk in een groot aantal Zwitserse musea is te bewonderen.

Kunstenaars in de Alpen

Ferdinand Hodler, de Niessen; Kunstmuseum Basel

Giovanni Segantini, Oberengadiner landschap; Kunstmuseum Bern

Schilders van de Alpen

Veel Zwitserse schilders kozen de Alpen als motief voor hun werken. Twee daarvan springen er bovenuit: Ferdinand Hodler en Giovanni Segantini.

Ferdinand Hodler

Ferdinand Hodler (1853-1918) genoot zijn schildersopleiding in Genève en Parijs en schilderde, naast portretten en symbolische werken, vooral de Zwitserse bergen. Mensen zijn afwezig in deze berglandschappen, die in een expressionistische stijl zijn geschilderd. Het zijn als het ware *bergportretten*, waarbij vormen, bergen en water, zijn vereenvoudigd tot heldere kleurcontrasten. De soberheid van zijn late schilderijen van de Thunersee en het Meer van Genève creëert een gevoel van onmetelijke ruimte. In zijn laatste levensjaren schilderde Hodler alleen nog het landschap rond het meer van Genève. Hodlers iconische bergmotieven staan afgebeeld op Zwitserse postzegels.

Giovanni Segantini

De oorspronkelijk Italiaanse schilder Giovanni Segantini (1858-1899) vestigde zich vanaf 1886 in Graubünden, eerst in Savognin, de laatste vijf jaar van zijn leven in Maloja. Geïnspireerd door de ongerepte bergwereld van het Engadin en het oorspronkelijke boerenleven ontwikkelde hij een geheel eigen impressionistische schildertechniek om het kristalheldere berglandschap vast te leggen. Segantini verbleef in de winter vaak in Soglio in het naburige Val Bregaglia. Met een woordspeling noemde hij het dorp la soglia del Paradiso, de drempel naar het paradijs. Bekend werd zijn uitzicht vanaf Soglio op de granietpieken van de tegenovergelegen bergen. Segantini's werken werden in Zwitserland zo gewaardeerd, dat hij het land mocht vertegenwoordigen op de wereldtentoonstelling van 1900 in Parijs met een drieluik *Worden, Zijn, Vergaan*. Deze grote doeken werden de belangrijkste erfenis van Segantini, en hangen in het aan hem gewijde museum in Sankt Moritz.

Op de alp: bergkoeien en alpenkaas

Het kleine Zwitserland met zijn vele talen en dialecten, grote culturele verschillen tussen de steden en de bergen, heeft een veelheid aan tradities en gebruiken. Veel van de oude regionale gebruiken, zoals die horen bij het leven op de alpenwei, werden ver buiten de eigen streek bekend en zijn nu toeristische attracties.

Het leven op de alp

De weiden boven de boomgrens (*almen* of *alpen*) worden 's zomers gebruikt voor de beweiding van koeien, schapen en geiten. Het leven op de alm verloopt op het ritme van de natuur. Wat er op het eerste gezicht idyllisch uitziet, is vooral hard werken. Zo'n 12.000 bergboeren en -boerinnen werken in Zwitserland op 7500 almbedrijven. Meestal zijn de alpenboeren verantwoordelijk voor het vee van verschillende boeren. Het is hun taak, het vee de weiden op te drijven, tweemaal per dag te melken en kaas te maken. In deze alpenlandbouw ontstonden tradities, die tot op heden zorgvuldig worden onderhouden.

Aan het begin van de zomer vertrekken de boeren in klederdracht en met kunstig versierde dieren in optocht naar de alm, de *Alpaufzug*. In de herfst worden de koeien weer naar het dal gedreven, de *Alpabzug*. Deze feestelijke optochten lokken vele toeschouwers, evenals de feestelijke activiteiten na afloopt.

Alpenkaas en bergkaas

De echte *Alpkäse* (alpenkaas) wordt ook nu nog in rokerige alpenhutten met de hand gemaakt, in grote ketels boven het vuur, net als vroeger. De kaas die in het dal het hele jaar door geproduceerd wordt in de moderne kaasmakerijen, wordt – om het verschil met alpenkaas aan te geven – *Bergkäse* (bergkaas) genoemd. De naam *Alpkäse* is beschermd en voorbehouden aan de kaas, die direct op de alp gemaakt wordt. De koeien grazen vrij op de alm en eten de sappige alpenkruiden. De gezonde voeding, de bewegingsvrijheid en het kristalheldere bergwater zorgen voor een smakelijke melk, die direct van de koe tot kaas verwerkt wordt. Al deze criteria hebben niet alleen een positief effect op de smaak van de alpenkaas, ze maken hem ook rijk aan gunstige omega-3-vetzuren, die een positieve invloed hebben op de bloedsomloop.

Alphoorn

De warme klank van de alphoorn draagt zeer ver – de reden, dat het ooit door de herders voor de communicatie gebruikt werd, om de koeien van de weide naar de stal te roepen, wanneer het tijd was om te melken. De alphoorn was ook van belang voor de communicatie met de herders van de naburige alpen. De alphoorn verloor in de 19e eeuw zijn oorspronkelijke functie, en is nu vooral een toeristische attractie en een symbool van Zwitserland. De Zwitserse jodelvereniging, waartoe de alphoornblazers behoren, heeft 1800 leden die alphoornblazer zijn. Alphoorns kunt u zien en horen tijdens eedgenootschappelijke jodelfeesten en het jaarlijkse internationale alphoornfestival in Nendaz (Wallis).

Jodelen

Alphoornblazen en jodelen hebben de zelfde oorsprong en werden lange tijd gebruikt door de bergboeren. De oorspronkelijke vorm is het *natuurjodelen*, waarbij geen woorden, maar klanken worden gezongen om elkaar op de hoogte te stellen of bij het opdrijven van de koeien. Pas in de 19e eeuw ontstaan jodelkoren, die jodelliedjes met teksten zingen. Iedere drie jaar in het begin van de zomer nemen rond 10.000 jodelaars, vendelzwaaiers en alphoornblazers deel aan het 3-daagse Zwitsers nationaal jodelfeest.

Walliser koeiengevechten

Uniek zijn de ook Walliser koeiengevechten (*Combats des Reines*) van mei tot september, waarbij de trotse donkere Walliser koeien van het ras Eringer wedijveren om de heerschappij over de kudde. Speciaal getrainde koeien (nee, geen stieren!) haken met de horens in elkaar en proberen zo de eretitel *Reine* (Koningin) te veroveren. Gelukkig vinden er zelden verwondingen plaats tijdens deze koeiengevechten. De feestelijke kantonnale finale vindt plaats in mei in het dorp Aproz bij Sion.

Trotse Walliser bergkoeien strijden om de titel van Koningin

Nationale sporten – Schwingen en Steinstossen

De Zwitsers hebben maar 1 officiële nationale feestdag: 1 augustus. Maar als aanvulling van deze nationale feestdag zijn er de vele zogenaamde *Eidgenössische Feste (Fête Fédérale, Festa federale)*, georganiseerd door landelijke verenigingen en sportorganisaties. Deze eedgenootschappelijke feesten werden vanaf eind 18e eeuw ingesteld, ter versterking van het Zwitserse nationale gevoel en de saamhorigheid tussen deelnemers uit alle verschillende taalgebieden en culturele groepen. Een groot aantal Eidgenössische Feste hebben zich inmiddels een vaste plaats verworven in de Zwitserse volkscultuur: Schuttersfeesten, kruisboogschieten, veldschieten, turnen, jodelen, en alpenfeesten met allerlei nationale Zwitsers sporten, zoals *Schwingen, Hornussen of Steinstossen*.

Eidgenössische Schwing- und Älplerfest (ESAF)

Het worstel- en alpenboerenfeest is het populairste eedgenootschappelijke feest en vindt elke 3 jaar in augustus plaats in een arena voor 50.000 bezoekers (telkens in een ander kanton). In totaal komen er op dit feest zo'n 250.000 gasten. Omlijst met jodel- en volksmuziek, worden de nationale sporten Schwingen, Hornussen en Steinstossen beoefend. Het volgende feest is in 2019 in Zug.

Schwingen

De Zwitserse variant van worstelen, het *Schwingen* geldt vooral in de landelijke streken van Duitstalig Zwitserland als de nationale sport. De beste *Schwin-*

ger (worstelaars) worden *Die Bösen* genoemd en strijden om de titel van *Schwingerkönig* (worstelkoning) in een met zaagsel bedekte cirkel met een doorsnede van 7 tot 14 meter. De winnaar van het belangrijke *Eidgenössische* krijgt de *Muni*, een jonge stier als hoofdprijs. In Zwitserland zijn *Die Bösen* net zo bekend als andere grote sporthelden.

Steinstossen

Het *Steinstossen* (steenwerpen) is nauw met het worstelen verbonden. De zogeheten *Unspunnenstein*, een zware gletsjerzwerfsteen van 83,5 kilo, wordt daarbij zover mogelijk weggegooid. In augustus 2004 vestigde Markus Maire een nieuw record; hij wierp de steen, waar gewone stervelingen amper beweging in krijgen, 4,11 meter ver. De steen is genoemd naar het plaatsje Unspunnen bij Interlaken, waar na de aftocht van de Fransen in 1805 het eerste grote bergboerenfeest plaatsvond.

Hornussen

Deze teamsport, die lijkt op een mix van golf en honkbal, wordt vooral in de kantons van het Mittelland beoefend. In Bern is deze sport het populairst, met 107 verenigingen. *Hornussen* kent een lange traditie die teruggaat tot de 16e eeuw.

Vendelzwaaien

Het vendelzwaaien is een prachtig schouwspel, dat begeleid door alphoornmuziek, tot de indrukwekkendste momenten van een volksfeest hoort. Vendelzwaaiers tonen hun kunsten op populaire evenementen zoals de jodel- en worstelfeesten en op de nationale feestdag op 1 augustus. Het vendelzwaaien is een oud gebruik, dat al sinds de middeleeuwen door de stadsgildes werd beoefend. Het vendelzwaaien kent vaste regels met tientallen verschillende worpen en *zwaaien*.

Worstelfeest op de Schwägalp, Appenzell Ausserrhoden

Nationale parken en natuurreservaten

Het parklandschap van Zwitserland krijgt langzaam gestalte. Er zijn op dit moment 19 parken: biosfeerreservaten, landschapsparken en natuurreservaten. En er komen er elk jaar meer bij. Al deze parken samen beschermen natuur van buitengewone schoonheid en waarde en beslaan in totaal 6109 vierkante kilometer. Dit komt overeen met ongeveer 15% van het oppervlak van Zwitserland.

Het *Schweizer Nationalpark* park in het Engadin is op dit moment het enige Zwitserse nationale park. Sinds kort zijn er nog twee kandidaten voor de titel nationaal park: het Parc Adula en het Parco Nazionale del Locarnese. Naast de nationale parken zijn er in Zwitserland de laatste jaren 14 natuurparken en een natuurbelevingspark bijgekomen. Al deze parken behoren tot de oorspronkelijkste natuur- en cultuurlandschappen van Zwitserland. En daarnaast heeft het land een enorm oppervlak hooggebergte met gletsjers en sneeuwvelden, waaronder het UNESCO-Wereldnatuurerfgoed Jungfrau-Aletsch. Kortom, heel veel natuur!

Schweizer Nationalpark

Dit bekendste nationale park van Zwitserland werd 100 jaar geleden als eerste nationale park van de Alpen opgericht. Sinds 2010 vormt het samen met het Val Müstair een UNESCO-Biosfeerreservaat. Het park ligt in het Unterengadin, langs de grens met Italië, met als hoogste toppen de Piz Pisoc (3174 m) en de Piz Quattervals (3164 m). Van de 11e tot en met de 17e eeuw vond hier nog mijnbouw plaats, waarvoor veel hout werd gebruikt. In die tijd werd het hout uit deze dicht beboste dalen massaal gekapt en verhandeld. Aan het eind van de 19e eeuw was het gebied grotendeels kaal door boskap en overbeweiding en lag het er berooid bij. In 1914 werd besloten tot algehele bescherming van het gebied. Sindsdien geniet het Schweizer Nationalpark de hoogste bescherming van alle parken in Midden-Europa en wordt de natuur volledig tot rust gelaten. Wandelen is beperkt tot de paden, bomen mogen niet worden gekapt en er mag niet worden gejaagd. In de winter (de kwetsbare tijd voor de natuur) is het hele Nationalpark verboden gebied. Door deze consequente en langdurige natuurbescherming is de natuur weer geheel hersteld en vormt het park een ideaal gebied voor natuuronderzoek naar hoe flora en fauna zich in een natuurlijke situatie ontwikkelen. Een groot deel van de bossen bestaat inmiddels uit bergdennen (Pinus mugo), na de kap van sparren in het verleden. Boven de boomgrens leven alpenmarmotten, gemzen en steenbokken. Die laatste zijn hier opnieuw uitgezet, nadat ze eind 19e eeuw hier uitgeroeid waren. Ze breiden zich gestaag uit. Beren zijn er niet, de laatste werd in 1904 geschoten, over herinvoering van wolven wordt nagedacht. De in de Alpen uitgestorven lammergier is ook uitgezet, ze kunnen via satellieten worden gevolgd. De populatie lijkt nu groot genoeg om te overleven. Steenarenden zijn er met zes broedparen, notenkrakers en bonte spechten ziet en hoort u overal.

Nieuwe nationale parken

De toekomstige nationale parken Adula (berggebied op de grens Ticino/Graubünden) en Locarnese (van het Lago Maggiore tot aan de bergtoppen bij Bosco Gurin) onderscheiden zich van het bestaande Zwitserse nationale park op verschillende wijzen. Hier heeft niet alleen de natuur voorrang, maar komen twee verschillende zones: een kernzone en een randzone, waarin duurzame activiteiten mogelijk zijn (traditionele landbouw, berghutten, duurzaam toerisme zoals skitoeren en wandelen).

Chamana Cluozza, Zwitsers nationaal park

Trekken de gletsjers zich terug?

Denk je aan het hooggebergte, dan denk je aan gletsjers. Het blauwe ijs van gletsjerbreuken en de lange tongen van dalgletsjers zijn voor velen de symbolen van de Alpen.

Maar behalve fascinerend, zijn de gletsjers ook van groot belang voor de waterhuishouding. Ze slaan 's winters water op en geven die gedurende de zomer als smeltwater weer af. Eeuwenlang vormt het gletsjersmeltwater in Wallis de belangrijkste bron om de velden te bevloeien. Spectaculaire waterleidingen van *Suonen* getuigen hiervan.

Tegenwoordig zijn de gletsjers van belang voor de elektriciteitswinning en het toerisme. Het kostbare smeltwater wordt voor de stroomopwekking in stuwmeren opgeslagen. De gletsjers trekken 's zomers veel bezoekers en skigebieden met gletsjers profiteren van een vroege start van het skiseizoen en maken zomerskiën mogelijk.

Gletsjerteruggang

Net als elders op aarde worden door de temperatuurstijging de Zwitserse gletsjers steeds korter. De beweging van een aantal gletsjers is goed gedocumenteerd. Zo werd er in 1874 een onderzoek gestart naar de beweging van de Rhônegletsjer. Men legde gekleurde stenen in rechte lijnen dwars over de gletsjer. Door de verplaatsing van de stenen te volgen kon men aflezen dat de gletsjer in het midden sneller beweegt dan aan de zijkanten en dat de stroomsnelheid ligt tussen de 100 en 250 m per jaar. Tegelijkertijd heeft men kunnen constateren dat de Rhônegletsjer in de laatste eeuw circa 1 km korter is geworden. De grootste gletsjer van de Alpen, de 23 km lange Aletschgletsjer verloor in de laatste eeuw zelfs 3 km. Een andere goed gedocumenteerde gletsjer, de Morteratschgletsjer in het Bernina massief (Graubünden), begon in 1857 op slechts

100 m van station Morteratsch. Sindsdien is die geslonken van 9 naar 6,4 km lengte. Wetenschappers van de Technische Hogeschool Zürich becijferden dat door de hogere temperaturen het Zwitserse gletsjeroppervlak in het decennium 1999-2009 met 12% is verminderd. Als deze tendens doorzet...

Voorlopig bedraagt het totale oppervlak van alle 1420 individuele gletsjers in Zwitserland nog altijd 944 km^2.

de bergdorpen Chamonix en Zermatt, zonder elke keer naar het dal te hoeven afdalen. De *High Level Route* werd voor het eerst in de zomer gemaakt. Met de destijds nieuw ingevoerde ski's werd in 1911 de huidige route voor het eerst begaan door de skipioniers François Frédéric Roget en Marcel Kurz. De route voert langs de vierduizenders en over de grootste gletsjers van de Walliser Alpen.

De Haute Route

De klassieke doorsteek over de gletsjers van de Walliser Alpen van Chamonix naar Zermatt wordt meestal in de winter op toerski's gedaan, maar is ook in de zomer als gletsjertocht mogelijk. De naam *Haute Route* stamt uit de tijd van het klassieke alpinisme, toen de Engelsen in het midden van de 19e eeuw een directe verbinding zochten tussen

Patrouille des Glaciers

Een variant van de *Haute Route* is de zogenaamde *Patrouille des Glaciers* (gletsjerpatrouille), een internationale ski-alpinismewedstrijd van het Zwitserse leger over 110 km tussen Verbier en Zermatt. Aan deze wedstrijd doen ook civiele teams mee. Bij de 5000 deelnemers zijn vaak ook enkele Nederlandse teams (www.pdg.ch).

Wintersport in Zwitserland

Freeriden in de diepe sneeuw vanaf de Schilthorn, Berner Oberland

Zwitserland is een geweldig wintersportland met enorme skigebieden, die soms vele valleien aan elkaar koppelen. En dan te bedenken dat de historie van de wintersport in Zwitserland nog geen 150 jaar oud is. De grootste skigebieden hebben vaak honderden kilometers pistes: Verbier-Quatre Vallées (412 km), Zermatt (322 km), Sankt Moritz (321 km), Davos-Klosters (228 km), Arosa-Lenzerheide (225 km), Laax-Flims-Falera (220 km), Gstaad (215 km), Jungfrau Region (206 km).

Wintersport 'uitgevonden' in Sankt Moritz

In hetzelfde jaar van de eerste beklimming van de Matterhorn (1865) begon in Sankt Moritz het wintertoerisme, toen de hotelier Johannes Badrutt zijn Engelse gasten uitnodigde om ook eens in de winter op vakantie te komen. Hij haalde ze over met de belofte van zonneschijn – gemiddeld schijnt de zon hier 322 dagen per jaar. Het werd een groot succes, de Britten kwamen iedere winter terug en introduceerden skiën, curling, bobsleën en wintergolf. Naast St. Moritz, Arosa en Davos kwamen ook plaatsen als Zermatt en Grindelwald snel op als belangrijke skioorden.

De leukste kleine skigebiedjes

Er zijn in Zwitserland ook veel kleine skigebiedjes. Vaak rond leuke plaatsen, geschikt voor gezinnen en niet zo heel ervaren skiërs en een stuk vriendelijker voor uw portemonnee. Een skipas voor een week kost in de kleinere gebieden circa CHF 200. Hier een kleine selectie:

Engelberg (82 km piste)

Skigebied met lange afdalingen en mooie off piste runs, vooral voor gevorderden. In en rond het stadje is veel te beleven – wel vrij duur.

Andermatt (55 km pistes)

Uitgestrekt skigebied voor gevorderde skiërs met geweldige mogelijkheden voor freeriders. Gezellig dorp met leuke uitgaansgelegenheden.

Arolla (47 km piste)

Hoog en sneeuwzeker skigebied aan het eind van het Val d'Hérens. Lange pistes in een prachtige omgeving. Arolla is een bergsdorp voor rustzoekers.

Val d' Annivier (200 km piste)

Prachtig bergdal, opgesplitst in twee skigebieden: Saint-Luc/Chandolin en Zinal/Grimentz. Kies per dag bij welk van de 4 dorpen je wilt gaan skiën. In Chandolin voor zonnige makkelijke pistes, of in Zinal voor koude poedersneeuwafdalingen.

Leukerbad (50 km piste)

Rustig skigebied voor gevorderden; langlaufen boven op de Gemmipas. Na het skiën ontspannen in het verwarmde zwembad van de Leukerbad-thermen.

Vals, Graubünden (25 km)

Veelal pittige pistes rond prachtig dorp met oude chalets en wereldberoemde wellness; skiën en onthaasten.

Savognin (70 km piste)

Vrij groot skigebied met brede mooie pistes voor beginners, maar ook off-piste mogelijkheden. Leuk dorp, speciaal gericht op gezinnen.

Scuol

Schitterend skigebied met een 12 km lange afdaling. Prachtig dorp met nog zo' n beroemd wellnesscentrum.

Andere wintersporten

Je kan in Zwitserland natuurlijk meer dan alleen skiën of langlaufen. Sneeuwschoenwandelen wordt steeds populairder en in veel dorpen zijn speciale hellingen en parcours voor sleetjerijden aangelegd. De *Eiger run* boven Grindelwald is met 3 km de langste rodelbaan voor sleetjes. En in Grindelwald beoefent men nog een andere heel vreemde wintersport: Sinds 1911 verplaatst men zich hier in de winter op de traditionele *Velogemel*, een met de hand gemaakte houten sneeuwfiets. Je kunt er een uitproberen en huren bij het toeristenbureau. In februari vindt het jaarlijkse wereldkampioenschap Velogemel plaats (www.velogemel.ch).

Wereldkampioenschap Velogemel in Grindelwald

Onderweg in Zwitserland

Uitzicht vanaf Fuorcla Surley op Piz Bernina, Piz Scerscen en Piz Roseg, Oberengadin

IN EEN OOGOPSLAG

Basel en Jura

Hoogtepunt ☀

Basel: de tweede stad van Zwitserland is een levendige studentenstad met een internationale sfeer. Met zijn middeleeuwse binnenstad, de hoogste *museumdichtheid* van het land, moderne architectuur en een swingend uitgaansleven is het een echte cultuurstad. Zie blz. 66.

Op ontdekkingsreis

Watch Valley (vallei van de horloges) is de bijnaam van de Zwitserse Jura, de streek van de horloge-industrie. Die begon in de 15e eeuw in Genève, de kraamkamer van de klokkenmakerij, en verspreidde zich over de hele Jura, waar nog steeds de meeste bedrijven zijn gevestigd. Eeuwenlange traditie en kennis zorgden voor de grote reputatie van de huidige horlogemakers. De reis door Watch Valley neemt u mee langs beroemde horlogemerken en makers van precisie-instrumenten. Zie blz. 80.

Bezienswaardigheden

Fondation Beyeler: de privéverzameling van Hildy en Ernst Beyeler geeft met 250 topstukken een schitterend overzicht van de klassiek-moderne kunst. Zie blz. 73.

St-Ursanne: schilderachtig gelegen aan de rivier de Doub, het mooiste middeleeuwse stadje van de Jura. Zie blz. 78.

La Chaux-de-Fonds: bezit maar liefst 70 horlogefabrieken. Bezoek het Musée International d'Horlogerie, bekroond om zijn prachtige collectie. Zie blz. 80.

Actief

Freiberge: wandelen door een mozaïek van bossen en open velden met reusachtige sparren en grote boerderijen. Het smalspoortreintje tussen Saignelégier en Glovelier maakt lange trein-wandelcombinaties mogelijk. Zie blz. 79.

Le Mont Chasseral (1607 m): een van de hoogste bergen van de Jura. Het uitzicht op de Berner Alpen vanaf de top is fenomenaal. Zie blz. 83.

Sfeervol genieten

Rhybadhüsli: op de hoge badsteiger Breite, tegenover het Tinguelymuseum in Basel vindt u het zonneterras Veronica. Daar kunt u de Rijnzwemmers met hun *drijftassen* zien voorbijkomen, terwijl u geniet van een lunch of diner. Zie blz 75.

Le Noirmont: uit heel Zwitserland komt men naar het mini-kasteeltje van Georges Wenger voor de uitstekende keuken, met twee michelinsterren. Overnachten kunt u er in comfortabele en originele themakamers. Zie blz 83.

Uitgaan

Kaserne Basel: biedt een breed palet aan livemuziek, theater en dansvoorstellingen. Zie blz. 75.

Le Bar Rouge: alleen al vanwege het uitzicht! Op de 31e verdieping van de Messeturm in Basel. Zie blz. 76.

Basel: poort tot Zwitserland ✺ ▶ F 2

In een bocht van de Rijn, op het drielandenpunt met Frankrijk en Duitsland, ligt de metropool Basel. Het is de enige Zwitserse stad met een haven, die voor grote schepen bevaarbaar is. De ligging aan de Rijn heeft de ontwikkeling van de stad sterk bevorderd. Al sinds de Romeinse tijd werd de rivier met legerkampen en vestingen verdedigd.

Basel is het economisch zwaartepunt van Noordwest-Zwitserland. Met 187.000 inwoners is Basel, na Zürich en Genève, de derde stad van Zwitserland. Groot geworden door de chemische en farmaceutische industrie, de haven, de handel en het bankwezen.

Basel is een levendige studentenstad met een internationale sfeer. En met zijn charmante middeleeuwse binnenstad, moderne architectuur en een swingend uitgaansleven is Basel een echte cultuurstad. De stad heeft de de hoogste *museumdichtheid* van het land en telt maar liefst 30 musea.

Als poort tot Zwitserland vormt de stad een ideaal startpunt voor een rondreis door het land.

Geschiedenis

Basels historie gaat terug tot de 3e eeuw, toen de Romeinen langs de Rijn de legerplaats Basilia aanlegden. In de 4e eeuw werd Basel prijsgegeven aan de Alemannen die de Rijn overstaken. In de middeleeuwen vestigden de Franken zich op deze plaats en ontwikkelde Basel zich tot een zelfstandige stadstaat met een bisschop aan het hoofd. In 1501 trad Basel toe tot het Zwitserse Eedgenootschap. Kort daarna kreeg de Reformatie er een grote invloed, zozeer zelfs dat de bisschop en het domkapittel de stad verlieten: Basel werd een protestantse stad. Papierindustrie, drukkerijen en de zijde-industrie brachten in de 16e tot 18e eeuw grote welvaart. Met de bereiding van kleurstoffen voor de zijde-industrie werd de basis gelegd voor de grote chemische en farmaceutische concerns van nu.

In de 20 eeuw groeide de handel en vestigden veel banken in Basel hun hoofdkantoor. De laatste decennia volgde een bouwgolf van moderne musea en kantoorgebouwen, ontworpen door toonaangevende Zwitserse en internationale architecten. Projecten als de recente Roche-toren (2015) en de uitbreiding van het Kunstmuseum (2016) maken Basel tot de architectuurhoofdstad van Zwitserland.

INFO

Kaart: ▶ A-F 2-6

Toeristenbureaus
Basel en Baselland: tel. 061 927 65 35, **www.baselland-tourismus.ch**
Kanton Jura: tel. 032 420 47 70, **www.juratourisme.ch**
Bielersee/Berner Jura: tel. 032 494 53 43, **www.jurabernois.ch**
Jura Neuchâtelois: tel. 032 889 68 90, **www.neuchateltourisme.ch**
Jura Vaudois: tel. 021 613 26 26, **www.lake-geneva-region.ch**

Vervoer
Euro airport Basel ligt op Frans grondgebied. Er is een **tram** en **busverbinding** met **station Basel SBB** (20 min.). Treinreizigers uit Duitsland stappen het beste uit op **Basel Badische Bahnhof**, het station langs de spoorlijn uit Duitsland.

Altstadt

Basels historische binnenstad of *Altstadt* wordt door de Rijn gescheiden in twee delen: het eigenlijke centrum en oudste deel van de stad, **Grossbasel**, bevindt zich op de zuidoever, heeft allure en ligt rond de Münster, de heuvel waarop de Münsterkirche is gebouwd. Het terras achter de kerk, de Pfalz, biedt een weids uitzicht over de Rijn. Aan de andere oever, de noordoever, ligt **Kleinbasel**, dat tijdens de 13e en 14e eeuw een ommuurd bruggenhoofd vormde. Deze vroegere arbeiderswijk heeft zich ontwikkeld tot een trendy buurt.

Zes bruggen verbinden Gross- en Kleinbasel. De oudste, de Mittlere Brücke, stamt uit 1225. Tussen de Rijnbruggen in varen sinds jaar en dag pontjes langs kabels heen en weer tussen de oevers, zonder motor, gebruik makend van de stroming. De drukke straten tussen de Mittlere Brücke, Marktplatz, Barfüsserplatz en het centraal station vormen de hoofdas van Grossbasel. De tramlijn op deze route vormt een gemakkelijk herkenningspunt. Aan weerszijden van die tramlijn liggen de heuvels waarop de Altstadt is gebouwd. Een groot deel van de binnenstad van Grossbasel is voetgangerszone en is gemakkelijk te voet te verkennen, de afstanden zijn niet groot.

Stadswandeling

Alle pleinen in Basels Altstadt hebben fonteinen of bronnen, waarvan het water is te drinken. Neem een flesje mee op uw stadswandeling en vul het onderweg bij. De beschreven rondwandeling voert u in een paar uur langs de belangrijkste bezienswaardigheden.

Tinguely-fontein 1

Gemakkelijk herkenbaar startpunt van de wandeling vormt de Theaterplatz met de speelse Fasnachtsbrunnen, een fascinerend kunstwerk van Jean Tinguely die elders in Basel een eigen museum kreeg. Het terras onder de kastanjebomen van restaurant Kunsthalle, aan de oostkant van de fontein, vormt een heerlijke plek om iets te eten of te drinken na uw stadswandeling.

Aan de noordkant van dit plein bevindt zich aan de Steinenberg 14 de Basel Tourist Information.

Kunsthalle 2

Steinenberg 7, di.-wo. 11-18, do. 11-20.30, za., zo. 11-17 uur, ma. gesl.

Aan de zuidkant van de Theaterplatz ligt Basels schouwburg (Theater). Aan de noordkant bevindt zich de Kunsthalle, een centrum voor hedendaagse kunst, waar ook het Schweizerisches Architekturmuseum is ondergebracht over Zwitserse en internationale architectuur. Een klein stukje ten zuiden van de Theaterplatz kunt u nog de Elisabethkirche bezoeken, een zogenaamde Offene Kirche. De kerk heeft zelfs een klein café bij de ingang.

Barfüsserplatz 3

Aan de overkant van de Steinenberg wandelt u naar de Barfüsserplatz rond de 14e-eeuwse Barfüsserkirche (genoemd naar de oorspronkelijk op blote voeten lopende fransiscaner monniken). Dit stadsplein is vooral geliefd bij studenten. In de Barfüsserkirche is sinds 1894 het Historisches Museum Basel gevestigd, over stadsgeschiedenis, cultuurhistorie en wooncultuur.

Münsterplatz 4

Vanaf de Barfüsserkirche, de Bäumleingasse en de Rittergasse wandelt u naar de Münsterplatz. Dit is een wijk met prachtige rijke historische huizen. De ouderdom van de huizen is af te lezen aan de op de gevels vermelde jaar-

tallen. U kruist de Freie Strasse, de belangrijkste (autovrije) winkelstraat van Basel. Op de Rittergasse kunt u rechtsaf naar het Kunstmuseum.

De Münsterplatz is beplant met kastanjebomen en wordt omringd door zorgvuldig onderhouden laatmiddeleeuwse woningen. Het is een levendige ontmoetingsplaats. Aan de noordkant bevindt zich het **Museum der Kulturen**, met een moderne uitbouw en een extravagant tegeldak van architecten Herzog & De Meuron. Het hoog boven de Rijn gelegen terras achter de kerk wordt *Pfalz* (paleis) genoemd omdat zich daar ooit de woning van de bisschop bevond. Vanaf het Pfalz heeft men een geweldig uitzicht over de rivier en de oude stad.

Münsterkirche 5

www.baslermuenster.ch, 's zomers ma.-vr. 10-17, za. 10-16, zo. 11.30-17 uur; 's winters ma.-za. 11-16, zo. 11.30-16 uur

Blikvanger in het stadssilhouet van Basel is Münsterkirche, de kathedraal. Deze aanvankelijk romaanse kerk werd

Basel

Bezienswaardigheden
1. Tinguely-fontein
2. Kunsthalle
3. Barfüsserplatz
4. Münsterplatz
5. Münsterkirche
6. Kaserne Basel
7. Mittlere Rheinbrücke
8. Marktplatz en Rathaus
9. Handwerkersbuurt
10. Spalentor
11. Botanische tuin
12. Lohnhof
13. Kunstmuseum
14. Museum für Gegenwartskunst
15. Basler Papiermühle
16. Museum Tinguely
17. Beursplein
18. Fondation Beyeler
19. Villa Wenkenhof
20. Drielandenpunt

Overnachten
1. Grand Hotel Les Trois
2. Hotel Krafft
3. Nomad Hotel
4. Der Teufelhof
5. Jugendherberge Basel

Eten en drinken
1. Kunsthalle
2. Au Violon
3. Volkshaus
4. Zur Harmonie
5. Hasenburg
6. Papiermühle
7. Rhybadhüsli
8. Buvette Rhyschänzli
9. KaBar

Winkelen
1. Schweizer Heimatwerk
2. Marktplatz

Uitgaan
1. Gare du Nord
2. Kaserne Basel
3. The bird's eye
4. Atlantis
5. Le Bar Rouge
6. Fischerstube

later in rode en gele zandsteen in gotische stijl herbouwd en in 1500 voltooid met de St. Martinsturm. De kathedraal maakt indruk met zijn vele sculpturen. Als mooiste portaal geldt de Galluspforte, aan de noordzijde, genoemd naar Sankt Gallen die het christendom verbreidde in Noordoost-Zwitserland. Dit portaal stelt het Laatste Oordeel voor en is versierd met laatromaanse figuren. In het linker zijschip ligt de Rotterdamse theoloog en humanist Erasmus begraven; een rood marmeren grafmonument herinnert aan hem. Erasmus heeft in Basel het Nieuwe Testament vertaald en laten drukken en stierf er in 1536.

Kleinbasel

Vanaf de Pfalz daalt u af over trappen naar de Rijn, neemt u het pontje (*Münsterfähre*) naar de overkant en gaat u op de Rheinpromenade linksaf. De Rijn vormt voor veel Baselers een rustpunt en recreatiegebied. Op de Rheinpromenade is het bij mooi weer goed toeven op de treden aan de oever. Op warme zomerdagen is de rivier vol met zwemmers die zich met drijftassen laten meevoeren met de stroom. De vijf terrasjes of *buvettes* langs de Rijnoever van Kleinbasel zijn leuke plekken om op een stadswandeling een pauze in te lassen (bv. Buvette Flora of Buvette Rhyschänzli bij de Kaserne, beide ten noorden van de Mittlere Rheinbrücke).

Kaserne Basel 6

Klybeckstrasse 1b, www.kasernebasel.ch

Langs de Rijn naar het noorden ligt voormalig klooster Klingental. In een deel ervan en in enkele voormalige militaire gebouwen bevindt zich sinds 2004 Kaserne Basel, een groot cultuurcentrum voor populaire muziek, hedendaags theater, dans en performance. Restaurant KaBar op het binnenplein verzorgt lunch, snacks en drankjes.

Mittlere Rheinbrücke 7

Met de Klingentalfähre of over de Mittlere Rheinbrücke gaat u terug naar Grossbasel. Deze brug is het symbool van de stad Basel en werd al in 1226 opengesteld. Het is daarmee de oudste Rijnbrug tussen Bodenmeer en Noordzee. De brug kan door veel grote cruiseschepen niet worden gepasseerd en de Rijnschepen leggen hier aan langs de kade, de Schifflände. Vanaf hier vertrekken excursieboten naar de Rijnhaven of de Romeinse ruïnes van Augusta Raurica (bij Augst).

Marktplatz en Rathaus 8

Onze excursie bereikt de Marktplatz, het centrum van de stad. Op de Marktplatz werd het Rathaus gebouwd, kort nadat de stad zich in 1501 als nieuw lid bij het Eedgenootschap had aangesloten. Het gebouw in renaissancestijl heeft nog gotische ornamenten, een prachtige klok en kleurige schilderingen. Het interieur bezit nog meer schilderingen en een volledig in hout uitgevoerde raadszaal. In het Rathaus zetelen de regering en het parlement van het kanton Basel. Op de Marktplatz wordt dagelijks een markt gehouden (behalve op zondag).

Handwerkersbuurt 9

Vanaf het Rathaus steekt u de Marktplatz recht over en wandelt u via de Sattelgasse een van de mooiste stukjes van Basels Altstadt binnen. U kunt de vele smalle steegjes induiken en dwalen door de middeleeuwse buurt, waar zich vroeger handwerkslieden hadden gevestigd. Bijvoorbeeld via de Andreasplatz, het Imbergässlein (genoemd naar Imber – gember – waarmee het herinnert aan de specerijenhandel) of het Totengässlein (lijkstoetweg) omhoog naar de Nadelberg. Vermeldenswaard op het Imbergässlein 31 is het **Hoosesaggmuseum** (broekzakmuseum), het kleinste museum van Basel: een kleine etalage met wisselende mini-tentoonstellingen (www.hoosesaggmuseum.ch).

Nog een prachtig en stil stukje middeleeuwse stad met 14e-eeuwse huizen bevindt zich tussen de straten Heuberg, Spalenberg en Gemsberg (met de fraaie Gemsbrunnen). Lievelingsstraat van de Baseler is de Spalenberg met zijn vele kleine winkels, antiquariaten en boetiekjes (geen grote winkelketens). Er zijn hier volop cafés en restaurantjes.

Spalentor 10

Via de Spalenberg wandelt u over de Spalenvorstadt, waar u een van de beroemdste fonteinen van Basel kunt zien, gemaakt naar tekeningen van Holbein en Dürer. De originele fontein bevindt zich in het Historische Museum, maar hier staat een getrouwe kopie. Dan komt u bij de Spalentor. Het puntige dak van deze mooie stadspoort is, net als de Münsterkerk, bekleed met geglazuurde tegels in geometrische patronen. Twee ronde torens flankeren

Rittergasse in de Altstadt van Basel

de massieve poort, die ooit een ophaalbrug heeft gehad over een ringgracht. De Spalentor geeft het uiterste punt aan van de middeleeuwse stadsmuur die rond de Altstadt liep. De stadsmuur bleef tot 1859 in functie.

Botanische tuin 11

Schönbeinstrasse 6, www.botgarten.unibas.ch, dag. geopend, 's zomers 8-18, rest v/h jaar tot 17, kassen 9-17 uur, toegang gratis.

Direct achter de Spalentor ligt de botanische tuin van de universiteit van Basel, gesticht in 1589 en daarmee een van de oudste ter wereld. De vrij kleine tuin heeft schitterende oude bomen, stille hoekjes en enkele plantenkassen, waaronder het Viktoria Haus, een orchideeën- en succulentenkas.

Lohnhof 12

Via de Spalenvorstadt, Spalenberg en Heuberg wandelt u naar de op een heuvel gebouwde Lohnhof, eerst een klooster, later een gevangenis en nu een hotel-restaurant (terras) en een muziekinstrumentenmuseum. Via steile trappen daalt u af naar de Barfüsserplatz en het startpunt van de stadswandeling.

St. Alban & Tinguely

Aan de oostkant van de binnenstad ligt het Kunstmuseum van Basel en ten oosten daarvan de stadswijk St. Alban. Een rustige en fraaie historische wijk, waar langs een molenbeek in de 16e eeuw de voor Basel belangrijke papierindustrie ontstond. Een wandeling door St. Alban eindigt aan de Rijn bij het Tinguely-museum (aan de overkant), of bij het Rhyschänzli-terras aan de rivier.

Kunstmuseum 13

St. Albangraben 16, www.kunstmuseumbasel.ch, di.-zo. 10-18, do. tot 20 uur; museumbistro tot 19, resp. 21 uur, vaste collectie CHF 16 (incl. bijzondere tentoonstellingen CHF 23)

Het Kunstmuseum Basel behoort tot de toonaangevendste Zwitserse kunstmusea en werd in 2016 uitgebreid met

Basel

een nieuwe vleugel, die via een ondergrondse gang is verbonden met het hoofdgebouw. Het museum bestaat nu uit drie gedeelten. In de nieuwbouw worden speciale tentoonstellingen gehouden en werken getoond uit de periode 1960-heden (pop art, Warholl, Stella, hedendaagse kunst). Het hoofdgebouw aan de St. Albangraben toont de werken uit de 15e eeuw tot 1960: Werken uit de Renaissance van Hans Holbein, Hollandse en Vlaamse meesters. Er zijn topstukken uit de 19e eeuw van de Zwitsers Hodler en Böcklin en o.a. Van Gogh, Monet en Pisarro. Van de 20e eeuw ligt het zwaartepunt op het kubisme (Picasso, Braque en Léger), Duits expressionisme (Kirchner, Marc, Nolde, Klee) en abstract expressionisme (Rothko, Newman).

Museum für Gegenwartskunst 14
St. Alban-Rheinweg 60; di.-zo. 10-18, do. tot 20 uur

Deze derde afdeling van het Kunstmuseum (toegang met het entreebewijs voor het Kunstmuseum) toont vooral hedendaagse kunst uit de VS.

Fasnacht

Als middeleeuwse stad bezit Basel nog talrijke oude tradities waarvan de oorsprong nauwelijks meer te achterhalen valt. De belangrijkste is de Baseler versie van carnaval, Fasnacht, een katholiek feest dat de Reformatie heeft overleefd. Het begint wel een week later, op de eerste maandag van de Vasten. Om 4 uur 's morgens, de lichten in de stad worden iets eerder gedoofd, ontwaakt de stad met de *Morgestraich*. Een bonte stoet mensen, gemaskerd en verkleed, loopt met een hoge fakkel naar de Marktplatz, begeleid door snerpende piccolo's en roffelende trommels.

Basler Papiermühle 15
St. Alban-Tal 37, www.papiermuseum.ch, tel. 061 225 90 90, di.-vr. en zo. 11-17, za. 13-17 uur, CHF 15

De Basler Papiermühle in de prachtig gerestaureerde middeleeuwse Gallician-Mühle produceert opnieuw handgeschept papier (bezoekers kunnen er ook zelf papier scheppen en bedrukken). Ooit was de papierfabricage een van de belangrijkste inkomstenbronnen voor de stad Basel. U maakt hier kennis met het oude productieproces op waterkracht en met de nieuwe ontwikkelingen in de papier-, druk- en printindustrie. Op de bovenverdiepingen van het museum leert u alles over de geschiedenis van het schrift, de boekdrukkunst en boekbinderij. Het is een klein, maar leuk museum, waar u van alles zelf kunt doen.

Museum Tinguely 16
Paul Sacheranlage 1, www.tinguely.ch, di.-zo. 11-18 uur, CHF 18

Met de St. Albanfähre kunt u naar de overkant varen. Langs de 178 m hoge Roche-1 toren van farmacieconcern Hoffmann-La Roche (op dit moment het hoogste gebouw van Zwitserland) wandelt u langs de Rijn naar de oostkant van Kleinbasel. Pal tegen de Autobahn naar Duitsland ligt het Museum Tinguely. Dit museum werd in 1996 ontworpen door de Tessiner architect Mario Botta en is gewijd aan het leven en werk van de *ijzerkunstenaar* Jean Tinguely. De kinetische kunst (bewegende assemblages en sculpturen van ijzer en sloopmaterialen) is ook erg leuk voor kinderen.

Aan de Rijnzijde van het museum ligt museumbistro Chez Jeannot met een groot terras. Dit is ook een favoriet startpunt van de vele Rijnzwemmers, die zich vanaf hier tot wel 4 km op de rivier laten meedrijven.

Buiten het centrum

Beursplein [17]

Messeplatz 1, vlak bij Basel Badische Bahnhof

Op het uitgestrekte Beursplein (Messeplatz) verzamelt de hele wereld zich voor de nieuwste trends tijdens de Art Basel of Basel World. Maar ook als er geen grote beurs wordt gehouden is een omweg naar dit plein de moeite waard vanwege zijn schitterende architectuur. De hal uit de jaren 50 met de karakteristieke klok, de 105 meter hoge Messturm, en de nieuwbouw van de toparchitecten Herzog & De Meuron geven Basel een architectonisch oriëntatiepunt. De *Bar Rouge* op de 31e verdieping biedt spectaculair uitzicht tot ver over de landsgrenzen.

Fondation Beyeler [18]

Baselstrasse 101, Riehen, www.fondationbeyeler.ch, dag. 10-18, wo. tot 20 uur, entree CHF 25, tram 6 vanuit het centrum van Basel.

In Riehen, dat tegen de noordoostkant van Basel aan ligt, bevindt zich de Fondation Beyeler. De privéverzameling van Hildy en Ernst Beyeler geeft met 250 topstukken een schitterend overzicht van de klassiek-moderne kunst en er zijn regelmatig opzienbarende tentoonstellingen. De Fondation is dan ook het meest bezochte museum van Basel. Ook het lichte gebouw, in 1997 ontworpen door de Italiaanse architect Renzo Piano, en het bijbehorende beeldenpark zijn een bezoek meer dan waard. Kunst, natuur en gebouw vormen een perfecte eenheid.

Villa Wenkenhof [19]

Bettingerstrasse 121, 4125 Riehen, tel. 061 601 11 95, www.wenkenhof.ch

Ook in Riehen bevindt zich de Baseler versie van Versailles: een barokke villa met Franse tuin en landschapspark met

Rathaus, Basel

beelden van Richard Serra. De tuinen zijn alleen 's zondags opengesteld.

Drielandenpunt [20]

Verkehrsdrehscheibe Schweiz, Westquaistrasse 2, tel. 061 631 42 61, www.verkehrsdrehscheibe.ch, di.-zo. 10-17 uur

Aan de noordpunt van de stad ligt de **Rijnhaven**. Bij het restaurant Dreiländereck markeert een hoog metalen plastiek het drielandenpunt Zwitserland-Duitsland-Frankrijk. Vlak bij, aan de Westquaistrasse 2, is een permanente expositie over de binnenvaart over de Rijn: **Verkehrsdrehscheibe Schweiz**.

Info

Toeristenbureaus: Aan de Barfüsserplatz en in het station Bahnhof SBB, tel. 061 268 68 68, www.basel.com, ma.-vr.

8-18, za. 9-17, zo. 9-15 uur. Bij het toeristenbureau kunt u een *iGuide*, een elektronische stadsgids boeken. Kies uit een van de vijf voorgeprogrammeerde *citytours* en de zakcomputer wijst u de weg. CHF 15 voor 4 uur.

Bootexcursies

Dagelijks zijn er **rondvaarten** vanaf de *Schifflände* in Basel naar de Rijnhaven, het drielandenpunt en de sluizen of de andere kant op naar Rheinfelden en terug. Dienstregeling: www.bpg.ch.

Overnachten

Exclusief – **Grand Hotel Les Trois Rois** 1: Blumenrain 8, 4001 Basel, tel. 061 260 50 50, www.lestroisrois.com, 2pk vanaf CHF 720. Midden in de stad, waar in de middeleeuwen de schepen aanlegden aan de kade, staat dit vijfsterrenhotel. Kosten nog moeite werden gespaard om dit hotel uit 1681 in volle glorie te herstellen. Suites met uitzicht op de Rijn, restaurant met 3 Michelinsterren.

Aan de rivier – **Hotel Krafft** 2: Rheingasse 12, 4058 Basel, tel. 061 690 91 30, www.krafftbasel.ch, 2pk vanaf CHF 185. Aan de Rijnoever in Kleinbasel gelegen historisch boutiquehotel, waar Hermann Hesse zijn *Steppenwolf* moet hebben geschreven. Zeer goed restaurant met tuinterras. Ingericht met moderne designklassiekers. Gasten hebben de beschikking over gratis vouwfietsen voor een stadsverkenning.

Design & Lifstylehotel – **Nomad** 3: Brunngässlein 8, 4052 Basel, tel. 061 690 91 60, www.nomad.ch, 2pk vanaf CHF 185. Nieuw modern designhotel aan de rand van de Altstadt met kleurige kamers en bijbehorend trendy restaurant.

Uniek kunsthotel – **Der Teufelhof** 4: Leonhardsgraben 49, 4051 Basel, tel. 061 261 10 10, www.teufelhof.com, 2pk vanaf CHF 168. Hotel met 33 kamers midden in Basel. Het historische gedeelte wordt *Kunsthotel* genoemd, de kamers zijn als bewoonbare kunstobjecten ontworpen; de moderne uitbouw heet *Galeriehotel*. Behalve een hotel is er ook een cultuurcentrum gevestigd met restaurant en theater.

Betaalbaar alternatief – **Jugendherberge Basel** 5: St. Alban-Kirchrain 10, tel. 061 272 05 72, www.youthhostel.ch, 2pk vanaf CHF 120. De moderne, door architecten Buchner & Bründler verbouwde jeugdherberg, ligt op een rustige lokatie in St. Alban, vlak bij de Rijn en staat open voor iedereen; 2-persoons kamers en familiekamers.

Eten en drinken

Inspirerend – **Kunsthalle** 1: Steinenberg 7, tel. 061 272 42 33, www.restaurant-kunsthalle.ch. Traditioneel stadsrestaurant naast de Tinguelyfontein, met informeel *bruin* deel, tafeltjes onder kastanjebomen en formele (en duurdere) *witte* eetzaal. Als u alleen iets klein wilt eten, vraag naar de dessert-trolley en probeer het dessert St-Honoré.

Rijnzwemmen

Verrassend genoeg is zwemmen in de Rijn bij de Baselers erg populair. Waag een duik en laat je vanaf het Rhybadhüsli Breite (of aan de overkant vanaf het Tinguelymuseum) met een zogenaamde Treibtasche (een waterdichte drijftas, waarin je je kleren stopt; vraag er een te leen in uw hotel) 3 km afzakken op de rivier en wandel terug.
Of geniet vanaf het terras van het 'Rivièragevoel'. Badhuizen en steigers zijn er bij de Johanniterbrug, Rheinbad Breite en bij het Tinguelymuseum.

Franse ambience – Au Violon 2: Im Lohnhof 4, tel. 061 269 87 11, www.au-violon.com. Een bijzondere plaats om lekker te eten, gevestigd in de voormalige stadsgevangenis op een heuvel vlak bij de Barfüsserplatz (met terras). U kunt er ook overnachten in een van de 20 verbouwde gevangeniscellen (zo. gesl.).

Modern en klassiek – Volkshaus 3: Rebgasse 12-14, Kleinbasel, tel. 061 690 93 10, volkshaus-basel.ch. Moderne, door Herzog & De Meuron vormgegeven brasserie aan de overkant van de Rijn. De betere keuken vormt een evenwicht tussen traditioneel en modern.

Buurtrestaurant – Zur Harmonie 4: Petersgraben 71, tel. 061 261 07 18, www.harmonie-basel.ch. Kleine brasserie in Jugendstil vlak bij de Spalentor. Het lokale trefpunt sinds 1807 voor een apéro, lunchmenu of goed glas wijn; ook voordelig middagsmenu (zo. gesl.).

Gutbürgerlich – Hasenburg 5: Schneidergasse 20, tel. 061 26132 58, www.chateaulapin.ch. Klein restaurant met klassieke keuken met typisch Zwitserse gerechten.

Sympatieke stube – Papiermühle 6: St. Alban-Tal 35, tel. 061 272 48 48. Eenvoudig restaurant naast het papiermuseum in St. Alban. 's Zomers met ontspannen terras langs de molenbeek. Voordelige dagschotels en vegetarische gerechten.

Zonneterras – Rhybadhüsli 7: op de hoge badsteiger Breite, tegenover het Tinguelymuseum vindt u het openluchtrestaurant Veronica. Daar kunt u de Rijnzwemmers zien voorbijkomen, genieten van een lunch of diner (alcohol alleen na 19 uur).

Rivièra aan de Rijn – Buvette Rhyschänzli 8: Unterer Rheinweg (aanlegsteiger Klingental-veerpont); eenvoudig terrasje langs de Rijn, geopend als het mooi weer is van april tot okt.

Trendy bar – KaBar 9: Klybeckstrasse 1b, www.kaserne-basel.ch, chillen op de binnenplaats van cultuurcentrum Kaserne Basel; voordelige lunch en snacks.

Winkelen

De belangrijkste winkelstraten in Basel zijn: Aeschenvorstadt, Freie Strasse, Marktplatz, Spalenberg, Schneidergasse, Heuberg (Altstadt), Claraplatz, Greifengasse (Kleinbasel). Probeer op zondag de Spalenberg; de kleine boek-, mode- en souvenirswinkeltjes zijn daar dan ook geopend.

Souvenirs – Schweizer Heimatwerk 1: Schneidergasse 2, tel. 061 26 19 178, www.heimatwerk.ch. Voor klassiekers als fonduestel, glaswerk of keramiek.

Vlooienmarkt - za. 7.30-16 uur op de Petersplatz en elke 2e en 4e wo. van de maand 7-19 uur op de Barfüsserplatz.

Markt – ma.-za. 06-13.30 uur: levensmiddelenmarkt op de Marktplatz 2.

Uitgaan

Liefhebbers van opera, ballet of theater vinden op www.theater-basel.ch een actuele agenda. Basels uitgaansleven concentreert zich vooral in de Altstadt van Kleinbasel. Met name de wijk Klingental kent veel gezellige bruine cafés en kroegjes.

Moderne muziek - Gare du Nord 1 (Badischer Bahnhof): www.garedunord.ch. Voor moderne muziek kun je 's avonds terecht bij het station van de spoorlijn uit Duitsland.

Alternatieve scene - Kaserne Basel 2: Klybeckstrasse 1b, www.kaserne-basel.ch, biedt een breed palet aan livemuziek, theater en dansvoorstellingen.

Jazz club – The bird's eye 3: Kohlenberg 20, www.birdseye.ch, 's zomers dag. 19:45-23.30 uur, gerenommeerde jazzclub met veel buitenlandse gasten.

Rockcafé – **Atlantis** 4 : Klosterberg 13, www.atlantis.ch. Overdag een restaurant, 's avonds livemuziek in dit oudste rockcafé van Zwitserland (house, R&B, soul, rock).
Super uitzicht – **Le Bar Rouge** 5 : Messeturm, www.barrouge.ch. Alleen al vanwege het uitzicht vanaf de 31e verdieping. Dag. vanaf 17 uur, 's avonds zowel bar, disco als restaurant.
Kroeg en brouwerij – **Fischerstube** 6 : Rheingasse 45, tel. 061 6929200, in dit café annex bierbrouwerij wordt het lokale Ueli-bier geschonken, en kunt u terecht voor een eenvoudig streekgerecht; met tuinterras.

Evenementen

Carnaval – **Fasnacht** : een groteske uitbarsting van muziek, kleur en humor. Het begint op de maandag na aswoensdag, een week later dan carnaval.
Horloges – **Baselworld**, toonaangevende uurwerk- en sierradenbeurs (maart/april).

Basel mobility ticket & Basel Card

Alle hotelgasten van Basel (ook jeugdherberg) ontvangen gratis het **Basel mobility ticket** voor de duur van hun verblijf. Met deze kaart kunt u gratis gebruik maken van bus en tram.
Verder is het interessant om de **Basel Card** aan te schaffen, voor kortingen op attracties en musea: gratis stadsrondleiding, gratis toegang Basel Zoo, 50% korting op veel musea, korting op boottochtjes, korting in diverse restaurants, reductie op bioscoopkaartjes.
De Basel Card is verkrijgbaar bij de toeristenbureaus in het centraal station of aan de Barfüsserplatz. Voor 24 uur: CHF 20, voor 48 uur: CHF 27

Internationale kunstbeurs - **Art Basel**, hedendaagse en 20e eeuw. Ieder jaar in juni verwelkomt de Art Basel kunstliefhebbers uit de hele wereld; 300 kunstgalerieën tonen werk van hedendaagse en moderne kunstenaars.
Kerstmarkt – Ieder jaar vanaf eind november is er de Basler Weihnachtsmarkt (Kerstmarkt) op de Barfüsplatz, www.baslerweihnacht.ch

Omgeving Basel

Vitra Design Museum

Charles-Eames-Strasse 2, 79576 Weil am Rhein, Duitsland, tel. +49 7621 702 32 00, www.design-museum.de, dag. 10-18, wo. 10- 20 uur. Vitra Haus en Vitra-shop: www.vitra.com

In Weil am Rhein, net over de grens in Duitsland, ligt het Vitra Design Museum, een van de belangrijkste musea voor industrieel meubeldesign. Het hoofdgebouw was Frank Gehry's eerste deconstructivistische ontwerp in Europa (1989). De collectie toont moderne meubelen en lampen en er is aandacht voor het werk van architecten als Mies van der Rohe en Alvar Aalto. In 2016 werd het door Herzog & de Meuron ontworpen Schaudepot geopend, waarin topstukken van het museum permanent worden tentoongesteld. Naast het museum staat sinds 2010 het Vitra Haus, met café en een museumshop, waar u designobjecten en Vitra-meubels direct kunt aanschaffen.

Het Design Museum is een onderdeel van de grotere Vitra Campus, een terrein met gebouwen van toonaangevende architecten uit de hele wereld. Het terrein is niet openbaar toegankelijk, afgezien van de 30 m hoge glijbaan/uitkijktoren, die in 2014 werd gebouwd door kunstenaar Carsten Höller, mooi en vermakelijk.

Jura

Achter Basel rijst de Jura op, een langgerekt middelgebergte dat zich over 250 kilometer uitstrekt langs de grens met Frankrijk tot het Meer van Genève. Het smalle bergte is ooit ontstaan doordat de oprijzende Alpen het vlakke kalksteen plateau als een tafelkleed wegduwden en in steile golven plooiden. Aan de oostkant is de Jura op zijn hoogst en steekt 1000 m uit boven het vlakke Mittelland. De hoogste Juratoppen liggen hier als het ware op een rij: Chasseral (1607 m), Chasseron (1607 m) en Mont Tendre (1679 m), fantastische uitzichtbergen hoog boven de meren van Biel en Neuchatel. Achter die hoge Juratoppen gaat een landschap schuil van parallelle bergketens en golvende hoogvlakten met grote sparren en geïsoleerde boerderijen. De Juraketens worden doorsneden door rivieren met diepe kloven. Het hele gebied is dunbevolkt, in de dalen liggen dorpen en gehuchten. Delémont en horlogestad La Chaux-de-Fonds zijn de grootste plaatsen in het gebied. Het noorden van de Jura is Duitstalig en bestaat uit de kantons Aargau, Basel, Solothurn en Bern. Naar het zuiden toe is de Jura Franstalig en bestaat uit de kantons Jura, en (delen) van Neuchatel en Vaud.

Ajoie

De streek Ajoie is een aanhangsel van de Jura die uitstulpt in Frankrijk. Een plateau met bossen en golvende akkers waarop graan en fruit worden verbouwd. In 1978 wist de Franstalige Ajoie zich samen met het gebied rond Delémont los te maken uit het kanton Bern en ontstond het kanton Jura. De kantonshoofdstad Delémont is met zijn historische binnenstad een

Heuvelland van de noordelijke Jura

bezoek waard. Het Château des Princes-Évêques dat in 1721 werd gebouwd diende als buitenverblijf van de bisschoppen van Basel, die tijdens de reformatie uit die stad werden verdreven. Langs de hoofdstraat staan 16e eeuwse fonteinen, die herinneren aan de heerschappij van de Baselse bisschoppen.

Saint-Ursanne ▶ E 3

Waar de rivier Doubs (spreek uit: *doe*) het verst is doorgedrongen op Zwitsers grondgebied, aan de rivierarm Clos du Doubs, ligt het mooiste middeleeuwse stadje van het kanton Jura: St-Ursanne. Het stadje dankt zijn naam aan Sint Ursinicus, die zich hier in de vroege middeleeuwen vestigde en het stadje stichtte. Drie stadspoorten, met het wapen van de prins-bisschop van Basel, beschermen de stad nog steeds. Ze zijn zo nauw dat er geen vrachtverkeer doorheen kan rijden. Het is een leuk stadje rond een schilderachtige oude brug met vier bogen. Overal karakteristieke huizen met torentjes. De kloosterkerk dateert van de 12e eeuw. De zonnewijzer op de toren draagt het jaartal 1845. Door een verbod op gevelreclame is de authentieke sfeer geheel bewaard gebleven. De tijd lijkt hier te hebben stilgestaan.

Overnachten en eten

Modern en centraal - **Le Lion d 'Or**: rue des Malvoisins 12, 2900 Porrentruy, tel. 032 467 13 77, www.lion-porrentruy. ch, 2pk vanaf CHF 110. Geheel gerenoveerd hotelletje met 7 ruime en lichte kamers, brasserie en pizzeria.

Hotel en natuurcamping – **Centre de vacances Tariche**: 2883 Montmelon, tel. 032 433 46 19, www.tariche.ch. Vakantiecentrum met mooie 4-sterrencamping langs de Doubs; ook hotelkamers en nieuwe chalets. Bij de camping is een zelfbedieningsveerpontje om naar de overkant van de rivier te gaan voor een mooie wandeling.

Onder de lindebomen – **La Cigogne**: rue du 23-Juin 41, 2882 St-Ursanne, tel. 032 461 31 21, www.restaurantdelacigogne.ch. In het historische centrum van St-Ursanne; 's zomers voor een aperitief, koffie of een diner op het aangename terras onder de bomen.

Nergens eet je beter forel – **Relais du Doubs**: Les Moulins 13, 2887 Soubey, tel. 032 955 12 44, ma., di. gesl. De kaart vermeldt o.a. La Truite aux fines herbes *comme nulle part ailleurs* (als nergens anders); met groot terras langs de rivier.

Info en evenementen

Toeristenbureau: Place Roger Schaffter, St-Ursanne, tel. 032 432 41 90, www.juratourisme.ch

Les Médiévales: drie dagen lang hult St-Ursanne zich in middeleeuwse sfeer; www.medievales.ch, in juli, alleen op oneven jaren.

St-Ursanne

Actief

Natuurgebied – **Clos du Doubs:** 40 km vormt de Doubs de grens met het gelijknamige Franse departement. Het natuurgebied in de bocht van de Doubs, *Clos du Doubs*, is deels een beboste kloof, deels een agrarisch heuvelland. Vanuit St-Ursanne kunt u kanoën op de Doubs, wandelen op het pad langs de rivier of mountainbiken in de heuvels.

Franches Montagnes (Freiberge)

De mooiste streek van het Franstalige kanton Jura is zonder twijfel de *Franches Montagnes*. De Duitse naam van de afgelegen streek, *Freiberge*, verwijst naar de vrijheidsgezinde bevolking, die eeuwenlang onafhankelijk was.

De Freiberge vormen een uniek natuurlijk parklandschap in de Zwitserse Jura. De grote hoogvlakte op 1000 m tussen de rivier de Doubs (Frans-Zwitserse grens) en de Montagne du Droit is een mozaïek van bossen en open velden met reusachtige vrijstaande sparren. Het doet met zijn grote boerderijen denken aan het Zwarte Woud. Tussen de sparren grazen koeien en draven de Freiberger paarden. Soms hebben vierbenige voorrang: de velden zijn open en de huizen zijn omgeven door hekken. Door de geringe hoogteverschillen een ideaal wandel- en fietsgebied met uitstekend gemarkeerde routes. Aan de zuidkant wordt de streek afgesloten door de Mont Soleil (1291 m), met zijn zonne-energiecentrale en sterrenwacht.

Saignelégier ▶ D3

Het centrum van de Franches Montagnes is Saignelégier, een geschikt uitgangspunt voor fiets- en wandeltochten met diverse hotels en een mooie camping. In dit gebied is het fokken van paarden, de Freiberger, een van de belangrijkste bezigheden en van groot economisch belang. In Saignelégier wordt een beroemde paardenmarkt gehouden, de Marché-Concours, met keuringen, kleurrijke optochten en wedstrijden met vier- en zesspannen die boerenkarren trekken. Kortom, een groot folkloristisch feest.

Info en evenementen

Toeristenbureau: Centre de loisirs 2350 Saignelégier, tel. 032 420 47 70 www.juratourisme.ch
Marché-Concours: Jaarlijks trekt in Saignelégier in het tweede weekeinde van augustus een paardenkeuring en springwedstrijd met Freiburger paarden en een indrukwekkende optocht veel bekijks.

Overnachten en eten

Mini-kasteel – **Hotel Georges Wenger:** rue de la Gare 2, 2340 Le Noirmont, tel. 032 957 66 33, www.georges-wenger.ch, 2pk vanaf CHF 330. Originele themakamers. Maar uit heel Zwitserland komt men vooral hierheen voor de uitstekende keuken; 2 michelinsterren.
Romantisch chalet – **Auberge de la Gare:** Le Pré-Petitjean 71, 2362 Montfaucon, tel. 032 955 13 18, www.aubergedelagare.ch, 2pk vanaf CHF 90. Negen kamers in sfeervol pension direct naast het stationnetje van Montfaucon. U kunt ook kiezen voor het bijbehorende romantische chalet. Wandel- en fietsroutes starten voor de deur; een picknickmand wordt voor u geregeld.
Terug naar de natuur – **camping Saignelégier:** Sous la Neuvevie 5a, Saignelégier, tel. 032 951 10 82, ▷ blz. 83

Op ontdekkingsreis

Watch Valley

Watch Valley (vallei van de horloges) is de bijnaam van de Zwitserse Jura, de streek van de horloge-industrie. Die begon in de 15e eeuw in Genève, de kraamkamer van de klokkenmakerij en verspreidde zich over de hele Jura. Eeuwenlange traditie en kennis zorgden voor de grote reputatie van de huidige horlogemakers.
De reis van noord naar zuid door *Watch Valley* neemt u mee langs beroemde horlogemerken als Rolex, Omega, Swatch, Breitling, Corum, Girard-Perregaux, Patek Philippe, Rolex, TAG Heuer, Tissot, Ulysse Nardin en makers van andere precisie-instrumenten.
Kaart: ▶ A-E 3-6

Duur: autoroute 1 of meer dagen
Info: www.juradreiseenland.ch

De uurwerkindustrie ontstond tijdens de Reformatie, toen Franse vluchtelingen de technologie meebrachten, eerst naar Genève, later naar de Jura. Omdat Calvijn het vervaardigen van heiligenbeelden en crucifixen verbood, werd naarstig naar een andere broodwinning gezocht en gevonden: uurwerken. Eerst alleen torenklokken, maar toen in de 18e eeuw een handelsreiziger een zakhorloge uit Londen meebracht (naar Le Locle), was de belangstelling gewekt. Nog steeds zijn het overwegend hoogopgeleide Franse werknemers, die werken in de Zwitserse fabrieken.

Le Locle, de bakermat

Klokkenmakersstadje Le Locle ligt 8 km westelijk van La Chaux-de-Fonds en was de oorsprong van de uurwerkindustrie in de Jura. Daniel Jean Richard, inwoner van Le Locle, was de eerste Zwitser die erin slaagde een zakhorloge dat uit Engeland afkomstig was, te repareren. Al doende doorgrondde hij het mechaniek en hij besloot onmiddellijk hiervan zijn beroep te maken. Met het knutselwerk van Richard begon de opmars van de Zwitserse horloge-industrie. Le Locle werd later door zijn buur La Chaux-de-Fonds overvleugeld. Voor het stadsplan van Le Locle werd het schaakbordpatroon van La Chaux-de-Fonds overgenomen.

Musée d'horlogerie [1]

Route des Monts 65, 2400 Le Locle, tel. 032 933 89 80, www.mhl-montd.ch, di.-zo. 14-17, mei-okt. 10-17 uur.
Het Château des Monts, een statig 18e-eeuws landhuis, herbergt het Musée d'horlogerie: een fabelachtige collectie klokken, pendules, instrumenten en automaten uit de 16e tot 19e eeuw.

Delémont [2], de originele Zwitserse zakmessen

Victorinox Group, route de Bâle 63, 2800 Delémont, tel. 032 421 39 00, www.wenger.ch, winkel: ma.-vr. 9-12 en 13.30-17.30 uur.
In Delémont worden sinds lange tijd horloges en precisie-instrumenten gemaakt, zoals de beroemde zakmessen. Bij 'Zwitsers zakmes' denk je aan Wenger of Victorinox. Sinds Victorinox concurrent Wenger heeft overgenomen mogen beide het *originele Zwitserse zakmes* claimen. In Delémont is de winkel van de beroemde Wenger messenfabriek. Geïnteresseerde bezoekers kunnen op afspraak een rondleiding krijgen door de fabriek.

Saint-Imier [3], fabrieksmuseum Longines

Rue des Noyettes 8, 2610 St-Imier, ma.-vr. 9-12 en 14-17 uur, reserveren rondleiding: tel. 032 942 54 25, www.longines.com.
Liefhebbers van uurwerken en horloges kunnen het uitstapje overwegen naar St.Imier, op 800 m hoogte tussen de Chasseral en de Mont Soleil. In dit levendige uurwerkstadje worden al meer dan 100 jaar de horloges van Longines gemaakt. Het fabrieksmuseum bezit het oudste polshorloge ter wereld, uit 1867, dat destijds CHF 800 kostte.

La Chaux-de-Fonds

Deze tweede stad van de Jura vormt al meer dan 100 jaar het centrum van de Zwitserse uurwerkindustrie en telt maar liefst 70 horlogefabrieken. De rationele stadsplanning, volgens een symmetrisch schaakbordpatroon, mede om in (horloge)werkplaatsen zo veel mogelijk daglicht te ontvangen, plaatste La Chaux-de-Fonds en buurstad Le Locle in 2009 op de UNESCO-Werelderfgoedlijst.

Musée international d'horlogerie (MIH) [4]

Rue des Musées 29, 2300 La Chaux-de-Fonds, tel. 032 967 68 61, www.mih.ch, di.-zo. 10-17 uur, CHF 15
Het bekendste museum in La Chaux-de-Fonds, bekroond om zijn moderne architectuur met F. Zoelly en G.J. Haefeli, maar ook vanwege de prachtige collectie met 4000 objecten. U vindt er alles op het gebied van tijdmeting, horloges en klokken door de eeuwen heen. Een deel van het precisiewerk bevindt zich ondergronds in een stabiele omgeving. In het bijbehorende park staat een monumentaal klokkenspel, dat 15 ton weegt en dat elk kwartier eigentijdse muziek ten gehore brengt. Als het donker is, vindt er een lichtspel plaats.

Swatch

Vallee de Joux – Espace Horloger 5

Aan de westoever van het de Joux kunt u in Le Sentier, in het Espace Horloger de la Vallée de Joux (wo.-zo. 14-17.30 uur) oude en nieuwe uurwerken van topmerken bekijken, in een modern interactief museum.

Sainte-Croix – Centre Industriel de la Mécanique d'Art 6

CIMA, rue de l'industrie 2, 1450 Sainte-Croix, tel. 024 454 44 77, www.musees.ch, di.-zo. 14-18 uur, CHF 14
Tussen het Franse Pontarlier en het Meer van Neuchâtel houdt men zich in Sainte-Croix al eeuwen bezig met de fabricage van speeldozen en mechanische muziekinstrumenten, in recenter tijden ook grammofoons, camera's en schrijfmachines. Het Centre Industriel de la Mécanique d'Art belicht de ontwikkeling van deze ambachten.

Neuchâtel – Musée d'Art et d'Histoire 7

Quai Léopold-Robert 1, 2000 Neuchâtel, tel. 032 717 79 25, www.mahn.ch, di.-zo. 10-18 uur, CHF 8
Veel bekijks trekken hier de 18e-eeuwse poppenautomaten van uitvinder en uurwerkmaker Jaquet-Droz. De poppen werken nog steeds, al ruim 200 jaar. Een ervan kan zelfs een brief schrijven, waarvan hij de tekst opgegeven krijgt. Demonstraties hiervan eerste zo. van de maand om 14, 15 en 16 uur. Verder toont het kunstmuseum werken van Zwitserse en Franse schilders, onder wie Hodler, Seurat en Monet.

Neues Museum Biel 8

Seevorstadt 52, 2501 Biel, tel. 032 328 70 30, www.nmbiel.ch, di.-zo. 11-17 uur, CHF 8
Over de geschiedenis van de uurwerkindustrie van Biel en het merk Rolex.

Zelf je eigen horloge bouwen?

Dat kan bij enkele unieke Zwitserse workshops, o.a. bij *Time Experience* 1 in Porrentruy. In ongeveer 6 uur bouwt u voor CHF 1990 uw eigen klokje (TMF, Pierre-Péquignat 6, 2900 Porrentruy, tel. 078 634 20 39, www.timeexperience.ch, workshops vanaf 3 personen).

www.campingsaignelegier.ch. Een *jongensdroom*: eigen tent, in een boomhut, tipi of yurt (6-p-tipi CHF 80, 4-p- yurt CHF 120).

Bijzondere kaas – **Maison de la Tête de Moine:** Le Domaine 1, 2713 Bellelay, tel. 032 484 03 16, www.maisondelatetedemoine.ch, juni-sept. di.-zo. 10-18, jan.-feb. za. 11-18 uur. Tête-de moine is de kaas die al acht eeuwen wordt gemaakt in deze streek. Er zijn 9 kaasmakerijen (fromagerie) die dit merk mogen voeren. Grote kaasboerderij, met winkel, café/proeverij en kaasmuseum.

Actief

Wandeling – **Étang de la Gruère:** Een smalspoortreintje tussen Saignelégier en Glovelier maakt wandeltochten mogelijk over de hoogvlakte rond Saignelégier. Bijvoorbeeld naar het natuurreservaat Étang de la Gruère, een idyllisch natuurlijk hoogveen. Wandel om het meertje of kies een lange afdaling door het kloofdal Combe de Tabeillon, waarbij u comfortabel per trein terug reist, en de wandeling naar believen bij een van de stations kunt afbreken.

Le Chasseral ▶ D 4

Met 1607 m is de Chasseral de hoogste berg van de noordelijke Jura. De steile kalkrotsen zijn het domein van een populatie gemzen en de opnieuw geïntroduceerde alpenmarmot. Het uitzicht op de Berner Alpen vanaf de Chasseral is fenomenaal. De top is op verschillende manieren te bereiken. U kunt over de steile pas naar de parkeerplaats en het hotel op 1548 m hoogte rijden, of vanuit Nods met de kabelbaan het hoogteverschil overbruggen. Het panorama vanaf de oriëntatietafel is indrukwekkend: aan de voet van de berg de meren van Biel, Neuchâtel en Murten. Daarachter doemt bij helder weer het Berner Oberland op, met reuzen als de Eiger, Mönch en Jungfrau. Op een wandelpad kan je in een kwartier de top van de Chasseral bereiken. Op de top staat een reusachtige zendmast.

La Chaux-de-Fonds ▶ C 4

Deze op 1000 m hoogte gelegen, op het oog weinig inspirerende stad met 40.000 inwoners vormt al meer dan 100 jaar het centrum van de Zwitserse uurwerkindustrie. De in de middeleeuwen ontstane stad brandde in 1794 grotendeels af en werd volgens een symmetrisch schaakbordpatroon herbouwd. Deze rationele stadsplanning, mede om in (horloge)werkplaatsen zo veel mogelijk daglicht te ontvangen, is het argument waarmee La Chaux en buurstad Le Locle in 2009 op de UNESCO-lijst van cultureel Werelderfgoed werden geplaatst. La Chaux-de-Fonds bezit maar liefst 70 horlogefabrieken.

Musée international d'horlogerie (MIH)

Zie blz. 81.

Le Corbusier

Maison Blanche, chemin de Poullerel 12, 2300 La Chaux-de-Fonds, tel. 032 910 90 39, www.maisonblanche.ch, bezichtiging vr.-zo. 10-17 uur,
La Chaux-de-Fonds is de geboorteplaats van de befaamde architect Le Corbusier (Charles Édouard Jeanneret), die hier in 1912 zijn eerste woningen ontwierp. Op de chemin de Pouillerel staan enkele van zijn vroege huizen (nrs. 1, 6, 8 en 12).

Musée des beaux-arts

Rue des Musées 33, 2300 La Chaux-de-Fonds, tel. 032 967 60 77, di.-zo.

10-17 uur, entree CHF 10
In een rood Jugendstilgebouw toont dit museum kunst uit de 19e en 20e eeuw. Naast schilderijen en beelden van Zadkine en Van Gogh vooral veel Zwitserse kunstenaars: Léopold Robert, Ferdinand Hodler, Albert Anker, Félix Vallotton en enkele doeken van Le Corbusier.

Louis Chevrolet monument
De stad heeft nog een beroemde zoon: Louis Chevrolet, de autopionier werd hier in 1878 geboren, trok later naar de VS en startte daar de Chevrolet Motor Company. Ter ere van Chevrolet staat in het Parc de l'Ouest een blinkend 8 m hoog borstbeeld van chroomstaal.

Overnachten en eten

4-sterren – **Hôtel Athmos**: avenue Léopold-Robert 45, 2300 La Chaux-de-Fonds, tel. 032 910 22 22, www.athmoshotel.ch, 2pk vanaf CHF 225. Dit traditionele hotel combineert de charme van de jaren 50 met modern comfort.

Fantasievol ecologisch – **Evologia**: route de l'Aurore 6, 2053 Cernier, tel. 032 889 36 00, www.evologia.ch (4 km van Les Hauts Geneveys). Een ecologisch centrum dat fantasie uitstraalt, met kassen, tuinen, paddenstoelenmuseum en onderzoekscentrum.

Info

Toeristenbureau: Montagnes Espacité 1, 2302 La Chaux-de-Fonds, tel. 032 889 68 95, www.neuchateltourisme.ch

Col de la Vue des Alpes
▶ D 4

Tussen La Chaux-de-Fonds en Neuchâtel klimt de weg naar een geweldig uitzichtpunt: de Col de la Vue des Alpes (1283 m). U ziet de meren aan de voet van de Jura en op afstand de Alpen met de Mont-Blanc. Voor een nog mooier uitzicht volgt u het pad naar de top van de Tête de Ran op 1422 m (30 min.).

Parapenter boven de Mont Chasseral

Saut du Doubs

De rivier de Doubs vormt in de Jura een lang stuk de grens tussen Zwitserland en Frankrijk. De Doubs heeft een grillige en diepe bedding uitgeslepen in de kalkrotsen, met soms loodrechte oevers. Door een bergstorting is het 4 km lange en slechts 200 m brede Lac des Brenets ontstaan, dat eindigt met een 29 m hoge rotsdrempel waar de rivier overheen stort: de *Saut du Doubs*.

U kunt de waterval bereiken per boot uit Les Brenets, of over het pad langs een van beide oevers. De rivier baant zich daarna slingerend een weg door de ontoegankelijke **Gorges du Doubs**.

Overnachten

Vredig aan het meer – **Les Rives du Doubs**: Pré-du-Lac, 2416 Les Brenets, tel. 032 933 99 99, www.rives-du-doubs.ch, 2pk vanaf CHF 135. Dit moderne hotel, met panoramarestaurant, direct aan het Lac de Brenets, is een omweg waard. De kamers op de bovenste verdieping hebben elk een eigen terrasje met uitzicht op het meer.

Val de Travers ▶ C 5

Dit dwarsdal, vanaf de Franse grens tot het Meer van Neuchâtel, is een van de mooiste dalen in de Zwitserse Jura. Dicht bij de Franse grens ligt de bron van de Areuse, een riviertje dat zich een weg baant langs kleine plaatsjes en onderweg naar het Meer van Neuchâtel een diepe kloof door het Juragesteente heeft uitgeslepen, de Gorges de l'Areuse. Het Val de Travers heeft meer aparte attracties: het absintmuseum in Môtiers, de asfaltmijnen van Travers en het beroemde geologische natuurfenomeen Creux-du-Van.

Môtiers en de *Groene Fee*

Maison de l'Absinth, Grande rue 10, 2112 Môtiers, tel. 032 860 10 00, www.maison-absinthe.ch, di.-zo. 10-18, zo. tot 17 uur, CHF 10

In Môtiers werd in 2014 het absintmuseum geopend, dat inzicht geeft in de bewogen geschiedenis van de geheimzinnige *Groene Fee*, een sterkedrank met een anijsachtige smaak. Absint wordt in het kanton Neuchâtel sinds de 18e eeuw geproduceerd, maar werd in 1910 in Zwitserland verboden vanwege het gevaar voor de volksgezondheid. Pas sinds 2005 is productie en verkoop weer toegestaan. Ironisch genoeg is het museum uitgerekend gevestigd in het voormalige kantongerecht, waar politie en rechters de toenmalige illegale absintstokers veroordeelden.

Asfaltmijnen van Travers

Site de La Presta, 2105 Travers/Val-de-Travers, tel. 032 864 90 64, apr.-okt. om 10.30 en 14.30; juli-aug. ook om 12.30 en 16.30 uur, CHF 16

In de unieke Site de la Presta kunt u afdalen tot diep in het hart van de aarde: de asfaltmijnen, de enige in Europa. Honderd jaar lang werd hier asfalthoudende kalk gedolven en over de hele wereld getransporteerd. In 1986 sloot de mijn en werd het een museum. Een rondleiding duurt 1,5 uur en trekt u warme kleding aan, het is er maar 8°C.

Overnachten en eten

Zomercafé en berghut – **Ferme Restaurant le Soliat**: Creux-du-Van, 2108 Couvet, tel. 032 863 31 36, lesoliat.ch. Op 300 m van de Creux du Van kunt u eten en overnachten in deze sfeervolle verbouwde boerderij. Eenvoudige kamers (2pk vanaf CHF 72), dortoir of slapen in een Yurt of Dôme (grote koepeltent); leuk met kinderen.

Favoriet

Creux-du-Van: natuurspektakel boven het Val de Travers

Ten zuiden van Noiraigue in het Val de Travers is een van de indrukwekkendste natuurfenomenen van het Juragebergte te zien: het reusachtige amfitheater Creux-du-Van. De 1463 m hoge bergtop Le Soliat stort aan de noordzijde loodrecht af in het keteldal van de Creux-du-Van met een hoefijzervormige loodrechte rotswand van 160 m hoog. Het amfitheater ontstond doordat een groot deel van de Soliat door de rivier de Areuse is ondermijnd en ten slotte is ingestort. Op de steile rotsen leven gemzen en steenbokken.
Er zijn twee toegangen naar dit natuurspektakel. Naar de voet van het keteldal rijdt u vanuit Noiraigue omhoog naar de uitspanning Ferme Robert, waar de wandelpaden starten naar de bovenrand van de Creux-du-Van.
U kunt ook met de auto omhoogrijden op het weggetje vanuit Couvet (bordje *Le Soliat-Creux du Van*), dat eindigt bij de parking Creux du Van boven op de hoogvlakte. Vandaar is het nog een halfuur lopen naar restaurant Le Soliat en de rand van de Creux du Van.

IN EEN OOGOPSLAG

Mittelland

Hoogtepunt *

Bern: de hoofdstad van Zwitserland, heeft een prachtige middeleeuwse binnenstad, fraai gelegen in een meander van de rivier de Aare. Uniek is de sfeer door zijn vele arcades, fonteinen, zandsteengevels en historische torens. Bern is een levendige culturele stad met belangrijke musea, theaters en festivals. Zie blz. 102.

Op ontdekkingsreis

Biosfeer reservaat Entlebuch: Dit berggebied in de Voor-Alpen tussen Bern en Luzern is Zwitserlands eerste biosfeerreservaat, van internationaal belang vanwege de flora en fauna van het Vooralpiene hoogveen-, bergheide- en karstlandschap. Zie blz. 98.

Bezienswaardigheden

Barokstad Solothurn: dit stadje aan de Aare wordt de mooiste barokstad van Zwitserland genoemd. Italiaanse *grandezza* mengt zich met Franse charme en Duits-Zwitserse degelijkheid. Zie blz. 92.

Kunststad Fribourg: een volledig tweetalige stad met prachtige gebouwen en interessante musea zoals de Espace Jean Tinguely. Zie blz. 115.

Actief

Fietsroute Emmentaler Käseroute: Met fiets of E-bike langs 11 punten die met kaas te maken hebben. Zie blz. 97.

Wandeltocht Murten – Mont Vully: Wandeling aan de overkant van het meer van Murten door de wijngaarden naar de Mont Vully (654 m). Zie blz. 115.

Zwemmen in de Aare: heel speciaal en heerlijk op een warme zomerdag is dat men vrij kan zwemmen in de snelstromende Aare, midden in de stad Bern. Zie blz. 110.

Sfeervol genieten

Klosterhotel St. Petersinsel: Dit alleen te voet, per fiets of boot bereikbare hotel is de ideale plek om volledig te ontspannen. In 2010 verkozen tot historisch hotel van het jaar. Zie blz. 111.

Restaurant Rosengarten: rozenpark hoog boven de Aare. Een heerlijke plek om heen te gaan voor de ondergaande zon met uitzicht op de binnenstad van Bern. Zie blz. 108.

Winkelen

Zes kilometer overdekte promenade: onder de Lauben van Bern kunt u eindeloos winkelen. Zie blz. 109.

Heuvelland tussen Jura en de Alpen

Het Mittelland ligt in grote lijnen tussen de oprijzende wanden van de Jura in het noordwesten en de Berner Alpen in het zuiden. Het bestaat uit golvende hoogvlaktes en heuvelland, dat tijdens de ijstijden is geschuurd en gepolijst door reusachtige gletsjers uit de Alpen. Langgerekte meren liggen aan de voet van de Jura, in een warm klimaat dat wijnbouw mogelijk maakt.

Het Mittelland is vanwege zijn strategische ligging op de handelsroute tussen Italië en Duitsland altijd een van de dichtst bevolkte streken van Zwitserland geweest. Langs oude handelsroutes getuigen burchten en kastelen van roerige tijden. In zeldzaam mooie, nog gave middeleeuwse steden als Solothurn, Bern, Murten of Fribourg sieren fonteinen, historische gebouwen en brede straten het stadsbeeld.

Naar het zuiden toe wijken de heuvels voor steeds hogere bergen. De voorgebergten van de Alpen met hun diep ingesneden rivierdalen hebben ieder hun eigen karakter: het Emmental is bekend om zijn kaasbereiding, net als de Gruyèrestreek. De taalgrens ligt langs de lijn Biel – Murten – Fribourg; aan de westzijde wordt Frans gesproken, aan de oostzijde Duits.

Het rustige en afwisselende Mittelland is een fietsland bij uitstek. Er lopen verschillende bewegwijzerde fietsroutes door het gebied. Wandelaars kunnen hun hart ophalen in de iets bergachtiger gebieden zoals het Emmental en het Entlebuch.

Noordelijk Mittelland

In het Duitstalige noordelijke Mittelland heerst een bedrijvige sfeer; industrie en handel zich hebben samengebundeld in een smalle strook langs de Aare. Een fraaie stad is hier de barokstad Solothurn en er liggen diverse mooie kastelen. Op de route door het Mittelland tussen Basel en Luzern kunt u ook een omweg maken langs enkele langgerekte meren, zoals de mooie Hallwilersee of de Sempachersee.

Centraal in het Mittelland ligt Bern, de hoofdstad van Zwitserland. Haar centrum ligt ingesloten in een meander van de Aare. Deze levendige stad heeft de bezoeker veel te bieden met zijn kilometerslange arcades, fonteinen en musea. Tussen Bern en Luzern kunt u een prachtige rit maken door het landelijke Emmental, bekend om zijn enorme gatenkazen. Het oostelijk daarvan gelegen Entlebuch is nog bergachtiger en heeft een bijzondere flora.

INFO

Kaart: ▶ C-H 2-6

Regionale toeristenbureaus

Schweizer Mittelland Tourismus, Amthausgasse 4, 3000 Bern, tel. 031 328 12 28, www.smit.ch
Fribourg en omgeving: Restoroute de la Gruyère, 1644 Avry-devant-Pont, tel. 026 915 92 92, www.fribourgregion.ch
Neuchâtel en omstreken: Watch Valley Coordination, route de Sorvilier 21, 2735 Bévilard, tel. 032 492 71 32, www.watchvalley.ch

Vervoer

Alle steden van het Mittelland zijn goed bereikbaar per trein. Vliegen kunt u op Basel, Zürich, Lausanne en Bern.

Noordelijk Mittelland

Aarau ▶ G 3

Het stadje **Aarau** op de rechteroever van de Aare (waaraan het zijn naam heeft te danken) is de hoofdstad van het kanton Aargau. Interessant is een stadswandeling door de ommuurde stad, die is gebouwd op een heuvel boven de Aare. Het oorspronkelijke stratenpatroon van de Altstadt is nog goed bewaard gebleven en heeft rijen laatgotische huizen en barokke gevels met bijzondere, beschilderde 'dakhemels'. In 1798, tijdens de Franse bezetting, was Aarau een blauwe maandag hoofdstad van de Helvetische Republiek.

Aargauer Kunsthaus

Aargauerplatz, 5001 Aarau, tel. 062 835 23 30, www.aargauerkunsthaus.ch, di.-zo. 10-17, do. 10-20 uur, CHF 15

Het Aargauer Kunsthaus bezit een van de grootste collecties moderne Zwitserse kunst vanaf eind 18e eeuw tot heden. Het museum werd in 2003 uitgebreid door de Baseler architecten Herzog & de Meuron en toont o.a. werken van Arnold Böcklin, Caspar Wolf, Ferdinand Hodler en Cuna Amiet.

Info

Toeristenbureau: Schlossplatz 1, 5000 Aarau, tel. 062 834 10 34, www.aarauinfo.ch

Lenzburg ▶ H 3

Aargau is het kanton van de kastelen. Acht kilometer oostelijk van Aarau ligt het vriendelijke plaatsje Lenzburg, dat wordt gedomineerd door zijn imposante ridderkasteel.

Kasteel Lenzburg

Museum Aargau, Schloss Lenzburg,

Schloss Hallwyl

5600 Lenzburg, tel. 062 888 48 40, www.schloss-lenzburg.ch, april-nov.: di.-zo. 10-17 uur, CHF 14

Het kasteel werd tussen de 11e en 16e eeuw op een heuvel gebouwd en is sinds 1987 als Museum Aargau 's zomers te bezoeken. Het is een populair historisch museum met diverse thematische exposities en het heeft een aangenaam slotcafé.

Gauklerfestival

Jaarlijks vindt in augustus in Lenzburg het Gauklerfestival plaats, waarbij internationale straatkunstenaars halsbrekende toeren uithalen. Jongleurs, muzikanten en goochelaars zorgen voor een bijzondere ambiance.

Info en evenementen

Toeristenbureau: Kronenplatz 24, 5600 Lenzburg, tel. 062 886 45 46, www.lenzburg.ch

Hallwilersee ▶ H 3

Tussen Aarau en Luzern liggen drie langgerekte meren in het golvende morenelandschap: Hallwilersee, Baldeggersee en Sempacher See. Een mooi gebied, waar de meeste toeristen snel doorheen rijden op weg naar de hogere Alpen. Toch is een stop de moeite waard, voor een ontspannen verblijf aan een van de meren of een bezoek aan een van de vele kastelen. Langs de meren zijn veel zonneweitjes vrij toegankelijk en kan er heerlijk worden gezwommen in het schone water.

De grote **Hallwilersee** ligt in een heuvelachtig gebied waarin akkers, weiden en boomgaarden elkaar afwisselen. Op dit rustige meer wordt gezeild, geroeid, gesurft en er is een bootdienst tussen de oevers. Overal zijn mooie strandjes (goed zwemwater) en zonneweiden zoals bij Beinwil, Tennwil, Fahrwangen en Aesch.

Schloss Hallwyl

5707 Seengen, tel. 062 767 60 10, www.schlosshallwyl.ch, april-okt. 10-17 uur, ma. gesl., CHF 14, alleen binnenplaats en café CHF 3

De Hallwilersee, door gletsjers uitgeslepen in de ijstijden, is genoemd naar **Schloss Hallwyl**, een van de mooiste waterburchten (12e/15e eeuw) van Zwitserland. Het slot uit de 11e eeuw ligt op twee eilandjes in de Aabach bij Seengen. Het ommuurde kasteel is te bezichtigen en heeft op de binnenplaats een sfeervol café.

Overnachten

Totaalkunstwerk – **Seerose Resort & Spa**: Seerosenstrasse 1, 5616 Meisterschwanden, tel. 056 676 68 68, www.seerose.ch. Hotelresort van topklasse aan de Hallwilersee; een combinatie van design, chic, wellness en culinair genoegen; 2pk vanaf CHF 250.

Vogels spotten vanaf de camping – **TCS camping Sempach**: Seelandstrasse 6, 6204 Sempach, tel. 041 460 14 66. De camping aan de Sempachersee heeft bijzonder buren: een vogelreservaat en vogelwacht; alle voorzieningen zoals huurtenten, bungalows, strandbad en restaurant.

Rondwandeling Hallwilersee

De Seeuferweg is een ontspannende rondwandeling rond de grotendeels onbebouwde Hallwilersee. Vanaf diverse plekken kunt u met de boot terugkeren; voor een korte route is vooral de rustige oostoever aan te raden.

Route: Schloss Hallwyl – Delphin – Seerose – Aesch (zonneweide, zwemmen) – Mosen – Beinwil – Birrwil – Schloss Hallwyl (22 km, ca. 5 uur; info: www.seetaltourismus.ch).

Barokstad Solothurn ▶ F 4

Solothurn aan de Aare heeft een geschiedenis die teruggaat tot de Kelten. De Romeinen stichtten er hun vesting Salodurum en in de middeleeuwen had de plaats een belangrijke handelsfunctie. De grootste bloeiperiode lag tussen 1530 en 1792 toen de Franse gezanten hier verbleven. In die tijd groeide het uit tot wat nu de mooiste barokstad van Zwitserland wordt genoemd. Italiaanse grandezza mengt zich met Franse charme en Zwitserse degelijkheid. Solothurn heeft enkele mooie musea en organiseert jaarlijks veel tentoonstellingen en festivals.

Het prachtige historische centrum op de noordoever van de Aare is compact en wordt omgeven door nog intacte stadsmuren en parken op de voormalige bolwerken. De schilderachtige binnenstad met oude huizen, stadspoorten en torens, elf 16e-eeuwse fon-

Noordelijk Mittelland

St. Ursenkathedraal, Solothurn

teinen en vele kerken is grotendeels autovrij en gemakkelijk te voet te verkennen. De binnenstad bereikt u vanaf het station over de brede Kreuzackerbrücke (voetgangersbrug).

De belangrijkste bezienswaardigheden liggen rond de Marktplatz met de 12e-eeuwse *Zeitglockenturm* en fonteinen (er is markt op woensdag en zaterdag).

St. Ursenkathedraal

Hauptgasse, 4500 Solothurn, dag. 8-18:30 uur; torenbeklimming: april t/m okt., CHF 3

Pronkstuk van Solothurn is de imposante barokke kathedraal met classicistische elementen. De kathedraal is in de 18e eeuw gebouwd van helwitte Jurakalk, heeft een vermaarde kerkschat en een mooi uitzicht vanaf de toren. Ook de nabijgelegen Jesuitenkirche aan de Hauptgasse is een bezoek waard. De interieurs van beide kerken tonen mooie voorbeelden van zogenaamd *Italiaans stucwerk* (geschilderd marmer).

Kunstmuseum

Werkhofstrasse 30, 4500 Solothurn, tel. 032 624 40 00, www.kunstmuseum-so.ch, di.-zo. 11-17 uur

Het museum toont onder andere de *Solothurner Madonna* van Holbein (1522) en de nog oudere *Maria tussen de aardbeien*. De toegang tot het museum is gratis, maar de in de foyer opgestelde Bedelaar van Jean Tinguely nodigt uit tot een vrijwillige donatie.

Info

Toeristenbureau: Hauptgasse 69, 4500 Solothurn, tel. 032 626 46 46, www.solothurn-city.ch. U kunt bij het toeristenbureau een *iGuide* huren voor een individuele rondleiding (60-90 min.).

Overnachten

Swiss historic hotel – **Baseltor:** Hauptgasse 79, 4500 Solothurn, tel. 032 622 34 22, www.baseltor.ch, 2pk vanaf CHF 190. *Eten, drinken, slapen* is het motto van deze historische stadsherberg in de binnenstad. 's Avonds is het heerlijk rustig achter de dikke hotelmuren.

Geliefd stadshotel – **Zunfthaus zu Wirthen:** Hauptgasse 41, 4500 Solothurn, tel. 032 626 28 48, www.wirthen.ch, 2pk vanaf CHF 120. Dit 500 jaar oude voormalige gildehuis is een geliefd hotel-restaurant met 16 kamers. Specialiteit van het restaurant zijn de flinterdunne *Flammkuchen*.

Hostel voor jong en oud – **Jugendherberge:** Landhausquai 23, 4500 Solothurn, tel. 032 623 17 06, www.youthhostel.ch, 2pk vanaf CHF 100. Direct aan de Aare gelegen, gehuisvest in een groot historisch pand. Aanbevolen!

Eten en drinken

In de Altstadt vindt u veel cafés en *Konditoreien*; probeer de fameuze *Solothurner Torte*. 's Zomers zijn er terrasjes langs de Aare.

Italië aan de Aare – **Il Bar:** landhausquai 13, 4500 solothurn, tel. 032 621 13 73, www.ilbar.ch. Voor een heerlijke Italiaanse koffie, een *aperó* of een hapje.

Ongedwongen – **Kreuz:** Kreuzgasse 4, 4500 Solothurn, tel. 032 622 20 20, www.kreuz-solothurn.ch. Hotel-restaurant met biologische keuken en voordelige middagmenu's. De hotelgasten roemen de voldoende harde bedden.

Omgeving Solothurn

Klooster St. Urban

4915 St. Urban, tel. 058 856 57 10, www.st-urban.ch, kerk ma.-za. 9-18, zo. 11-18, in de winter tot 16.30 uur.

Niet ver van Solothurn en vijf kilometer ten oosten van het welvarende industrie- en handelsstadje Langenthal staat de voormalige cisterciënzer abdij van St. Urban, waarvan de geschiedenis teruggaat tot 1194. Het sinds 1848 opgeheven klooster heeft reusachtige afmetingen en wordt gedomineerd door haar kerk, die wordt beschouwd als een van de hoogtepunten van de barok in Zwitserland. De kerk heeft een relatief sober interieur met spierwit stucwerk en geschilderde marmeren zuilen. Rond de kerk zijn een *Gasthof*, beeldenpark en kunstpaviljoen, waar regelmatig exposities van hedendaagse kunst worden gehouden.

Emmental

Feitelijk is het Emmental het dal van de Emme tussen Burgdorf en Schangnau, onder de Hohgant (2197 m) waar de Emme zijn oorsprong vindt. Gewoonlijk verstaat men onder het Emmental echter een veel groter gebied: het hele bergachtige oostelijke deel van het kanton Bern dat zich uitstrekt tussen Thun, Bern en Langenthal. Een aantrekkelijk kleinschalig middelgebergte met riviertjes, boomgaarden, weiden vol bergkoeien, bossen en dorpen met de karakteristieke, grote boerderijen die schuilen onder enorme daken. Op veel gevels is traditioneel houtsnijwerk aangebracht. De sfeer in het Emmental is gemoedelijk en traditites worden in ere gehouden. Bijna elke zondag wordt er *geschindeln'd*, een bijzondere vechtsport, en 's avonds kunt u verrast worden door de prachtige, diepe klanken van het spel van alphoorns.

Verken op uw reis door het Emmental bij voorkeur de vele kleine weggetjes en dorpjes, bijvoorbeeld op de fiets over het uitgestrekte fietsnetwerk.

Langnau ▶ F/G 5

De belangrijkste plaats op de route tussen Bern en Luzern (per trein bereikbaar) en toeristisch centrum van het Emmental is Langnau. Een plaats met veel traditionele huizen, hotels en overal geraniums. Op de Bärenplatz staat het 16e-eeuwse Chüechlihus met Heimatmuseum (di.-zo. 13.30-18 uur). Langnau is een geschikt uitgangspunt voor wandelingen, fiets- en mountainbiketochten in de omgeving. Het bekendste wandel- en mountainbikedoel is de Napf (1408 m), de hoogste top van het noordelijke Emmental.

Burgdorf ▶ F 4

Liefhebbers van moderne kunst is een omweg aan te raden via het stadje Burgdorf aan de ingang van het Emmental. Het ontleent zijn naam aan de strategisch op de heuvel gelegen 12e-eeuwse *Burg* die uitkijkt over het Emmental. Rond de burcht ligt de kleine Oberstadt, die middeleeuws van karakter is met kenmerken van de Berner bouwstijl met donkergroene zandstenen huizen, booggalerijen en pleinen met fonteinen. De benedenstad van Burgdorf verrast met twee kleine musea over de Zwitserse kunstenaars Franz Gertsch en Bernhard Luginbühl.

Schloss Burgdorf

Helvetisches Goldmuseum, Schloss Burgdorf, tel. 034 423 02 14, www.helvetisches-goldmuseum.ch, dag. 14-17, zo. v.a. 11 uur, CHF 5

Burgdorf heeft iets met goud, want de Emme en haar zijstroompjes zijn goudvoerende riviertjes, die ontspringen in

Metaalsculptuur Bernard Luginbühl, Burgdorf

Mittelland

Emmentaler boerderij, Ramisgummen

het goudhoudende Napfgebergte. In het gebied van de Napf werd eeuwenlang goud gewassen, namen als Goldbach verwijzen ernaar. Schloss Burgdorf huisvest dan ook het Helvetisches Goldmuseum over de winning van goud in Zwitserland.

Museum Franz Gertsch

Platanenstrasse 3, 3400 Burgdorf, tel. 034 421 40 20, www.museum-franz gertsch.ch, wo.-vr. 10-18, za., zo. 10-17 uur, CHF 12, op za. CHF 8

Op het terrein van de oude Milkakaasfabriek is in 2002 het Musuem Franz Gertsch gebouwd, over een van de belangrijkste hedendaagse Zwitserse kunstenaars, de hyperrealist Franz Gertsch (1930). Met café en videolounge, waar een documentaire draait over Gertsch.

Museum Bernhard Luginbühl

Metzgergasse 15, 3401 Burgdorf, tel. 079 665 08 47, www.luginbuehl-bernhard.ch/museum, mrt.-nov. zo. 11-17 uur, CHF 8

Bernhard Luginbühl (1929-2011), een hedendaagse Zwitserse kunstenaar leefde en werkte in Mötschwil, vlak bij Burgdorf. Het museum in het oude slachthuis van Burgdorf is gewijd aan zijn werk en toont grafiek, metaalsculpturen, hout, brons en keramiek.

Emmentaler Schaukäserei

Schaukäsereistrasse 6, 3416 Affoltern i. E., tel. 034 435 16 11, www.e-sk.ch; kaaswinkel en restaurant, april-okt. dag. 9-18.30, nov.-mrt. 9-17 uur; bäckerei di.-zo. 8-18 uur; u kunt dagelijks bij diverse kaasbereidingen meekijken; audiotours en gegidste rondleidingen (za., zo. 13, 15.30 uur, CHF 10).

Het Emmental heeft internationale faam verworven met zijn Emmentaler kaas, pittig met een kruidig nootachtige smaak en grote gaten. Verschillende kaasmakerijen openen hun deuren om te laten zien hoe deze kazen gemaakt worden. Een bezoek aan de beroemde kaasmakerij van Affoltern mag u niet missen; wel erg toeristisch, maar zeer interessant. In de boerderij Küherstock wordt al meer dan twee eeuwen de beroemde Emmentaler AOP-kaas geproduceerd. De kaasmakerij bestaat uit verschillende gebouwen en een klein openluchtmuseum. In de kleine boerderij uit 1750 wordt nog kaas gemaakt in een grote ketel boven het vuur (zoals nog steeds gebeurt op de hooggelegen almen). In de moderne boerderij kunt u via een glazen wand meekijken bij de kaasbereiding. In de winkel wordt een groot assortiment kazen en Emmentaler streekproducten verkocht en in het restaurant kunt u diverse (kaas)gerechten proberen.

Info

Toeristenbureaus: www.emmental.ch
Burgdorf: Bahnhofstrasse 14, 3400 Burgdorf, tel. 034 402 42 52
Langnau: Schlossstrasse 3, 3550 Langnau, tel. 034 402 42 52

Actief

Höhenweg – **Lüderenalp-Mettlenalp:** *De* mooiste wandeling in de omgeving van Langnau is de hoogtewandeling over de Napf (1408 m). Een afwisselende wandeling op smalle paden over bergkammen en langs originele bergrestaurants. Een en fenomenaal uitzicht van de Jura tot de Berner Alpen. Naar begin- en eindpunten Lüderenalp en Mettlenalp gaan in de weekenden van mei t/m okt. speciale wandelbussen (info: www.bls.ch/bus).
Fietsen – **Emmentaler Käseroute:** Het toeristenbureau van Burgdorf heeft een 35 km lange *Käseroute* uitgezet voor fiets of E-bike. Een app voert u langs 11 plekken die met het proces van melkproductie tot kaasexport te maken hebben. O.a. langs de Emmentaler Schaukäserei in Affoltern (gratis app te downloaden op: www.kaeseroute.ch).
Verhuur E-bikes – **Velostation:** Bahnhof, 3400 Burgdorf, tel. 034 423 42 46, www.rentabike.ch

Overnachten

Luxehotel in chaletstijl – **Hotel Kemmeriboden-Bad:** Schangau, tel. 034 493 77 77, www.kemmeriboden.ch, 2pk vanaf CHF 150. Dit in traditionele Emmentalerstijl gebouwde houten hotel aan de voet van de Hohgant is beroemd om zijn regionale keuken. Moderne kamers en een wellness met hot tub en sauna laten u compleet ontspannen.

Entlebuch ▶ G 5

Minder bekend dan het Emmental maar zeker zo aantrekkelijk is het Entlebuch, het dal ten oosten van het Emmental en behorend tot het kanton Luzern. Beboste hellingen worden afgewisseld door bergen met hoogvenen, heidevelden, alpenweiden en rotsen. Aan de zuidkant wordt het Entlebuch afgesloten door de 2350 m hoge Brienzer Rothorn, een uitzichtberg boven de Brienzer See.

Het Entlebuch is door de UNESCO als eerste Zwitserse biosfeerreservaat aangeduid en om zijn flora en fauna van internationaal belang. **Schüpfheim** is de hoofdplaats van het Entlebuch en heeft een klein Heimatmuseum (beperkt geopend). De beste uitgangspunten voor wandelingen in het gebied vormen echter de zuidelijke dalen met de dorpjes Marbach en Sörenberg.

Panoramastrasse

Vanuit Schüpfheim leidt de *Panoramastrasse* zuidwaarts, ▷ blz. 101

Op ontdekkingsreis

Biosfeerreservaat Entlebuch: hoogvenen, karst en steenbokken

Een biosfeerreservaat is een natuurgebied waarbinnen het ecosysteem beschermd wordt en waar mens en natuur zorgen voor een duurzame ontwikkeling. In Zwitserland zijn het Val Müstair/Zwitsers nationaal park en het Entlebuch door de UNESCO als Zwitserse biosfeerreservaten van internationaal belang aangeduid. Entlebuch vertegenwoordigt het Vooralpiene hoog- en laagveen, bergheide, bergdennenbos en karstlandschap. Veel landschapstypen, die je in eerste instantie niet associeert met Zwitserland.

Hoogvenen

De kernzone van het reservaat bestaat uit gebieden rond het riviertje de Entle en rond het bergmassief Schrattenflue. Hier liggen meer dan 100 hoogvenen, laagvenen en overgangsvenen. In deze natte, arme ecosystemen hebben zich unieke planten weten aan te passen, zoals de vleesetende zonnedauw. Er leven bijzondere insecten en vlinders en de zeldzame auerhoen.

Karstgebied Schrattenflue

Een karakteristiek bergmassief van het Entlebuch is de Schrattenflue, een kaal gebergte met karstformaties als karren, dolines en grotten. In tegenstelling tot de natte veengebieden is op de kale rots geen water aanwezig, want het zakt meteen in spleten en kloven en stroomt onderaards weg. Met een verrekijker ziet u hier onderweg misschien een steenarend boven de rotsen van de Achsflue. In het Entlebuch leven drie tot vier paartjes steenarenden.

Moorlandschaftspfad

In 2010 werd het Moorlandschaftspfad geopend, een 80 km lange wandelroute door het hele gebied, over verende moeraspaden, stenige bergpaden en historische bergpassen. Over de route, etappesteunpunten en overnachtingsmogelijkheden is op internet een uitgebreide brochure beschikbaar.

Steenbokken op de Rothorn

Aan de zuidkant wordt het Entlebuch afgesloten door de 2350 m hoge **Brienzer Rothorn** 1, de hoogste berg van het kanton Luzern. Vanaf de top hebt u een schitterend uitzicht op de blauwgroene Brienzer See en de achterliggende bergreuzen van de Berner Alpen. Rond de top leeft een grote kudde steenbokken, meer dan 200 dieren. Zo veel, dat het een heuse toeristenattractie is geworden. Dat was ooit anders. Nadat in 1809 de laatste steenbok in Wallis was geschoten werden in 1911 de eerste steenbokken in St. Gallen geherintroduceerd. Sinds 1921 werden er ook steenbokken uitgezet in het Rothorngebied en werd het Tannhorn jachtreservaat ingesteld. Sindsdien heeft zich een gezonde kolonie ontwikkeld, waarbij er een uitwisseling plaatsvindt met de steenbokkenkolonie op de Pilatus. Jaarlijks worden tussen de 15 en 25 dieren afgeschoten, waarmee de populatie onder controle wordt gehouden. Overdag houden ze zich op in de steile rotsen, waar de wandelaars niet kunnen komen, maar 's avonds als de wandelaars weg zijn komen de steenbokken naar het berghotel bij de top van de Brienzer Rothorn, waar enkele zoutblokken voor de dieren zijn geplaatst. Wie hier boven overnacht kan de dieren van zeer nabij bekijken!

Steenbokvrouwtje

Steinbock Trek

INFO

Kaart: ▶ G 5/6

Mooiste periode: eind sept.-eind okt.

Sörenberg Tourismus: Rothornstrasse 21, 6174 Sörenberg, tel. 041 488 011 085, www.soerenberg.ch.
Infocentrum Biosphäre Entlebuch: Chlosterbüel 28, 6170 Schüpfheim, tel. 041 485 88 50, www.biosphaere.ch
Luftseilbahn Sörenberg – Brienzer Rothorn 1: 6174 Sörenberg, tel. 041 488 15 60, www.soerenberg.ch, mei t/m okt., retour CHF 34.
Berghaus Rothorn Kulm 1: tel. 033 951 12 21, www.brienz-rothorn-bahn.ch.
Berggasthaus Salwideli 2: 6174 Sörenberg, tel. 041 488 11 27, www.berggasthaus-salwideli.ch

Steinbock Trek

Naar de top van de Brienzer Rothorn kunt u met de kabelbaan vanaf Sörenberg, het romantische stoomtreintje vanuit Brienz (zie blz. 161), of te voet via de uitdagende *Steinbock Trek*, een wandelroute over de steile Lättgässli naar de Brienzer Rothorn. Deze *Steinbock Trek* is een schitterende graatwandeling en geschikt voor ervaren bergwandelaars zonder hoogtevrees (ca. 10 km, 1250 hoogtemeters, 4 ½ uur).

Uitzicht op de Berner Alpen

Vlak onder de top ligt het eenvoudige berghotel Rothorn Kulm 1 met grandioos uitzicht. Voor een mooie zonsondergang en -opkomst moet u een beetje geluk hebben met het weer, maar de steenbokken bij de hut ziet u gegarandeerd. Het hotel heeft enkele 2-persoons kamers en een voordeliger *Touristenlager*.

via Flühli en Sörenberg naar de Glaubenbielenpass (1611 m) en verder naar Sarnen en Luzern. De postbus heeft op deze smalle weg voorrang en toetert luid om tegemoetkomend verkeer te waarschuwen.

Info

Toeristenbureau: Rothornstrasse 21, 6174 Sörenberg, tel. 041 488 011 085, www.soerenberg.ch.
Sörenberg Card: als hotelgast van de gemeente Sörenberg kunt u met de Gästekarte gratis gebruik maken van alle kabelbanen gedurende uw verblijf.

Overnachten en eten

Sympathiek berghotel – **Berggasthaus Salwideli:** 6174 Sörenberg, tel. 041 488 11 27, www.berggasthaus-salwideli.ch, 2pk vanaf CHF 116. Berghotel midden tussen de alpenweiden boven Sörenberg. Eigenaar Ernst Wegmuller wekt 's morgens zijn gasten met de prachtige klanken van zijn alphoorn. Elke zaterdag kunt u genieten van het Entlebucher kaasbuffet. Goed uitgangspunt voor bergwandelingen.

Landelijk sportief – **Hotel Sporting:** Dorfstrasse 62, 6196 Marbach, tel. 034 493 36 86, www.hotelsporting.ch, 2pk vanaf CHF 190. Modern hotel buiten het landelijke Marbach. Midden in een aantrekkelijk wandelgebied.
Avantgardistische natuurkeuken – **Gasthof Rössli:** Hauptstrasse 111, 6182 Escholzmatt-Marbach, tel. 041 486 12 41, www.stefanwiesner.ch. Schrijver en chef-kok Stefan Wiesner kookt met alles wat de natuur te bieden heeft: wild uit het Entlebuch, hooi, dennennaalden, bergkruiden. Een unieke culinaire ervaring; met 17 Gault Milau punten en een Michelinster. Geïnspireerd? Volg dan een van de enerverende *workshops*.

Käserei Marbach

Dorfstrasse 16, 6196 Marbach, tel. 034 493 31 44, www.kaeserei-marbach.ch, ma.-vr. 7.30-12, 14-18.30, za. 7.30-16, zo. (alleen 's zomers) 15-17.30 uur.
Marbach is een stop waard om zijn moderne kaasmakerij uit 2008, met winkel en galerie. Uniek aan deze *bergkäserei* is het gebruik van zowel koe- als buffelmelk en de zogenaamde *Tigre*, een vierkante Emmentaler kaas, speciaal geproduceerd voor de Amerikaanse markt. De winkel heeft ook een uitgebreid assortiment lokale kazen.

Zilverdistels in het biosfeerreservaat Entlebuch

Mittelland

Bern ✶ ▶ E 5

Bern, een overzichtelijke middelgrote stad van 130.000 inwoners is de hoofdstad van Zwitserland. Door de eeuwen heen is Bern goed bewaard gebleven en de prachtige middeleeuwse binnenstad met zijn vele fonteinen, groengrijze zandsteengevels en historische gebouwen is opgenomen op de UNESCO-Werelderfgoedlijst. Het oude Bern ligt op een soort schiereiland in de binnenbocht van een grote slinger van de Aare, en wordt door grote bruggen verbonden met de overzijde. De verkeersluwe binnenstad heeft met in totaal meer dan 6 kilometer arcades de langste overdekte winkelpromenade van Europa.

Openbaar vervoer is met trams en trolleybussen goed geregeld en rijdt frequent. Bern is een levendige stad: er is een komen en gaan van toeristen en congresgangers en terrassen, muzikanten en straatspelen bepalen overdag het beeld. 's Avonds bloeit het uitgaansleven. Op de vele terrassen, zoals op de Waisenhausplatz of Bärenplatz is het dan 'zien en gezien worden'. Op de Bärenplatz wordt 's zomers schaak gespeeld. Bern is een culturele stad met musea, theaters en festivals.

Geschiedenis

In 1191 werd Bern gesticht door hertog Berchtold V von Zähringen, die de strategische positie aan de rand van het Mittelland goed inzag. De snel groeiende stadstaat Bern trad in 1353 toe tot het Eedgenootschap. Geleidelijk breidde het zijn gebied uit met overwinningen op Fribourg, Thun, Burgdorf en Aargau. Daarna richtte het zijn blik op Bourgondië en na de nederlaag van de Bourgondiërs in 1476 bij Murten lag de weg naar Genève open. Toen in 1536 ook Vaud viel, was Bern de grootste stadstaat van Europa ten noorden van de Alpen. Gouden tijden braken aan voor de stad, die in zandsteen weer was opgebouwd, nadat een brand in 1405 de houten huizen had vernietigd. Toen Bern zich overgaf aan de Napoleontische troepen in 1798, was dat dan ook een geweldige schok voor het Eedgenootschap. In 1848 werd Bern Bundeshauptstadt, de zetel van de Zwitserse regering. De wereldoorlogen gingen aan Bern voorbij en de stad ligt er nog zo bij als in de grote bloeiperiode.

Altstadt

Ondanks het uitstekende openbaar vervoer is de binnenstad van Bern klein genoeg om haar te voet te verkennen. De onderstaande stadswandeling van een paar uur biedt een goede indruk. De stad maakt met zijn brede rechte straten en donkergroene zandstenen huizen een strenge indruk, maar wordt verlevendigd door kleurige torens en elf 'Brunnen', fonteinen met beelden op zuilen, die in het midden van de 16e eeuw gemaakt zijn. Veel van de beelden zijn kopieën, de originele zijn in musea geplaatst. Het water uit de Brunnen kunt u gewoon drinken.

Bahnhofplatz 1

Startpunt is het vervoershart van Bern, tegenover het centraal station. Het plein onderging in 2008 een vernieuwing en is nu een groot stadsplein met winkelcentra en het Tourist Center. Langs de Heiliggeistkirche, in Franse barokstijl, wandelt u door de Spittalgasse langs de Pfeifferbrunnen (met doedelzakspeler) naar de Bärenplatz. Hier staat de Käfigturm (gevangenistoren), oorspronkelijk in 1256 gebouwd in de middelste stadsmuur en herbouwd in de 18e eeuw. Verder oostwaarts wandelt u over de Marktgasse, de hoofd-

Genieten van de avondzon in de Rosengarten

winkelstraat van Bern, naar een van de belangrijkste pleinen van de Altstadt: de Kornhausplatz.

Kornhausforum 2

Kornhausplatz 18, 3011 Bern, www.kornhausforum.ch, tel. 031 312 91 10, expositieruimte: zo. en ma. gesl., di.-vr. 10-19, za. 10-17 uur

Op de Kornhausplatz staat de Kindlifresserbrunnen met een carnavalsfiguur. Het Kornhaus is een voormalig graanpakhuis, gebouwd in barokstijl, en huisvest nu een grand café, een kelderrestaurant en het Kornhausforum met exposities op het gebied van kunst, design, architectuur en fotografie.

Zeitglockenturm 3

Aan de zuidkant van de Kornhausplatz bevindt zich het bekendste monument van Bern. De Klokkentoren of Zytgloggeturm was de stads westpoort tussen 1191 en 1250. Onder het grote uurwerk bevinden zich een astronomisch en een speeluurwerk (van rond 1530). Iedere drie minuten voor het hele uur beginnen de figuurtjes en beertjes te bewegen. U kunt met een rondleiding meegaan door het fascinerende interieur.

Albert Einstein Haus 4

Kramgasse 49, 3000 Bern 8, tel. 031 312 00 91, www.einstein-bern.ch, dag. 10-17 uur, jan. gesl., CHF 5

Over de Kramgasse wandelt u langs historische fonteinen, zoals de Zähringer Brunnen, het monument voor Berchtold von Zähringen, de stichter van Bern. Op de fontein staat de beroemde bruine beer, het wapen van de Zähringer, die zijn naam gaf aan de stad Bern. Op nummer 49 kunt het Albert Einstein-Haus bezichtigen, de woning van de beroemde fysicus, waar hij in 1905 zijn relativiteitstheorie schreef (met café op de begane grond).

Rathaus 5

Via de Kreuzgasse bereikt u het schitterende Rathaus, een laatgotisch gebouw uit de 15e eeuw met een lange rij wapen-

schilden onder de daklijst. Hier zetelt het parlement van de stad en het kanton Bern. Als de Berner vlag wappert houdt het parlement zitting.

Bärenpark 6

Dagelijks gratis toegankelijk, webcams: www.tierpark-bern.ch

Over de Nydeggbrücke komt u bij Berns meest bezochte plek: de vroegere *Bärengraben* heet nu *Bärenpark*. Bern heeft de bruine beer als wapen en mascotte. Sinds 1480 worden er beren in deze kuilen gehouden. In 2009 zijn de oude berenkuilen vervangen door dit ruimere berenpark op de helling langs de Aare. In het park leeft de berenfamilie Björk, Finn, Ursina en Berna. Naast de kuilen is een multimediashow over Bern en zijn geschiedenis.

Rosengarten 7

Hoog boven de Aare, op een klein stukje lopen vanaf de beroemde berenkuil ligt een rustig park met vele soorten rozen. Het is een mooie plek om 's avonds heen te gaan voor het uitzicht op de oude binnenstad en de ondergaande zon. Met aangenaam restaurant met groot terras en een vijver. De Rosengarten is

Bern

Bezienswaardigheden
1. Bahnhofplatz
2. Kornhausforum
3. Zeitglockenturm
4. Albert Einstein Haus
5. Rathaus
6. Bärenpark
7. Rosengarten
8. Berner Münster
9. Bundeshaus
10. Botanischer Garten
11. Zentrum Paul Klee
12. Kunstmuseum
13. Museum für Kommunikation
14. Historisches Museum en Albert Einsteinmuseum
15. Naturhistorisches Museum

Overnachten
1. Hotel Innere Enge
2. Belle Époque
3. Goldene Schlüssel
4. Allegro
5. Alpenblick
6. Hotel Landhaus
7. Hotel Nydeck

Eten en drinken
1. Korhauskeller
2. Lötschberg
3. Café des Pyrénées
4. Rosengarten
5. Altes Tramdepot
6. Weincafé Klösterli
7. Schwellenmätteli
8. Café Postgasse

Uitgaan
1. Adrianos Bar & Café
2. Turnhalle
3. Marians Jazzroom

Actief
1. Freibad Marzili
2. Gurten

dan ook zeer populair bij de inwoners van Bern.

Berner Münster 8

Münsterplatz, tel. 031 312 04 62, www.bernermuenster.ch, kerk dag. geopend; torenbeklimming: 's zomers ma.-za. 10-16.30, zo. 11.30-15.30 uur; 's winters ma.-vr. 12-15.30, za. 10-16.30, zo. 11.30-15.30 uur

Terugover de brug volgt u een iets zuidelijker route via de Junkerngasse naar de Münsterplatz. De Berner Münster is de indrukwekkendste laatgotische kerk van Zwitserland. De kerk stamt uit 1421 en is een zogenaamde pijlerbasiliek zonder dwarsschip. De afbeelding van het Laatste Oordeel in het timpaan boven de hoofdingang is uit 1495; elk van de 234 figuren symboliseert een toentertijd bekend figuur, beroep of stand. Het uitkijkplatform vanaf de 100 m hoge toren biedt een prachtig uitzicht op de stad en de Berner Alpen. Wie geen hoogtevrees heeft kan de smalle wenteltrap met 254 treden beklimmen.

Bundeshaus 9

Bundesplatz 3, 3005 Bern, tel. 031 322 87 90, www.parlament.ch, rondlei-

Mittelland

dingen: reserveren via tel. 058 322 90 22 (ma.-vr. 8.30-12 en 14-16.30, za. 8.30-10 uur)

Via het Casino – geen gokhuis maar concertgebouw en restaurant – komt u bij het Bundeshaus en de Bundesplatz. In het parlementsgebouw zetelt de Zwitserse regering, maar worden ook evenementen voor bezoekers en bewoners georganiseerd. Het gebouw van architect Auer werd gebouwd in 1902. De koepel is geïnspireerd op de renaissance kathedraal van Florence. Na een grondige renovatie is het gebouw in oude glorie hersteld. In de centrale koepel symboliseren muurschilderingen de geschiedenis van Zwitserland. Er zijn regelmatig gratis rondleidingen in vier talen (ca. 1 uur, om 11.30 en 15 uur in het Duits, om 16 uur in het Engels, 1 dag van te voren reserveren, paspoort meenemen).

Ook buiten het gebouw is veel te beleven. De grote Bundesplatz is deels ingericht als een waterspel met 26 fonteinen (een voor elk van de kantons) en wordt 's winters een ijsbaan voor schaatsers. Vanaf de achtergelegen Bundesterrasse hebt u een mooi uitzicht met de Aare diep onder u en de huisberg 'Gurten' en de Alpen aan de horizon. Verder door het park wandelt u naar de Kleine Schanze, een geliefd uitkijkpunt, met oriëntatietafel en café-restaurant.

Botanischer Garten [10]

Altenbergrain 21, 3013 Bern, tel. 031 631 49 45, www.botanischergarten.ch, dag. 8-17 uur, gratis

Voor een bezoek aan de botanische tuinen van de Universiteit van Bern wandelt u vanaf het station over de Lorrainebrücke naar de overkant van de Aare. Hier liggen de uitgestrekte tuinen, op terrassen die aflopen naar de Aare. Er groeien 6000 verschillende plantensoorten, er is een Alpentuin en er zijn (sub)tropische kassen. In de Botanische tuin is een café met een terras.

Zentrum Paul Klee

Musea

Zentrum Paul Klee [11]

Monument im Fruchtland 3, 3006 Bern, tel. 031 359 01 01, www.zpk.org, di.-zo. 10-17 uur, CHF 20, bus 12 vanaf Hauptbahnhof

Aan de rand van de stad (langs de A5, Ost-Ring) bevindt zich sinds 2005 het Zentrum Paul Klee, gewijd aan het leven en het werk van Paul Klee (1879-1940). De golvende lijnen van het museum zijn ontworpen door de Italiaanse architect Renzo Piano. Hij creëerde een groen eiland, waaruit drie heuvels van staal en glas oprijzen. Daarin bevinden zich de depots, tentoonstellingsruimtes, een muziekzaal, ateliers voor kinderen en een restaurant. Het Zentrum Paul Klee bevat de wereldwijd grootste verzameling werk (bijna 4000 kunstwerken) van Klee, die tot de belangrijkste kunstenaars van de twintigste eeuw gerekend wordt en een groot deel van zijn leven in Bern doorbracht. Klee's werken worden getoond in een regelmatig wisselende collectie van ongeveer 100 a 150 stuks, elke keer aan de hand van een ander thema. Er zijn ook regelmatig exposities van andere moderne en hedendaagse kunstenaars.

Kunstmuseum [12]

Hodlerstrasse 8-12, 3000 Bern, tel. 031 328 09 44, www.kunstmuseumbern.ch, di.-zo. 10-17, di. tot 21 uur, CHF 22

Aan de noordrand van de binnenstad ligt dit belangrijke kunstmuseum met een prachtige nationale en internationale verzameling: meer dan 3000 schilderijen en sculpturen uit de 13e-20e eeuw. De getoonde collectie varieert in omvang en wordt afgewisseld met tijdelijke exposities.

Museumwijk Helvetiaplatz

Aan de overkant van de Aare ligt een museumwijk rond de Helvetiaplatz en Bernastrasse. Hier vindt u onder meer de Zwitserse nationale bibliotheek, het Museum für Kommunikation, het Naturhistorisches Museum en het Albert Einsteinmuseum.

Museum für Kommunikation [13]

Helvetiastrasse 16, di.-zo. 10-17 uur, tel. 031 357 55 55, www.mfk.ch, tot aug. 2017 wegens herinrichting gesl.

Wereldberoemde postzegelverzameling en sinds 2007 een modern interactief museum over alles wat met post en telecommunicatie te maken heeft.

Historisches Museum en Albert Einsteinmuseum [14]

Helvetiaplatz 5, www.bhm.ch, di.-zo. 10-17 uur, CHF 18-24

Zwitserlands belangrijkste cultuurhistorische museum met objecten van de steentijd tot heden en een grote volkenkundige collectie.

Het museum bevat verder een voortreffelijke Einsteintentoonstelling. Albert Einstein (1879-1955) begon zijn loopbaan aan de Universiteit van Bern, waar nu ook *zijn* museum zich bevindt.

Naturhistorisches Museum [15]

Bernastrasse 15, 3005 Bern, tel. 031 350 71 11, www.nmbe.ch, ma. ochtend gesl., CHF 8

Geologie, mineralogie, paleontologie en zoölogie. Interessant zijn onder andere een tentoonstelling over de beroemde reddingshond Barry en de *schat van de Planggenstock*, een reusachtige groep kwartskristallen van meer dan 1 m lang en 2 ton zwaar.

Info

Toeristenbureau: Bahnhofplatz 10A, 3001 Bern. Er is ook een dependance bij het Berenpark; beide: tel. 031 328 12 12, www.bern.com

Overnachten

Typically Swiss – Hotel Innere Enge 1: Engestrasse 54, 3012 Bern, tel. 031 309 61 11, www.innere-enge.ch, 2pk vanaf CHF 258. Al in de 18e eeuw de ontmoetingsplaats voor de 'happy few'; tegenwoordig omschrijft het hotel zich als 'typically swiss'; 4-sterrenhotel aan de noordrand van Bern, met themakamers op het gebied van de jazz; met internationale Jazzclub: Marians Jazzroom.

Jugendstil hotel – Belle Époque 2: Gerechtigkeitsgasse 18, 3011 Bern, tel. 031 311 43 36, www.belle-epoque.ch, 2pk vanaf CHF 280. In dit 4-sterrenhotel in de binnenstad voelt u zich terug in het Parijs van de jaren 1920. Kunstwerken van Gustav Klimt, Ferdinand Hodler en Toulouse Lautrec sieren de kamers en het restaurant.

Historische ambiance – Goldener Schlüssel 3: Rathausgasse 72, 3011 Bern, tel. 031 311 02 16, www.hotel-goldener-schluessel.ch, 2pk vanaf CHF 190. 34 gerenoveerde moderne hotelkamers in een van de oudste gebouwen van de stad.

Hip lifestyle hotel – Allegro 4: Kornhausstrasse 3, tel. 031 339 55 00, www.kursaal-bern.ch/hotel, 2pk vanaf CHF 180. Groot, modern hotel bij de Kursaal, ten noorden van de Altstadt. Voorzien van alle comfort zoals sauna en wirlpool.

Aangenaam ***hotel – Alpenblick 5: Kasernenstrasse 29, 3013 Bern, tel. 031 335 66 55, www.alpenblick-bern.ch, 2pk vanaf CHF 178. Mooi hotel in een leuke woonwijk op 10 tramminuten van het centrum. Moderne kamers met historische foto's van Bern. Met restaurant, tuinterras en winkels, cafés en restaurantjes in de directe omgeving.

Onconventioneel – Hotel Landhaus 6: Altenbergstrasse 4/6, 3013 Bern, tel. 031 331 41 66, www.landhausbern.ch, 2pk vanaf CHF 120. Direct aan de Aare bij het berenpark ligt dit bijzondere hotel voor wereldreizigers, kunstenaars of gezinnen. Met comfort- en familiekamers.

Budgethotel – Hotel Nydeck 7: Gerechtigkeitsgasse 1, tel. 031 311 86 86, www.hotelnydeck.ch, 2pk vanaf CHF 120. Dit kleine hotel met 12 kamers behoort tot de beste budgetaccommodatie in de Altstadt. Ook een suite (met keuken) tot 5 personen.

Eten en drinken

Exclusief dineren – Kornhauskeller 1: Kornhausplatz 18, tel 031 3277272, www.bindella.ch/de/kornhauskeller. Bovengronds een grand café, ondergronds de Kornhauskeller: een van de imposantste zaalrestaurants in Bern. Een geweldige ambiance met zijn hoge plafond in gotische stijl. Zwitserse en mediterrane keuken; ook geschikt voor koffie en zelfgemaakte patisserie.

Zwitserse specialiteiten – Lötschberg 2: Zeughausgasse 16, 3011 Bern. Overdag een rustig restaurant met wijn, bier, fondue, raclette en Zwitserse specialiteiten; ook verkoop van wijn, kaas en Trockenfleisch om mee te nemen. 's Avonds verandert het in een drukke wijnbar met kaashapjes en tapas. Een dj zorgt voor bijpassende muziek.

Internationaal bistro-café – Café des Pyrénées 3: Kornhausplatz 17, tel. 031 311 30 63. Dit café en terras, ook wel het zenuwcentrum van Bern genoemd, wordt druk bezocht door journalisten en expats. Stop voor een drankje, een sandwich of pastaschotel.

Rozentuin met uitzicht – Rosengarten 4: Alter Aargauerstalden 31b, 3006 Bern, tel. 031 331 32 06, www.rosengarten.be. Vanaf dit hooggelegen terras hebt u uitzicht op de oude binnenstad en geniet u van lokale gerechten.

Bern: adressen

Bierbrouwerij – Altes Tramdepot 5:
Grosser Muristalden 6, 3006 Bern, tel.
031 368 14 15, www.altestramdepot.ch.
Naast de berenkuil ligt dit restaurant
met brouwerij, leuk om een biertje te
drinken. Het huisbier wordt gebrouwen in grote koperen vaten midden in
het restaurant. Trefpunt voor jong en
oud. Een aanrader vanwege de uitgebreide menukaart en de grote porties.

Leuk wijncafé/terras – Weincafé Klösterli 6: Klösterlistutz 16, tel. 031 350
1000, www.kloesterlibern.ch. Klein
wijncafé en restaurant op een mooie
plek ten noorden van het berenpark;
meer dan 20 open wijnen. Ook voor
voordelig lunchmenu of *Apéro*.

Trendy terras aan de Aare – Schwellenmätteli 7: Dalmaziquai 11. Groot
restaurant en terras aan de zuidkant
van de Aare, ook wel Berner Rivièra genoemd, met vlonder direct boven de
rivier. Vooral mediterrane gerechten;
groots uitzicht (en prijzen).

Typisch Berner eethuisje – Café Postgasse 8: Postgasse 48, tel. 031 311 60
44, Dit authentieke Berner eethuisje is
populair bij de plaatselijke bewoners.
Zwitserse keuken, met verse ingrediënten. Het eethuisje is klein en snel
vol. Dus wel van te voren reserveren.

Münsterplatz, met lift naar de Aare

Uitgaan

Veel Berner cafés en wijnbars blijven
tot laat open. Een aanrader is Lötschberg (zie onder restaurants), 's avonds
met live muziek.

**Van koffie tot cocktail – Adrianos Bar
& Café** 1: Theaterplatz 2, tel. 031 318
88 31, www.adrianos.ch. 's Morgens
een koffiebar, 's avonds een cocktailbar.
Fijne ambiance en uitstekende koffie,
dankzij de eigen koffiebranderij.

Trendy café en plein – Turnhalle 2:
Speichergasse 4, tel. 031 311 15 51, www.
turnhalle.ch. Omgebouwde gymzaal
met voorplein, overdag een rustig
café en cultuurcentrum, van do. tot za.
's avonds een levendige bar vor kunstenaars en studenten; vaak live muziek en
acts; gratis entree.

Jazzclub – Marians Jazzroom 3: Engestrasse 54, 3012 Bern, tel 031 309 61 11,
www.mariansjazzroom.ch. Een van de
beste Jazzclubs ter wereld met internationale muzikanten. Van di. tot za.
iedere avond concerten.

Winkelen

Zes kilometer overdekte promenade:
onder de Lauben van Bern kunt u eindeloos winkelen. De Kramgasse (en
in het verlengde de Marktgasse) is de
hoofdwinkelstraat. Hier vindt u veel
ketens. In de Rathausgasse zijn veel
kleine winkels (antiek, boeken, sieraden, wijn). In buitenwijk Bern-Brünnen
opende Westside, een groot winkel- en
vermaakscentrum, met o.a. 55 winkels.

Tip

Bern Ticket en Museum Card

Hotelgasten die in Bern overnachten ontvangen voor de duur van hun verblijf het **Bern Ticket** en reizen daarmee gratis met het openbaar vervoer, incl. Murtenbahn, Marzilibahn en reis van/naar het vliegveld.

De **Museum Card** geeft 24 of 48 uur toegang tot alle Berner musea (CHF 28 of 35); verkrijgbaar bij de meeste hotels in Bern, de toeristenbureaus of de online shop (www.shop.bern.com).

Architect is de Amerikaan Daniel Libeskind (8 min. met de S-Bahn).
Markten: Elke di. en za. is er een markt op de Bundesplatz. Kunstnijverheid: eerste za. van de maand naast de Münster; vlooienmarkt: 3e za. van de maand op de Mühleplatz.

Actief

Zwemmen in de Aare – **Freibad Marzili** 1: Marzilistrasse 29, tel. 031 311 00 46, www.aaremarzili.info
Het drukst bezochte buitenzwembad van Bern. En net als alle andere openbare zwembaden in Bern gratis toegankelijk! Het zwembad heeft verschillende baden en ligt in een bocht van de Aare. Speciaal is dat men hier vrij kan zwemmen in de Aare (alleen voor geoefende zwemmers). Op verschillende plaatsen zijn trappen en handgrepen voor toegang tot de rivier. Kleedt u om in het zwembad, volg het pad stroomopwaarts tot het toegangspunt van uw keuze en dobber terug naar het zwembad! Let op: de Aare stroomt erg snel, ga niet te ver de rivier op, zodat je op tijd weer terug kunt naar de kant.

Huisberg van Bern – Gurten 2: Gurtenbahn, Dorfstrasse 45, Wabern, tel. 031 961 23 23, www.gurtenbahn.ch, vanaf 7 uur elk kwartier, vaak tot ver na middernacht; enkel CHF 6, retour CHF 10,50 (gratis met Bern Mobility Pass). Bereikbaar met tram 9, halte Wabern/Gurtenbahn.
De Gurtenkulm, zuidelijk van het centrum, is de huisberg en recreatieberg van Bern. De Gurten is sinds 1899 bereikbaar met de Gurtenbahn vanaf Wabern. Het oude stroomtreintje is inmiddels vervangen door een moderne kabelspoorbaan. Op de top, 360 m boven Bern, staat het sjieke hotel-restaurant Kulm en zijn diverse uitkijkpunten. De uitkijktoren en het glazen Pavillon Gurten (tel. 031 970 33 33) met terras en restaurant bieden fantastisch uitzicht over de stad en het Berner Oberland.

De Gurten is geschikt voor een mooie wandeling of lange afdaling terug naar de stad.

Festivals

Carnaval in Bern: op een di. in maart. Het feest begint met het wekken van de beer uit zijn winterslaap door de *Ychüblete* (drummers), gevolgd door een optocht van *Guggenmusik-Cliques* (bands) door de straten van Bern.
Bern Jazz Festival: maart-mei, www.jazzfestivalbern.ch. 10 weken lang treden jazzmuzikanten live op in diverse locaties in Bern.
Gurten festival: half juli. 4-daags muziekfestival op de huisberg van Bern.
Zibelemärit: deze *uienmarkt* is een traditioneel volksfeest op de 4e maandag van november. Boeren brengen grote hoeveelheden uien en knoflook naar de hoofdstad; alle restaurants serveren kaas- en uientaart en -soep.
Kerstmarkt: december, op de Waisenhausplatz

Zuidelijk Mittelland

Aan de voet van de Jura ligt het Franstalige 'Pays de trois lacs': de meren van Biel/Bienne, Neuchâtel en Murten/Morat, omringd door een weids heuvelachtig landschap van landerijen en bossen. Neuchâtel is een belangrijke stad met een lange geschiedenis. Dichter tegen de Voor-Alpen stroomt de rivier de Sarine/Saane via Gruyères naar Fribourg. Dit Voor-Alpengebied is veel bergachtiger dan de rest van het Mittelland. Fribourg is de belangrijkste stad in dit gebied vol kastelen en telt talloze mooie hoekjes, pleinen en gebouwen.

Biel en de Bielersee ▶ D/E 4

Biel of Bienne is een middelgrote stad aan de voet van de Jura, aan de noordpunt van de Bielersee. De stad is volkomen tweetalig, zó zelfs dat de mensen zonder blikken of blozen Duits en Frans door elkaar gebruiken. Sinds de tweede helft van de 19e eeuw is Biel sterk gegroeid door het opzetten van de uurwerkindustrie. Nog steeds hebben Rolex en Swatch in Biel hun hoofdkantoren. In het levendige moderne Biel bleef gelukkig de middeleeuwse kern goed bewaard. U kunt een korte wandeling maken door de Altstadt met zijn pleinen, straten met booggalerijen en fonteinen. Van de oude stad voert de promenade *Seevorstadt*, met huizen van uurwerkfabrikanten, naar het meer.

Het meer, 15 km lang en 4 km breed, ligt tegen de hoge kalkrand van de Jura aan. Rond de hele Bielersee kan mooi worden gewandeld en gefietst, aan de westzijde door wijngaarden, aan de oostzijde door de grootste groententuin van Zwitserland. De plaatsjes aan de westzijde van de oever hebben allemaal een bootverbinding met Biel. Onderweg komt u aardige wijndorpen tegen, zoals Twann (Douanne) met de 3 km lange spannende Twannbachschlucht. Het schilderachtige stadje La Neuveville heeft haar middeleeuwse karakter behouden, met een stadsmuur en 6 torens. De brede rue du Marché, waar nog steeds de markt wordt gehouden, geeft zicht op de vaandeldragersfontein (1550) en de Tour de l'Horloge.

Sankt Petersinsel

Aan de zuidpunt van het meer van Biel steekt het langgerekte St. Petersinsel ver uit in het meer. Voordat de loop van de Aare in 1878 werd verlegd, was de waterstand in het meer hoger en was het een eiland; nu is het een schiereiland, te voet of op de fiets bereikbaar over een smalle dam vanuit Erlach, of

Bielersee vanaf La Neuveville

per boot vanaf Ligerz. Het beboste eiland is een natuurreservaat voor watervogels en kent een lange geschiedenis. De monniken van de orde van Cluny bewoonden het eiland vanaf de 12e eeuw. Jean-Jacques Rousseau nam er in 1765 zijn intrek in het 12e-eeuwse klooster (nu een hotel) en voelde zich er zo gelukkig dat hij er voorgoed wenste te blijven. Aan te raden is een wandeling of fietstocht te maken door dit paradijselijke stukje natuur, een duik te nemen vanaf een van de stijgers en te ontspannen op het terras van het historische Klosterhotel.

Drie-meren-boottocht

Uit de haven van Biel vertrekken rondvaartboten die de Bielersee, het Lac de Neuchâtel en de Murtensee aandoen, met elkaar verbonden door de Aare en kanalen. De boottocht over de langst bevaarbare waterweg van Zwitserland is een complete dagtocht. De schepen vertrekken dagelijks uit Biel om 9.45 en zijn in Murten om 14.30 en 18.20 uur terug (dagkaart CHF 78, www.navig.ch).

Info

Toeristenbureau: Bahnhofplatz 12, 2501 Biel/Bienne, tel. 032 329 84 84, www.biel-seeland.ch

Overnachten

Hotel om te blijven – **Klosterhotel St.Petersinsel:** Heidenweg 26, 3235 Erlach, tel. 032 338 11 14, www.st-petersinsel.ch, 2pk vanaf CHF 220. Dit alleen te voet, per fiets of met de boot bereikbare hotel werd in 2010 verkozen tot historisch hotel van het jaar. Om volledig te ontspannen hebben de 13 kamers en suites geen tv of mini-bar, maar water en vers fruit.

Neuchâtel ▶ D 5

Het Meer van Neuchâtel is 38 km lang, 8 km breed en tot 150 m diep. Het ligt aan de rand van het Mittelland tegen de Juraketens aan en is uitgesleten door een zijtak van de Rhônegletsjer tijdens de ijstijden. De grootste plaats langs het meer is Neuchâtel, schitterend gelegen aan de voet van de 1171 m hoge Chaumont. Neuchâtel dankt zijn naam aan de Bourgondische vesting die hier in de 11e eeuw lag. De stad bleef lang in Franse handen en sloot zich pas in de 19e eeuw aan bij het Eedgenootschap. Het is een aantrekkelijke stad met nauwe straatjes, fonteinen en oude zachtgele huizen in een autovrije stadskern. Langs het meer ligt het moderne centrum met de haven en de 4 km lange oeverpromenade.

Het oude centrum heeft een paar aantrekkelijke pleinen zoals de Place des Halles en de Croix-du-Marché met de oudste fontein die de stad rijk is. De burcht, gevangenis en de kerk vormen een organisch geheel aan de westkant van de oude stad. Prachtig uitzicht over de stad, het Meer van Neuchâtel en de Alpen krijgt u vanaf de Tour des Prisons (gevangenistoren: tel. 032 889 68 90, dag. 8-18 uur, CHF 2).

Musée d'Art et d'Histoire

Quai Léopold-Robert 1, 2000 Neuchâtel, tel. 032 717 79 25, www.mahn.ch, di.-zo. 11-18 uur, CHF 8, wo. gratis

Aan de andere kant van de stad staat het Musée d'Art et d'Histoire. Veel bekijks trekken hier de 18e-eeuwse poppenautomaten van uitvinder en uurwerkmaker Jaquet-Droz. De poppen werken nog steeds, al ruim 200 jaar. Een ervan kan zelfs een brief schrijven, waarvan hij de tekst opgegeven krijgt. Demonstraties hiervan eerste zo. van de maand om 14, 15 en 16 uur. Verder zijn er werken van Zwitserse en Franse schilders, onder wie Hodler, Seurat en Monet.

Centre Dürrenmatt

Chemin du Pertuis-du-Sault 74, 2000 Neuchâtel, tel. 058 466 70 60, www.cdn.ch, wo.-zo. 11-17 uur, CHF 8

Het Centre Dürrenmatt werd in 2000 ontworpen door Mario Botta en is gebouwd rond het huis waar de Zwitserse schrijver Friedrich Dürrenmatt (1921-1990) geleefd heeft. Het oeuvre van de schrijver/schilder Friedrich Dürrenmatt heeft er een plaats gekregen; met boekwinkel, café en uitzichtterras.

Laténium

Espace Paul Vouga, 2068 Hauterive, tel. 032 889 69 17, www.latenium.ch, di.-zo. 10-17 uur, CHF 9

In Hauterive, 5 km buiten Neuchâtel, staat dit fraai vormgegeven archeologisch museum. Het museum won diverse prijzen en is het belangrijkste Zwitserse archeologische museum. Het voert u 50.000 jaar terug in de tijd, toont een reconstructie van de prehistorische paalwoningen van La Tène en heeft een archeologisch themapark.

Info

Toeristenbureau: Hôtel des Postes, 2001 Neuchâtel, tel. 032 889 68 90, www.neuchateltourisme.ch

Overnachten

Met de voeten in het water – **Hôtel Palafitte:** route des Gouttes-d'Or 2, 2000 Neuchâtel, tel. 032 723 02 02, www.palafitte.ch, 2pk vanaf CHF 500. Moderne houten paviljoens, gedeeltelijk op palen. Elke luxe suite van 70 m2 heeft een eigen terras en toegang tot het meer.

Murten ▶ D 5

Het tweetalige stadje Murten/Morat aan het Lac de Morat is een begrip in Zwitserland, omdat de Eedgenoten Karel de Stoute hier in 1476 voor de tweede keer verpletterden. Karels droom, herstel van het oude Bourgondische Rijk, vervloog daarmee. Elk jaar wordt op 22 juni de overwinning herdacht met een dienst op het oude slagveld en met feesten. Op de eerste zaterdag van oktober wordt een 17 km lange marathon gehouden van Murten naar Fribourg, de historische weg waarlangs de koerier rende om de overwinning te melden.

Het middeleeuse stadje Murten is perfect bewaard gebleven en wordt geheel omringd door een stadsmuur met drie poorten. Het huidige stadsbeeld

Vanaf de stadsmuur van Murten

Favoriet

Le Funi, Fribourg

De historische *Funi* (Funiculaire, kabelspoortrein) is een technisch juweeltje en is opgenomen in de collectie van nationale cultuurgoederen. Tussen de hoge en lage Freiburgse stadswijken rijdt sinds 1899 dit nostalgische treintje – zonder stroom en zonder uitstoot. Het is de laatste waterballasttrein van Zwitserland. De aandrijving van de kabelspoortrein gaat niet met een motor, maar met rioolwater uit het bovenste stadsdeel. Er hangt een heel speciale geur als bij het bergstation de watertank onder de wagon wordt gevuld....

Zuidelijk Mittelland

ontstond vooral in de 17e en 18e eeuw. U kunt over de stadsmuur lopen, waarbij u uitkijkt over de daken en de torens van het stadje. De sfeervolle Hauptgasse heeft aan weerszijden booggalerijen en barokke woonhuizen en leidt naar de 18e-eeuwse Berner Tor, die met zijn grote uurwerkplaat en karakteristieke torenconstructie typerend is voor de Berner bouwstijl. Vanuit de binnenhof van het 13e-eeuwse slot aan het einde van de Hauptgasse kijkt u uit op het meer. Aan de overkant van het meer, liggen subtropisch aandoende dorpjes en de wijngaarden van de Mont Vully (653 m), het kleinste wijnbouwgebied van Zwitserland.

Wandeling Murten – Môtier – Mont Vully

Info en festivals

Toeristenbureau: Französische Kirchgasse 6, 3280 Murten, tel. 026 670 51 12, www.murtentourismus.ch
Dienstregeling scheepvaart Murtensee: www.navig.ch
Murten Classics: Elk jaar in augustus/september is er een week met klassieke concerten in de binnenhof van het slot.

Overnachten en eten

Idyllisch gelegen – **Hotel Mont-Vully:** route du Mont 501789 Lugnorre, tel. 026 673 21 21, www.hotelmontvully.ch, 2pk CHF 190. Hoog boven de Murtensee gelegen hotel met 8 moderne kamers met uitzicht op het meer. Wandelaars klimmen vanuit Môtier omhoog voor de bistro en het grote zonneterras; ma. en di. gesl.
Nostalgisch stadshotel – **Adler:** Hauptgasse 45, 3280 Murten, tel. 026 672 66 69, www.adler-hotel.ch, 2pk CHF 120. Gerenoveerd hotel met kamers, genoemd naar beroemde gasten als Goethe, Tinguely en Luginbuehl.

Actief

Boottocht en uitzichtberg – **Wandeling Murten – Môtier – Mont Vully:** Voor deze wandeling begint u ontspannen met de boot over het meer naar Môtier en wandelt u op de *chemin la rivièra* door de wijnvelden, tot u de bordjes kunt volgen naar de Mont Vully (654 m). Daar hebt u prachtig uitzicht in alle richtingen: op de Jura, de drie meren en de Berner Alpen. Vanaf de top daalt u af naar het station van Sugiez (433 m) en vandaar in 1,5 uur langs het meer naar Murten terug. Onderweg in Môtier zijn er enkele wijnproeflokalen en halverwege passeert u Hotel-Restaurant Mont-Vully. Totaal ca. 15 km, 4 uur

Fribourg (Freiburg) ▶ D 6

Fribourg ligt op de taalgrens; het Frans wordt het meest gebruikt. De universiteit is de enige tweetalige universiteit van Zwitserland. De stad ligt op twee verdiepingen langs de rivier de Sarine, die met zijn wilde stroom en groene oevers een stukje woeste natuur midden in de stad vormt. Onder, langs de Sarine ligt de kleine benedenstad. Prachtige houten en stenen bruggen, zoals de Pont de Zähringen, overspannen de rivier: majestueus rijst de bovenstad met zijn fortificaties en steile beboste hellingen uit boven de snelstromende rivier. Beneden- en bovenstad worden verbonden door een uniek tandradtreintje, liefkozend *funi* (funiculair) genoemd (zie blz. 114). Fribourg bezit een schat aan historische gebouwen uit alle eeuwen, opgetrokken uit stemmig grijsgroen zandsteen (net als Bern). Zowel de boven- als de benedenstad telt mooie hoekjes, slingerende straten en pleintjes met fonteinen. Op diverse plekken staan plattegronden waarop een gele wandelroute is aangegeven, die gemakkelijk is te volgen. Begin uw wandeling in de benedenstad, neem dan de *funi* omhoog en daal langzaam weer af naar het beginpunt.

Kathedraal St-Nicolas

Torenbeklimming: april-okt. ma.-za. 10-17, zo. 13-17 uur, CHF 3,50

De 13e-eeuwse gotische kathedraal heeft een 74 m hoge toren uit 1490 (368 treden) en een prachtig timpaan met Het Laatste Oordeel aan de hoofdingang. Het orgel uit 1834 van Aloys Mooser is de trots van Fribourg (zon- en feestdagen concerten om 16 uur, 's zomers ma.-vr. 15 uur).

Espace Jean Tinguely/Niki de Saint Phalle

Rue de Morat 2, 1700 Fribourg, tel. 026 305 51 40, www.fr.ch/mahf, wo.-zo. 11-18, do. 11-20 uur

In de afgedankte tramremise naast de kathedraal is de Espace Jean Tinguely/Niki de Saint Phalle ingericht, een eerbetoon aan het beroemde kunstenaarspaar. De ruimte staat vol met de fantastische werken van beide kunstenaars.

Musée d'Art et d'Histoire

Rue de Morat 12, 1700 Fribourg, tel. 026 305 51 40, www.fr.ch/mahf, wo.-zo. 11-18, do. 11-20 uur

Belangrijke 16e-eeuwse beeldhouwkunst met onder meer de originele beelden uit de Sint-Nicolaaskathedraal.

Info

Toeristenbureau: Place Jean-Tinguely 1, 1701 Fribourg, tel. 026 350 11 11, www.fribourgtourisme.ch

Overnachten en eten

Charmant hotel – **Hôtel Au Sauvage:** Planche-Supérieure 12 (benedenstad), 1700 Fribourg, tel. 026 347 30 60, www.hotel-sauvage.ch, 2pk vanaf CHF 190. In een pand uit de 16e eeuw; elke kamer is anders, sommige met prachtige oude balkenplafonds.

Geweldig uitzicht – **Café du Belvédère:** Grand rue 36, tel. 026 323 44 07. Geniet van een traditioneel gebrouwen bier op het mooiste terrasje van de bovenstad.

Gruyères ▶ D 7

Het stadje Gruyères gaf zijn naam aan de beroemde kaas van deze streek, die een belangrijk exportproduct is geworden. Maar Gruyères is meer dan kaas alleen. Ook het schilderachtige plaatsje zelf is een bezoek waard. Het werd in 2014 verkozen tot *Le plus beau village de Suisse Romande* (het mooiste dorp van Frans-Zwitserland). In het op een heuvel gebouwde Gruyères hangt nog een middeleeuwse sfeer met zijn 15e-eeuws kasteel, stadsmuren en Chapelle St-Jean. Gruyères huisvest drie totaal van elkaar verschillende musea: regionale geschiedenis en cultuur komen hier samen met de aliens van HR Giger en boeddhistische sculpturen.

Château de Gruyères

Rue du Château 8, 1663 Gruyères, tel. 026 921 21 02, www.chateau-gruyeres.ch, dag. nov.-mrt. 10- 17, april-okt. 9-18 uur, CHF 12

Een bezoek aan het kasteel/museum van Gruyères voert u door 8 eeuwen architectuur, geschiedenis en cultuur.

Musée H.R.Giger

Château St. Germain, 1663 Gruyères, tel. 026 921 22 00, www.hrgigermuseum.com, april-okt. dag. 10-18, nov.-mrt. wo.-vr. 13-17, za., zo. 10-18 uur, Giger bar geopend dag. 10-20.30, di., wo. vanaf 12 uur, CHF 12,50

De Zwitserse surrealistische kunstenaar HR Giger won in 1980 een Oscar voor zijn visuele effecten in de film Alien. Zijn museum in kasteel St-Germain neemt u mee in de wereld van de fantasy: beelden, meubels en filmdecors.

Tibet Museum

Rue du Château 4, 1663 Gruyères, tel. 026 921 30 10, tibetmuseum.ch, april-okt. dag. 11-18, nov.-mrt. di.-vr. 13-17, za., zo. 11-18 uur, CHF 10

Het Tibet-museum van de Fondation Alain Bordier toont de collectie Boeddhistische kunst van een particuliere verzamelaar (beelden, schilderijen en rituele voorwerpen).

Modelkaasmakerij – La Maison du Gruyère

Place de la Gare 3, 1663 Pringy, tel. 026 921 84 00, www.lamaisondugruyere.ch, dagelijks 9-19 uur ('s winters tot 18 uur),rondleiding CHF 7; restaurant tot 20 uur geopend (in de winter tot 19 uur).

In Pringy-Gruyères, aan de voet van het kasteel, kunt u een bezoek brengen aan deze gelikte modelkaasmakerij. U kunt met behulp van een brochure de bereiding van de Gruyère AOP volgen, die twee tot vier keer per dag plaatsvindt.

Er zijn een winkel en een restaurant, waar u bijvoorbeeld de bekende *fondue motie-motie* kunt bestellen (kaasfondue, half Gruyères, half Vacherin)

Info

Toeristenbureau: rue du Bourg 1, 1663 Gruyères, tel. 0848 424 424, www.la-gruyere.ch

Overnachten en eten

Prachtige locatie – **Hostellerie St-Georges**, rue du Bourg 22, 1663 Gruyères, tel. 026 921 83 00, 2pk vanaf CHF 135. Midden in het stadje ligt dit kleine hotel met 10 originele kamers en 4 suites. Met sfeervol restaurant en pizzeria.

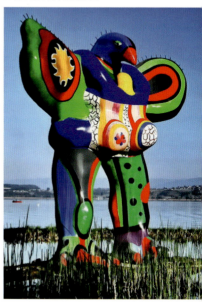

Grand oiseau amoureux van Niki de Saint Phalle aan de Murtensee

IN EEN OOGOPSLAG

Zürich en Noordoost-Zwitserland

Hoogtepunten ✺

Zürich: De grootste en meest dynamische stad van Zwitserland. Niet alleen klopt hier het hart van de Zwitserse zaken- en bankwereld, de uitgaansscene en de levendige kunstwereld maken het tot een van de leukste steden van Zwitserland. Zie blz. 120.

Abdij van Einsiedeln: Al meer dan 1000 jaar komen mensen op pelgrimstocht naar dit prachtig gelegen benedictijnenklooster met de 15e-eeuwse zwarte Madonna met Kind. Het kloostercomplex is een van de puurste barokke bouwwerken van Europa. Zie blz. 134.

Op ontdekkingsreis

Cultuurwandeling Zürich-West: De oude industriewijk, die in verval dreigde te raken is omgevormd tot een trendy gebied. Grote, oude industriegebouwen, die het gezicht van de wijk al ruim een eeuw bepalen, zijn niet afgebroken maar worden getransformeerd tot hippe bar, restaurant of kunstcentrum. En overal rijzen de modernste gebouwen ten hemel. Zie blz. 128.

Bezienswaardigheden

Museumstad Winterthur: De ongewone concentratie aan musea heeft deze zesde stad van Zwitserland de bijnaam *museumstad* gegeven en maakt een bezoek zeer de moeite waard. Zie blz. 136.

Barokstad Sankt Gallen: haar kloosterbibliotheek en barokke kathedraal staan beide vermeld op de UNESCO-lijst van cultureel Werelderfgoed. Zie blz. 140.

Feestelijke Alpaufzug in Appenzell: Indrukwekkend en bijzonder kleurrijk is de *Alpaufzug* op 21 juni, waarbij vanuit Urnäsch herders en vee dan voor dag en dauw in een fakkeloptocht klimmen naar de Schwägalp over de 20 km lange weg. Zie blz. 144.

Uitgaan

Schiffbau in trendy Zürich-West: Uitgaan in de industriehal van een voormalige scheepswerf, waar zich nu een theater, jazzclub, en exclusieve restaurants bevinden. Zie blz. 129.

Sfeervol genieten

Hiltl, Zürich: Dineren in dit hippe en ook oudste vegetarisch restaurant van Europa (sinds 1898). Zie blz. 131.

Thermalbad Zürich: In de stenen gewelven van de oude brouwerij laat u de dagelijkse beslommeringen achter u in de grote houten hotpools, in het Turkse bad met onderwatermuziek, het stoombad, of het openluchtbad onder de vrije hemel. Zie blz. 133.

Actief

Bergwandelen in de Alpstein: Naar het Berggasthaus Bollenwees, dat alleen te voet bereikbaar is en van mei tot eind oktober is geopend voor wandelaars. Zie blz. 138.

Rheinfall Schaffhausen: Europa's grootste waterval van dichtbij vanaf het Känzeli, het eilandje in het midden van de bruisende rivier. Zie blz. 146.

Economisch hart van Zwitserland

Noordoost-Zwitserland is het vlakke tot golvende land ten zuiden van de Rijn en de Bodensee. In het noorden een streek van bossen, weilanden en boomgaarden, maar verder naar het zuiden dichter bevolkt. Hier liggen de steden Schaffhausen, Zürich (grootste stad van Zwitserland), Winterthur en St. Gallen. De agglomeratie Zürich vormt het economisch hart van Zwitserland.

Aan de zuidkant loopt het gebied op tot 2000 m en hoger, met prachtige bergdalen, die de Alpen binnenvoeren. Zoals het Appenzellerland met zijn aparte levensstijl en tradities, aan de voet van het Alpsteingebergte met de Säntis-berg (2502 m). De Glarner Alpen met de zeven Churfirsten sluiten het gebied af op de grens met Graubünden.

INFO

Kaart: ▶ J-M 1-4

Regionale toeristenbureaus
Zürich Tourismus, Hauptbahnhof, Zürich, tel. 044 215 40 00,
Ostschweiz Tourismus, Fürstenlandstrasse 53, 9000 St. Gallen, tel. 071 274 99 00,

Internet
www.zuerich.com
www.ostschweiz.ch

Vervoer
Vliegveld Zürich-Kloten ligt 10 km ten noorden van het centrum.
Elke 15 minuten gaat er een trein naar het centrum (enkele reis CHF 6,40, gratis met de *Zürich Card*).
Vluchtinfo: tel. 0900 30 03 13, www.flughafen-zuerich.ch.

Zürich ✺ ▶ J 3

Zürich is de grootste (385.000 inw.) en meest dynamische stad van Zwitserland; met de voorsteden een agglomeratie van 1 miljoen inwoners. Niet alleen klopt hier het hart van de Zwitserse zaken- en bankwereld, de uitgaansscene en de levendige kunstwereld maken het tot een van de leukste steden van Zwitserland. En dat alles in een decor van een historische binnenstad met monumentale gebouwen en kerken, straten met muzikanten en knusse steegjes. Het is ook een groene stad, met prachtige linden en platanen en parken. De zomerwarmte wordt er weggeblazen door een verkoelend windje vanaf het meer, dat zich vernauwt tot de rivier de Limmat, die dwars door de stad stroomt. Het uitzicht over de Zürichsee strekt zich bij helder weer uit tot aan de Alpen. Niet gek dat de stad steevast hoog eindigt op het lijstje van wereldsteden met de hoogste levenskwaliteit.

Geschiedenis

Kelten, Alemannen en later Romeinen stichtten op de oevers van de Limmat een nederzetting. Vanaf de 9e eeuw gaat de ontwikkeling van de stad pijlsnel. In 853 wordt het klooster Fraumünster gesticht en in 1218 was Zürich al zo belangrijk dat het de status van *Reichsstadt* verwierf, een privilege waarbij de stad slechts verantwoording aan de Duitse keizer verschuldigd was. Onder de leiding van Gilden ontwikkelde de stad zich tot een geduchte macht. Tijdens de Reformatie verkondigde Zwingli in 1519 hier zijn Protestantse leer vanuit de Grossmünster en verspreidde het Protestantisme zich over Duitstalig Zwitserland. In de 19e eeuw groeide Zürich door de Industriële Revolutie en ontplooide zich ook op het gebied van kunst en wetenschap. Vele kunstenaars voelden zich in Zürich thuis; onder hen Richard Wagner, James Joyce, Thomas Mann en Bertolt Brecht. In de 20e eeuw groeide Zürich uit tot economisch centrum en knooppunt van Zwitserland.

Altstadt

De Altstadt vormt het hart van Zürich en ligt tussen Hauptbahnhof en de Zürichsee. Het wordt door de Limmat in een linker en rechter deel gescheiden. Hier liggen de meeste bezienswaardigheden. Er omheen ligt een gordel van 19e eeuwse woonwijken, met de belangrijkste musea. Het schilderachtige kanaal Schanzengraben is een overblijfsel van de middeleeuwse vestingwerken en functioneert nu als een oase van rust midden in de stad. De beste manier om de stad te leren kennen is te voet.

Kunsthaus Zürich

Bahnhofstrasse

In de stationshal van het reusachtige Hauptbahnhof (uit 1871) waakt een blauwe engel van Niki de Saint-Phalle en bevindt zich het toeristenbureau; ondergronds is het winkelcentrum *Rail City*.

De Altstadt wordt aan de westzijde begrensd door de fameuze 1400 m lange Bahnhofstrasse, tussen het Hauptbahnhof en de Zürichsee. Tussen de luxe boetieks, warenhuizen, juweliers, zakenpanden en bankgebouwen staan prachtige linden. U kunt deze lange straat aflopen tot het Blumenuhr op de Bürkliplatz (voor het uitzicht over de Zürichsee) en weer terug. U vindt hier veel luxe hotels en de betere restaurants. Overdag heerst er bedrijvigheid, maar 's avonds is het er vrij rustig.

Aan het zuidelijke deel van de straat ligt de **Paradeplatz**, het financiele hart van Zürich, met hoofdkantoren van diverse banken. In de Zwitserse versie van Monopoly is de Paradeplatz de duurste straat. Aan het plein ligt het legendarische Hotel Baur en Ville, in 1838 het eerste luxehotel van de stad (Baur en Ville – in tegenstelling tot Baur au Lac); iets verder ligt de in 1836 gevestigde Confiserie Sprüngli, waar de Art-décosfeer vroeger tijden doet herleven. Wie niet van winkelen houdt kiest de Schanzengrabenpromenade, een stil wandelpad langs het stadskanaal, dat rond het westelijk deel van de binnenstad voert.

Uhrenmuseum Beyer 1

Bahnhofstrasse 31, tel. 043-344 63 63, www.beyer-ch.com/museum, ma.-vr. 14-18 uur, CHF 8

Halverwege de Bahnhofstrasse bevindt zich een juweeltje: het Uhrenmuseum Beyer. In het souterrain van een horlogezaak wordt een collectie van 500 unieke klokken en horloges gepresenteerd; ook interessant voor niet-horloge fetisjisten.

Zürich

Bezienswaardigheden
1. Uhrenmuseum Beyer
2. Urania sterrenwacht
3. Lindenhof
4. Weinplatz
5. St. Peter Hofstatt
6. Fraumünsterkerk
7. Bürkliplatz
8. Grossmünster
9. Niederdorf
10. Sechseläutenplatz
11. Zürichhornpark
12. Museum Bellerive
13. Kunsthaus Zürich
14. Schweizerisches Landesmuseum
15. Museum Rietberg
16. Zoo Zürich

Overnachten
1. Widder
2. Sorell Hotel Zürichberg
3. Helmhaus
4. Leoneck
5. Albergo The Flag

Eten en drinken
1. Kronenhalle
2. Belvoirpark
3. Zeughauskeller
4. Hitl
5. Zum Kropf
6. Reithalle
7. Ziegel oh Lac
8. Cabaret Voltaire
9. Confiserie Sprüngli
10. Restaurant Schipfe 16

Winkelen
1. Kaufhaus Globus

Uitgaan
1. Moods
2. Old Fashion Bar
3. Opera
4. Tonhalle
5. Club Indochine
6. Labor-Bar
7. Hive
8. Supermarket

Actief
1. Rondvaarten
2. Thermalbad & Spa Zürich

Urania sterrenwacht 2

Uraniastrasse 9 (doorgang via de binnenhof naar de Deutsche Bank), www.urania-sternwarte.ch, rondleidingen do.-za. 21 uur, CHF 10

Een opvallende blikvanger in het stadssilhouette. U kunt in de sterrenwacht met zijn 48 m hoge toren en koepel (1905) worden rondgeleid (1½ uur) wo., do., vr. 21 uur (alleen bij helder weer). En anders kunt u altijd terecht in de Jules Verne panoramabar, voor een mooi gezicht op de avondlichtjes van de stad.

Lindenhof 3

Op deze plek liggen de wortels van Zürich: ooit de plek van een Keltische vluchtburg, een Romeins fort en het koninklijk verblijf van de Karolingers. Nu is het pleintje een oase van rust, waar schaak en boule wordt gespeeld onder de lindebomen en waar u mooi uitzicht heeft vanaf het terras boven de rechter Limmatoever. De Schipfe eronder zijn steegjes in het oude havenkwartier langs de Limmat, met geveltjes uit de 16e, 17e en 18e eeuw. Voor een idyllische pauze aan de Limmat kunt u 's zomers terecht op het terras van Schipfe 16.

Weinplatz 4

Langs de Rathausbrücke bereikt u de Weinplatz, het oudste marktplein van Zürich met panden die deels stammen uit de middeleeuwen. In de 17e eeuw vond hier een bloeiende wijnhandel plaats. Hotel Storchen en Hotel Zum Schwert waren in de late middeleeuwen belangrijke herbergen, waar de stadsraad zijn voorname gasten onderbracht. Van april tot oktober kunt u op het terras van Storchen de sfeer van dit plein opsnuiven.

St. Peter Hofstatt 5

www.st-peter-zh.ch

Het pleintje, dat aan de St. Peterkerk grenst, heeft iets gezellig dorps. De Peterskerk is de oudste kerk van Zürich en verenigt meerdere bouwfasen in zich. Het lichte barokinterieur heeft mooi stucwerk. De romaanse ▷ blz. 124

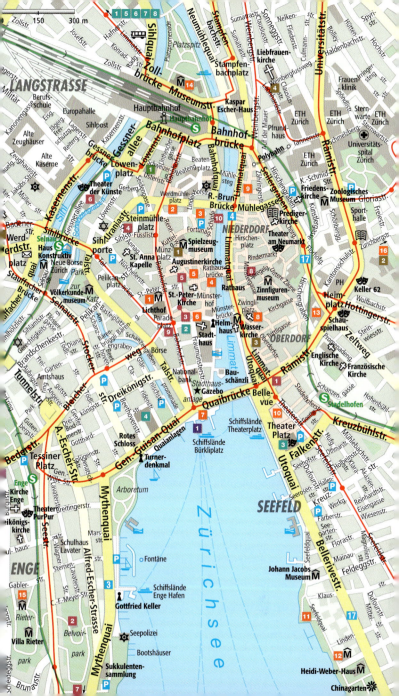

onderbouw van de toren werd in de 16e eeuw voorzien van enorme wijzerplaten (middellijn 8,70 m), de grootste van Europa.

Fraumünster 6

Am Münsterhofplatz, www.fraumuenster.ch, dag. april-okt. 10-18, nov.-mrt. 10-16 uur

De abdissen van het vrouwenklooster Fraumünster regeerden tot aan de reformatie over de stad en beschikten over markt-, munt- en tolrechten. Van de glans van de oude abdij is alleen nog de kerk over (het klooster maakte eind 19e eeuw plaats voor de bouw van het stadhuis). De bouw van de kerk doorliep verschillende stijlperioden, van laat-romaans tot gotisch. In de 18e eeuw volgde de verhoging van de toren met een elegante, hoge spits.

Het interieur van de kerk is sober, waardoor de gebrandschilderde ramen (1970) van Marc Chagall extra opvallen. In 1978 vernieuwde Chagall ook het kleine roosvenster in het dwarsschip. Daar bevindt zich ook een roosvenster van Augusto Giacometti, met als thema het *hemels paradijs*.

Bürkliplatz 7

Bij de Bürkliplatz bereikt u het zuideinde van de Altstadt en de Zürichsee. Vanaf de *Schifflände* vertrekken de lijnboten over de Zürichsee. Dit plein met radiogestuurde bloemenklok geeft een goed uitzicht over het meer en de daarachter liggende Glarner Alpen. Zaterdagochtend wordt hier een vlooienmarkt gehouden, dinsdag- en vrijdagmorgen is er de *Bürklimäärt*, een groente- en fruitmarkt.

Rechts van de Limmat

Rechts van de Limmat heeft de Altstadt een andere sfeer dan aan de overzijde. In de wijken Oberdorf en Niederdorf ruilt u de chic van de Bahnhofstrasse voor de gezelligheid van cafeetjes en nauwe steegjes. Ten zuiden van de Grossmünster liggen de aantrekkelijke straatjes van het Oberdorf, die met hun galerieën, winkels en cafés een heel eigen charme hebben. Slenter door schilderachtige hoekjes en ga *lädelen* (winkelen) in een van de vele kleine antiquariaten en boetiekjes in de Trittli-, Neustadt- of Frankengasse.

Grossmünster 8

Het grootste romaanse bouwwerk van Zwitserland is een belangrijke attractie van Zürich. De Grossmünsterkerk heeft een lange bouwgeschiedenis met diverse stijlen. De karakteristieke westgevel met de dubbele toren heeft een vierkante, romaanse onderbouw en een gotische opbouw die na een brand eind 18e eeuw van helmtorens werd voorzien. Het interieur is tijdens de Refor-

Zürich: Rechts van de Limmat

Zurich aan de Limmat: links de Grossmünster, rechts de Fraumünster

matie van alle pracht en praal ontdaan. In deze ruimte predikte Zwingli de nieuwe strenge leer. De romaanse kruisgang links van de kerk werd in 1851 gereconstrueerd.

Torenbeklimming: wie geen hoogtevrees heeft moet beslist de 187 treden in de Karlsturm van de Grossmünster beklimmen. Op duizelingwekkende hoogte wordt u met een schitterend panorama over de stad en het meer beloond (mrt.-okt. ma-zo 10-17, zo 12.30-17.30, nov.-feb. ma-zo 10-16.30, zo 12.30-16.30 uur, CHF 4).

Niederdorf 9

Het levendigste deel van de Altstadt is het Niederdorf, ooit het thuis van handwerklieden en het Joodse getto, magneet voor kunstenaars, schrijvers en revolutionairen. Tegenwoordig is het met zijn winkeltjes, ateliers, kroegjes en restaurants een van de levendigste wijken van Zürich. Aan de Münstergasse bevinden zich enkele beroemde koffiehuizen, waaronder Kolonialwarenhandlung Schwarzenbach, met eigen koffiebranderij en bijbehorend café (Münstergasse 19, www.schwarzenbach.ch, zo. gesl.).

De Niederdorfstrasse verandert 's avonds in een amusementswijk. Op zwoele zomeravonden flaneren de mensen in drommen door de straat. Populair is ook de Rosenhof, waar zich 's avonds veel jongeren treffen. Overdag is op het hofje op donderdag en zaterdag een leuke markt: kruiden, keramiek, sieraden, eetwaar en eigen gedichten worden hier aan de man gebracht.

Sechseläutenplatz 10

Aan het zuideind van de Limmatquai, met op de achtergrond het indrukwekkende Operahaus uit 1891, wordt op de derde maandag van april op traditionele wijze met veel kabaal de winter verdreven, het zogenaamde *Sech-*

seläuten. Vroeger was dit plein voor de opera een nauwelijks gebruikte weide, waar eenmaal per jaar Circus Knie neerstreek. Na de herinrichting is het een fraaie stadspiazza met bistro, bankjes en waterspelen, waar inwoners en toeristen graag samenkomen.

Tip: Eet bij de Sternengrill een *bratwurst*, naar men zegt de beste van Zürich.

Zürichhornpark 11

Volg de promenade verder langs de Zürichsee, dan komt u in het Zürichhornpark. U wandelt langs museum Bellerive en het kleurige Centre Le Corbusier, het laatste ontwerp van de grote architect. Daarachter komt u bij de kleine Chinagarten (in 1994 aan de stad geschonken door de Chinese zusterstad Kunming; eind mrt. t/m okt. dag. 11-19 uur, CHF 4) en ten slotte, op de grens met het strandbad Tiefenbrunnen, bij de beweeglijke en luidruchtige plastiek *Heureka* (1964) van Jean Tinguely.

Museum Bellerive 12

Höschgasse 3, www.museum-belle rive.ch

De collectie kunstvoorwerpen uit verschillende stijlperioden in glas, keramiek en textiel wordt in 2017 verhuisd naar het nieuwe museum voor Design in Zürich-West. Bellerive wordt vanaf 2018 een centrum voor architectuur.

Overige musea

Kunsthaus Zürich 13

Heimplatz 1, tel. 044 253 84 84, www.kunsthaus.ch, di.-zo. 10-18, wo.-vr. tot 20 uur; entree CHF16, incl. audioguide, wo. gratis; wisselende exposities CHF18, combiticket CHF23,50

Het belangrijkste en oudste kunstmuseum van Zürich is een strak, tempelachtig neoclassicistisch gebouw uit 1910, voorzien van een ultramoderne uitbouw. Het Kunsthaus behoort tot de mooiste kunstmusea van Zwitserland met internationale schilderkunst van de 15e eeuw tot heden. De begane grond is gewijd aan de beeldhouwer en kunstenaar Alberto Giacometti. Ferdinand Hodlers monumentale werk *Die Einmütigkeit* (1914) wijst de bezoeker op de eerste verdieping op het zwaartepunt in de museumcollectie: Zwitserse schilderkunst vanaf de 18e eeuw. Naast Hodler ook doeken van Böcklin, Kirchner, Segantini en Amiet. Opvallend bij de hedendaagse kunst is het hyperrealistische jongensportret van Franz Gertsch uit 1973. Daarnaast ook Vlaamse primitieven, oude meesters uit Nederland en Italië en internationale werken uit de 19e en 20e eeuw.

Schweizerisches Landesmuseum 14

Museumstrasse 2, tel. 044 218 65 11, www.nationalmuseum.ch; di.-zo. 10-17, do. tot 19 uur, CHF9

Het imitatiekasteel uit 1889, met een moderne uitbouw van architecten Christ & Gantenbein (2016), rechts van het centraalstation is het meest bezochte museum van Zwitserland. Het nationaal museum vertelt de geschiedenis van Zwitserland in drie afdelingen: *archeologie*, *geschiedenis* en *collectie*. De afdeling geschiedenis behandelt de politieke geschiedenis van het land en snijdt ook onderwerpen aan zoals het bankwezen en het uitfaseren van het bankgeheim. De collectie toont een selectie van de 850.000 cultuurhistorische voorwerpen van het museum. Het museum heeft een bar, restaurant en een boek- en souvenirshop.

Museum Rietberg 15

Gablerstrasse 15, tel. 044 206 31 31, www.rietberg.ch, di.-zo. 10-17, wo., do. tot 20 uur, CHF 12

Een belangrijke collectie kunstvoorwerpen van buiten Europa, verdeeld over de Wesendonck- en Rietervilla's in een park met uitzicht op het meer. Met onder andere kunst uit India, Japan, Tibet, China, Indonesië, Nieuw-Zeeland, Klein-Azië en Afrika. Vooral de collecties plastieken, keramiek en houtsnijwerk uit India, China en Japan vragen de aandacht.

Zoo Zürich 16

Zürichbergstrasse 221 (tram 5, 6), tel. 0848 966 983, www.zoo.ch, mrt.-okt. dag. 9-18, nov.-feb. tot 17 uur (Masoala regenwoud vanaf 10 uur), CHF 22
Op de Zürichberg, een heuvel buiten de bebouwde kom, ligt een van de mooiste dierentuinen van Europa. In een grote hal is het ecosysteem van het Masoala-regenwoud op Madagaskar nagemaakt.

Info

Toeristenbureau: Hauptbahnhof, 8001 Zürich, tel. 044 215 40 00, www.zuerich.com.
Zürich Card: Voor gratis openbaar vervoer (inclusief vliegveld, Uetliberg en een deel van de Zürichsee), en gratis entree in de meeste musea; 24/72 uur CHF 24/48. Met een paar musea is de card snel terugverdiend. Verkooppunten: vliegveld, toeristenbureau, treinstations en de grotere hotels. Ook te bestellen op www.zuerich.com.
Zürich in your pocket: Handige gratis stadsgids met alle info over restaurants, shopping en uitgaan (verkrijgbaar bij het toeristenbureau).
Stadsrondleidingen: Vanaf het toeristenbureau vertrekken dagelijks rondleidingen met een stadsgids; duur 2 à 3 uur. Boeking bij het toeristenbureau. Er zijn thema's als Frauenpower, Gildestad Zürich, shopping, of Zürich by night.

Overnachten

Zürich heeft een enorm aanbod aan hotels, vooral in de duurdere klasse. De boekingssite van Zürich Tourismus (www.zuerich.com) geeft een overzicht van alle hotels en appartementen. Het aanbod aan B&B is beperkt. Zürich is niet goedkoop, maar veel hotels hebben in het weekend speciale tarieven en aanbiedingen. De *Zürich-weekend special* bijvoorbeeld biedt 25% korting op de normale prijs en wordt door 30 drie- en viersterrenhotels aangeboden.

Als u met de auto komt, informeer dan of het hotel over een parkeerplaats beschikt. De dagprijs van de parkeergarages in Zürich lopen op tot CHF 40.
Uniek – Widder 1: Rennweg 7, tel. 044 224 25 26, www.widderhotel.ch, 2pk vanaf CHF 522. In het voormalige historische pand van het slagersgilde en 8 historische panden in de Altstadt heeft de gerenommeerde architect Tilla Theus hét designhotel van Zürich geschapen. Hier is alles van topniveau, ook de prijzen...
Design ontmoet uitzicht – Sorell Hotel Zürichberg 2: Orellistrasse 21, tel. 044 268 35 35, www.zuerichberg.ch, tram 6: Zoo, 2pk vanaf CHF 260. Hoog boven Zürich, met uitzicht over de stad en het meer, ligt dit Jugendstil-designhotel. Het interieur werd ontworpen door Jasper Morrison en Hannes Wettstein en is voorzien van alle luxe.
Klein, maar fijn – Helmhaus 3: Schiffländte 30, tel. 044 266 95 95, www.helmhaus.ch, tram 4, 15: Helmhaus, 2pk vanaf CHF 270. Het vriendelijke, boutiquehotel met 24 kamers biedt modern design zonder dat het steriel wordt. Centraal gelegen tussen Grossmünster en het meer, en toch rustig.
Een beetje vreemd – Leoneck 4: Leonhardstrasse 1, tel. 044 254 22 22, www.leoneck.ch, tram 6, 7,10, 15: Haldenegg, 2pk vanaf CHF 145.   ▷ blz. 131

Op ontdekkingsreis

Zürich-West: van industriële tot trendy stadswijk

Nergens verandert Zürich sneller dan in West-Zürich. De oude industriewijk, die in verval dreigde te raken is omgevormd tot een trendy gebied. Grote, oude industriegebouwen, die het gezicht van de wijk al ruim een eeuw bepalen, zijn niet afgebroken maar getransformeerd tot hippe bar, restaurant of kunstcentrum. En overal rijzen de modernste gebouwen ten hemel.

Infocenter Zürich-West: Hardstrasse 301, 8005 Zürich, tel. 043-960 33 28, wo.-vr. 11.30-18, za. 10-16 uur.

Stadswandeling
Loop maar eens de 2 km lange Limmatstrasse door, van het station langs het Landesmuseum naar het noordwesten. Hier wandelt u een multiculturele wijk binnen die bruist van het leven: groentewinkels met exotisch fruit, bakkers, restaurantjes en aan het eind musea voor hedendaagse en moderne kunst.

Shopping Im Viaduct [1]
Aan het eind van de Limmatstrasse, tussen het zich splitsende viaduct werd een overdekte markthal gebouwd, met tal van kleine kraampjes en winkeltjes en het restaurant **Markthalle** [1].

Onder de aansluitende 52 bogen van het Aussersihler spoorviaduct zijn evenzovele winkeltjes en cafés ingericht. Hier vindt u alles van tweedehands kleding tot trendy merken als *Billabong* (Bogen 32), *Amalgan* (Bogen 30) of *Kitchener* (Bogen 19).

Moderne kunst

Centraal punt in de wijk is de Escher-Wyss-Platz, op de kruising van de Hardbrücke en de Limmatstrasse. Aan de Limmatstrasse werd het **Löwenbräu-terrein**, een vroegere bierbrouwerij in kenmerkende 19e eeuwse kasteekstijl, door architectenbureau Gigon/Guyer gerenoveerd. Het huisvest twee musea voor hedendaagse kunst en enkele kunstgaleries.

Migros Museum für Gegenwartskunst 1

Limmatstrasse 270, Zürich-West, tel. 044 277 20 50, www.migrosmuseum.ch, di.-vr. 12-18, do. 12-20, za./zo. 11-17 uur, CHF 8. Het Migrosconcern besteedt 1 procent van de winst aan kunst; met name exposities van jonge internationale kunstenaars.

Kunsthalle Zürich 2

Limmatstrasse 270, Zürich-West, tel. 044 272 15 15, kunsthallezurich.ch, di.-vr. 12-18, do. tot 20, za., zo. 11-17 uur, CHF 8, do. gratis. De Kunsthalle toont hedendaagse kunst van veelal onbekende jonge kunstenaars.

Hoogbouw

Terug langs het viaduct wandelt u naar de uitgestrekte Josefwiese met openluchtcafé: een mooie plek om even te ontspannen. Nog een keer onder het viaduct door loopt u op de 126 m hoge **Prime Tower** 3 af, nog een creatie uit 2011 van Gigon/Guyer architecten uit Zürich. Het is het op een na hoogste gebouw van Zwitserland, met een panoramabar op de 35e verdieping (Hardstrasse 201, www.primetower.ch).

Vlak voor u de Hardbrücke bereikt staat links de vreemdste winkel van Zürich: negen opgestapelde zeecontainers vormen de **Freitag Flagship Store** 2 (Geroldstrasse 5, www.freitag.ch). Hier vindt u de culttassen, vervaardigd uit oud vrachtwagenzeil, in alle soorten en maten. Alleen al vanwege het uitzicht vanaf het dakterras een bezoek waard. Achter de containers ligt **Frau Gerolds Garten** 2, een stadstuin met groentetuin, winkel en restaurant; 's zomers een tuinterras, 's winters een *Stube* met grote haard (Geroldstrasse 23, www.fraugerold.ch, tel. 078 971 67 64, 's winters zo. gesl.).

Voormalige scheepswerf

Achter de Prime Tower wordt een hele nieuwe kantoorwijk uit de grond gestampt, met Business Campus, Technopark en nieuwe hotels. Het paradepaardje van Zürich-West is de **Schiffbau** 4. Tot 1980 werden hier nog stoomschepen geproduceerd; de scheepsschroef van Bernhard Lugin-

Prime Tower

bühl aan de voorzijde herinnert daar nog aan. De grote assemblagehal, waar ooit schepen en motoren werden gebouwd, is nu als multifunctioneel centrum aan een tweede levensfase begonnen. Het gemoderniseerde industriële bouwwerk biedt plek aan drie theaters, de **jazzclub Moods**, het exclusieve restaurant **LaSalle** (een glazen kooi in het gebouw; spanten, buizen en leidingen zijn overal nog te zien) en de glazen **Nietturm Bar**. De laatstgenoemde heeft behalve heerlijk drankjes een fantastisch uitzicht op Zürich-West.

Turbinenplatz

Direct om de hoek ligt het grootste plein van Zürich: **Turbinenplatz**. Overdag vrij leeg, maar 's nachts, in oranje, blauw en violet licht gedompeld, stroomt het tijdens openluchtconcerten aardig vol. Aan de noordkant ervan ligt **Puls 5** 5, eens een ijzergieterij, nu een nieuw congrescentrum in ontwikkeling (o.a. voor de jaarlijkse internationale kunstbeurs). En toch is er naast die strakke nieuwbouw weer een oud garagegebouw dat op eigen wijze weet te overleven: **Les Halles** 3. Een alternatief en trendy eethuis, met binnen een markthal vol kleurig fruit en groente, en buiten een ongedwongen terrasje waar u zo aanschuift. Bestel de Moules frites of het lekkerste kaasplateau van Zwitserland (Pfingstweidstrasse 6, tel. 044 273 11 25, www.les-halles.ch).

De vernieuwing gaat door

Recent hoogtepunt in het nieuwe Zürich-West is de meest westelijke uitbreiding, net voor de spoorlijn: de **Hogeschool van de Kunsten** 6 op het Toni-Areal, een reusachtig gebouw waar 5000 kunststudenten en docenten werken en wonen en dat ook het Schaudepot van het **Museum für Gestaltung** 7 (design) huisvest. Het museum heeft vier collecties: design, grafiek, toegepaste kunst en posters, die hier worden getoond in het recent geopende Schaudepot. Vanaf 2017 is de voormalige collectie van museum Bellerive hier te zien. Verder zijn er regelmatig wisselende exposities (Toni-Areal, Pfingstweidstrasse 96, tel. 043-446 67 67, www.museum-gestaltung.ch, di.-zo. 10-17, wo. tot 20 uur, CHF 12).

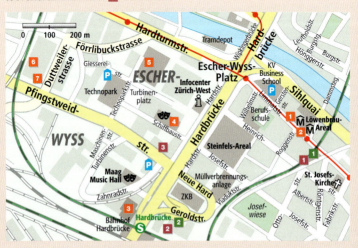

De 80 kamers (enkele met balkon) zijn individueel vormgegeven met schilderijen van Zürcher kunstenaars. Verder staat alles in dit hotel in het teken van de Zwitserse koe, vooral natuurlijk in het restaurant Crazy Cow. Praktisch: tramhalte voor de deur.

Betaalbaar – **Albergo The Flag** 5: Baslerstrasse 100, 8048 Zürich, tel. 044 400 00 10, www.theflag-zuerich.ch, 2pk vanaf CHF 140. Fris, kleurig, modern en betaalbaar hotel-garni in Zürich-West. Lokale kunstenaars hebben de kamers en verdiepingen individueel ingericht.

Eten en drinken

Wereldberoemd – **Kronenhalle** 1: Rämistrasse 4, tel. 044 262 99 00, www.kronenhalle.ch. Zürich zonder Kronenhalle is ondenkbaar. Hier dineert de *high society*, om te zien en gezien te worden. Het eten is uitstekend evenals de ambiance met originele schilderijen aan de muur.

Toekomstige sterrenkoks – **Belvoirpark** 2: Seestrasse 125, tel. 044 286 88 44, www.belvoirpark.ch. In een statige villa verwennen toekomstige koks van de hotelvakschool hun gasten met gerechten van het hoogste niveau en bijpassende wijnen. Vergeet niet de desserts van de trolley! 's Zomers met tuinterras en bistro met dagmenu's. Uitstekende prijs-kwaliteitverhouding.

Deftige Küche – **Zeughauskeller** 3: Bahnhofstrasse 28a, tel. 044 211 26 90, www.zeughauskeller.ch. Dit bij toeristen en Zürchers geliefde kelderrestaurant stamt uit 1927. Het heeft de sfeer van een grote *Bierkeller* en biedt een keuken van goede kwaliteit (ook voordelige lunchmenu's).

Trendy vegetarisch – **Hiltl** 4: Sihlstrasse 28, tel. 044 227 70 00, www.hiltl.ch, 06-24 uur. Het oudste vegetarisch restaurant van Europa (sinds 1898). Eet van het imposante buffet met salades, internationale en Indiase gerechten of à la carte; met voordelige take-away.

Vol historie – **Zum Kropf** 5: In Gassen 16, tel. 044 221 18 05, www.zumkropf.ch. Sfeervol restaurant in beschermd monument met vrijwel ongewijzigd interieur uit 1888. Degelijke Zwitserse keuken onder unieke beschilderde barokke gewelven.

Oude paardenstal – **Reithalle** 6: Gessnerallee 8, tel. 044 212 07 66, www.restaurant-reithalle.ch. Waar ooit de paarden van de cavalerie stonden, wordt nu sfeervol getafeld, bij mooi weer ook in de Biergarten aan de Schanzengraben. De keuken is mediterraan en gebruikt hoogwaardige bio-producten.

Zomeravond aan het meer – **Ziegel oh Lac** 7: Seestrasse 407, tel. 044 481 62 42, www.ziegelohlac.ch. Restaurant in een oude weverij in het alternatieve cultuurcentrum *Rote Fabrik*. In de tuin zit u op lange banken of geniet vanuit een schommel van het uitzicht op het meer. Op dinsdagavond zijn er concerten en sluit de keuken om 21 uur.

Theater en kunstenaarskroeg – **Cabaret Voltaire** 8: Spiegelgasse 1, www.cabaretvoltaire.ch, di.-za. 12.30-24, zo. 12.30-19 uur. In de Spiegelgasse achter de Grossmünster woonden schrijvers en kunstenaars; onder meer Goethe en Lenin. Bij huis nr. 1 herinnert een opschrift aan het *Cabaret Voltaire*, waar in 1916 het Dadaïsme werd geboren en Hugo Ball en zijn vrienden met hun kunst tegen de burgerlijke conventies protesteerden. Sinds 2004 is Cabaret Voltaire weer te bezoeken: het is een theater, winkel en bar ineen.

Koffiecultuur – **Confiserie Sprüngli** 9: Bahnhofstrasse 21, tel. 044 224 46 46, www.spruengli.ch, ma.-vr. 7.30-18.30, za. 8-17 uur. Koffiehuis sinds 1859 en een van de belangrijkste chocoladeproducenten.

Schaakspelers in de Lindenhof

Idyllisch terras – **Schipfe 16** 10: Schipfe 16, tel. 044 211 21 22, ma.-vr. Populair terras direct aan de Limmat. Voor een drankje of een hapje; dagelijks zijn er drie lunchmenu's.

Winkelen

De chique Bahnhofstrasse is vermaard om zijn warenhuizen en modewinkels.
Luxe warenhuis – **Kaufhaus Globus** 1: Schweizergasse 11, tel. 044 226 60 60, www.globus.ch. Wat het hart begeert op 7 etages; hoogtepunt bevindt zich paradoxaal genoeg in de kelder: de delicatessenafdeling. Alles van hoogste kwaliteit en prijs.

Uitgaan

Een uitgaanskalender (theater, opera, concerten en films) vindt men in de krant; de gratis do.-bijlage van de Tages-Anzeiger, de *Züritipp*, biedt info over livemuziek en nachtleven.
Internet: www.zueritipp.ch, www.kulturmeile.ch (Zürich-west)

Dé Jazzclub – **Moods** 1: Schiffbaustrasse 6, tel. 044 276 80 00, www.moods.ch. Jazzclub van naam, waar de groten uit de wereld van Jazz, Funk en Soul optreden. Het muzikale spectrum reikt van Fado tot HipHop; bijna dagelijks concerten, in het weekend grote party's.
Cocktailbar – **Old Fashion Bar** 2: Fraumünsterstrasse 15, www.oldfashionbar.ch. Deze oudste bar van Zürich, uit 1886, mag gerust ouderwets genoemd worden, de cocktails en wijnen zijn van hoog niveau.
Solisten van wereldfaam – **Opera** 3: Theaterplatz 1, tel. 044 268 66 66, www.opernhaus.ch, tickets via de website, telefonisch of aan de kassa.
Klassieke muziek – **Tonhalle** 4: Claridenstrasse 7, tel. 044 206 34 34, www.tonhalle-orchester.ch, tickets via voorverkoop of aan de kassa voor de voorstelling. Een van de beste concertzalen ter wereld; klassieke concerten, jazz, kamermuziek en lunchconcerten.
Party zonder einde – Rond de Escher-Wyss-Platz in Zürich-West liggen enkele populaire clubs, die elke smaak iets te bieden hebben. In Aziatische sfeer treden in **Club Indochine** 5 (Limmatstrasse 275, www.club-indochine.com) internationale top-dj's op. Trefpunt voor de gayscene is de **Labor-Bar** 6 (Schiffbaustrasse 3, www.laborbar.ch). In de Geroldstrasse zijn 2 clubs: **Hive** 7 (Geroldstrasse 5, www.hive-club.ch), met een wat ouder publiek, en **Supermarket** 8 (Geroldstrasse 17, www.supermarket.li), basis van de Clubscene in Zürich-West.

Evenementen

April: Sechseläuten: In Zürich eindigt de winter officieel met het Sechseläuten (na de winter wordt de klok weer om 6 uur geluid), op de derde maandag in april. De leden van de Gilden van

Zürich trekken in historische kostuums te paard door de stad. Sinds 1862 wordt ter afsluiting van het Sechseläuten de zogeheten *Böögg* (sneeuwpop) verbrand. Stipt 18 uur wordt een meer dan 3 meter hoge en 80 kg zware, met vuurwerk gevulde sneeuwpop aangestoken. Wanneer de kop van de *Böögg* explodeert, is de winter officieel beëindigd. Hoe sneller dat het geval is, hoe warmer en langer de zomer zal worden (www.sechse laeuten.ch).
Juni – Zürcher Festspiele: Theater, opera en concerten, ook enkele gratis concerten op de Münsterplatz (www.zuercher-festspiele.ch).
Juli – Züri Fäscht: Grootste volksfeest van Zwitserland. Elke 3 jaar langs het meer en in de binnenstad (volgende in 2019, www.zuerifaescht.ch).
Juli – Festival Tropical: Latijns-Amerikaans festival (www.caliente.ch).
Op een zaterdag in augustus – **Street Parade:** Gigantische House- en Technoparty met een kleurrijke parade (www.streetparade.com).
Aug.-sept. – Zürcher Theater Spektakel: Openluchttheater op de Landiwiese (www.theaterspektakel.ch).
Oktober – Zürich Film Festival: www.zuerichfilmfestival.org

Actief

Zürich rollt – **Zürich per fiets:** gratis huurfietsen, bij het Hauptbahnhof; dag. 8-21.30 uur, borg CHF 20; legitimatie verplicht
Rondvaarten **1**: Schepen van Nederlandse makelij, berekend op lage bruggen, varen over de Limmat en laten Zürich vanuit een ander perspectief zien. De steiger is bij het Landesmuseum.
Wellness – **Thermalbad & Spa Zürich** **2**: Brandschenkestrasse 150, tel. 044 205 96 50, www.thermalbad-zuerich.ch, S-Bahn 4, halte Giesshübel, ma.-vr. 9-22 uur, CHF 32. Sinds 2010 heeft Zürich op het terrein van de vroegere brouwerij Hürlimann een heel speciaal wellnesscomplex. In de stenen gewelven van de oude brouwerij kunt u de dagelijkse beslommeringen achter u laten in de grote houten hotpools, in het Turkse bad met onderwatermuziek, in het stoombad, of het openluchtbad onder de vrije hemel.

Omgeving Zürich

Wandeling Uetliberg

De Uetliberg is de 871 meter hoge huisberg van Zürich, waarop een 30 m hoge uitkijktoren en het restaurant Uto Kulm staat. Het kan in het weekend druk zijn met wandelaars, joggers en fietsers. Ga daarom bij voorkeur door de weeks. Klim te voet omhoog of neem de Uetliberg tandradbaan naar de top (gratis met de Zürich Card). Van daar kunt u over de heuvelkam in 1 ½ uur over de *Planetenweg* naar Felsenegg (810 m) wandelen, bergstation van een zweefbaan naar het dorp Adliswil, en van daar met de trein naar Zürich terug.

Heen: vanaf Zürich Hauptbahnhof S-Bahn 10 (elk half uur) naar Uetliberg. Terug: van Adliswil S-Bahn 4 naar Zürich. Een kaartje voor dit rondje koopt u bij de automaat: de *Adlis-Tageskarte*, code 131.

Zürichsee ▶ J 3/K 4

Het mooist is de Zürichsee vanaf de boot. Er gaat 's zomers vanaf de Bürkliplatz ieder uur een lijndienst, die alle plaatsen rondom het meer aandoet.
U kunt zo een mooie dagtocht maken en onderweg het kloostereiland Ufenau en het stadje Rapperswil bezoeken. Het snelst reist u terug met de trein (dienstregeling Zürichsee: www.zsg.ch).

Kloostereiland Ufenau

Het eiland Ufenau is iets bijzonders. Het natuurgebied ligt ter hoogte van Pfäffikon in het Meer van Zürich en behoort sinds 965 bij het klooster van Einsiedeln. Voldoende bedekkende kleding is verplicht en zwemmen is niet toegestaan, maar wie zich aan deze regels houdt, is in het restaurant en het idyllische kerkje van harte welkom. De lijndienst over de Zürichsee doet ook het eilandje aan (tot mei 2018 is het eiland beperkt toegankelijk vanwege de bouw van een nieuw restaurant).

Rapperswil ▶ K 4

Het stadje ligt op de scheiding van de Zürichsee en de minder druk bevaren Obersee, een scheiding die gevormd wordt door een dam en Zwitserlands langste houten brug, de 850 m lange *Hurdensteg*. Al in de middeleeuwen staken hier Jakobs-pelgrims het meer over op een loopbrug zonder leuningen. Ook nu nog maakt de wandeling over de (moderne) houten loopbrug deel uit van de Jacobsweg naar het 15 km verder gelegen klooster Einsiedeln.

Aan de kade van Rapperswil, waar de boten aankomen uit Zürich, liggen het toeristenbureau en een hele rij hotels en restaurants. De autovrije Altstadt van Rapperswil is tegen de burchtheuvel aangebouwd en is gemakkelijk te voet te verkennen. Het heeft zijn middeleeuwse aanzien behouden, mede door het dominante kasteel, waarvan u de toren vanaf 2017 kunt bezoeken. Vanwege zijn rozentuinen wordt Rapperswil ook wel de *Rosenstadt* genoemd.

Enea boommuseum

Buechstrasse 12, 8645 Rapperswil-Jona, tel. 055 225 55 55, www.enea.ch, ma.-vr. 9-18, za. tot 17, 's winters tot 17.30 en 16 uur, CHF 15

Enzo Enea is de ster onder de tuinontwerpers. Hij heeft over de hele wereld bij prinsen, sjeiks en popsterren tuinen en parken ontworpen. In Rapperswil-Jona kan sinds 2010 ook het publiek van zijn tuinkunst genieten. Op de voor hem kenmerkende ingetogen, bijna Japans aandoende sierlijkheid presenteert Enea 50 unieke boomexemplaren samen met sculpturen van hedendaagse kunstenaars. Dit *Gesamtkunstwerk* van natuur en cultuur is het mooist in voor- (bloesems) en najaar (esdoorns) en wordt elk jaar mooier.

Info

Toeristenbureau: Fischmarktplatz 1, 8640 Rapperswil

Eten en drinken

Historische setting – **Restaurant Rathaus**, Hauptplatz 1, Rapperswill, tel. 055 210 11 14, www.townhall.ch. In het hart van de Rapperswiller Altstadt staat het oude raadhuis uit de 15e eeuw, tegenwoordig een trefpunt voor culinaire genieters; voordelige dagschotels.

Einsiedeln ▶ K 4

Abdij Einsiedeln ✺

8840 Einsiedeln, tel. 055 418 61 11, www.kloster-einsiedeln.ch, ma.-za. 8-19, zo. 10.30-19 uur; rondleidingen kerk en bibliotheek ma.-za. 14 uur (via Einsiedeln Tourismus, Hauptstrasse 85, tel. 055 418 44 88, CHF 15).

Ten zuiden van de Zürichsee ligt het barokke klooster van Einsiedeln, het belangrijkste bedevaartsoord van Zwitserland. Meer dan 1000 jaar komen mensen op pelgrimstocht naar dit prachtig gelegen klooster. De naam *Ein-*

Omgeving Zürich

Kerstmarkt, klooster Einsiedeln

siedeln kreeg het van de monnik en kluizenaar (*Einsiedeler*) Meinrad, die in 861 hier het eerste godshuis bouwde. Sindsdien leven er broeders van de benedictijnenorde. In 1703 werd het klooster herbouwd aan de hand van de architect Caspar Moosbrugger, een vertegenwoordiger van de Vorarlberger Bauschule. In deze Mariabedevaartplaats staat nu een van de indrukwekkendste barokke bouwwerken van Europa, een kloostercomplex met een overweldigend front. De rust die het bouwwerk aan de buitenzijde uitstraalt staat in contrast met de kleuren en decoraties in de kerk zelf. In deze ruimte hebben kunstenaars in volkomen samenhang tussen schilderingen, stucwerk, kleur en illusionisme uiting gegeven aan het beginsel van de barok en de Contrareformatie: het scheppen van een voorportaal van de hemel. Het uiteindelijke doel van de bedevaart is de Gnadenkapelle met de 15e-eeuwse zwarte Madonna. Op deze plek moet ooit de kluizenaarswoning van Meinrad hebben gestaan. Op een rondleiding bezoekt u behalve de kerk ook de bibliotheek, met een grote collectie middeleeuwse handschriften en miniaturen. Er is een bezoekerscentrum met restaurant, winkel en wijnkelder.

Eten en drinken

Biologische kaas – **Milchmanufaktur Einsiedeln**: Alpstrasse 6, 8840 Einsiedeln, tel. 055 412 68 83, www.milchmanufaktur.ch, di. t/m zo. 8-18 uur.
Sinds 2015 staat in Einsiedeln de Milchmanufaktur, waar de melk van 60 biologische boerderijen wordt verwerkt tot yogurt en diverse kazen. Door de ramen van het moderne restaurant kunt u in de *Schaukäserei* meekijken bij de kaasbereiding. Er is een groot aanbod aan kaasgerechten en voordelige dagschotels. In de winkel kunt u naast kaas ook mooie souvenirs kopen, zoals een originele Zwitserse fondue-set en een portie kant-en-klare fonduekaas.

Winterthur ▶ K 2

Slechts 20 km van Zürich ligt Winterthur, de 2e stad van het kanton en 6e stad van Zwitserland. Winterthur was in de middeleeuwen een belangrijke marktplaats en groeide in de 19e eeuw uit tot een industriestad waar onder meer locomotieven werden gebouwd. De ongewone concentratie aan musea heeft de stad te danken aan de industriëlen, die hun fortuin besteedden aan het opbouwen van prachtige kunstcollecties. Een bezoek aan deze *museumstad* is een *must* voor elke kunstliefhebber.

Altstadt

Winterthurs autovrije en knusse Altstadt is goed te voet te verkennen. De hoofdas is de Marktgasse, van Hauptbahnhof tot Graben, Winterthurs bekendste winkelstraat, met o.a. juweliers en chocolatier Vollenweider (nr. 17), met legendarische *giraffentaart*. Aan de zuidkant van de Marktgasse vindt u de mooiste pleintjes en stille hoekjes. Centraal staat hier de neogotische Stadtkirche met kleurige wandschilderijen en drie kleine glas-in-loodramen van Augusto Giacometti. Op mooie zomeravonden speelt het leven in de Altstadt zich af op de vele pleintjes. Geliefd zijn de Neumarkt, de Steinberggasse – met drie ovalen fonteinen van Donald Judd – en de mediterraan aandoende Graben met zijn platanen, fontein en cafeterrassen. Aan de Neustadtgasse zijn werkplaatsen en winkeltjes van handwerklieden als pottenbakkers (nr. 18), instrumentenmakers (nr. 27), boekbinders en houtbewerkers.

Kunstmuseum Winterthur

Museumstrasse 52, tel. 052 -67 51 62, www.kmw.ch, di.-zo. 10-17, wo. tot 20 uur, CHF 15
Een van de belangrijkste kunstmusea van Zwitserland, zie blz. 137.

Museum Oskar Reinhart am Stadtgarten

Stadthausstrasse 6, tel. 052 267 51 72, www.museumoskarreinhart.ch, di.-zo. 10-17, di. tot 20 uur, CHF 15
Dit naar zijn stichter genoemde museum in het oude gymnasium aan de Stadtgarten herbergt een omvangrijke collectie van vooral Duitse en Zwitserse kunst uit de 19e (romantiek) en vroege 20e eeuw (realisme en impressionisme). De 600 werken werden door de kunstverzamelaar Oskar Reinhardt (1885-1965) geschonken aan de stad. Zwaartepunt van de collectie ligt bij schilders als Friedrich, Anker, Thoma, Böcklin, Hodler, Segantini en Giacometti.

Mseum Oskar Reinhart am Römerholz

Haldenstrasse 95, tel. 052 267 51 72, www.roemerholz.ch, di.-zo. 10-17, wo. tot 20 uur, CHF 15
Een ander deel schonk Oskar Reinhart (1885-1965) aan de Zwitserse staat, dat vindt u in zijn villa in het hoger gelegen noorden van de stad, de *Samlung Oskar Reinhart am Römerholz*. Deze omvat een verzameling oude meesters en impressionisten, o.a. Holbein, El Greco, Goya, Van Gogh, Cézanne, Manet, Courbet en Renoir. Met café en tuinterras.

Fotomuseum Winterthur

Grüzenstrasse 44-45, tel. 052 234 10 60, www.fotomuseum.ch, di.-zo. 11-18, wo. tot 20 uur, CHF 17
Het Fotomuseum Winterthur in het Zentrum für Fotografie, is een van de beste fotomusea van Europa. Met wisselende en vaste collecties van o.a. Walker Evans, Helmut Newton en Ai Weiwei.

Science Center Technorama

Technoramastrasse 1, 8404 Winterthur, tel. 052 244 08 44, www.technorama.ch, di-zo 10-17 uur, CHF 25 (vanaf station bus 5)

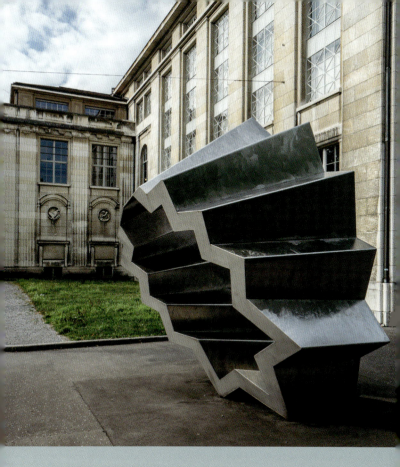

Favoriet

Kunstmuseum Winterthur

Een van de belangrijkste kunstmusea van Zwitserland. Dit 100 jaar geleden gestichte en in 2010 met een nieuwbouw van Gigon/Guyer uitgebreide museum heeft een belangrijke collectie van internationale schilderkunst vanaf het impressionisme tot het heden. De moderne uitbouw is geheel gewijd aan hedendaagse kunst en toont wisselende exposities.

In hetzelfde gebouw bevindt zich ook het prijswinnende **Naturmuseum Winterthur**. Vooral met kinderen is een bezoek hiervan zeer aan te raden, omdat de collecties mineralen, fossielen en dieren op een frisse, moderne wijze worden tentoongesteld. (www.natur.winterthur.ch).

Een bezoek aan het Technorama in Winterthur neemt al snel een hele dag in beslag. Er zijn dagelijkse shows en veel van de 500 experimenten zijn zo spannend, dat u de tijd bijna vergeet. Op drie etages worden fysische, meteorologische en biologische verschijnselen verklaard. Speciaal is de show over elektriciteit, waarbij bliksems van duizenden volts door de zaal schieten.

Info

Toeristenbureau: Hauptbahnhof, 8401 Winterthur, tel. 052 267 53 00, www.winterthur-tourismus.ch
De **Winterthurer Museumspass** geeft toegang tot 16 musea (behalve Technorama), en tot de museumbus; pas voor 1 of 2 dagen: CHF 25/35.

Overnachten en eten

Profiteer van de aanbiedingen op de website van Winterthur Tourismus: bv. een cultuurweekend met overnachting en museumpas voor CHF 70 p.p.
Centraal – **Hotel Wartmann:** Rudolfstrasse 17, tel. 052 260 07 07, www.wartmann.ch, 2pk vanaf CHF 189. Aangenaam stadshotel, direct bij het station van Winterthur; ook praktisch als uitvalsbasis voor een bezoek aan Zürich of Schaffhausen.
Boutiquehotel – **Hotel Krone:** Marktgasse 49, tel. 052 208 18 18, www.sorelhotels.com/krone, 2pk vanaf CHF 150. Modern hotel in de binnenstad, met uitstekend restaurant.
Zwitserse specialiteiten – **Zur Sonne:** Marktgasse 13/15, tel. 052 213 00 50, www.zur-sonne.ch. Rösti in alle denkbare varianten.
Wereldkeuken – **National:** Stadthausstrasse 24, tel. 052 212 24 24, www.national-winterthur.ch. Fraai gerenoveerd restaurant in een statig pand bij het station. Wereldkeuken met gerechten als *Thunfischsteak in Pfefferkruste* en *Paella nach kreolischer Art*.
Panoramabar – **Fritz Lambada bar:** Theaterstrasse 17, tel. 052 212 00 22, dag. 16-02 uur. Bar-restaurant in de *Roter Turm*, boven de daken van Winterthur.

Schaffhausen ▶ J 1

Aan de Rijn ten westen van de Bodensee ligt Schaffhausen, dat haar bestaan te danken heeft aan de verderop gelegen waterval: als overslagplaats van goederen die verder over land vervoerd moesten worden. Schaffhausen zelf heeft een aantrekkelijke Altstadt met burcht, romaanse Münster en een klooster.

Rheinfall

4 km buiten Schaffhausen bij Neuhausen, noordkant Rijn: betaald parkeren, CHF 5; zuidkant Rijn: zie Slot Laufen.
Verwacht geen hoge waterval zoals in de Alpen. Toch is het Europa's grootste waterval. Over een breedte van 150 m stort het water in totaal 23 m omlaag, 's zomers 600 m³, 's winters 250 m³ per seconde. Een spectaculair schouwspel. Vanaf de noordkant hebt u het mooiste zicht op de waterval, met het middeleeuwse slot Laufen op de rotsen boven de Rijn. U kunt via het voetpad van de spoorbrug er naar toe wandelen, of zich met een boot laten overzetten over de Rijn. Er gaan ook bootjes naar het grootste van de twee eilandjes midden in de waterval – de Zwitserse vlag wappert er vrolijk. Op dit *Känzeli* bent u het dichtst bij het razende water.

Schloss Laufen

8447 Dachsen. Toegang per trein: station Laufen/Rheinfall, direct bij de waterval. Toegang per auto: via de

Rheinfall Schaffhausen, met op de achtergrond Schloss Laufen

A4 vanuit Zürich. Gratis parkeren, toegang tot de waterval CHF 5
Hoog op de zuidoever van de Rijnwaterval troont het middeleeuwse kasteeltje Laufen, met bijbehorend bezoekerscentrum en restaurant.

Onder het slot is de waterval van zeer nabij te bekijken op het *belevenispad* of vanuit de glazen panoramalift. Zonder meer spectaculair is het uitzicht vanaf het platform op slechts luttele meters boven het razende water! In het Historama leert u alles over de geschiedenis van het duizendjarige slot en het recentere watervaltoerisme.

Info

Toeristenbureau: Herrenacker 15, 8201 Schaffhausen, tel. 052 632 40 20, www.schaffhauserland.ch, www.rheinfall.ch

Eten en drinken

Op hoog niveau – **Schloss Laufen:** 8447 Dachsen, tel. 052 659 67 67, www.schlosslaufen.ch. Exclusief dineren, overdag tussen de imitatieridderharnassen in het slotrestaurant, 's avonds in de Bleulersaal met grote kristallen kroonluchters en antieke spiegels.

Aan de waterval – **Schlössli Wörth:** 8212 Neuhausen am Rheinfall, tel. 052 672 24 21, www.schloessliwoerth.ch. In dat andere kasteeltje met uitzicht op de waterval kunt u iets drinken op het uitzichtterras (zelfbediening), of dineren in de chique eetzaal binnen.

Bodensee

Het uitgestrekte meer ligt in een breed bekken, omgeven door heuvelland van de Voor-Alpen. De Bodensee grenst aan Duitsland, Oostenrijk en Zwitserland en is iets kleiner dan het Meer van Genève. Het geschikte zwemwater en de vele watersportmogelijkheden maken het meer tot een veelbezocht vakantiegebied. Aan de Zwitserse oever liggen schilderachtige toeristenplaatsen als Romanshorn, Arbon, Rorschach, Ermatingen en Stein am Rhein.

Actief

Boottochten – **Bodensee Schifffahrt:** tel. 071 466 78 88, www.bodenseeschiffe.ch. Een witte vloot verbindt de oeversteden langs de Bodensee en aan de Boven-Rijn tot aan Schaffhausen. Mooi is de boottocht tussen de waterval en Kreuzlingen (Konstanz) aan de Bodensee, langs het bezienswaardige Stein am Rhein.

Eten en drinken

Weinstube – **Zum Rothen Ochsen:** Rathausplatz 9, 8260 Stein am Rhein, tel. 052 741 23 28, www.rother-ochsen.ch. De historische herberg uit 1446 werd onlangs geheel gerenoveerd en heeft zijn bijzondere sfeer behouden.
Gouden vis – **Restaurant Krone:** Untere Seestrasse 3, 8272 Ermatingen, tel. 071 664 17 44, www.krone-ermatingen.ch. Restaurant Krone draagt de onderscheiding *Tafelgesellschaft zum Goldenen Fisch* (Eetsociëteit van de Gouden Vis). Deze onderscheiding krijgen restaurants die plaatselijke en verse vis serveren; in dit geval direct uit de Bodensee.

Kartuizer klooster Ittingen

Kartause Ittingen, 8532 Warth, tel. 052 748 44 11, www.kartause.ch, museum elke middag geopend

Tussen Stein am Rhein en Frauenfeld ligt het plaatsje Ittingen, bekend om zijn voormalige klooster. In 1462 begonnen monniken van de Kartuizerorde aan de uitbouw van een kleine vroegere abdij, die na vier eeuwen werd verlaten. Rond 1980 werd het geheel gerestaureerd. Pronkstuk is het in barok- en rococostijl uitgevoerde interieur van de voormalige kloosterkerk. Het klooster herbergt nu een museum gewijd aan de Kartuizers, een hotelrestaurant en het Thurgauer Kunstmuseum met 20e-eeuwse Zwitserse schilderkunst. Volgens de oude kloostertraditie voorziet het landgoed nog steeds grotendeels in eigen behoeften; er is wijnbouw, tuinbouw, veeteelt, een viskwekerij, kaasmakerij, een hopakker voor de bierbrouwerij, een bakkerij en er worden rozen gekweekt. In de winkel verkoopt men kruiden en producten uit eigen teelt.

In het vroegere klooster kunt u in alle rust overnachten in stijlvolle, moderne hotelkamers (2pk vanaf CHF 165).

Sankt Gallen ▶ M 3

De hoofdstad van het gelijknamige kanton ligt tussen de Bodensee en het Appenzellerland en is gegroeid rond een machtig klooster dat zowel op geestelijk, als op cultureel en politiek gebied grote invloed had in Europa. De stad is een bezoek waard vanwege haar kloosterbibliotheek en barokke kathedraal, die beide staan vermeld op de UNESCO-lijst van cultureel Werelderfgoed. Het huidige St. Gallen is een aangename stad met een autovrije Altstadt met mooie winkelstraten rond de beroemde abdij. De Altstadt staat vol historische burgerhuizen uit de tijd van de linnenweverijen en borduurindustrie waar St. Gallen beroemd door is geworden (16e-18e eeuw). Opvallend element aan veel gevels zijn de rijk bewerkte erkers, 111 in totaal. De mooiste vindt u aan de Spisergasse, Marktgasse, Kugelgasse en Schmiedgasse.

Stiftgebied en kathedraal [1]

dag. 10-17 uur, gesl. 2e helft van nov., www.stibi.ch, CHF 12

Hier in het noordoostelijk deel van Zwitserland deed de Ierse monnik Gallus in 612 zijn missiewerk onder de Alemannen. In de 8e eeuw ontstond er bij zijn graf een benedictijnenklooster dat

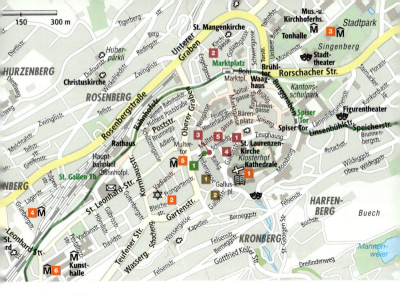

Sankt Gallen

Bezienswaardigheden
1. Stiftgebied en kathedraal
2. Stadtlounge - Rode plein
3. Kunstmuseum
4. Kulturzentrum Lokremise
5. Textielmuseum
6. Museum im Lagerhaus

Overnachten
1. Hotel Dom
2. Hotel Vadian

Winkelen
1. Metzgerei Gemperli

Eten en drinken
1. Alte Post
2. Focacceria
3. NAZ
4. Chocolaterie Kölbener
5. Confiserie Roggwiller

in de 9e en 10e eeuw uitgroeide tot een van de rijkste cultuurcentra van Europa. Centraal in het kloostercomplex is de barokke kathedraal (1755-67), die met haar hoge torens de aandacht trekt. Het imposante gebouw heeft een prachtig interieur met een enorme centrale koepel, met kleurrijke reliëfs, fresco's en stucwerk.

Achter de kerk, in de gebouwen van de vroegere benedictijnenabdij (opgeheven 1805) bevindt zich de beroemde Stiftsbibliotheek, aangemerkt als de mooiste rococozaal van Zwitserland, gebouwd door vader en zoon Peter Thumb (1758-1759) van de Vorarlberger Schule. De zaal bezit een mooie houten vloer met ingelegde patronen, reden waarom de bezoekers vilten overschoenen moeten dragen. De collectie bestaat uit circa 140.000 banden, waarvan de 2000 middeleeuwse handschriften de belangrijkste schat vormen. In de zaal is steeds een wisselende expositie van belangrijke werken in de uitstalkasten.

Moderne architectuur

Naast alle barok heeft St. Gallen ook enkele interessante projecten op het gebied van moderne kunst en architectuur. Zo heeft architect Santiago Calatrava voor de Kantonspolizei een opvallende ondergrondse noodcentrale gebouwd, met een dak in de vorm van

Stadtlounge – Rode plein, St. Gallen

een mosselschelp en een beweegbare ingang (Moosbruggstrasse).

Rode plein 2

Frongartenstrasse/Schreinerstrasse
Aan de westkant van het centrum ligt de *Roter Platz*, een kunstproject van de Zwitserse kunstenares Pippilotti Riist, die het zakencentrum Bleicheli omtoverde in een stadlounge. Een enorm rood kunstof tapijt bedekt het hele plein en grote ronde lampen zorgen voor subtiele lichteffecten.

Kunstmuseum 3

Museumstrasse 32, tel. 071 242 06 71, www.kunstmuse umsg.ch, di.-zo. 10-17, wo. tot 20 uur, CHF 12
In het park ten oosten van de *Altstadt* bevinden zich de Tonhalle (jugendstil), het Neue Theater, het Kunstmuseum en het Historische Museum. Het Kunstmuseum toont op de benedenverdieping een selectie uit haar omvangrijke collectie van oude meesters, impressionisten en Duitse en Zwitserse schilders uit de 19e en 20e eeuw. Op de bovenste verdiepingen zijn wisselende exposities hedendaagse kunst.

Kulturzentrum Lokremise 4

Grünbergstrasse 7, tel. 071 277 88 40, www.lokremise.ch, ma.-za. 13-20, combiticket met Kunstmuseum CHF 16; restaurant 10-23 uur
Het cultuurcentrum in de voormalige *Lokremise* (locomotievenloods), vlak bij het centraal station van St. Gallen, is het tweede podium van het Kunstmuseum, en dient als cultuurlaboratorium voor hedendaagse kunst (met dans, theater en film). In de remise is tevens een restaurant (uitgebreide zondagsbrunch).

Textilmuseum 5

Vadianstrasse 2, tel. 071 222 17 44, www.textilmuseum.ch, dag. 10-17 uur, CHF 12
Dit kleine, maar interessante museum in het Palazzo Rosso toont heden en verleden van deze voor textielstad Sankt Gallen belangrijke industrietak. Het museum toont textielkunst, borduurwerk, stoffen en patronen, is steeds wisselende tentoonstellingen. Een deel van de enorme collectie is toegankelijk in de bijbehorende bibliotheek. De museumshop verkoopt traditioneel borduurwerk en modern Zwitsers design.

Museum im Lagerhaus 6

Davidstrasse 44, tel. 071 223 58 57, www.museumimlagerhaus.ch, di.-vr. 14-18, za.,zo. 12-17 uur, CHF 5
Museum over Zwitserse naïeve kunst en art brut, ten westen van de Altstadt.

Info en evenementen

Toeristenbureau: Bankgasse 9 (bij de kathedraal), 9000 St. Gallen, tel. 071 227 37 37, www.st.gallen-bodensee.ch
Kerstmarkt: St. Gallen heeft een van de grootste Kerstmarkten van Zwitser-

land. Op de 1e adventszondag wordt de 20 m hoge kerstboom opgericht en gaat de verlichting aan van 700 sterren die twinkelen boven de binnenstad (www.sternenstad.ch).

Overnachten

Verrassend modern – **Hotel Dom** 1: Webergasse 22, tel. 071 227 71 71, www.hoteldom.ch, 2pk vanaf CHF 120. Midden in de historische binnenstad ligt dit driesterrenhotel, vanbuiten weinig spectaculair, maar vanbinnen een verrassing. Alle verdiepingen en kamers zijn modern vormgegeven en hebben sterke kleuraccenten. Het restaurant serveert behalve het ontbijtbuffet ook een voordelig middagbuffet.

Gastvrij stadshotel – **Hotel Vadian** 2: Gallusstrasse 36, tel. 071 228 18 78, www.hotel-vadian.com, 2pk vanaf CHF 167. Hotel-garni in de Altstadt met 22 kamers (en appartementen) in het hotel, of in de historische dependance, sommige met fraaie oude erkers. Ontving in 2015 de *prix bienvenu*, als een van de vriendelijkste stadshotels van Zwitserland.

Eten en drinken

Traditionele herberg – **Alte Post** 1: Gallusstrasse 4, tel. 071 222 66 01, www.apost.ch. Een juweeltje in de binnenstad. Het oudste restaurant van St. Gallen, in een 16e eeuws pand, met uitstekende de keuken en wijnkelder.

Italiaan – **Focacceria** 2: Metzgergasse 22, tel. 071 220 16 15, www.focacceria-sg.ch. Klein restaurant met goede Italiaanse keuken. Alles wordt dagelijks vers bereid, de *foccacia's* zijn ter plekke zelf samen te stellen.

Bierspecialist – **NAZ** 3: Schmiedgasse 30, tel. 071 222 02 62, www.naz.sg. Restaurant *National zum Goldenen Leuen*, kortweg NAZ genoemd. Hier houdt bierspecialist Walter Tobler de oude biercultuur in stand, die stamt uit de 9e eeuw, toen in het klooster al bier werd gebrouwen. Echte *Hausmannskost* en zelfgebrouwen bier.

Ontmoetingsplek – **Chocolaterie Kölbener** 4, Gallusstrasse 20. Centraal gelegen *Konditorei* bij de kathedraal.

Koffiehuis – **Confiserie Roggwiller** 5, Multergasse 17, www.roggwiller.ch. Een van de mooiste Zwitserse cafés, sinds 1941. Veertig soorten pralinen en koekspecialiteiten, zoals de *St. Galler Biber*, een koek met berenbeeltenis.

Winkelen

Op de Bärenplatz komen de belangrijkste winkelstraten van Sankt Gallen samen: de Multergasse, de Marktgasse en de Spisergasse.

Specialiteiten – **Gemperli**, Schmiedgasse 34. Hier staat doorgaans een lange rij voor de beroemde *St. Galler Bratwurst*. Dagelijks liggen hier de gegrilde Bratwursten klaar.

Stiftsgebied van Sankt Gallen

Appenzellerland

Het kanton Appenzell kenmerkt zich door een typisch wijd, golvend landschap van bergweiden en bossen met verspreid liggende boerderijen. In het zuiden van dit kleinste kanton van Zwitserland verheffen zich de bergketens van het Alpsteinmassief, met als hoogste top de uitzichtberg Säntis (2502 m). Dit mooie landje heeft als bijzonderheid een (boeren)bevolking met een eigen, wat ouderwetse levensstijl en volksgebruiken. Ook in politiek opzicht onderscheidt Appenzell zich. In de 16e eeuw bracht de Reformatie in het kanton een splitsing teweeg. Appenzell werd de hoofdstad van het roomskatholieke Innerrhoden en Herisau van het protestantse Ausserrhoden. In beide delen wordt elk jaar op de laatste zondag in april de *Landsgemeinde* gehouden. De stemgerechtigde mannen en vrouwen – vrouwen kregen pas in 1990 stemrecht – stemmen met handopsteken. Op deze bijeenkomst, die in de openlucht plaatsvindt, worden alle kantonale zaken afgehandeld. De *Landsgemeinde* voor Innerrhoden vindt plaats in Appenzell en die van Ausserrhoden op de even jaren in Trogen en op de oneven jaren in het kleine Hundwil.

Appenzell ▶ M 3

Dit fraaie plaatsje met 5600 inwoners is de hoofdstad van het halfkanton Innerrhoden en vormt een goed uitgangspunt voor wandelingen in het heuvelland en de bergen van de Alpstein. Bezienswaardig zijn de beschilderde houten gevels met *Tafeen* (uithangborden) rond het plein van de Landsgemeinde en in de Hauptgasse, en verder het Appenzellerhaus met zijn schilderingen, de grote St. Mauritiuskirche en het laatgotische raadhuis. In Appenzell zijn nog veel traditionele ambachtslieden actief, van beroepen die elders al lang zijn verdwenen, zoals borduurders, houtbewerkers, goud- en kopersmeden of zadelmakers (o.a. fraai versierde riemen en halsbanden voor koebellen). Veel van de vroegere gebruiksvoorwerpen worden nu gekocht als souvenirs of decoratieve voorwerpen en zijn verkrijgbaar in de souvenirwinkels van het dorp.

Museum Appenzell

Hauptgasse 4, 9050 Appenzell, tel. 71 788 96 31, www.museum.ai.ch, april-nov. dag. 10-12, 14-17, rest v/h jaar di.-zo. 14-17 uur, CHF 7
In dit traditionele Appenzeller huis worden handwerken, klederdrachten, meubels en kunstvoorwerpen getoond uit het kanton Appenzell Innerrhoden. Op donderdag zijn er kunsthandwerkers bezig te zien.

Kunstmuseum Appenzell

Unterrainstrasse 5, 9050 Appenzell, tel. 071 788 18 00, www.kunstmuseumappenzell.ch, april-nov. di.-vr. 10-12, 14-17, za., zo. 11-17 uur, rest v/h jaar di.-za. 14-17, zo. 11-17 uur, CHF 9
Opvallend museum met aluminium zaagtanddak van Gigon/Guyer (1998), gewijd aan moderne en hedendaagse kunst, onder andere van de plaatselijke schilders Liner (vader en zoon). Carl August Liner (1871-1946) behoort tot de late impressionisten en zijn zoon Carl Walter (1914-1997) schilderde in de stijl van de coloristen (niet permanent te zien).

Hogerop in het dorp werd in 2003 een oude tegelfabriek fraai verbouwd tot moderne **Kunsthalle**, met theaterruimte en wisselende tentoonstellingen hedendaagse kunst (Ziegeleistrasse 14, 9050 Appenzell, tel. 071-788 18 60, www.kunsthalleziegelhuette.ch).

Info en evenementen

Toeristenbureau: Hauptgasse 4 (naast Museum Appenzell), 9050 Appenzell, tel. 071 788 96 41, www.appenzell.ch. Gasten die minimaal 3 nachten in Appenzell verblijven krijgen de **Appenzell Card** voor gratis openbaar vervoer, toegang tot de kabelbanen Ebenalp, Hoher Kasten en Kronberg, musea en zwembad.

Silvesterklausen: Op oudejaarsavond en op 13 jan. gaan in Urnäsch en omgeving mensen met afschrikwekkende maskers de straat op.

Landsgemeinde: Indrukwekkend en kleurrijk zijn de beroemde evenementen die jaarlijks in Appenzell plaatsvinden: de *Landsgemeinde* op de laatste zondag van april en de **processie** op Sacramentsdag.

Betruf: Gedurende de zomer op de bergweide wordt op verschillende Alpen in Appenzell de dag afgesloten met een gebed, de zogenaamde *Betruf*. De herder roept door een houten toeter met zingende toon een avondgebed.

Wildkirchli, Ebenalp

Overnachten en eten

Het kleine Appenzell kent maar liefst 16 cafés, *Konditoreien* en restaurants, en 17 hotels en B&B's.
Centraal trefpunt – **Hotel Appenzell:** Hauptgasse 37, 9050 Appenzell, tel. 071 788 15 15, www.hotel-appenzell.ch, 2pk vanaf CHF 210. Hotel sinds de 17e eeuw; 16 sfeervolle kamers. Gezellig trefpunt, met café en *Konditorei*, gelegen aan de beroemde Landsgemeindeplatz.
Typisch Appenzeller – **Hotel Bären:** Dorfstrasse 40, 9108 Gonten, tel. 071 795 40 10, www.baeren-gonten.ch, 2pk vanaf CHF 230. Hotel aan de *Grand Tour of Switzerland* in Gonten, 5 km buiten Appenzell, in een groot traditioneel huis. Moderne kamers, met sfeervol restaurant, taverne en wijnkelder.

Winkelen

Stinkkaas – **Appenzeller Schaukäserei:** Dorf 711, 9063 Stein AR, tel. 071 368 50 70, www.schaukaeserei.ch, dag. 9-17.30, 's zomers tot 18.30 uur. Hier kunt u toekijken bij de bereiding van de beroemde, sterk geurende Appenzeller, die al 700 jaar volgens een geheim kruidenrecept wordt bereid; in de uitvoeringen *classic*, *surchoix*, *extra*, of *räss* (¼ vet). Met winkel en restaurant.
Zadelmakerij – **Roger Dörig:** Poststrasse 6, 9050 Appenzell. Deze klassieke *Sennensattler* (zadelmaker) vervaardigt in zijn 125 jaar oude werkplaats de prachtige Appenzeller gordels (met zilver beslagen) en de brede riemen voor de grote Appenzeller koebellen.

Zürich en Noordoost-Zwitserland

Actief

Bergwandeling – **Wasserauen** – **Ebenalp** (800 m stijgen): Neem de *Appenzeller Bahn* (treintje) naar Wasserauen. U hebt er prachtige vergezichten op de Ebenalp, Hoher Kasten en Alp Sigel, drie populaire wandeldoelen. Wasserauen is het dalstation van de zweefbaan naar de Ebenalp (1640 m). Uitdagender is de voettocht erheen. Eerst wandelt u aangenaam over het autovrije weggetje naar de Seealpsee, waarachter het dal wordt afgesloten door de Säntis. Dan klimt u steil naar de Ebenalp, met als hoogtepunt het *Wildkirchli*, een kluizenaarswoning en kapel in een grot. In deze grot zijn bij opgravingen in 1904 skeletten van dieren en gebruiksvoorwerpen uit de ijstijd gevonden. Buiten de grot staat het Berggasthaus Äscher. Op waaghalzige wijze werd dit *Gasthaus* tegen een 100 m hoge rotswand geplakt. Vanaf de Ebenalp zweeft u comfortabel met de kabelbaan omlaag naar het dal (Berggasthaus Äscher, 9057 Weissbad, tel. 071 799 11 42, www.aescher-ai.ch).

Wandeling Wasserauen – Rotscafé Äscher – Ebenalp

Alpsteingebergte ▶ M 3

Säntis (2502 m)

Säntis-Schwebebahn, 9107 Schwägalp, tel. 071 365 65 65, www.saentisbahn.ch, hele jaar behalve 2e helft jan., mei-okt. dag. 07.30-18.30; rest van het jaar ma.-vr. 08.30-17, za., zo. 08-18 uur, retour CHF 45

Een kronkelend weggetje voert door het dal van de Urnäsch omhoog naar Schwägalp, het dalstation van de Säntisbahn. De tocht in de grote kabelbaan langs de steile noordwand is indrukwekkend. De 2502 m hoge top, de hoogste van het Alpsteinmassief, biedt een overweldigend rondzicht op de Bodensee, Oost-Zwitserland, Oostenrijk en de Bündner Alpen. De beste dagen om van het uitzicht te genieten zijn in de herfst en de winter als de föhn waait.

Al in 1846 werden bergbeklimmers op de Säntis ontvangen, aanvankelijk in een eenvoudige schuilhut. En in 1882 bouwden meteorologen hier een weerstation. Ooit was ook een spoorweg gepland naar de top van de Säntis. Het spoor kwam echter nooit verder dan het dorp Wasserauen en dus werd in 1935 de Säntis zweefbaan vanuit Schwägalp aangelegd. De vroegere berghut bestaat niet meer en op de top staat nu een groot panoramarestaurant.

Aan de voet van de Säntis staat een nieuw wellnesshotel. Van hieruit worden regelmatig *Sonderfahrten* georganiseerd, voor een volle maan-, zonsopgangs- of zonsondergangsbelevenis, al of niet met eten en muziek.

Actief

Bergwandelen – **Säntis**: Alle wandelroutes naar de top van de Säntis zijn lang, maar mooi. Geoefende wandelaars is de Liesengrat vanaf Wildhaus aan te raden, een met staalkabels ge-

Alpaufzug naar de Schwägalp

zekerde route. Een net zo uitzichtrijk pad loopt aan de noordoostkant vanaf Ebenalp en berghotel Schäfler naar de top. En zelfs aan de steile westkant van de berg klimmen bergpaden omhoog.

Evenementen

Rond 21 juni vindt de **Alpaufzug** plaats: vanuit Urnäsch klimmen herders en vee dan voor dag en dauw in een feestelijke en traditionele optocht naar de Schwägalp over de 20 km lange weg.

Overnachten en eten

Sympathiek berghotel – **Berggasthaus Bollenwees**, 9058 Brülisau, tel. 071 799 11 70, www.bollenwees.ch, 2pk CHF 172. Aan de oostkant van het Alpsteingebied ligt een van de mooiste bergmeren van Oost-Zwitserland, de Fählensee, alleen te voet bereikbaar. Het kortst wandelt u uit Brülisau in 1 ½ uur naar de Fählensee en het sympathieke berghotel Bollenwees, dat van mei tot eind oktober is geopend. Slaap er voordelig in het Matratzenlager (leuk met het hele gezin) of in een van de fraai gerenoveerde en van veel hout voorziene 2-persoons kamers.

Churfirsten ▶ L 4

Toggenburg Bergbahnen

Unterwasser, tel. 071 998 68 10, www. chaeserrugg.ch, eind mei-half okt., retour CHF 48

Veel reizigers kennen de Churfirsten, zeven kalktoppen, vanaf de snelweg langs de Walensee. Waarom niet een keer er helemaal bovenop staan en omlaagkijken op het meer? De gemakkelijke toegang ligt achterom, vanuit Unterwasser, met de Iltios kabelspoortrein en de kabelbaan naar de **Chäserrugg**, een van de Churfirsten.

IN EEN OOGOPSLAG

Centraal-Zwitserland

Hoogtepunten ✹

Jungfraujoch – Top of Europe: beleef de bergreuzen Eiger, Mönch, Jungfrau en de langste gletsjerstroom van de Alpen van dichtbij. Een adembenemende treinrit vanaf de Kleine Scheidegg dwars door de Eiger naar het hoogste treinstation van Europa op 3454 m. Zie blz. 160.

Pilatus: de 2119 m hoge Luzerner huisberg Pilatus is een van de meest fameuze plekken van Centraal-Zwitserland. Op een heldere dag biedt de berg een panorama met 73 Alpentoppen en kijkt uit over het grillig gevormde Vierwoudstedenmeer, een meer met fjordachtige proporties. Zie blz. 170.

Op ontdekkingsreis

Met de postkoets over de Gotthardpas: tegenwoordig de belangrijkste noord-zuidverbinding over de Zwitserse Alpen, vroeger een gevreesde hindernis met zijn wilde Schöllenenschlucht. Zie blz. 176.

Bezienswaardigheden

Kapellbrücke, Luzern: de overdekte houten brug over de Reuss is het herkenningsteken van Luzern. Zie blz. 165.

Thun: Prachtig historisch stadje aan de Thunersee, met uitzicht op de bergreuzen van de Berner Alpen. Zie blz. 150.

Kabel- en tandradbanen: Centraal-Zwitserland grossiert in kabelbanen en tandradtreinen. De mooiste is de cabrio-baan met zonnedek naar de Stanserhorn. Zie blz. 170.

Forum der Schweizer Geschichte, Schwyz: alles over de Zwitserse geschiedenis en de legendarische Wilhelm Tell. Zie blz. 173.

Actief

Skywalk, Sattel: boven het dorp Sattel hangt de langste voetgangershangbrug van Zwitserland. Zie blz. 173.

Lobhornhütte: vanaf deze berghut hebt u het mooiste zicht op de reuzen Eiger, Monch en Jungfrau. Zie blz. 157.

Sfeervol genieten

Berghaus Rothorn Kulm: het Berghaus op de top van de Brienzer Rothorn heeft onbeperkt uitzicht op de Berner bergreuzen. Eenvoudige kamers, vergelijkbaar met een berghut. Het uitzicht maakt het basic comfort meer dan goed. Zie blz. 162.

Mineralbad & Spa Rigi Kaltbad: het Kaltbad naast het gelijknamige hotel blijkt niet koud, maar een 35°C verwarmd zwembad. Dobber in het mineraalbad met uitzicht op de Alpen. Zie blz. 173.

Uitgaan

Zunfthaus zu Pfistern, Luzern: nog steeds wordt in dit historische bakkersgildehuis brood gebakken, maar het is nu vooral bekend als uitstekend restaurant. Probeer een plekje op het *Stadtbalkon* te bemachtigen, voor het mooiste uitzicht op de Reuss. Zie blz. 169.

Het hart van Zwitserland

Centraal-Zwitserland wordt gevormd door het Berner Oberland en de streek rond het Vierwoudstedenmeer. Prachtige stadjes als Luzern, Interlaken en Thun liggen aan de grote blauwgroene meren en fungeren als toegangspoorten tot de machtige Alpen, die vanuit de vlakte oprijzen als een muur met soms meer dan 4000 m hoge pieken. Bekroond door toppen als Eiger, Monch en Jungfrau. Kabel- en tandradbanen gaan naar prachtige uitzichtbergen en dringen diep door tot in het hooggebergte, dat bedekt is met sneeuwvelden en gletsjers. Watervallen storten omlaag langs steile rotswanden, diepe kloven reiken tot de gletsjertongen.

De streek rond het Vierwoudstedenmeer is het historische kerngebied van Zwitserland. Waar de drie oerkantons Uri, Schwyz en Unterwalden grenzen aan het meer, werd in 1291 het Eedgenootschap gesloten dat de grondslag vormde voor de Zwitserse staat. Overal wordt u in het land van de legendarische volksheld Wilhelm Tell herinnerd aan deze onafhankelijkheidsstrijd.

INFO

Kaart: ▶ E-J 4-6

Toeristenbureaus
Berner Oberland, Bahnhofstrasse, 3718 Kandersteg, tel. 033-821 28 70, www.berneroberland.ch
Region Zentralschweiz, Zentralstrasse 5, 6003 Luzern, tel. 041 227 17 17
www.centralswitzerland.ch
www.lake luzern.ch

Vervoer
Twee doorgaande spoorlijnen voeren door Central Zwitserland: de spoorlijn Bern-Kandersteg met de aansluitende (auto)treintunnel naar Goppenstein in Wallis. De spoorlijn Luzern-Gotthard voert door tunnels langs het Vierwoudstedenmeer. Er zijn aantrekkelijke combinaties mogelijk tussen trein en boten over het Vierwoudstedenmeer. De *Wilhelm-Tell-Express* uit Luzern brengt reizigers over het meer aan de voet van de Gotthardpas en verder per trein naar Ticino ten zuiden van de Alpen

Berner Oberland

Onze reis door het Berner Oberland begint langs de oevers van de Thunersee, voert langs Interlaken en de Brienzersee. Hierna reizen we van west naar oost door de rividerdalen, die diep doordringen in de Berner Alpen. Ten slotte volgen we vanaf Meiringen de Aare tot aan de Grimselpas op de grens met Wallis.

Thun ▶ F 6

De noordpunt van de Thunersee wordt ingenomen door het stadje Thun. Prachtig gelegen met uitzicht op de Eiger, Mönch en Jungfrau in de verte, op de voorgrond staan de toppen van de Niesen en de Stockhorn. Het stadje heeft een bezienswaardig middeleeuws centrum. Thun werd in 1175 ingenomen door de Zähringers, die de stad uitbreidden tot een handelsstad. Uit die vroege periode stamt nog het kasteel van de Zähringers, dat trots met vier rode hoektorens boven de stad uitsteekt (Schlossmuseum, april-okt. dag. 10-17 uur). De oude binnenstad is sfeervol met zijn 16e-eeuwse Rathaus, hoge winkelgalerijen van de Obere Hauptgasse en de Stadtkirche met zijn overdekte trap. De Aare stroomt vanuit de Thunersee via houten sluizen de oude stad binnen.

Kunstmuseum Thun

Thunerhof, Hofstettenstrasse 14, 3602 Thun, tel. 033 225 84 20, www.kunstmuseum-thun.ch, di.-zo. 10-17, wo. tot 19 uur, CHF 10

In het voormalige Grandhotel Thunerhof bevindt zich de kunstcollectie van de stad Thun. Een collectie moderne en hedendaagse kunst van bekende en minder bekende Zwitserse kunstenaars.

Wocher-panorama

Schadaupark, 3602 Thun, mrt.-nov. di.-zo. 10-17 uur

Onderdeel van het Kunstmuseum is het aparte Thun-Panorama bij Schloss Schadau in een park aan het meer. Een rond paviljoen bevat het door Marquard Wocher geschilderde panorama, een schilderij van 38 x 7,5 meter, dat Thun rond 1810 weergeeft. Het panorama werd in 2014 gerestaureerd en voorzien van een moderne uitbouw.

Info

Toeristenbureau: Seestrasse 2, Bahnhof, Thun, tel. 033 225 90 00, www.thun.ch. Hotelgasten van Thun en het gebied rond de Thunersee ontvangen de **PanoramaCard Thunersee** voor gratis bussen en 50% korting op regionale kabelbanen en bootexcursies.

Thunersee ▶ F 6

De 18 km lange Thunersee is eigenlijk een diepe uitholling in de bedding van de rivier de Aare, veroorzaakt door de vroegere Aaregletsjer. Het vormt de toe-

Schloss Thun en de Stockhorn

gangspoort tot het Berner Oberland. Vanuit Thun gaan er geregelde bootdiensten over het meer; onder andere naar enkele kastelen aan zijn oevers.

Schloss Oberhofen

3653 Oberhofen, tel. 033 243 12 35, www.schlossoberhofen.ch, museum mei-okt. 11-17 uur, ma. gesl., CHF 10, slotpark gratis toegang

Aan de noordoever van de Thunerseer ligt Oberhofen, bekend om zijn prachtig tussen oude bomen aan de oever gelegen waterslot, dat werd gebouwd in de 12e eeuw. Het herbergt sinds 1954 een historisch museum.

Schloss Spiez

Schlossstrasse 16, 3700 Spiez, tel. 033 654 15 06, www.schloss-spiez.ch, museum half april-half okt., ma. 14-17, di.-zo. 10-17, 's zomers tot 18 uur, CHF 10, slotpark hele jaar gratis toegang

Spiez ligt aan het water op een uitloper van de markante piramidevormige Niesen. Op de heuvels rond Spiez worden druiven verbouwd voor de bekende Spiezer. De trots van Spiez is het middeleeuwse slot, dat het Historisches Museum huisvest. In het slotpark worden 's zomers vaak openluchtvoorstellingen gegeven. U kunt vanaf het slot langs de jachthaven lopen over houten vlonders, langs visrestaurants waar gerookte Felchen (forellen) uit de Thunersee worden geserveerd.

St. Beatusgrot

Beatushöhlen, 3800 Sundlauenen, tel. 033 841 16 43, www.beatushoehlen.ch, half mrt.-nov. dag. 8.45-17 uur, elk half uur een rondleiding, CHF 18

Bij Sundlauenen langs de Thunersee liggen deze druipsteengrotten waarin de Ierse monnik Beatus tijdens de 8e eeuw geleefd zou hebben. De grotten zijn goed ontsloten en verlicht, waardoor u een kilometer diep in het gebergte kunt doordringen. Er zijn prachtige zalen vol druipsteenformaties en watervallen. De Beatushöhlen zijn bereikbaar met de lijnboot vanuit de meeste plaatsen langs het meer.

Piramide Niesen

Niesenbahn: vanaf Mülenen kabeltrein in 2 etappes naar de Niesen, tel. 033 676 77 11, www.niesen.ch, half april-half nov, retour CHF 57, avondticket na 15:30 uur CHF 28,50, door de week ochtendticket 8:00-8:30 uur plus ontbijtbuffet CHF 49

De Niesen is een uitzichtberg ten zuiden van de Tunersee, tussen het Simmental en het Kandertal. De bijna perfecte piramidevorm van deze berg heeft kunstenaars telkens weer geïnspireerd, zoals Ferdinand Hodler (1909), Paul Klee (1915) en Cuno Amiet (1926). Vooral Hodler schilderde de berg tientallen keren. De 2362 m hoge top van de piramide bereikt men te voet over een van de vele wandelroutes of moeiteloos in dertig minuten met het kabelspoor vanaf Mülenen.

Eenmaal per jaar (begin juli) is er de *Niesenlauf*, een wedstrijd over de langste trap van de wereld (11.674 treden) naast het spoor (betreden van de trap is de rest van het jaar niet toegestaan).

Het uitzicht op de Berner Alpen en de Thunersee is super. Het berghotel Niesen Kulm stond hier al in 1856, 50 jaar voor de bouw van de kabeltrein. Het gemoderniseerde hotel is in 2002 uitgebreid met een glazen panoramarestaurant en zonneterras met uitzicht op de Alpen. Bij mooi weer is de zonsondergang en -opkomst weggelegd voor gasten van het berghotel.

Stockhorn – 2190 m

Vanuit Erlenbach voert een zweefbaan naar die andere bekende uitzichtberg boven de Thunersee: de Stockhorn, ook met restaurant en Berghaus. Bij de top

---

Het mooiste uitzichtpunt?

Een hele rij uitzichtbergen – waarvan veel per kabelbaan of tandradbaan bereikbaar – biedt spectaculair zicht op de vierduizenders van de Berner Alpen. Welk uitzicht het mooist is, is moeilijk te zeggen. Bergen als **Stockhorn**, **Niessen** en **Brienzer Rothorn** hebben een fraai panoramazicht, maar liggen iets verder van de Alpenketen af. De **Schilthorn, Kleine Scheidegg** of **Schynige Platte** liggen dichter bij de Eiger, Mönch en Jungfrau en geven spectaculair zicht op gletsjers en rotswanden, maar missen het overzicht.

Persoonlijke favoriet is de **Lobhornhütte** boven Lauterbrunnen: onbekend en heerlijk rustig direct tegenover de 'grote drie'. Je moet wel een paar uur wandelen om er te komen.

Berner Oberland

Hangbrug Sigriswill

zijn twee panoramavensters in de bergwand, de Stockhornaugen. Van hieruit is er prachtig uitzicht op de Thunersee en een rij majestueuze toppen, van Jungfrau tot Mont-Blanc.

Overnachten en eten

Aan het meer – **Bellevue au Lac**: Staatsstrasse 1, 3652 Hilterfingen, tel. 033 244 51 51, www.bellevue-au-lac.ch, 2pk vanaf CHF 142. In Hilterfingen, vlak bij Thun, ligt sinds 1918 dit statige hotel direct aan het meer, met tuin en terras aan het water.

Zonsopkomst meemaken – **Berghaus Niesen Kulm**: tel. 033 676 77 11, www.niesen.ch. Berghotel met 8 gezellige, Scandinavisch aandoende kamers; kies voor het complete zonsopkomstarrangement, inclusief kabelbaan, diner en ontbijtbuffet (vanaf CHF 179 p.p.).

Bij de jachthaven – **Seegarten Marina**: Schachenstrasse 3, 3700 Spiez, tel. 033 655 67 67, www.seegarten-marina.ch. Populair restaurant. Aan u de keus: vis of vlees op het terras aan het water, of een pizza in het restaurant binnen.

Actief

Panoramawandelpad – **Rondje Thunersee: Rond het hele meer** wordt gewerkt aan een 56 km lange wandelroute op een hoogte van 200 a 300 m boven het meer, waarbij een vijftal diepe kloofdalen door spectaculaire hangbruggen zal worden overbrugd. Twee van de hangbruggen zijn al klaar, bij Sigriswill (noordkant, CHF 8) en bij Leissigen (zuidkant, gratis). De bruggen zijn het hele jaar toegankelijk.

Het project is te volgen op de website www.brueckenweg.ch/rundweg.

Kandersteg ▶ F 7

Langs de voet van de Niesen rijdt u bij Spiez het dal van de rivier de Kander binnen – hier **Frutigtal** genaamd. De Kander stroomt door een langgerekt, typisch U-vormig gletsjerdal. Aan het eind ligt Kandersteg, een dorp met klimscholen en veel mogelijkheden voor bergsport en wandelen.

Vanuit Kandersteg kunt u met de autotrein *Bern-Lötschberg-Simplon* door de

14,6 km lange Lötschbergtunnel naar Goppenstein in Wallis (elk half uur). Onder deze bergspoorlijn ligt sinds 2007 de 34,6 km lange Lötschbergbasistunnel van Frutigen naar Raron in het Rhonedal. De intercitytreinen Bern-Brig nemen deze veel snellere route, die de reistijd tussen Nood- en Zuid-Zwitserland met een uur verkort.

Info

Toeristenbureau: Hauptstrasse, 3718 Kandersteg, tel. 033 675 80 80, www.kandersteg.ch.

Actief

Wandelen – **Kandertal:** Wandelaars kunnen het pad langs de Kander volgen door de Gasterntrog, een kloof met meer dan 1000 m hoge wanden, tot aan de Kanderfirn, de gletsjer waaruit de Kander ontspringt. De bus uit Kandersteg rijdt tot diep in het dal bij Selden, waar enkele hotels staan.

Bergwandelen – **Blümlisalp:** Langs de Oeschinensee op 1582 m, een bergmeer waarin gletsjers zich spiegelen (bereikbaar met de stoeltjeslift uit Kandersteg). kunt u omhoog klimmen naar de Blümlisalphütte, een berghut op 2840 m hoogte (SAC-Blümlisalphütte, tel. 033 676 14 37, overnachting met halfpension vanaf CHF 64).

Interlaken ▶ G 6

Een klassiek vakantieoord met een onbetaalbaar uitzicht op de Jungfrau. Het augustijnenklooster Inter Lacus, dat rond het jaar 1000 werd gesticht, vormde de fundamenten voor Interlaken. Het is nu een mondaine toeristenplaats. Naast alle Europeanen verblijven hier vooral Japanners, Chinezen, Indiërs, Thai, Russen en Arabieren. Interlaken is een van de oudste toeristenplaatsen, waar beroemdheden als Goethe, Wagner en Mark Twain kennismaakten met Zwitserland. Het ligt uniek tussen twee meren en met een fraai inkijkje in de Berner Alpen, waar de reuzen Mönch en Jungfrau uitsteken boven de Lütschine. De Höheweg is de grote promenade die Interlaken zijn bijzondere sfeer geeft: statige oude hotels tegen een decor van alpentoppen. Suikertaarthotel Victoria-Jungfrau behoort tot de beste van Zwitserland. De Höhematte, een groot open veld aan deze promenade, herinnert aan het verleden: hier verzamelden de legertroepen zich en vonden rechtszittingen plaats, nu dalen hier de parapenters. In Interlaken-Unterseen heerst geen stadsgewoel, maar een dorpse sfeer. U kunt er heerlijk zitten op de terrasjes aan de Untere Gasse en Obere Gasse.

Interlaken Bahnhof Ost is voor velen het uitgangspunt voor een rit met de smalspoortrein naar het Jungfraujoch.

Tourismusmuseum

Obere Gasse 28, 3800 Unterseen/Interlaken, tel. 079 476 96 26, www.tourismuseum.ch, mei-15 okt. do.-zo. 14-17 uur, CHF 5

Unterseen aan de westkant van de Aare is het oudste deel van Interlaken. In de middeleeuwen was dit het knooppunt van het drukke handelsverkeer over de landbrug tussen de twee meren. Nu vindt u er een klein museum over de geschiedenis van het (berg)toerisme.

Mystery Park

Afrit Interlaken-Süd, mei t/m okt. dag. 11-18 uur, CHF 14

De bol die boven Zuid-Interlaken uitsteekt, hoort bij het door sciencefictionauteur Erich von Däniken gestichte Mystery Park dat in 6 themapaviljoens de grootste mysteriën ter wereld belicht. Verwacht geen antwoorden, het blijven ten slotte mysteriën.

Schynige Platte
Juni t/m okt., vanaf CHF 32

Vanuit Wilderswil, een kleine plaats buiten Interlaken in het dal van de Lütschine, klimt een nostalgische tandradbaan in een uurtje omhoog naar de Schynige Platte op 1967 m, met een prachtig uitzicht over de Thunersee, de Brienzersee en de Alpen van Wetterhorn via Eiger-Mönch-Jungfrau tot Breithorn. Op de Schynige Platte is een berghotel en een alpentuin met meer dan 500 plantensoorten (gratis). Dit grote, hellende plateau is een geliefd wandelgebied, onder meer naar de verder oostelijk gelegen Faulhorn (2681m).

Info en evenementen

Toeristenbureau: Höheweg 37, 3800 Interlaken, tel. 033 826 53 00, www.interlaken.ch.

Straatartiestenfestival: juli; 3-daags *Gauklerfest* met stand-up comedians, acrobaten, jongleurs en muzikanten; www.gauklerfest-interlaken.ch.

Overnachten en eten

Suikertaarthotel – **Victoria-Jungfrau Grand Hotel:** Höheweg 41, 3800 Interlaken, tel. 033 828 28 28, www.victoria-jungfrau.ch, 225 kamers en suites, 2pk vanaf CHF 400. Dit tophotel ontstond in 1899 uit de samenvoeging van de hotels Victoria en Jungfrau. De prijzen zijn even onbetaalbaar als het uitzicht. Beter doorrijden naar Grindelwald of Lauterbrunnen!

Alpenklassiekers – **Restaurant Stadthaus:** Untere Gasse 2, 3800 Unterseen/Interlaken, tel. 033 822 86 89, www.restaurantstadthaus.ch. Modern restaurant in een pand uit 1818, met wereldkeuken en alpenklassiekers, voordelig lunchmenu, Zwitserse wijnen en lokale bieren van de tap.

Zwitsers jodelfestival op de Höhematte in Interlaken

Centraal-Zwitserland

Jungfrauregion

Vanuit Interlaken voert het dal van de Lütschine, een klassiek voorbeeld van een gletsjerdal met hoog oprijzende zijwanden, naar de *Jungfrauregion*, een spectaculair berggebied, genoemd naar een van de indrukwekkendste vierduizenders van het Berner Oberland: de 4156 m hoge Jungfrau. Bij Zweilütschinen splitst het hoofddal (net als de weg en de spoorlijn) zich in het dal van de Schwarze Lütschine naar Grindelwald en de Weisse Lütschine door het Lauterbrunnental.

Lauterbrunnental ▶ G 7

Het *dal van de watervallen* ligt tussen imposante, door gletsjers uitgeschuurde rotswanden. Dit typische U-vormige gletsjerdal telt maar liefst 72 watervallen die zich vanuit hangende zijdalen in het hoofddal storten. Aan het uiteinde ziet u de Mittaghorn (3895 m), Grosshorn (3765 m) en Breithorn (3779 m). Het dorp Lauterbrunnen ligt aan de ingang van het dal. Dichtbij, waar een beek zich over de rand in het diepe dal stort, is de **Staubbachfall**, de prachtige waterval die Goethe en velen na hem in vervoering bracht.

Trümmelbachfälle

3824 Stechelberg/Lauterbrunnen, www.truemmelbachfaelle.ch, april-nov. dag. 9-17, in juli en aug. 8.30-18 uur, CHF 11; restaurant en kiosk

Diep in het dal liggen de indrukwekkende en met een tunnel-lift toegankelijke Trümmelbachfälle, onderaardse watervallen, waar onder oorverdovend geraas alle smeltwater (20.000 liter per seconde) van de gletsjers van Eiger, Mönch en Jungfrau zich een weg omlaag zoekt door gaten en spelonken in de rotsen.

Info

Lauterbrunnen Tourismus: Stutzli 460, 3822 Lauterbrunnen, tel. 033 856 85 68, www.mylauterbrunnen.com.

Overnachten

Back to the fifties – **Pension Gimmelwald**: 3826 Gimmelwald/Lauterbrunnen, tel. 033 855 17 30, www.hotel-pensiongimmelwald.ch, 2pk vanaf CHF 110. Chalet-stijl, krakende vloeren, antieke ledikanten en heel veel sfeer. Pension Gimmelwald is het prototype Zwitsers pension met het mooiste uitzicht ter wereld op de *grote drie*: Eiger, Mönch en Jungfrau! Badkamers op de gang, eenvoudig ontbijt maar met mooi terras en tuin.

Stechelberg ▶ G 7

Aan het eind van het dal ligt het kleine Stechelberg, waar mooie campings zicht bieden op de drieduizend meter boven het dal oprijzende Mittaghorn, Grosshorn en Breithorn. Het brongebied van de Weisse Lütschine ligt in het natuurreservaat **Hinteres Lauterbrunnental**, een van de mooiste bergdecors van het Berner Oberland. Het reservaat ligt tussen 1260 en 3900 m, wordt aan alle kanten omringd door bergen en gletsjers en bezit een rijke alpiene flora en fauna (sneeuwhoen, rotskruiper, steenarend, gems, alpenmarmot).

Mürren ▶ G 7

Met de trein kunt u uit het U-vormige Laterbrunnental met zijn loodrechte wanden naar dorpen op de plateaus hoog boven het dal: Mürren en Wengen. Dorpen die alleen bereikbaar zijn

Favoriet

Lobhornhütte

Hoog boven Lauterbrunnen ligt op 1955 m hoogte de slechts bij insiders bekende Lobhornhütte. Vanaf hier hebt u misschien wel het mooiste uitzicht op het beroemde drietal Eiger, Mönch en Jungfrau. De hut bereikt u via de kabelbaan Isenfluh-Suhlwald en daarna nog een voetmars van 1 ½ uur. En voor de echte huttenromantiek blijft u er natuurlijk overnachten.

Op de foto rijst links hoog boven het Lauterbrunnental de Silberhorn – een voortop van de Jungfrau – op uit de wolken, rechts ziet u de Staubbachfall.

Informatie en reserveren Lobhornhütte: tel. 079 656 53 20, www.lobhornhuette.ch

per kabelbaan of trein. Mürren (1645 m) ligt samen met het kleine Gimmelwald (1414 m) op de westelijke dalwand op een beschutte en zonnige vooruitgeschoven post met fraai zicht op de Jungfrau en de Breithorn.

Schilthorn – 007 James Bond

De Schilthorn (2970 m) torent overal bovenuit. Sinds 1967 gaat vanaf Stechelberg in het Lauterbrunnental een grote cabinebaan in vier etappes naar de top. De berg werd wereldberoemd door de Bondfilm *In her majesty's secret service*. Hier is James Bond nog steeds aanwezig: met de tentoonstelling *Bond World 007* in het roterende panoramarestaurant Piz Gloria en de *007 Walk of Fame*. Het uitzicht is een filmset waard en reikt van Mont Blanc tot Vogezen.

rust te komen of als tussenstation op een meerdaagse wandeling.

Info

Mürren Tourismus: 3825 Mürren: tel. 033 856 86 86, www.mymuerren.ch.

Overnachten

Oude chic – **Hotel Bellevue:** 3825 Mürren, tel. 033 855 14 01, www.bellevuemuerren.ch, 2pk vanaf CHF 190. U waant zich hier terug in de vorige eeuw, toen mensen kwamen voor de frisse, gezonde berglucht. Mooie met veel hout ingerichte, lichte kamers, prachtig uitzicht op de Eiger en midden in het dorp.
Halverwege de berg – **Pension Suppenalp:** Blumenthal, 3825 Mürren, tel. 033 855 17 26, www.suppenalp.ch, halfpension vanaf CHF 75 per persoon. Eenvoudig pension met slaapzaal maar wel bijzonder populair en goede keuken (en wijnkaart). Terras met prachtig uitzicht, op loopafstand tot het dorp óf leen een van de sleetjes om het dal mee in te racen. Heerlijke plek om even tot

Wengen ▶ G 6

Wengen (1275 m) is autovrij en vanuit Lauterbrunnen in een kwartier met de trein te bereiken. Er zijn hotels in alle categorieën en talrijke wandelmogelijkheden, bijvoorbeeld naar de Wengernalp (1874 m) en de Kleine Scheidegg (2061 m). De spoorlijn naar de Kleine Scheidegg dateert al van 1893. Wandel de fraaie route langs de spoorbaan omhoog en neem de trein terug. Tussen Wengen en Männlichen (2239 m) pendelt een cabinebaan. Hier hebt u weer een fantastisch uitzicht op het fameuze drietal Eiger-Mönch-Jungfrau. Vanaf Männlichen kunt u aan de andere kant met een gondelbaan omlaag naar Grindelwald.

Info

Wengen Tourismus: Dorfstrasse 3823 Wengen, tel. 033 856 85 85, www.wengen.ch.

Jungfrauregion

360 graden panorama vanaf de Schilthorn

Grindelwald ▶ G 6

Het eind van het dal van de Schwarze Lütschine, dat ook Grindelwaldnertal heet, wordt gedomineerd door de Wetterhorn (3701m) en de Schreckhorn (4078 m). Het centrum van dit gebied is Grindelwald. Het ligt op een beschutte zonnige helling en is een van de aantrekkelijkste plaatsen voor verblijf. De Eiger en Wetterhorn zijn onder handbereik en de tongen van zowel de Obere als de Untere Grindelwaldgletscher reiken vrijwel tot aan het dorp. De gletsjertongen vormden tot het midden van de 19e eeuw nog een bedreiging voor het dorp doordat ze steeds dieper het dal binnenkwamen, maar tot de opluchting van de bewoners trokken ze zich nadien weer terug.

Kabelbanen, treinen en bussen maken het wandelen rond Grindelwald gemakkelijk. In een oogwenk bent u met de bergbaan in First, Pfingstegg, Bort, Schreckfeld of op de Männlichen. Ook kunt u met het smalspoor naar de Kleine Scheidegg of met de bus naar de Grosse Scheidegg. Het uitgestrekte wandelgebied rondom Grindelwald is ook ruimschoots voorzien van restaurants en berghotels. Bij de Untere Grindelwaldgletscher is de befaamde Gletscherschlucht, waar je op een plankenpad doorheen kan lopen (regenkleding!). Bij de Obere Gletscher is een ijsgrot te bezichtigen. Wandelend vanuit het dorp zijn beide gletsjers te bereiken, die door een pad met elkaar zijn verbonden. Een van de mooiste wandelpaden voert van Bussalp via First naar de Grosse Scheidegg (1962 m), waarachter zich het mooie Rosenlauital bevindt.

Info en evenementen

Grindelwald Tourismus: Dorfstrasse 110, 3818 Grindelwald, tel. 033 854 12 12, www.grindelwald.ch.
Snow Festival: Een 6 daags ijssculpturenfestival verandert Grindelwald 's winters in een openluchtmuseum vol ijsstandbeelden.

Overnachten

In Grindelwald hebt u de keus uit 44 hotels, 3 campings, 2300 appartementen en 15 berghutten.
Nostalgie – **Hotel Bellevue des Alpes:** 3801 Kleine Scheidegg, tel. 033 855 12 12,

www.scheidegg-hotels.ch, 2pk met halfpension vanaf CHF 380. Dit hotel uit de tijd van de *Belle Époque* was het uitgangspunt van menig Eigernoordwandbeklimmer in de jaren rond 1930. In het hotel is de nostalgische sfeer van toen goed bewaard gebleven.

Designhut – **Berghaus Bort**: 3818 Grindelwald, tel. 033 853 17 62, www.berghaus-bort.ch, 2pk vanaf CHF 132. Direct aan de lift gelegen Berghaus met prachtig vormgegeven modern interieur, goede keuken en comfortabele kamers. Dit is niet zomaar een hut, maar hier zit je poepchic boven op de berg. Direct naast de lift, met grote speeltuin voor de kinderen.

Actief

Sneeuwfietsen – **Velogemel**: Huur in Grindelwald in de winter een *Velogemel*, een met de hand gemaakte soort houten sneeuwfiets, waarmee men zich al sinds 1911 over de sneeuw verplaatst. In februari vindt het jaarlijkse wereldkampioenschap Velogemel plaats. Verhuur bij het station en enkele sportzaken (CHF 15 per dag, www.velogemel.ch).

Jungfraujoch – Top of Europe ☀ ▶ G 7

Retour Grindelwald-Jungfraujoch CHF 184, 'good morning ticket' CHF 145. Mönchjochshütte SAC, tel. 033 971 34 72, www.moenchsjoch.ch Het UNESCO-Werelderfgoed *Zwitserse Alpen Jungfrau-Aletsch* omvat met een oppervlak van 824² vrijwel de hele Berner Alpen; 90% van het oppervlak is bedekt met rots en ijs. Het Jungfrau-Aletschgebied, met de bergreuzen Eiger, Mönch, Jungfrau en de langste gletsjerstroom van de Alpen, is ook voor niet-alpinisten van dichtbij te bekijken vanaf het Junfraujoch. De Jungfrautrein, aangelegd 1896-1912, rijdt vanuit Interlaken, Grindelwald of Lauterbrunnen dwars door de Eiger naar het hoogste treinstation van Europa op 3454 m. De 9,5 km lange reis van de Kleine Scheidegg langs het Eismeer is adembenemend. Vanaf het eindpunt brengt een snelle lift u naar de Sphinx op 3571 m hoogte. Wandelaars kunnen in 1 uur over een geprepareerde en gemarkeerde wandelroute over de gletsjer naar de Mönchsjochhütte (3657 m), een van de hoogste bemande berghutten van de Alpen (de route is bij mooi weer geopend en zonder touw te begaan, mits u altijd op de route blijft!). In het Junfraujochstation zijn restaurants en attracties als een ijspaleis.

Brienzersee ▶ G 6

De Aare stroomt door de 14 km lange Brienzersee. Aan de noordzijde is de oever goed toegankelijk, liggen enkele kleine plaatsen en het stadje Brienz. De zuidoever is rotsachtig en ontoegankelijk. De weg van Interlaken naar Meiringen boort zich hier en daar door de kalkwanden heen met lange tunnels. Witte salonboten onderhouden veerdiensten op het meer.

Openluchtmuseum Ballenberg

Museumsstrasse 131, 3858 Hofstetten / Brienz, tel. 033 952 10 30, www.ballenberg.ch, half apr.-okt. dag. 10-17 uur, CHF 24, kinderen CHF 12
Dicht bij de monding van de Aare in de Brienzersee ligt het vriendelijke dorp Brienz. De bewoners van dit plaatsje zijn goed in houtsnijwerk. Er zijn opleidingen voor dit vak, net als voor het bouwen van snaarinstrumenten. Onder andere in het boeiende Freilichtmuseum Ballenberg kunt u het houtsnij-

Stoomtrein naar de Brienzer Rothorn

den van nabij zien. In het 50 ha grote openluchtmuseum staan tientallen traditionele huizen en boerderijen, vaak overgeplaatst uit de omgeving. Tal van ambachten worden gedemonstreerd: weven, houtsnijden, kaas maken, brood bakken en...alphoornblazen.

Boottocht Brienzersee

Dienstregeling: www.bls.ch
De zuidelijke oever van de Brienzersee is zowel over de weg als over het water te bereiken. De lijnboot tussen Interlaken-Ost en Brienz doet onder andere de plaatsjes Giessbach, Iseltwald en Bönigen aan. Kijk op de dienstregeling wanneer de beroemde Lötschberg vaart, een stoomraderboot uit 1914, geheel in originele staat teruggebracht.

Giessbachfälle

Vanaf het bootstation aan het meer kunt u met een kabeltreintje omhoog naar de machtige Giessbachfälle, een serie watervallen die sprongsgewijs 400 m naar beneden tuimelen in de Brienzersee. U kunt een wandeling maken naar de watervallen en op de terugweg iets eten of drinken op het panoramaterras van het statige Grand Hotel Giessbach, en dan met de boot terug.

Overnachten

Sprookjesachtig – **Grandhotel Giessbach:** 3855 Brienz, tel. 033 952 25 25, www.giessbach.ch, 2pk vanaf CHF 215. Statig hotel uit de Romantiek op een terras boven de Brienzersee, bereikbaar per schip en tandradbaantje, of te voet in 15 min.; won in 2015 in de categorie *historic hotels of Europe*.

Brienzer Rothorn 2350 m

Stoomtrein Rothornbahn, dag. van juni t/m okt. ca. ieder uur, CHF 56, www.brienz-rothorn-bahn.ch
Brienz ligt aan de voet van de Brienzer Rothorn (2350m). Naar de top kan je op drie manieren: te voet de 2000 hoogtemeters klimmen; gemakkelijker aan de zuidkant met het oude stoomtreintje (sinds 1892) sissend wegrijden in Brienz en over het tandradspoor in een uurtje naar Rothorn Kulm boemelen; of vanuit het noorden met de kabelbaan. Tussen de top en de tussenstations zijn wandelmogelijkheden over prachtige alpenweiden met steenbokken en alpenmarmotten. Het panorama vanaf de top is indrukwekkend: over het fjordachtige Brienzersee heen kijkt u op de Berner en de Urner Alpen. Vroege

vogels hebben hier voordeel: de eerste rit om 8.30 uur gaat voor half geld. Super is een overnachting in Berghaus Rothorn Kulm om de zonsondergang op de Alpen mee te maken.

Overnachten

Top overnachting – **Berghaus Rothorn Kulm:** overnachting CFH 40-80 per persoon, tel. 033 951 12 21, www.brienz-rothorn-bahn.ch. Het Berghaus staat sinds 1899 een klein stukje onder de top van de Rothorn en heeft onbeperkt uitzicht op de Berner bergreuzen. De kamers zijn eenvoudig, vergelijkbaar met een berghut; het uitzicht (en de steenbokken) maakt het basic comfort meer dan goed.

Meiringen ▶ H 6

Stroomopwaarts van de Brienzersee begint het Haslital. Het stadje Meiringen opent de wegen naar de Susten-, Grimsel- en Brünigpas. Eeuwen was het een verzamelpunt voor de zware passentochten, waaraan nogal wat paardenkracht werd gespendeerd: in Meiringen was plaats om 300 paarden te stallen.

Sherlock Holmes Museum

Bahnhofstrasse, 3860 Meiringen, tel. 033 972 60 08, www.sherlockholmes.ch, 's zomers 13.30-18, 's winters 16.30-18 uur, CHF 4

In de Engelse kerk van Meiringen werd ter nagedachtenis aan zijn 100e sterfdag in 1991 een klein Sherlock Holmes Museum geopend. U ziet er voorwerpen uit de Victoriaanse tijd, o.a. de gereconstrueerde woonkamer van Sherlock Holmes. aan de Baker Street 221B in London. Schrijver Sir Arthur Conan Doyle (1859-1930) liet zijn held eindigen in de Reichenbachfall ten zuiden van Meiringen.

Aareschlucht

www.aareschlucht.ch, tel. 33 971 40 48, april-okt. dag., juli/aug. do.-, vr.- en zaterdagavond is de westingang feeëriek verlicht, combikaart entree + trein terug CHF 8,50

Tussen Meiringen en Innertkirchen blokkeert een reusachtige rotsklomp het Haslidal, waar de Aare doorheen stroomt. Tijdens de laatste ijstijd heeft het water onder het dikke gletsjerijs een machtige kloof in deze rotswand uitgesleten, op de smalste doorgang maar nauwelijks een meter breed. De kloof, 1400 m lang en 200 m hoog, is gemakkelijk te voet te verkennen via houten plankiers (ca. 40 min.).

Info

Toeristenbureau

Bahnhofplatz 12, 3860 Meiringen, tel. 033 972 50 50, www.haslital.ch

Eten & drinken

Bakermat van de meringue – **Tea Room Frutiger:** Bahnhofstrasse 18, 3860 Meiringen, tel. 033 971 18 21. Meiringen is de bakermat van de *meringue*. De Italiaanse banketbakker Gasparini heeft dit schuimgebak hier in 1600 geïntroduceerd. Als eerbetoon aan Meiringen noemde hij het *meringue*.

Sustenpas ▶ J 6

Bij Innerkirchen takt de weg af naar de Sustenpas, een van de vier Alpenpassen rond het massief van de Urner Alpen.

Vlak voor de Sustenpas ligt de Steinsee aan het voet van de Steingletsjer. Beide kunt u van dichtbij bekijken na een korte wandeling vanaf Hotel Steingletscher. De Sustenpas, waar een tunnel de eigenlijke bergkam doorboort, bevindt zich op 2224 m hoogte. Hier is een Berghaus en een restaurant. Aan de andere kant begint de afdaling naar het kanton Uri en het dorp Wassen met zijn fraaie witte barokke kerkje.

Triftbrug

Halverwege de pas voert vanaf Gadmen een bergpad naar de Windegghütte en verder naar de Trifthütte, een berghut op 2500 m hoogte. Langs het huttenpad heeft men de Triftbrug aangelegd, een spectaculaire 170 m lange voetgangersbrug. De brug zweeft op 100 meter hoogte boven het dal bij de Triftgletsjer. Alleen al de tocht erheen is een avontuur (het eerste stuk kunt u ook met de gondelbaan afleggen).

Wandeling Triftbrug

Overnachten

Tip van insiders – **Hotel Edelweiss**: 6485 Meien/Wassen, tel. 041 885 13 52. In het gehucht Ferningen, aan de oostkant van de Sustenpas staat een sympathiek hotelletje, ingericht in jaren 20 stijl. Ontsnapt aan het massatoerisme: geen wifi, geen website.

Haslital ▶ H 6

Gelmerbahn

juni-okt., retour CHF 32, www.grimselwelt.ch

De weg door het Haslital naar de Grimselpas begint voorbij Guttanen sterk te stijgen. Boven Handegg rijzen de gladde granietwanden steil omhoog. Een mekka voor sportklimmers, die hier 's zomers hun *wrijvingsroutes* klimmen over de gladde rotsplaten. Bijna net zo steil voert de spannende Gelmerbahn omhoog langs de rand van dit rotsmassief naast de Handeggfall. Een stijging tot 106 procent maakt deze enkele-wagon kabelspoortrein onbetwist de steilste van Europa. Het baantje is ooit aangelegd als transportbaan voor de bouw van de Gelmerstuwdam en is sinds enkele jaren opengesteld voor toeristen. Vanaf het bergstation kan je een mooie wandeling maken naar de Gelmersee of verder naar de Gelmerhütte van de Zwitserse Alpenclub.

Grimselpas (2165 m) ▶ H 7

Op 1767 meter passeert u de troebele, grijsgroene Räterichsbodensee. Even verder het turquoise Grimselstuwmeer (1909 m) en kort daarna de Totesee op de pashoogte. Op de Grimselpas staat een moderne kapel en zijn enkele restaurants. Het smeltwater van de Unteraar- en Oberaargletschers wordt opgevangen in twee grote stuwmeren en voor een groot deel via leidingen afgevoerd om elektriciteit op te wekken. Het landschap is ruw, maar heeft charme vanwege de kleurige gesteenten en het omringende bergen. De pas vormt de grens met Wallis, maar ook de waterscheiding tussen de Noordzee (Aare, Rijn) en de Middellandse Zee (Rhône). U kunt de Rhônegletsjer en de Furkapasweg al prachtig zien liggen.

Overnachten

Historisch berghotel – **Grimsel Hospiz**: 3864 Guttanen, tel. 033 982 46 11, www.grimselwelt.ch, 2pk CHF 230. Al in 1142 was hier een herberg. Het huidige hotel aan de stuwdam is gerenoveerd en draait op reststroom van de Grimselcentrale. Luxe kamers en een restaurant met beroemde wijnkelder.

Luxe gezinshotel – **Hotel Handeck**: Grimselstrasse 19, 3864 Guttanen, tel. 033 982 36 11, www.grimselwelt.ch, 2pk vanaf CHF 230. Familiehotel aan de voet van de klimwanden van Handegg; buiten het vakantieseizoen zijn kinderen tot 15 jaar gratis.

Vierwoudstedenmeer

De grillig gevormde *Vierwaldstättersee* met zijn vele zijtakken ligt in het hart van Zwitserland. Over het water rijzen machtige bergen op, die het meer hier en daar fjordachtige proporties geven. Boten varen in allerlei richtingen uit over het water, dat nu eens spiegelglad is, maar ook wel eens hevig wordt opgezweept door de föhn.

Onze reis begint bij de stad Luzern en zijn huisberg Pilatus. Dan volgt de zuidelijke arm van het Vierwoudstedenmeer en het lange bergdal naar Engelberg met de Titlis. Na een rondje om de noordkant van het Vierwoudstedenmeer langs de Rigi en de historische plaatsjes aan de Urner See volgen we de Reuss stroomopwaarts de Alpen in. Vanuit Andermatt voeren vier Alpenpassen tenslotte naar alle windstreken: de Gotthard-, Susten-, Furka- en de Oberalppas.

Kapelbrug, Luzern

Luzern ▶ H 4

Het bedrijvige Luzern, een oeverstad met lange houten bruggen over de Reuss ligt aan het einde van het Vierwoudstedenmeer, omringd door indrukwekkende toppen van de Pilatus, Bürgenstock en Rigi. Het is een levendige stad met een bloeiend cultureel leven, een mooie oude binnenstad met zijn kapelbrug en watertoren en veel interessante musea. Luzern was al in de 13e eeuw een belangrijke stad op de in 1200 geopende handelsroute over de Gothardpas. Nog steeds is Luzern een druk verkeersknooppunt en al sinds de 19e eeuw een belangrijke toeristische bestemming. Luzern bestaat uit een Neustadt en een Altstadt, gescheiden door de rivier de Reuss. Vanaf het station zijn alle bezienswaardigheden gemakkelijk te voet te bereiken. Aan de baai voor het station en het KKL-cultuurcentrum vertrekken de lijndiensten en excursieboten over het Vierwoudstedenmeer. U kunt ook heel goed een bezoek aan Luzern brengen als u logeert in een van de dorpen langs het meer (bv. Weggis, Vitznau, Beckenried, Küssnacht, Stansstad); er gaan frequente bootdiensten over het meer en de hotels in de omgeving zijn voordeliger dan in Luzern.

Kultur- und Kongresszentrum Luzern (KKL) [1]

Tot de architectonische hoogtepunten hoort sinds 2010 het futuristische Kultur- und Kongresszentrum van de Franse sterarchitect Jean Nouvel. Het reusachtige groene, overstekende dak, naast het minder opvallende Calatravastation, is de nieuwe blikvanger van de stad. Het KKL is ook symbool van de Festivalstad Luzern met door het hele jaar heen de meest uiteenlopende culturele manifestaties. Als het gebouw open is, kunt u boven genieten van een mooi uitzicht op meer en stad. Het Kunstmuseum op de bovenste verdieping maakt deel uit van het cultuurcentrum en focust zich vooral op hedendaagse kunst. Het bevat daarnaast een kleine collectie schilderijen van de 18e-20e eeuwse Zwitserse schilders als Ferdinand Hodler, Felix Vallotton en Franz Gertsch (regelmatig wisselende exposities).

Jesuitenkirche [2]

Dag. geopend 06.30 - 18.30 uur
De Jesuitenkirche aan de zuidoever van de Reuss is de oudste grote barokkerk van Zwitserland en werd in 2016 gerestaureerd.

Sammlung Rosengart [3]

Pilatusstrasse 10, tel. 041 220 16 60, www.rosengart.ch, dag. 10-18, nov.-mrt. 11-17 uur, CHF 18
De privécollectie van de Luzerner familie Rosengart is een kleine maar prachtige collectie met vooral werken van Klee en Picasso en daarnaast 21 andere kunstenaars uit het impressionisme en de moderne kunst, zoals Cézanne, Monet, Braque, Matisse, Chagall en Miró.

Kapelbrug [4]

De 200 m lange houten brug over de Reuss is het bekendste plaatje van Luzern. De originele brug werd in 1333 als verdedigingswerk gebouwd. De huidige brug werd in 1994 in originele staat herbouwd nadat de voorganger vrijwel geheel was afgebrand. In de overkapping zijn taferelen aangebracht uit de historie van Luzern en de Zwitserse natie. De meeste zijn kopieën omdat veel van de oorspronkelijke driehoekige panelen (van rond 1610) in de loop der eeuwen verloren gingen. De Wasserturm, wel gespaard bij de brand in 1993, staat in het water vlak naast de brug: een achthoekige massieve gevechtstoren waarin zich vroeger de schatkist en de gevan-

Luzern

Bezienswaardigheden
1. KKL Luzern
2. Jesuitenkirche
3. Sammlung Rosengart
4. Kapelbrug
5. Altstadt en Museggmauer
6. Rathaus
7. Hofkirche
8. Bourbaki Panorama
9. Löwendenkmal
10. Gletsjertuin Luzern
11. Verkehrshaus der Schweiz

Overnachten
1. Hotel Schweizerhof
2. The Hotel
3. Hotel Wilden Mann
4. Jailhotel Löwengraben

Eten en drinken
1. World Café
2. Zum Rebstock
3. Zunfthaus zu Pfistern
4. Kanchi

genis van de stad bevonden. Stroomafwaarts overspant de houten overdekte Spreuerbrücke uit 1408 de snelstromende Reuss en fungeerde vroeger als verlenging van de stadsmuur. Onder de kap bevinden zich 56 schilderingen uit 1626-1635 die de sterfelijkheid van de mens en de onsterfelijkheid van de geest verbeelden in een Dodendanscyclus. Alle rangen en standen, van paus en keizer tot eenvoudige landsman of bedrieger, ondergaan hetzelfde lot.

Altstadt en Museggmauer [5]

De Altstadt aan de overkant (noordzijde) van de Reuss wordt omgeven door de middeleeuwse stadsmuur Museggmauer, die op een toren na in z'n oorspronkelijke vorm bewaard is gebleven. In 10 minuten klimt u uit de Altstadt naar de stadsmuur omhoog. De muur heeft drie toegankelijk torens, van waaruit u een stuk over de muur kunt wandelen.

Rathaus [6]

In de oude stad liggen enkele mooie pleinen, omgeven door oude huizen met fresco's: de Weinmarkt, Hirschenplatz en Kornmarkt. Aan de Kornmarkt bij de kade langs de Reuss staat het raadhuis, een renaissancegebouw uit 1606. Beneden in het gebouw was vroeger de stedelijke graanopslag; onder de gewelven aan de Reussoever wordt nog altijd op zaterdag markt gehouden.

Hofkirche [7]

Deze kerk uit 1645 in renaissancestijl met opvallende westgevel, geflankeerd door twee spitse torens, vormde ooit het centrum van een Hof, omringd door woonhuizen van geestelijken op een hooggelegen terras aan het meer. Het orgel van 1650 wordt tot de beste van Zwitserland gerekend.

Bourbaki Panorama [8]

Löwenplatz 11, tel. 041 412 30 30, www.bourbakipanorama.ch, april-okt. dag. 9-18, nov.-mrt. 10-17 uur, CHF 12

Aan de Löwenplatz bevindt zich in een buiten opvallend modern gebouw de Zwitserse variant op het 'Panorama Mesdag', een panoramaschildering van 10 bij 112 m over de Frans-Duitse oorlog (1870/71) in Zwitserland. Een indrukwekkend werk, waaraan naast Edouard Castres diverse andere schilders hebben gewerkt. Het toont de internering van het verslagen Franse leger onder leiding van generaal Bourbaki, dat naar Zwitserland vlucht. De hulp aan oorlogsslachtoffers stond destijds aan de basis van de oprichting van het Rode Kruis.

Löwendenkmal [9]

Kingsizebeeld (Denkmalstrasse) van een stervende leeuw, uitgekapt in de rotswand. Dit tweede symbool van de stad is een monument voor de Zwitserse gardisten die het leven lieten bij de verdediging van koning Lodewijk XVI tijdens de bestorming van de Tuilerieën (1792).

Gletsjertuin [10]

Gletschergarten, Denkmalstrasse 4, 6006 Luzern, tel. 041 410 43 40, www.gletschergarten.ch, 's zomers dag. 9-18, 's winters dag. 8-17 uur, CHF 15

De Reussgletsjer heeft diepe sporen achtergelaten in dit deel van de stad: zogenaamde *gletsjermolens*, diepe putten die zijn ontstaan door rondmalende stenen in het kolkende smeltwater onder de gletsjer. Het gletsjermuseum doet van alles uit de doeken over zeer uiteenlopende onderwerpen als ijstijden, Zwitserse gletsjers, de geologie van Luzern, Zwitserse huistypen, mineralen en edelstenen en een sauriërskelet van de Monte San Giorgio (Ticino). Ernaast liggen een spiegelzaal, een ouderwets labyrint in oosterse stijl en een uitkijktoren.

Verkehrshaus der Schweiz [11]

Lidostrasse 5, 6006 Luzern, ook bereikbaar per boot, tel. 0900 333 456, www.verkehrshaus.ch, dag. 10-18, 's winters tot 17 uur, CHF 30 (ANWB-leden 20% korting).

Een van de meest veelzijdige musea voor verkeer en communicatie in Europa en een van de meest bezochte musea van Zwitserland. Veel aandacht voor spoorvervoer, bergbanen en weg-

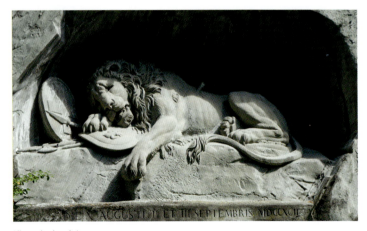

Löwendenkmal, Luzern

verkeer; ook ruimtevaart en communicatie. Heeft een planetarium en een IMAX-filmtheater. In het complex is het Hans Ernimuseum opgenomen met werk van deze in 2015 overleden hedendaagse Luzerner schilder.

Info en evenementen

Toeristenbureau: Zentralstrasse 5 (station), 6002 Luzern, tel. 041 227 17 17, www.luzern.com.
Luzern is een echte festivalstad, vooral op het gebied van muziek. Er zijn ook grote sportevenementen zoals de *Swiss City Marathon* (oktober) en de roeiwedstrijd *Luzern Regatta* (juli).
De belangrijkste muziekfestivals:
Blues festival (www.bluesfestival.ch, november).
Luzern festival: elk jaar drie festivals: Pasen (klassiek), sept. (diverse stijlen) en nov. (piano: klassiek, modern en jazz), www.lucernefestival.ch.
B-Sides: openluchtpopfestival, Kriens (juni, home.b-sides.ch).
Blue Balls festival (juli, diverse stijlen).

Funk am See: aan het Lido bij het Verkehrhaus (aug., www.funkamsee.ch)

Eten & drinken

Kosmopolitisch selfservice – **World Café 1**: Europaplatz 1 (KKL), tel. 041 226 71 00, www.kkl-luzern.ch. In het moderne KKL aan het meer. Goed eten tegen redelijke prijzen; aan de zijkant zit het veel chiquere restaurant RED.
Met romantische binnentuin – **Zum Rebstock 2**: St. Leodegarstrasse 3, tel. 041 417 18 19, www.rebstock-luzern.ch. Aan de voet van de Hofkirche, vlak bij het Bourbaki-panorama ligt dit historische hotel-restaurant; met terras aan de voorkant en een rustige binnentuin.
Vol historie – **Zunfthaus zu Pfistern 3**: Kornmarkt 4, tel. 041 410 36 50, www.restaurant-pfistern.ch. De naam *Pfister* stamt uit het latijn en betekent bakker. Nog steeds wordt in dit historische *Zunfthaus* (Gildehuis) brood gebakken, maar het is nu vooral bekend als uitstekend restaurant. Probeer een plekje op het *Stadtbalkon* te bemachtigen, voor

het mooiste uitzicht op de Reuss en Kapellbrücke (reserveren aanbevolen).
Indiaas – **Kanchi** 4: Zürichstrasse 4 (Löwenplatz), tel. 041 10 67 08, www.kanchi.ch. Voor wie eens iets anders wil dan typisch Zwitserse gerechten.

Overnachten

Behalve in Luzern kunt u ook een hotel overwegen in Weggis of Vitznau, idyllische dorpen aan de noordoostzijde van het Vierwoudstedenmeer. Vaak zijn de hotels daar voordeliger en Luzern is van daar snel en frequent te bereiken met een van de lijnboten over het meer.

Tophotel met dakterras – **Hotel Schweizerhof** 1: Schweizerhofquai, tel. 041 410 04 10, www.schweizerhof-luzern.ch, 2pk vanaf CHF 450. Luxe vijfsterrenhotel met fantastisch uitzicht vanaf het dakterras. 's Avonds zijn de ramen van dit statige hotel in diverse kleuren verlicht.

***** Designhotel – **The Hotel** 2: Sempacherstrasse 14, tel. 041 226 86 86, www.the-hotel.ch, 2pk vanaf CHF 312. Laat u verrassen in dit door architect Jean Nouvel ingerichte designhotel met 30 suites en studio's.

Romantisch – **Hotel Wilden Mann** 3: Bahnhofstrasse 30, tel. 041 210 16 66, www.wilden-mann.ch, 2pk vanaf CHF 215. Romantisch hotel met 500 jaar historie: eerst een bar, later een taverne en sinds 1860 een hotel.

Slapen in de cel – **Jailhotel Löwengraben** 4: Löwengraben 18, tel. 041 410 78 30, www.hotel-jail.ch, 2pk CHF 90-180. De piepkleine cellen van de oude Zentralgefängnis zijn nu de sobere kamers van een budgethotel. Kies liever de vroegere directeurskamer of de bibliotheek, die zijn een stuk ruimer; nogal geliefd bij toeristen.

Wellness Hotel – **Rössli**: Seestrasse 52, 6353 Weggis, tel. 041 392 27 27, www.wellness-roessli.ch, 2pk vanaf CHF 160. Aangenaam 4-sterrenhotel in Weggis. Het door de eigenaars Josef en Marike Nölly gerunde hotel heeft ruime kamers en suites en een uitgebreid Beauty & Spa in mediterrane sfeer. Buiten ligt op 100 m het Vierwoudstedenmeer, voor een frisse ochtendduik. Met de boot bent u in een halfuur in Luzern.

Direct aan het meer – **Hotel Terrasse am See:** Bahnhofstrasse 2, 6354 Vitznau, tel. 041 397 10 33, www.hotel-terrasse.ch, 2pk vanaf CHF 140. Dit historische hotel werd in 1873 als pension Rigibahn geopend en ligt aan het meer, aan de voet van de tandradbaan naar de Rigi. 21 kamers, de meeste in historische stijl, met eigen terrasje aan het water.

Zonsopgang boven de Alpen – **Hotel Pilatus Kulm:** tel. 041 329 12 12, www.pilatus.ch, 2pk vanaf CHF 160. Vlak onder de Pilatustop kan worden overnacht; ideaal om 's ochtends vroeg van het mooie panorama te genieten. Het historische hotel uit 1890 heeft moderne kamers en suites (zie blz. 170).

Winkelen

Op dinsdag (mei-nov.) en zaterdag (mrt.-dec.) is er 's ochtends markt in de straten rond de Kapellbrücke aan de Reuss (Rathausquai, Unter der Egg, Bahnhofsstrasse). Aan de autovrije steegjes en pleintjes van de oude binnenstad vindt u leuke winkels en boetiekjes (mode, souvenirs, horloges).

Actief

Wandelroute – **Waldstätterweg:** Op www.luzern.com vindt u wandelingen rond Luzern, die u met kaart en routebeschrijving kunt downloaden. Wat dacht u van de *Waldstätterweg*, in 1 week rond alle armen van het meer?

Centraal-Zwitserland

Zuidwestoever Vierwoudstedenmeer

Luzern is ideaal uitgangspunt voor uitstapjes in Centraal Zwitserland. Een *must* is de tocht naar de huisberg van Luzern: de Pilatus. Niet minder de moeite waard zijn de Stanserhorn of Bürgenstock, of een boottocht op het vertakte Vierwoudstrekenmeer.

Pilatus - 2119 m ☀

Pilatus-Bahnen, 6010 Kriens, tel. 041 329 11 11, www.pilatus.ch, retour Kriens/Alpnachstad – Pilatus Kulm, CHF 72, 'Goldene Rundfahrt': CHF 102

De 2119 m hoge Luzerner huisberg Pilatus is een van de meest legendarische plekken van Centraal Zwitserland. Volgens de legende is de Romeinse stadhouder Pontius Pilatus hier begraven. Het was in de middeleeuwen verboden de berg te beklimmen om te voorkomen dat de geest van Pilatus werd gestoord en er onweer losbarstte. De toeristische ontwikkeling van de Pilatus begon in 1860, toen het eerste hotel op de top werd gebouwd, bemiddelde toeristen werden er nog in draagstoelen heen gedragen. In 1889 kwam de steile (48%) tandradspoorlijn Alpnachstad-Pilatus Kulm gereed, rond 1950 volgde de aanleg van een serie gondelbanen vanuit de onder Luzern gelegen voorstad Kriens. De Pilatus wordt zeer druk bezocht. Op een heldere dag biedt de berg een panorama met 73 Alpentoppen.

Populair is de zogenaamde *Goldene Rundfahrt*, waarbij u om de Pilatus heenreist met kabelbaan, boot en trein, via Luzern, Kriens en Alpnachstad. Voor wandelaars en klimmers zijn er volop mogelijkheden: naar de Pilatus gaan wandelingen in alle moeilijkheidsgraden en bij Pilatus Kulm en station Ämsigen zijn sportklimgebieden.

Tip

Culinaire rondvaart Vierwoudstedenmeer

Na een inspannende stadswandeling is het goed ontspannen tijdens een rondvaart over het meer. Het berglandschap rondom het Vierwoudstedenmeer schuift als een prachtig panorama voorbij tijdens een tocht op een van de lijnboten, waaronder maar liefst 5 nostalgische en schitterend onderhouden raderstoomboten uit het begin van de 20e eeuw. De boten doen onderweg alle plaatsen langs de oevers aan. Onderweg ziet u villa's en kasteeltjes en geniet u in het restaurant van een ontbijt, cocktail of diner met kaasfondue.
Een vroeg geboekt early bird ticket geeft 60% korting op een rondvaart of dagkaart (met korting CHF 30; meer info: www.lakelucerne.ch).

Hammetschwand lift, Bürgenstock

Hammetschwand Lift, www.buergenstock.ch, 's winters gesl., CHF 10

De Bürgenstock is een legendarische uitzichtberg 500 m boven het Vierwoudstedenmeer. Een tandradbaantje brengt gasten vanaf de bootaanlegsteiger omhoog naar het beroemde Bürgenstock Park Hotel, waar vele staatshoofden en beroemdheden verbleven. Het hotelcomplex wordt momenteel gerenoveerd tot luxe resort met appartementen, restaurants, winkels en wellnesscentrum. Rond 1900 werd vanaf het plateau een gewaagd wandelpad, de *Felsenweg*, aangelegd door de rotswand naar de top (5 km, 1 ½ uur). Halverwege het pad komt u bij de nog gewaagdere Hammetschwand Lift, die u het laatste stuk vrijwel loodrecht omhoog voert. Het is de hoogste buitenlift van Europa, een van de gedurfdste toeristenattracties uit de tijd van de *Belle Époque*. Tegenwoordig schiet de gemoderniseerde lift in minder dan 1 minuut 152 m omhoog. De opwindende rit eindigt met een grandioos uitzicht vanaf de Bürgenstock.

Cabrio-baan Stanserhorn

Stanserhorn-Bahn, 6370 Stans, tel. 041 618 80 40, www.cabrio.ch, retour CHF 65

Vanaf Stans, aan het begin van het dal naar Engelberg gaat een ouderwets smalspoorbaantje naar het tussenstation Kälti. Daarvandaan gaat een zweefbaan naar de Stanserhorn (1898 m). De nieuwste ontwikkeling op het gebied van de kabelbaanbouw is hier toegepast: een zogenaamde Cabrio-baan. Het open zonnedek voor 30 personen bovenop de kabine, zorgt voor een vrij uitzicht op de bergen.

Älggi Alp – middelpunt van Zwitserland ▶ H 5

Wist u waar het officiële centrum van Zwitserland zich bevindt? Ten zuiden van het Vierwoudstedenmeer, in de buurt van een kleine alp in het Melchtal in het kanton Obwalden. Ter gelegenheid van de honderdvijftigste verjaardag in 1988 berekende de federale instantie voor de topografie Swisstopo het middelpunt van het land. Als je een kaart van Zwitserland op karton zou plakken en langs de grenzen uitknippen, zou de kaart op dit punt in evenwicht zijn. Een grote driehoek van het meetnet geeft het punt aan.

De exacte WGS84-coördinaten zijn: 46° 47' 54" N, 8° 13' 54" E. Het punt is met de auto bereikbaar vanaf Giswil (tussen de Lungernsee en de Sarnersee), vlak bij Gasthaus Äggialp.

De Hammetschwand Lift

Engelberg ▶ H 5

Ten zuiden van het grote Vierwoudstedenmeer dringt het Engelbergtal diep in de Alpen door naar het bekende wintersportoord Engelberg. Hier was vanaf de stichting in 1120 door de benedictijnen lange tijd een eigen bergstaatje rond het klooster *Mons Angelicorum* (berg der engelen). Het staatje viel rechtstreeks onder pauselijk gezag tot eind 18e eeuw. Latijn was er de voertaal. Het oorspronkelijke klooster is in 1729 door brand verwoest, de waardevolle bibliotheek bleef echter gespaard. In 1745 werd het klooster in barokstijl herbouwd. De kerkschat bevat schitterende laatromaanse kunst (rondleiding door het klooster di.-za. 10 en 16 uur). Engelberg biedt ook aardsere activiteiten. Wandelmogelijkheden zijn hier volop. U kunt een wildexcursie maken en steenbokken, gemzen en alpenmarmotten bekijken. In allerlei richtingen gaan er kabelbaantjes, o.a. naar de Titlis, de enige gletsjer rond het meer.

De Titlis Boeddha

Retour Engelberg-Titlis CHF 89, www.titlis.ch

Naar de top van de Titlis (3020 m) gaat een kabelbaan. 's Zomers kan hier worden geskied. Het laatste stuk rondjes draaiend om de eigen as zweeft de *Rotair*, met opvallend Zwitsers rood kruis op de onderkant, naar de gletsjer. Om het nog spectaculairder te maken is op het bergstation een loopbrug gebouwd, waar u 500 m de diepte in kijkt. Vergeet ook niet de ijsgrot in te lopen, die is aangelegd in de gletsjer. Op het uitzichtplatform zijn verrassend veel Chinese en Indiase bezoekers. Reden is de rotsformatie in de buurt, die lijkt op de een Boeddhafiguur. De Chinese turner Donghua Li liet zich in 1996 door deze aanblik inspireren en won dat jaar de Olympische Spelen. Sindsdien bezoeken veel Chinezen de beroemde berg.

Info

Toeristenbureau: Klosterstrasse 3, 6390 Engelberg, tel. 041 639 77 77, www.engelberg.ch

Overnachten en eten

Op de berg – **Berghaus Jochpass:** Bereikbaar met de lift maar toch het gevoel hebben dat je midden op de berg zit: bij Jochpass hebt u dat allemaal en zit u aan een bergmeer, mocht u behoefte hebben om een ijskoude duik te nemen. Uitstekende Zwitserse keuken, eenvoudige kamers en gezellig stube.

Kaas proeven – **Alpkäserei & Gasthof Gerschni:** 6390 Engelberg, tel. 041 637 22 05. Op de Gerschnialp ziet u hoe *sbrinz* wordt gemaakt; in het Gasthof kunt u lekkere kaasgerechten proeven. Bereikbaar per kabelbaan of met de auto over een tolweggetje (CHF 6).

Noordoever Vierwoudstedenmeer

Aan de uiterste noordoostelijke arm van het meer ligt het historische **Küssnacht**, vroeger een belangrijke overslagplaats voor goederen die van en naar de Gotthardpas over water en land werden vervoerd. Het Heimatmuseum vertelt onder meer over Wilhelm Tell wiens heldendaad zich op de nabije Hohle Gasse zou hebben afgespeeld. Er start een gondelbaan naar Seebodenalp, halverwege de noordflank van de Rigi, waar mooie wandelingen kunnen worden gemaakt naar de Rigi Kulm.

Rigi, Koningin der bergen

www.rigi.ch, bereikbaar met diverse kabelbanen en tandradtreinen

Nog geen 2000 m hoog en toch wordt de Rigi de *Koningin van de bergen* genoemd. Het hele Rigi-bergmassief is een prachtig wandelgebied. Vanaf de top op 1797 m geniet u van een panorama op de Alpen, op dertien meren en het hele Zwitserse Mittelland. De twee tandradbanen naar Rigi Kulm gaan rechtstreeks naar de top vanuit Goldau (aan de achterzijde) of Vitznau (vanaf het meer). De tandradbaan vanaf het meer was de eerste van Europa en stamt uit 1871. U kunt ook vanuit Weggis eerst met de cabinebaan naar Rigi Kaltbad gaan en daar overstappen op de tandradtrein naar de top. In Rigi Kaltbad is recent het Mineralbad & Spa Rigi Kaltbad geopend, een door architect Mario Botta ontworpen sauna- en wellness-complex.

Overnachten

Top-hotel – **Hotel Rigi Kulm:** tel. 041 880 18 88, www.rigikulm.ch, 2pk vanaf CHF 228. De Rigi wedijvert met de Pila-

tus om het mooiste uitzicht; de kamerprijs hangt hier sterk af van het uitzicht.
Pure ontspanning – **Mineralbad & Spa Rigi Kaltbad:** 6356 Rigi Kaltbad, tel. 041 397 04 06, www.mineralbad-rigikaltbad.ch, dagkaart CHF 37. Het Kaltbad naast het gelijknamige hotel blijkt niet koud, maar een 35°C verwarmd mineraalzwembad met uitzicht op de Alpen.

Weggis en Vitznau ▶ J 5

De oever van het Vierwoudstedenmeer aan de zuidkant van de Rigi, wordt vanwege zijn milde klimaat *Luzerner Rivièra* genoemd. Palm- en notenbomen groeien langs de oever en de föhnwind over het meer zorgt voor heldere warme dagen. Weggis en Vitznau ontwikkelden zich vanaf de 19e eeuw tot toeristische bestemmingen. Tegenwoordig is het een officiële *wellness destination* met 6 wellnesshotels en de Spa Rigi Kaltbad (voor hotels: zie Luzern).

Schwyz – Zwitserse geschiedenis ▶ J 5

De tot de verbeelding sprekende Grosse en Kleine Mythen, respectievelijk 1811 en 1899 m hoog, houden een wakend oog op Schwyz. Het stadje aan de oostkant van het Vierwoudstedenmeer is de hoofdstad van een van de drie oerkantons en mag zich erop beroemen dat het de naam en de vlag heeft geleverd voor de hele natie. Oorspronkelijk gold het woord *Schwyzer* als scheldnaam voor de boerenbevolking, maar het is net als de naam *geus* tot erenaam verheven. De plaats ligt op de sinds de 13e eeuw belangrijke noord-zuidverbinding naar de Gotthardpas. Vanaf de 16e eeuw hebben huursoldaten uit Schwyz veel aan de naam en faam van Zwitserland bijgedragen. Niet zelden werden ze

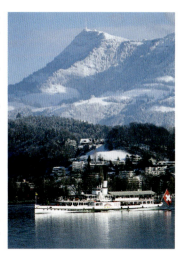

Stoomschip Uri, voor de besneeuwde Rigi

vorstelijk beloond en bouwden ze hier rijkversierde houten huizen, waarvan het in 1609 gebouwde Ital Reding-Haus in de Dorfbachstrasse het beroemdste voorbeeld is (te bezichtigen).

Forum der Schweizer Geschichte

Zeughausstrasse 5, 6430 Schwyz, tel. 058 466 80 11, www.nationalmuseum.ch, di.-zo. 10-17 uur, CHF 10
Belangrijk museum over het ontstaan van Zwitserland. Een deel is gewijd aan de legenden rond het Eedgenootschap, zoals rond de figuur Wilhelm Tell.

De Skywalk van Sattel

Gratis toegang met een geldig kaartje van de gondelbaan Sattel-Hochstuckli (www.sattel-hochstuckli.ch).
Ten noorden van Schwyz, boven het dorp Sattel werd met 374 m de langste voetgangershangbrug van Europa aangelegd. De brug bevindt zich bij het bergstation van de gondelbaan en

Centraal-Zwitserland

De Urnersee; op de achtergrond Brunnen

overspant het romantische Lauitobel. De hangbrug is – afhankelijk van het weer – het hele jaar geopend, tijdens de openingstijden van de kabelbaan. Buiten deze tijden is de brug afgesloten en wordt door videocamera's bewaakt.

Info

Toeristenbureau: Bahnhofstrasse 4, 6430 Schwyz, tel. 041 810 19 91, www.info-schwyz.ch.

Brunnen en Urnersee ▶ J 5

Het levendige dorp Brunnen, genoemd naar de geneeskrachtige bronnen, ligt aan het begin van de Axenstrasse, de befaamde, in 1864 geopende route vol tunnels en galerijen langs de Urner See naar Flüelen. Nu is de snelweg A2 aan de overkant van het meer de hoofdroute naar de Gotthard, met de lange Seelisbergtunnel. Vanaf de kade van het moderne Brunnen hebt u een mooi uitzicht over de fjordachtige Urner See, het zuidelijke gedeelte van de Vierwalstättersee, ingebed tussen steile rotswanden. Er waait hier vaak een harde wind; die maakt het meer geliefd bij (kite-)surfers.

Victorinox bezoekerscentrum

Swiss Knife Valley, Bahnhofstrasse 3, 6440 Brunnen, tel. 041 820 60 10, www.swissknifevalley.ch, ma.-vr. 10-18.30, za., zo. tot 17 uur, 's winters zo. gesl, gratis entree

In de *Victorinox Brand Store* kunt u het legendarische Zwitserse legermes aanschaffen en alles te weten komen over de meer dan 100 jarige geschiedenis van dit beroemde Zwitserse precisiewerkje.

Tellskapelle

Drie kilometer van het dorp Sisikon ligt aan de oever van de Urnersee de Tellskapelle. Ze ligt op de Tellsplatte, waar volgens de legende Wilhelm Tell van de boot van de Landvoogt Gessler wist te springen. Al in 1388 werd hier een kapel opgericht. De huidige kapel stamt uit 1880 en heeft fresco's van de Baselse schilder Ernst Stückelberg en toont het schot door de appel (in Altdorf), de sprong (op de Tellsplatte), Gesslers dood in de Hohle Gasse (bij Küssnacht) en de eed op de Rütli (weide aan de overkant van de Urnersee). Jaarlijks vindt hier op vrijdag na Hemelvaart de Urner Landeswallfahrt (bedevaart) plaats met een schip naar de Tellskapelle. In 1991 werd de kapel gerestaureerd.

Rütliwiese

Seelisberg is een drukbezocht plaatsje op een hoogte boven de westkant van de Urner See, op korte afstand van de Rütliwiese, waar in 1291 de historische samenkomst plaatsvond tussen de vertegenwoordigers van de *oerkantons*.

Urner Mineralienmuseum

Hauptstrasse, 6462 Seedorf, tel. 41 870 44 80, www.mineralienfreund.ch, mei-okt. do., za., zo. 13-17 uur, CHF 7

In Seedorf, aan het eind van de Urner

See (naast kasteeltje Schloss a Pro), staat een van de fascinerendste mineralenmusea van Zwitserland. Hier worden in wisselende exposities zeldzame mineralen van *Strahler* (kristallenzoekers) en verzamelaars tentoongesteld. Vaak unieke mineralen, die zelden door hobbymineralenzoekers worden gevonden en die zelden in de handel komen.

Overnachten en eten

Simple Swiss lodge – **Jugendherberge Seelisberg**: Gadenhaus, Rütliweg 8, 6377 Seelisberg, tel. 041 820 52 32, www.youthhostel.ch/seelisberg.
Op een halfuur lopen van de historische Rütliwiese ligt deze meest romantische jeugdherberg van Zwitserland. Het gerenoveerde chalet is alleen te voet bereikbaar en heeft plaats voor 25 gasten. Er is geen receptie. Alles zelf doen is hier het motto: hout hakken, kachel aanmaken en koken; van tevoren reserveren.

Kasteelrestaurant – **A Pro Schlossrestaurant**, Bei der Kirche, 6462 Seedorf, tel. 041 870 65 32, www.schlossapro.ch, ma., di. gesl., zo. tot 17 uur. Vorstelijk dineren in dit 15e eeuwse kasteeltje aan het eind van de Urner See. In een van de kasteelvertrekken of in de slottuin; vijfgangenmenu *Sommertraum* of voordelige *Tagesteller*.

Actief

Zwemeilandjes – **Lorelei**: In de vlakte tussen Seedorf en Flüelen stroomt de Reuss met een grote delta in de Urner See. Als onderdeel van een natuurproject zijn in de Urnersee hier de zwemeilandjes Lorelei aangelegd. Vanaf het recreatieterrein zwem je eenvoudig naar een van de kleine zonne-eilandjes in het meer. ▷ blz. 179

Tip

Weg der Schweiz

Ter ere van het 700-jarige bestaan van het eedgenootschap (1291-1991) ontstond de 35 km lange wandelroute *Weg der Schweiz* (Zwitserlandpad), als een gezamenlijk werk van alle kantons. De route leidt langs historische locaties van het Eedgenootschap en begint op de *Rütli*, de geboorteplek van het Eedgenootschap, loopt rond het Urnermeer en eindigt in Brunnen op de *Platz der Auslandschweizer*. De route bestaat uit verschillende etappes, die per boot of trein te bereiken zijn en waar aan het einde kan worden overnacht.

Op ontdekkingsreis

Met de postkoets over de Gotthardpas

Het Gotthardmassief aan de zuidrand van kanton Uri vormt het hart van de Alpen. Hier ontspringen de Rhône, Reuss, Rijn en Ticino, die naar alle vier de windstreken stromen. Tegelijkertijd vormt het bergmassief ook de grootste hindernis op de noord-zuidroute. De Gotthardpasweg verbindt Göschenen met Airolo, is 27 km lang.
Deze reis over de Gotthardpas neemt u mee naar het verleden en laat u ervaren hoe reizigers vroeger naar Ticino kwamen.

Kaart: ▶ J 7

Duur: reistijd circa 2 uur
Geopend: afhankelijk van de sneeuwval, eind mei t/m oktober
Informatie: www.alptransit.ch, www.passosangottardo.ch

De geitenbok op de brug

Voordat de huidige passen begaanbaar waren, leek het dal van Andermatt het einde van de wereld. De Oberalppas en de Furkapas waren goed te *nemen* met lastdieren, de Gotthardpas bleef een helse onderneming, vooral door de steile **Schöllenenkloof** [1] tussen Göschenen en Andermatt. Ook de Romeinen omzeilden het Gotthardmassief. Pas na 1230 nam de ontwikkeling van de pas een vlucht, met de ontsluiting van de gevaarlijke Schöllenenkloof. De bewoners van het Urserental bouwden trappen, steigers en paden – alleen voor de bouw van een brug hadden ze volgens de sage hulp nodig. Die hulp kregen ze van de duivel, op voorwaarde, dat hij de eerste ziel zou krijgen die de *Teufelsbrücke* (Duivelsbrug) zou oversteken. De Urners wisten raad: ze joegen een oude geitenbok de brug over.

Daarna kwam de handel met Italië in een stroomversnelling. Handelskaravanen trokken over de pas met zijde, wijn, tabak en zuidvruchten naar het noorden, met leer, wol, linnen en kaas naar het zuiden. Er trok ook veel vee mee naar Lombardije, terwijl er weer graan meegevoerd werd naar Zwitserland. De pas en de tolheffing kwamen in handen van Uri en Oberwalden. In 1830 reed de eerste postkoets over de Gotthardpas.

Gotthardtunnel

In 1872 begon de bouw van de **spoortunnel** 2. De leidinggevende ingenieur Louis Favre stierf in 1879 aan een hartaanval in de tunnel, en in totaal moesten 177 dodelijke ongelukken worden genoteerd. In 1882 werd de 15 km lange spoortunnel voltooid. Een kleine 100 jaar later volgde in 1980 de 16,7 km lange **Gotthard-autotunnel** 3, die in zomer én winter een gerieflijk alternatief voor de pas biedt. Tegenwoordig is de Gotthardsnelweg de belangrijkste noord-zuidverbinding van Zwitserland. Maar wie door de tunnel rijdt, mist toch wel iets.

De oude en nieuwe weg

De weg over de pas werd steeds weer verbeterd en comfortabeler aangelegd. In 1902 reed de eerste auto over de pas, van de Duitse dichter Otto Julius Bierbaum. En vanaf 1922 ging er een dagelijkse postbus. Zowel aan de noord- als zuidkant ligt naast de oude weg uit de 19e eeuw een moderne panoramaweg uit 1967 met lawinegalerijen, tunnels en ruime bochten. Sinds de bouw van de tunnel is de drukte over de pas aanzienlijk afgenomen, zodat u nu meer kunt genieten van uw rit over de pas. En toch is er op mooie zomerdagen verrassend veel verkeer op de oude weg, met name veel motoren, oldtimers en wielrenners.

Alte Sust 1 en nationaal St. Gotthardmuseum 4

De pashoogte is een brede, boomloze hoogvlakte op 2109 m. Door wolkenflarden en grijze rotsen maakt het op slechtweerdagen een sombere indruk. Op de pashoogte liggen enkele historische gebouwen: de kapel en het Hospiz werden al in een verdrag uit 1331 vermeld. De aartsbisschop van Milaan, Galdinus, schijnt de kapel in 1230 te hebben gewijd aan de Heilige Godehardus, sindsdien naamgever van de bergpas. De herberg annex tolhuis op de pas, Gotthard Hospiz, of *Alte Sust* geheten, stamt uit 1833 en is nog steeds in gebruik als hotel. In dit gebouw is het nationaal St. Gotthardmuseum onder-

De bergkristallen van de Planggenstock

gebracht, over de geschiedenis van de pas (juni-okt. dag. 9-18 uur).

Themawereld Sasso San Gottardo 5

Tel. 0844 11 66 00, www.sasso-sangottardo.ch, 10.30-15 uur; mei-juni: za., zo. en feestdagen; juli-aug. dag.; sept.-okt. wo.-zo., CHF 25 of CHF 18 (alleen kristalwereld).

Van recente datum is de themawereld Sasso San Gottardo, die werd aangelegd in de sinds 2012 opengestelde vesting Sasso da Pigna. In de Tweede Wereldoorlog werd als gevolg van het *plan Réduit* – dat voorzag dat de Zwitsers bij een Duitse inval zich zouden terugtrekken in de bergen – deze geheime vesting voor 420 militairen in de rotsen aangelegd. In de vroegere militaire ruimtes en gangen zijn multimedia-exposities over bergkristallen, energie en mobiliteit ingericht.

Spectaculair zijn de Reuzenkristallen van de Planggenstock, een van de uniekste vondsten uit de Alpen. In 2008 ontdekt door Franz von Arx en zijn compagnon Elio Müller. Een bergkristalgroep van 1500 kg, 3 x 3 m groot, het grootste afzonderlijke bergkristal is 1 m groot!

Per postkoets over de Tremola 6

Rit per historische postkoets: tel. 0418-88 00 05, www.gotthardpost.ch, juni-sept., excursie incl. museumbezoek, lunch en aperitief CHF 680 per persoon. Direct vanaf het Gotthard Hospiz voert de met keitjes bestrate *Tremola* aan de zuidkant omlaag richting Ticino. Hij staat niet aangegeven, de meeste automobilisten nemen de nieuwe weg. De rit over de Tremola voert met halsbrekende haarspeldbochten naar Airolo. Dit 'langste monument van Zwitserland' ligt er nog net zo bij als in 1850, toen de Gotthardpostkoets zijn dagelijkse rit over de pas maakte. De vijfspan bracht jaarlijks 14.000 reizigers over de pas en stopte ermee in 1882, toen de spoortunnel open ging. Tegenwoordig herleven 's zomers oude tijden en kunt u weer de nostalgische rit per postkoets maken van Airolo naar Andermatt, wel iets duurder dan voorheen!

In Airolo aangekomen, heeft men na de vele bochten het gevoel beneden te zijn aangekomen. Maar die indruk is slechts schijn. Hier begint de *Levantina*, een lang bergdal dat 1200 m verder afdaalt tot u aan de oever van het Lago Maggiore op 200 meter boven de zeespiegel het laagste punt van Zwitserland hebt bereikt.

Altdorf ▶ J5

Het dal van de Reuss stijgt in zuidelijke richting geleidelijk, terwijl de bergwanden steeds hoger en dreigender worden. Altdorf is de hoofdstad van het kanton Uri. Het is de grootste plaats vóór de Gotthardpas, opgebloeid door de levendige handel die hier eeuwenlang plaatsvond. Op de markt van deze stad liep volgens de legende Wilhelm Tell met zijn zoon Walter en weigerde zijn hoed te lichten voor de Oostenrijkse puntmuts die daar prijkte op een paal. Het Wilhelm Tellmonument, uit 1895, herinnert aan deze gebeurtenis. Uit de bloeiperiode stammen nog de prachtige patriciërshuizen in de Herrengasse en een aantal 16e-eeuwse fonteinen. 's Zomers wordt door de bevolking het Tell-Spiel opgevoerd.

Andermatt ▶ J6

Andermatt (1444 m) is een hoog gelegen plaats, strategisch gelegen tussen de Furka-, Gotthard- en Oberalppas. De heldere berglucht zorgt voor een goed klimaat, de omringende bergen voor goede wandelmogelijkheden. Ten noorden van Andermatt bevindt zich de Schöllenenschlucht, die in 1230 overbrugd werd met de Teufelsbrücke, waarmee de belangrijke noord-zuidroute over de Gotthard een feit werd. Voorbij Hospental begint de Gotthardpas flink te stijgen en bereikt men na enkele haarspeldbochten de Gotthardpashoogte, met Hospiz en museum (zie *Ontdekkingsreis*, blz. 176).

Info

Toeristenbureau: Gotthardstrasse 2, 6490 Andermatt, tel. 041 888 71 00, www.andermatt.ch.

Actief

Kabelbaan – **Gemsstock:** De tocht met de gondelbaan naar de 2961 m hoge Gemsstock, boven de glinsterende Gurschengletsjer is indrukwekkend. Vanaf middenstation Gurschen voert een wandelroute over alpenweiden en door het Bannwald naar Andermatt.
Golfen op hoogte – **Swiss Alps Golf:** In het hooggelegen Ursenerdal ligt de *Andermatt Swiss Alps Golfbaan*, een van de hoogstgelegen golfbanen van Zwitserland, ingebed in alpenweiden.

Overnachten

Boutique Hotel – **The River House:** Gotthardstrasse 58, 6490 Andermatt, tel. 041 887 00 25, www.theriverhouse.ch, 2pk vanaf CHF 200. Gerenoveerd rood historisch huis in het centrum van Andermatt; mooi ingerichte kamers met veel hout en warme kleuren. Een gezellige sfeer hangt er in de hotelbar *Alte Apotheke*, genoemd naar het vroegere gebruik van het huis.
Historisch Hospiz – **St. Gotthard Hospiz (Ospizio San Gottardo):** Gotthardpas, 6780 Airolo, tel. 091 869 12 35, www.passosangottardo.ch, 2pk CHF 200. Het kundig gerenoveerde Hospiz stamt uit 1237 en bood destijds onderdak aan beroemde persoonlijkheden als Goethe, Graaf Cavour en Petrarca, naar wie de huidige hotelkamers zijn genoemd.
Postmodern – **Hotel La Claustra:** Gotthardpas, 6780 Airolo, tel. 091 880 50 55, www.claustra.ch, 2pk CHF 245. Het vroegere artillerriefort San Carlo, uitgehakt in de rotsen op 2050 m hoogte, iets ten noorden van de pashoogte, werd volgens het concept van de kunstenaar en socioloog Jean Odermatt omgetoverd tot een postmodern congres- en wellneshotel Niet goedkoop, wel een belevenis.

IN EEN OOGOPSLAG

Meer van Genève

Hoogtepunten ✼

Genève: de derde stad van Zwitserland, met de allure van een metropool, is prachtig gelegen aan het gelijknamige meer en is de thuisbasis voor de Verenigde Naties en tal van internationale organisaties. Zie blz. 183.

Zwitserse Rivièra: tussen Lausanne en Montreux ligt een prachtige kuststrook die ook wel de Zwitserse Rivièra wordt genoemd. Een gebied in de luwte van de bergen met een bijna mediterraan klimaat met wijngaarden, palmbomen en subtropische planten. Zie blz. 195.

Op ontdekkingsreis

De wijngaarden van Lavaux: auto- of wandelroute langs de wijngaarden boven het Meer van Genève, die als waardevol cultuurlandschap zijn opgenomen op de UNESCO-Werelderfgoedlijst. Zie blz. 196.

Bezienswaardigheden

Kathedraal van Lausanne: een van de grootste en mooiste vroeg-gotische kerken van Zwitserland, gebouwd in de 12e en 13e eeuw. Zie blz. 191.

Château de Chillon: onbetwist leider onder de circa 120 kastelen en burchten langs het Meer van Genève. Zie blz. 201.

Rochers de Naye: de uitzichtberg, die hoog uittorent boven Montreux. Vanaf het meer bereikt u dit fantastische uitkijkpunt in een uurtje met de tandradbaan vanuit Montreux. Zie blz. 203.

Actief

Promenade Montreux Rivièra: deze wandeling van Villeneuve naar Montreux over een romantisch pad langs het Meer van Genève mag op uw vakantie niet ontbreken. Zie blz. 200.

Les Diablerets – Glacier 3000: Een kabelbaan gaat naar dit hooggelegen bergstation, met de spectaculaire *high peak walk*-hangbrug tussen de twee toppen van het bergstation. Zie blz. 202.

Sfeervol genieten

Marché Folklorique: op de Grand Place van Vevey wordt 's zomers iedere zaterdag van 10-13 uur een beroemde markt gehouden, met live muziek en *gratis* wijn van de plaatselijke wijnboeren. Zie blz. 195.

Designhotel Cornavin, Genève: dit designhotel voor zakenreizigers en toeristen werd beroemd door Hergé, die hier Professor Zonnebloem liet overnachten. Zie blz. 187.

Uitgaan

Voorstad Carouge, Genève: voor uitgaan en winkelen gaat u naar het voormalige Italiaanse stadje Carouge; met een keur aan designerwinkels, eethuisjes en clubs. Zie blz. 187.

Montreux Jazz Festival: de eerste twee weken van juli bruist heel Montreux van de concerten en evenementen. Zie blz. 199.

Lac Léman, het grootste Alpenmeer

Het Meer van Genève, of *Lac Leman*, met op de achtergrond de Franse Alpen van Haute Savoie, domineert de streek. Het meer blijft steeds in beeld en bepaalt het zachte klimaat. Ceders en wijngaarden steken af tegen bergmassieven; op de waterspiegel glijden witte zeilen in de wind. Machtige kastelen rijzen op tussen steden als Genève en Lausanne, er zijn kleine haventjes en badplaatsen als Vevey en Montreux die zich koesteren in de beschutting van de Alpes Vaudoises.

Het Meer van Genève is het grootste meer van het hele Alpengebied, met een diepte van 310 m. Het is 72 km lang en maximaal 13 km breed en is ontstaan in de ijstijden doordat de toenmalige Rhônegletsjer het dal zo breed en diep uitschuurde. Nog altijd stroomt het water van de Rhône erin aan de oostkant bij Villeneuve en verlaat het weer aan de westzijde via Genève. De grote watermassa tempert het klimaat, waardoor vooral voorjaar en najaar zeer mild zijn. Aan het meer liggen de metropool Genève en Lausanne, een levenslustige internationale universiteitsstad.

Jet d'Eau, Genève

De zuidoever van het meer is Frans. De lange Zwitserse kustlijn van het meer, met kastelen, prachtige oude stadjes en dorpen tussen de wijngaarden, heeft een bijzondere charme. Van de circa 120 kastelen en burchten die er liggen, is het Château de Chillon bij Montreux, de onbetwiste leider. In de 18e en 19e eeuw zochten schrijvers als Flaubert en Victor Hugo, maar ook Dickens en Lord Byron inspiratie in de streek langs het meer, aangespoord door J.-J. Rousseaus roman *Julie ou la nouvelle Héloïse* (1761) met het kasteel van Chillon als decor. Toen ook Lord Byron zijn gedicht *The prisoner of Chillon* publiceerde in 1816, kwamen steeds meer nieuwsgierige reizigers het gebied bezoeken: het toerisme was geboren.

INFO

Kaart: ▶ A-D 7-8

Toeristenbureau
Office du Tourisme du Canton de Vaud: avenue d'Ouchy 60, 1000 Lausanne, tel. 021-613 26 26

Internet
www.lake-geneva-region.ch: regionale toeristische website
www.geneva.info: uitgebreide toeristische website van Genève.

Reis en vervoer
De internationale luchthaven van Genève ligt 5 km van het stadscentrum en is bereikbaar per bus en trein.

Genève ✦ ▶ A 8

De relatief kleine stad Genève (187.000 inw.) heeft een onmiskenbaar internationaal karakter en is een soort minimetropool. In de wereld van de diplomatie, conferenties en internationale organisaties is Genève een begrip. Met de oprichting van het Rode Kruis in 1863 door Henri Dunant kreeg Genève zijn eerste internationale organisatie. Later volgde de vestiging van de Verenigde Naties, en tal van niet-gouvernementele organisaties hebben hier hun hoofdkantoor. Neutraliteit en veiligheid maken het tot een plaats bij uitstek voor diplomatieke topontmoetingen. Genève heeft meer te bieden: de mooie ligging aan het Meer van Genève (Lac Léman) en aan de oevers van de Rhône en een levendige oude binnenstad rond de kathedraal, met wijnhuizen, kunstgaleries en antiekwinkels. Genève telt een groot aantal musea, op het gebied van (moderne) kunst, wetenschap en geschiedenis.

Zuidelijke Rhôneoever

De meeste bezienswaardigheden en de oude binnenstad bevinden zich aan de zuidelijke oever van de Rhône, tussen de rivierarmen van de Rhône en de Arve. Een stadsbezoek begint bij voorkeur aan het meer met zijn stadsparken en beroemde fontein.

Jet d'Eau 1

10-16 uur, niet bij harde wind of vorst
De 140 m hoog spuitende fontein is in de wijde omtrek te zien en werd in 1891 aangelegd ter ere van de 600ste verjaardag van de Zwitserse republiek. Per seconde wordt 500 liter water met een snelheid van 200 km per uur naar buiten gespoten. Wandel langs de Jardin Anglais, met bankjes, zicht op het meer en de 4 m grote klok van bloemen. Een stukje verder ligt het Parc de la Grange, met prachtige rozentuin, en het aangrenzende Parc des Eaux Vives, met arboretum. Vanaf de kade gaat een pontje naar de noordkant van het meer naar het Palais des Nations en het Internationale Rode Kruismuseum.

Île Rousseau 2

Terug in het centrum overspannen vier bruggen de Rhône; op het kleine Île Rousseau staat het standbeeld van Jean Jacques Rousseau, geboren in Genève, en vindt u een rustig plekje midden in de rivier (met theetuin). Op de vierde Rhônebrug, de Pont de l'Île, bevindt zich de Tour de l'Île, het enige overblijfsel van het 13e-eeuwse bisschoppelijke paleis.

Ville Vieille

Vanaf de Pont de l'Île wandelt u door de autovrije Cité of Ville Vieille (oude binnenstad) over de rue de la Cité naar de place du Bourg-de-Four. Dit is het oudste plein van de stad, al marktplaats van de Romeinen, met antiekwinkels, fontein en terrasjes. In de directe omgeving van het plein bevinden zich de belangrijkste historische gebouwen en de kathedraal. Het Ancien Arsenal was in de 18/19e eeuw in gebruik als wapenopslag en is nu een staatsarchief. Het Hôtel de Ville (stadhuis) heeft een 17e-eeuwse gevel in renaissancestijl en een mooie binnenhof met zuilengalerijen.

Cathédrale St-Pierre 3

Place du Bourg-de-Four 24, www.cathedrale-geneve.ch, 's zomers: 9.30-18.30, za. tot 17, zo. 12-18.30, 's winters: ma.-za. 10-17.30, zo. 12-17.30 uur. Toegang toren € 5
Grotendeels 12e-eeuws, gebouwd op fundamenten van 4e- en 6e-eeuwse kerken. Sinds 1536 is de kerk protestants; daardoor is het interieur nu indruk-

wekkend eenvoudig. Calvijn heeft hier vaak gepreekt en leidde vanuit Genève de reformatie. Beklim de noordtoren voor een schitterend uitzicht.

Musée de la Reforme 4

Rue du Cloître 4, www.musee-reforme.ch, di.-zo. 10-17 uur, CHF 13
In het 18e eeuwse Maison Mallet, naast de kathedraal, is het Internationale Museum van de Reformatie gevestigd.

Muur van de Reformatie 5

In het prachtige Parc des Bastions (1204 Genève), aan de zuidkant van de Cité, herinnert dit monument aan de gebeurtenissen en de figuren van de Protestantse reformatie. Meer dan levens-

Genève

Bezienswaardigheden
1. Jet d'Eau
2. Île Rousseau
3. Cathédrale St-Pierre
4. Musée de la Reforme
5. Muur van de Reformatie
6. Bâtiment Forces Motrices
7. Musée d'Art et d'Histoire
8. MAMCO
9. MEG
10. Maison des Schtroumpfs
11. Église Ste-Trinité
12. Palais des Nations
13. Rode Kruismuseum
14. Le Vieux Carouge

Overnachten
1. Beau Rivage
2. Domaine Châteauvieux
3. Hotel Cornavin
4. La Cour des Augustins
5. Hotel Jade
6. TCS Camping Genève

Eten en drinken
1. Parc des Eaux-Vives
2. La Buvette des Bains
3. Cafe de Paris
4. Thai
5. Café du Bourg de Four
6. Qu'Importe

Winkelen
1. Vieux Carouge

Uitgaan
1. Chat Noir Club
2. Bâtiment des Forces Motrices

Actief
1. Plage des Pâquis
2. Genève Roule

grote standbeelden van Guillaume Farel, Jean Calvin, Théodore de Bèze en John Knox domineren de 100 meter lange muur, als wachters over deze *Cité de la refuge* (stad van toevlucht).

Bâtiment des Forces Motrices 6

Place des Volontaires 2, tel. 022 322 12 20, www.bfm.ch

In 1886 was le Bâtiment des Forces Motrices Genèves eerste krachtcentrale, die de stad voorzag van stroom en water. Tegenwoordig dient het gebouw midden in de Rhône als schouwburg, concertzaal en opera met 985 plaatsen.

Musée d'Art et d'Histoire 7

Rue Charles-Galland 2, tel. 022 418 26 00, www.mah-geneve.ch, di.-zo. 11-18 uur, CHF 5-20, afhankelijk van de expositie; 1e zo. van de maand gratis

Een van de belangrijkste en grootste musea van Zwitserland. Een statig neoclassicistisch gebouw uit 1910 omvat vijf verdiepingen met archeologische collecties, historische objecten, standbeelden en schilderijen, onder andere van de Zwitserse schilders Konrad Witz en Ferdinand Hodler.

MAMCO (Musée d'Art Moderne et Contemporain) 8

Rue des Vieux-Grenadiers 10, tel. 022 320 61 22, www.mamco.ch, di.-zo. 12-18, za., zo. vanaf 11 uur, CHF 8

Het grootste museum voor moderne en hedendaagse kunst van Zwitserland, is gevestigd in een oud fabrieksgebouw en is geheel gewijd aan de hedendaagse kunst.

Centre de la Photographie

Rue des Bains 28 (vlak bij het MAMCO), www.centrephotogeneve.ch, di.-zo. 11-18 uur; CHF 5

Klein fotografiecentrum met wisselende tentoonstellingen.

MEG (Musée etnographique de Genève) 9

Boulevard Carl-Vogt 65, tel. 022 418 45 50, www.meg-geneve.ch, di.-zo. 11-18 uur, tentoonstellingen CHF 9, vaste collectie gratis

Van de vele wetenschappelijke musea is het Etnografisch museum de moeite waard, met collecties en exposities over volken en culturen uit de hele wereld, in een strak wit modern gebouw.

Noordelijke Rhôneoever

Les Paquis

De levendige uitgaanswijk Les Paquis tussen het meer en het treinstation telt veel restaurants, eethuisjes en hotels. Enkele voorbeelden van moderne architectuur zijn het omstreden **Maison des Schtroumpfs** 10 (smurfenhuis), een kleurrijk wooncomplex uit 1984 (rue Louis-Favre 25 in de wijk Les Grottes achter het treinstation) en de **Église Ste-Trinité** 11, ontworpen door de Italiaanse architect Ugo Brunoni, een bol van roze graniet tegen een strak gebouw met metalen wanden (rue Ferrier 16). Op de rechteroever van de Rhône liggen mooie kades en langs het meer de uitgestrekte parken Mon Repos, la Perle du Lac en Parc de l'Ariana met daarin de Jardin Botanique.

Palais des Nations 12

Place des Nations, 1211 Genève, tel. 022 917 12 34, www.unog.ch, gegidste rondleidingen (2 uur) vanaf portail de Pregny ma.-za., 10 en 14 uur, legitimatiebewijs vereist, CHF 12

In het noorden van de stad ligt het Palais des Nations, zetel van het VN hoofdkwartier Europa, in een classicistisch gebouw uit 1936. Het complex heeft 34 conferentiezalen en 2800 kantoren en is na het VN-hoofdkwartier in New York het grootste centrum van de Verenigde Naties. Er zijn dagelijks rondleidingen in verschillende talen. Op het terrein van het Palais des Nations staan verschillende monumenten, waaronder de bekende Celestial Sphere (wereldbol), een gift van de VS in 1939.

De kolossale *Broken Chair* (Gebroken Stoel) van de Geneefse kunstenaar Daniel Berset op de place des Nations (zuidelijke toegang) verbeeldt de hedendaagse strijd tegen landmijnen.

Rode Kruismuseum 13

Avenue de la Paix 17, 1202 Genève, tel. 022 748 95 11, www.redcrossmuseum.ch, di.-zo. 10-18, nov.-mrt. tot 17 uur, CHF 15

Musée international de la Croix-Rouge et du Croissant-Rouge; het in 2013 geheel vernieuwde museum bevat collecties over Henri Dunant, het Rode Kruis, de Rode Halvemaan en diverse thematische tentoonstellingen over de humanitaire uitdagingen van de moderne tijd, zoals verdediging van de menselijke waardigheid en het voorkomen van natuurrampen.

Carouge – een stukje Italië

Aan de andere kant van de Arve ligt een paar km buiten het centrum de wijk Carouge, dat tot 1816 een aparte stad was, in bezit van het koninkrijk Sardinië en Savoie. Het werd als handelsstad gebouwd om te kunnen concurreren met Genève. Carouge heeft een Italiaanse architectuur en werd gebouwd

Broken Chair voor het Palais des Nations

volgens een schaakbordpatroon van regelmatig gerangschikte, rechthoekige huizenblokken. De bewoners van Genève die ten tijde van Calvijn even onder het Calvijnse juk uitwilden, gingen naar Carouge om bij te tanken, te drinken en te kaarten. Carouge hoort tegenwoordig bij Zwitserland, maar heeft haar Italiaanse sfeer en charme weten te behouden.

In **Le Vieux Carouge** 14 rond de place du Marché staan mooie 18e-eeuwse huizen. In veel ervan vindt u tegenwoordig boetieks, werkplaatsen, ateliers en antiekwinkels. Carouge is een echte uitgaanswijk, met een keur aan restaurants, cafés en clubs.

Neem (vanaf Gare Cornavin) tramlijn 12 om naar Carouge te gaan. Zodra de tram de rivier oversteekt, verandert de sfeer van wereldstad naar provinciaals.

De verlichte fietsbrug Pont de Wilsdorf, tussen het centrum en Carouge

Info

Toeristenbureau: rue de Mont-Blanc 18, 1201 Genève, tel. 022 909 70 00, www.geneve-tourisme.ch
Gasten van hotels, jeugdherberg of camping ontvangen de **Geneva Transport Card** en reizen daarmee gratis in bus, trein en tram in Genève.
De **Geneva Pass**, voor 24, 48 of 72 uur (CHF 26, 37 of 45), geeft kortingen op attracties en musea (meeste musea 50% korting).

Overnachten

Vanwege de vele diplomaten en congressen telt Genève veel hotels in het hogere segment. De wijk Les Paquis is populair en telt ook veel middenklasse- en budgethotels. Door de grote concurrentie vindt u op diverse bookingsites vaak aanbiedingen. Op de site van Genève Tourisme vindt u weekendaanbiedingen (*weekend package*) voor 50% van de normale kamerprijs.

Staatshoofden en beroemdheden – **Beau Rivage** 1: quai du Mont Blanc 13, tel. 022 716 66 66, 2pk vanaf CHF 600. De meeste luxehotels liggen aan de quai du Mont Blanc aan het meer. Zo ook dit beroemdste hotel van Genève. In Beau Rivage logeerden sinds 1865 vele staatshoofden en beroemdheden.

Professor Zonnebloem – **Cornavin** 3: boulevard James-Fazy 23, tel. 022 716 12 12, www.fassbindhotels.ch, 2pk vanaf CHF 128. Dit designhotel voor zakenreizigers en toeristen werd beroemd door Hergé, die hier Professor Zonnebloem liet overnachten. Ook de moderne reiziger ontbreekt het hier aan niets; met sauna en fitnessruimte. Fraai uitzicht vanaf de eetzaal op de bovenste verdieping.

Designhotel – **La Cour des Augustins** 4: rue Jean Violette 15, 1205 Genève, tel. 022 322 21 00, www.lacour

desaugustins.com, 2pk vanaf CHF 145. Prachtig designhotel in het centrum van Genève, met kunstzinnig ingerichte kamers, suites en appartementen; wellness en fitnessroom.

Feng Shui – **Hotel Jade** 5: rue Rothschild 55, 1202 Genève, tel. 022 544 38 38, www.hoteljadegeneva.com, 2pk vanaf CHF 135. Hotel in Aziatische stijl, ingericht volgend de principes van Feng Shui. Ruime kamers, restaurant en rustgevende bamboetuin.

Luxe camping – **TCS Camping Genève Vésenaz** 6: chemin de la Bise, 1222 Vésenaz, tel. 022 752 12 96, www.tcs.ch. Camping op 4 km van het centrum; van alle gemakken voorzien, o.a. restaurant, boot- en kanoverhuur, zeilschool en zwembad vlak bij; verhuur van 2- en 3-persoons *pods* (campinghutten).

Eten & drinken

Genève is een multiculturele stad en dat weerspiegelt zich in de restaurants. De meest decadente restaurants bevinden zich aan het meer. Rond de rue des Paquis op rechteroever van de Rhône zijn volop restaurantjes uit Afrika en Latijns-Amerika, maar ook Aziatische en Zwitsers-Franse; probeer vooral de rue de Berne. De oude stad heeft vooral traditioneel Zwitserse en Franse restaurants. Een populair ontmoetingspunt is daar de place du Bourg-de-Four met terrasjes en koffiehuizen.

Chique dineren – **Parc des Eaux-Vives** 1: quai Gustave-Ador 82, tel. 022 849 75 75, parcdeseauxvives.ch. Dit hotel in het park kijkt majestueus uit over het Meer van Genève. Stijlvol dineren in de eetzaal van di.-zo. De brasserie is dagelijks geopend. Lunchmenu brasserie CHF 40, *menu plaisir* CHF 85.

Simpel strandcafé – **La Buvette des Bains** 2: quai du Mont-Blanc 30, tel. 022 738 16 16, www.buvettedesbains.ch. Populair restaurant en buffet op het strandje Paquis Plage, kies als lunch het voordelige dagmenu (CHF 14) en 's avonds de originele fondue. 's Zomers betaalt u € 2 entree voor de toegang tot de pier, het strandbad en het café.

Topadres voor entrecôte – **Cafe de Paris** 3: rue du Mont-Blanc 26, tel. 022 732 8450, Authentiek Parijse brasserie uit de jaren 30. Dit restaurant kent al 70 jaar alleen 1 hoofdgerecht: *Entrecôte au beurre Café de Paris* (CHF 42,50); subliem!

Trendy – **Thai** 4: rue Neuve-du-Molard 3, tel. 022 310 12 54, www.thai-geneve.com. Dit stijlvolle en trendy Thaise restaurant ontvangt twee keer per week verse ingrediënten uit Bangkok.

Eetcafé – **Café du Bourg de Four** 5: place du Bourg-de-Four 13. Eetcafé in de oude stad met een lange historie. Simpele, maar uitstekende keuken; vermaard is de *rösti œuf jambon fromage*.

Tapas en wijnbar – **Qu'importe** 6: rue Ancienne 1, 1227 Carouge, tel. 022 342 15 25, www.quimporte.ch. Deze sfeervolle wijnbar met terras bevindt zich in stadswijk Carouge, waar zich de meest trendy en experimentele restaurants van Genève bevinden.

Winkelen

Voor de leukste winkelervaring gaat u naar de voorstad **Vieux Carouge** 1: met een keur aan designerwinkels in een apart Italiaans decor. De leukste winkels bevinden zich in de straatjes tussen de rue St-Joseph en de place du Marché.

Uitgaan

Carouge: het gebied rond de rue Vautier is een populair uitgaansgebied.

Bar met live muziek – **Chat Noir Club**

1 : rue Vautier 13, www.chatnoir.ch, zo. en ma. gesl. Gezellige bar in Carouge, tot laat open en iedere avond live muziek. Ook op straat in de rue Vaultier worden vaak live concertengegeven.
Opera, dans en klassieke muziek – Bâtiment des Forces Motrices **2** : place des Volontaires 2; check voor optredens in deze vroegere krachtcentrale de website www.bfm.ch

Actief

Zwemmen – Plage des Pâquis **1** : op de rechteroever kunt u dagelijks van 8.30 tot 20 uur vanaf de pier in het Meer van Genève zwemmen. Het strandje is niet bewaakt, maar het zwemgedeelte is veilig afgeschermd van de stroming.
Gratis fietsen – Genève Roule **2** : tel. 022 740 13 43, www.geneveroule.ch. Vanaf de place de Montbrillant 17 (en 's zomers ook op de place du Rhône, Bains des Pâquis, Plaine de Plainpalais) kunt u tegen een waarborg van CHF 20 gratis een fiets lenen voor maximaal 4 uur.

Omgeving van Genève

Groot-Genève wordt aan alle kanten ingesloten door Frans grondgebied en alle uitwaaierende wegen, behalve die langs het meer, leiden naar Frankrijk.

Uitkijkpunt Mont Salève

Dalstation kabelbaan: route du Téléphérique, 74100, Etrembières, Frankrijk (bus 8 vanaf Gare Cornavin); www.telepherique-du-saleve.com, mei-sept. dag. 9.30-18 uur, april, okt. en nov. niet op ma., retour € 11.30
De Franse Mont Salève (1380 m), ligt op een steenworp afstand en is - weliswaar op Frans grondgebied - een huisberg van Genève. Vanuit Veyrier (Pas-de-Échelle) gaat van april tot half nov.

Microcosm, CERN

een kabelbaan naar 1097 m. Het café bij het bergstation van de kabelbaan biedt uitzicht van de Jura tot de Alpen en is een ideaal startpunt voor hikes over het bergmassief.

CERN & Microcosm

CERN, 1211 Genève (20 min. met lijn 18 vanaf station Cornavin), tel. 022 767 76 76, visits.web.cern.ch, Microcosm: ma.-za. 9-17 uur, gratis; rondleidingen CERN-laboratorium: ma.-za. om 11 en 13 uur
In Meyrin, ten westen van Genève, bevindt zich het CERN (Europees laboratorium voor deeltjesfysica). Op het terrein van het CERN (onder de grond) werd in 2008 de grootste deeltjesversneller ter wereld, de LHC (Large Hadron Collider) in gebruik genomen. Geïnteresseerden komen in het vernieuwde interactieve museum Microcosm alles te weten over het universum van de kleine deeltjesfysica.

Nyon ▶ A7

De zonnige hellingen langs het Meer van Genève zijn bedekt met wijngaarden. Daartussen ligt halverwege Genève en Lausanne het chique stadje Nyon, met zijn witte kasteel met vijf torens, gebouwd in de 12e eeuw. Vanaf de Promenade des Vieilles Murailles in de benedenstad hebt u prachtig zicht op Genève en de Alpen. Nyon is een aangename verblijfplaats met enkele musea, parken en een kleine haven.

Château de Nyon
Place du Château, 1260 Nyon, tel. 022 316 42 73, www.chateaudenyon.ch, di.-zo.; april-okt. 10-17, nov.-mrt. 14-17 uur, CHF 8

In het kasteel is tegenwoordig het Musée historique et des Porcelaines gevestigd met Romeinse vondsten en het beroemde 18e-eeuws porselein uit Nyon en omgeving.

Musée du Lac Leman
Quai Louis-Bonnard 8, 1260 Nyon, tel. 022 316 42 50, www.museeduleman.ch, di.-zo.; april-okt. 10-17, nov.-mrt. 14-17 uur, CHF 6

In de benedenstad ligt aan het meer het Musée du Lac Leman met modellen van boten die hier voeren door de eeuwen heen, met aquaria en informatie over het meer en zijn flora en fauna.

Zwitsers nationaal museum Château de Prangins
1197 Prangins, tel. 058 469 38 90, www.chateaudeprangins.ch, di.-zo. 11-17 uur, CHF 10

In Prangins, aan de rand van Nyon, staat een groot hoefijzervormig paleis waar in 1755 Voltaire kort zijn intrek nam. Nu vindt u er een afdeling van het Zwitsers nationaal museum, met afdelingen over de 18e- en 19e-eeuwse geschiedenis van Zwitserland.

Info en evenementen

Toeristenbureau: Avenue Viollier 8, 1260 Nyon, tel. 022 365 66 00, www.nyon-tourisme.ch
Paléo Festival: Eind juli. Zwitserlands grootste outdoor-muziekfestival. Muziek van jong talent: rock, Franse chansons, wereldmuziek, hip-hop, klassieke muziek en straat theater. Met kinderopvang, meer dan 100 eetstalletjes en gratis camping, www.yeah.paleo.ch.

Overnachten

Luxe B&B – **Villa Sanluca:** chemin des Cottages 6, 1260 Nyon, tel. 022 362 62 53, www.villa-sanluca.ch, 2pk vanaf CHF 189. Sandra en Lukas Hofer-Veraldi ontvangen u in hun stijlvolle boutiquehotel in een villa uit 1910; met 3 royale kamers, tuin en klein zwembad.

Vuurwerkshow tijdens het Paleo Festival

Lausanne

Speelse fontein op de Place de la Navigation, Lausanne-Ouchy

Lausanne ▶ C7

Lausanne, met 130.000 inwoners de 4e stad van Zwitserland en hoofdstad van het kanton Vaud, is schitterend gelegen op drie heuvels aan het meer van Genève. Het is een stad met flinke hoogteverschillen: het levendige oude centrum – de middeleeuwse *Cité* – vormt de bovenstad op een heuvel ten noorden van het station. De mondaine benedenstad werd gebouwd aan het Meer van Genève en verdrong het vissersplaatsje Ouchy. Om het grote hoogteverschil te vermijden kunt u gebruik maken van tram, bus of de enige metro van Zwitserland, tussen Ouchy en de hooggelegen delen van de stad.

Lausanne is een internationale stad met zetels van multinationals, het IOC (Internationaal Olympisch Comité) en andere sportfederaties. De handelsbeurs *Comptoir Suisse* trekt in september jaarlijks 1 miljoen bezoekers. De vele studenten, congresgangers en toeristen geven kleur aan deze levendige stad.

Historische binnenstad

Place de la Palud 1

Het kloppende hart van de *Cité* met het 17e-eeuwse Hôtel de Ville (stadhuis) en de Fontaine de la Justice uit 1726. Tussen dit plein en de kathedraal loopt de middeleeuwse trap Escaliers du Marché. In het gebied net onder de Cité zijn veel leuke straten met winkels en cafés; het grootste gedeelte is autovrij. De nabijgelegen stadswijk Flon ten westen van de Grand Pont is het trendy culturele centrum van Lausanne geworden.

Cathédrale Nôtre-Dame 2

tel. 021 316 71 61, april-sept. 9-19, okt.-mrt. 9-17.30 uur

De kathedraal van Lausanne torent uit uit boven de historische Cité. Het is een van de grootste en mooiste gotische kerken van Zwitserland, gebouwd in de 12e en 13e eeuw. Indrukwekkend zijn de beelden aan het zuid- en hoofdportaal en het roosvenster met afbeelding van de tekenen van de dierenriem.

Lausanne

Bezienswaardigheden
1. Place de la Palud
2. Cathédrale Nôtre-Dame
3. Musée historique
4. MUDAC
5. Musée des Beaux-Arts
6. Château St-Maire
7. Collection de l'Art brut
8. Olympisch museum
9. Jardin botanique
10. Fondation l'Hermitage

Overnachten
1. Angleterre & Residence
2. Hotel des Voyageurs
3. Agora Swiss Night
4. Lausannne Guesthouse & Backpacker

Eten en drinken
1. Château d'Ouchy
2. La Crêperie d'Ouchy
3. Cafe Romand

Actief
1. boottochten Lac Léman

Musée historique 3

Place de la Cathédrale 4, tel. 021 315 41 01, www.lausanne.ch/mhl, het museum is in 2017 tijdelijk gesloten voor renovatie.

Aan het plein voor de kathedraal vindt u het historisch museum in een pand dat tot de 15e eeuw zetel van de bisschop was, met een collectie over de geschiedenis van de stad.

MUDAC 4

Place de la Cathédrale 6, tel. 021 315 25 50, mudac.ch, juli-aug. dag. 11-18 uur, rest v/h jaar ma. gesl., CHF 10

Op hetzelfde plein vindt u ook het hipste museum van Lausanne: MUDAC (Musée de Design et d'arts Appliqués Contemporains), het niet te missen museum voor wereldwijde hedendaagse kunst en design.

Musée des Beaux-Arts 5

Palais de Rumine, place de la Riponne 6, 1006 Lausanne, tel. 021 316 34 45, www.mcba.ch, gratis toegang, di.-do. 11-18, vr.-zo. 11-17 uur

Naast de kathedraal vindt u in het 19e-eeuwse Palais de Rumine musea over geld en munten, archeologie, geologie en zoölogie en sinds 1841 het Musée cantonal des Beaux-Arts met schilderijen van Zwitserse kunstenaars (o.a. Hodler en Vallotton) en Franse kunstwerken uit de 19e en 20e eeuw.

Château St-Maire 6

De Cité wordt aan de bovenzijde begrensd door het Château St-Maire. In de 15e eeuw heersten hier de bisschoppen, daarna de Berner landvoogden en nu de kantonsregering van Vaud.

Collection de l'Art brut 7

Avenue des Bergières 11, 1004 Lausanne, tel. 021 315 25 70, www.artbrut.ch, juli-aug. dag. 11-18 uur, rest v/h jaar ma. gesl., CHF 10

De stallen van het 18e-eeuwse Château de Beaulieu zijn door de schilder Jean Dubuffet ingericht met de *Collection de l'Art brut*, zogenaamde *Outsider Art*, kunstwerken van autodidactische kunstenaars, die veelal buiten de maatschappij staan, zoals gevangenen en psychiatrische patienten.

Benedenstad Ouchy

De benedenstad heeft het vroegere haventje Ouchy ingenomen en heeft een kilometerslange boulevard langs het meer, die zich uitstrekt van de place de la Navigation (aanlegsteiger van de boten), langs de jachthaven, het hotel Château d'Ouchy tot aan het Olympisch museum. Over de quai d'Ouchy is het heerlijk flaneren op een warme zomeravond.

Olympisch museum [8]

Quai d'Ouchy 1, 1006 Lausanne, tel. 021 621 65 11, www.olympic.org/museum, mei-okt.: dag. 9-18, 15 okt. t/m april: di.-zo. 10-18 uur, CHF 18

Beneden aan het meer staat het nieuwe interactieve Musée Olympique over de geschiedenis en de sportprestaties van de Olympische Spelen. Het museum wordt omgeven door een Olympisch park met beelden van hedendaagse kunstenaars met het thema sport.

Jardin botanique [9]

Avenue de Cour 1 bis, Ouchy, 1007 Lausanne, dag. 10-17, mei-okt. tot 18.30 uur, gratis

Tussen het meer en het station ligt in het Parc de Montriond de Botanische tuin, met rotsplanten uit de hele wereld, medicinale planten en tropische kassen.

Fondation l'Hermitage [10]

Route du Signal 2, 1000 Lausanne, bus 16; di.-zo. 10-18, do. tot 21 uur, www.fondation-hermitage.ch, CHF 19

Een prachtige villa uit 1841, gelegen in een groot park, vormt een inspirerende locatie voor kunst. Er worden jaarlijks 2 tot 3 wisselende tentoonstellingen gehouden van impressionistische, moderne en hedendaagse schilderkunst.

Info

Toeristenbureau: Place de la Gare 9 (station) en place de la Navigation (aanlegsteiger schepen), 1007 Lausanne-Ouchy, tel. 021 613 73 73, www.lausanne-tourisme.ch: dag. 9-19, 's winters tot 18 uur.

Lausanne Transport Card: Als hotelgast krijgt u voor de duur van uw verblijf deze pas, waarmee u gratis van metro en bus gebruik kunt maken.

Overnachten

Stijlvol aan het meer – **Angleterre & Residence** [1]: place du Port 11, 1006 Lausanne, tel. 021 613 34 40, www.angleterre-residence.ch, 2pk vanaf CHF 240. Dit hotel uit de *Belle Époque* verenigt traditie met moderniteit en heeft alle comfort zoals een spa, zwembad en uitstekend restaurant.

Centraal – **Hotel des Voyageurs** [2]: rue Grand-St-Jean 19, 1003 Lausanne, tel. 021 319 91 11, www.voyageurs.ch, 2pk vanaf CHF 175. In 2015 gerenoveerd Art-décohotel in de wijk Flon, in het hart van Lausanne; 36 kamers en suites.

Modern – **Agora Swiss Night** [3]: avenue du Rond-Point 9, 1006 Lausanne, tel. 021 555 59 55, www.agoraswissnighthotel-lausanne.com, 2pk vanaf CHF 135. Dit moderne hotel wordt geprezen om zijn ruime kamers, panorama-uitzicht uit de ontbijtzaal en faciliteiten als sauna en fitness.

Budget – **Lausannne Guesthouse & Backpacker** [4]: chemin des Epinettes 4, 1007 Lausanne, www.lausanne-guesthouse.ch. Sympatiek en betaalbare alternatief in Lausanne, met 2- en 4-persoons kamers; vanaf CHF 35,90 per bed.

Eten & drinken

Stijlvol – **Château d'Ouchy** [1]: aan het meer, place du Port 2, tel. 021 331 32 32, www.chateaudouchy.ch. Dit kasteelhotel serveert verse forellen uit het meer; menu du soir: CHF 65.

Crêpes en ijs – **La Crêperie d'Ouchy** [2]: place du Port 7, tel. 021 616 26 07, www.ouchycrep.com. Terras aan het meer met heerlijke crêpes en ijscoupes.

Brasserie – **Café Romand** [3]: place St-François 2, tel. 021 312 63 75, www.caferomand.ch. Klassieke brasserie in het centrum, sinds 1951. Tip: het *menu du jour* is altijd goed.

Actief

Varen – **Boottocht Lac Léman:** Vanaf de place de la Navigation **1** vertrekken boten naar ruim 30 plaatsen waaronder Évian en Thonon in Frankrijk (informatie en dienstregelingen: www.cgn.ch).

Zwitserse Rivièra ✹

Tussen Lausanne, Vevey en Montreux ligt een prachtige kuststrook die ook wel de Zwitserse Rivièra wordt genoemd. Beschut door de naar het oosten toe steeds hoger oprijzende Alpes Vaudoises heeft dit gebied in de luwte van de bergen een bijna mediterraan klimaat. Het meer zorgt voor een temperende invloed in voor- en najaar. Aan de westkant ligt het beroemde wijnbouwgebied van Lavaux (zie blz. 196). Naar het oosten toe zijn de beide parels van het meer, de stadjes Vevey en Montreux, samengegroeid tot één agglomeratie en bieden een kilometerslange promenade langs het meer met palmbomen en subtropische planten. De twee plaatsen hebben elk een heel eigen karakter.

Vevey ▶ C 7

Op de grondvesten van het Romeinse Vibiscum verrees Vevey, een havenplaats aan de monding van het riviertje de Veveyse. Het stadje heeft een bezienswaardige oude binnenstad aan het meer en heeft zich later terrasvormig uitgebreid tegen de achterliggende Mont Pèlerin (1080 m) aan.

Sinds de 19e eeuw namen vele beroemdheden hier hun intrek, zoals Gogol, Bennett, Chaplin en Bakoenin. Zo veel Russen uit de Russische aristocratie voelden zich hier thuis dat in 1878 in de rue des Communaux een Russi-

Kunst in het Lac Léman bij Vevey

sche kerk werd gebouwd. Tegenover deze kerk staat het Musée Jenisch met een bijzondere collectie schilderijen uit de 16e tot en met 20e eeuw. Aan de quai Perdonnet aan het meer staat een standbeeld van Charlie Chaplin, de beroemdste inwoner van Vevey, die de laatste 25 jaren van zijn leven in Corsier-sur-Vevey doorbracht en hier werd begraven.

Marché Folklorique

Hart van Vevey is de 19e-eeuwse Grand place aan het meer met de markthal uit 1808, het Musée Suisse de l'appareil photographique (di.-zo. 11-17.30 uur) en het neogotische Château de l'Aile. Vanaf de Grand place bereikt u over de rue du Lac het schilderachtigste deel van Vevey, met smalle steegjes en vele winkels, bedrijfjes, en bistro's. Op de Grand place van Vevey ▷ blz. 198

Op ontdekkingsreis

De wijngaarden van Lavaux

Tussen Lausanne en Vevey/Montreux strekken zich over 14 km lengte de wijngaarden uit van Lavaux. Dit door de mensen geschapen cultuurlandschap van wijnterrassen en kleine wijndorpen is van grote schoonheid. De druiven profiteren van de reflectie van de warmte door het meer en de opgeslagen warmte in de stenen muurtjes.

Kaart: ▶ C 7
Informatie: www.lavaux.ch
Duur: dagtocht

UNESCO-Werelderfgoed

Het wijnbouwgebied is sinds 2007 beschermd en als waardevol cultuurlandschap opgenomen op de UNESCO-Werelderfgoedlijst. In de 12e eeuw schonk de bisschop van Lausanne de Cisterciënzer monniken een aantal landbouwdomeinen. De monniken maakten het land bebouwbaar door de aanleg van muurtjes en terrassen. De wijngaarden zijn op zulke steile hellingen aangelegd dat veel van het werk met de hand gedaan moet worden. De wijngaarden, die onder andere de dorin en de chasselas leveren, zijn omgeven met lage muurtjes, tussen de dorpen. Verdedigingstorens en kleine kastelen steken boven het landschap uit. Hoogtepunt van het jaar is het feest van de wijnoogst (eind sept.-half oktober).

Route du Vignoble

Tussen Lausanne en Vevey zijn vanaf

Lutry drie routes mogelijk: een direct langs het meer, een tussen wijngaarden en dorpjes boven het meer en de grote weg daar weer boven. De middelste weg, **route du Vignoble** (Corniche de Lavaux), is verreweg te verkiezen; 's zomers rijdt hier vanuit Cully of Lutry het toeristentreintje Lavaux Express (enkele malen per week, info: tel. 0848 848 791, www.lavauxexpress.ch).

Het uitzicht vanaf de Corniche de Lavaux over de wijngaarden op het meer en de Alpen is heel fraai, vooral in het voorjaar, als de bergtoppen nog wit besneeuwd zijn en in het najaar tijdens de wijnoogst. De route is ook heel mooi als fietsroute (enkele steile klimmetjes), maar het best kunt u de wijnstreek te voet verkennen, op de onder beschreven wandelroute. Het bekendste wijndorp van dit gebied is de badplaats **Cully** 1, met aardige straatjes en wijnkelders.

Lavaux Vinorama 1

Route du Lac 2, 1071 Rivaz, tel. 021 946 31 31, www.lavaux-vinorama.ch, 's zomers: dag. 10.30-20.30, zo. tot 19 uur; nov.-mei: ma. en di. gesl.
Deze moderne wijnkelder, die verscholen is aangelegd in een wijnterras in het dorp Rivas aan het meer, biedt u 300 wijnen uit het wijngebied van Lavaux. De chasselas (Gutedel) is de belangrijkste druif van Lavaux. In het proeflokaal wordt een selectie van deze wijnen aangeboden en kunt u deelnemen aan diverse proeverijen.

Wandeling door de wijngaarden
Terrasses de Lavaux, St-Saphorin – Lutry: 11km, ca. 3 uur
Informatie en kaart: www.wanderland.ch (voor in het zoekveld in: 113)
Deze prachtige wandeling slingert over de beroemde wijnterrassen van Lavaux en is geheel bewegwijzerd. De route loopt van Saint-Saphorin (bij Lausanne) naar Lutry (bij Vevey), of omgekeerd, en u kunt met de trein terugkeren. Onderweg passeert u schilderachtige dorpjes Epesses 2, Riex 3 en Grandvaux 4, waar wijnkelders uitnodigen tot een stop en passeert u de uitgebreide Vinorama (wijnkelder) in Rivaz.

Overnachten
Auberge de la Gare 1: rue de la Gare 1, 1901 Grandvaux, tel. 021 799 26 86, www.aubergegrandvaux.ch, 2pk vanaf CHF 180. Kleine auberge in het wijngebied van Lavaux; met romantisch ingerichte kamers en uitstekend restaurant met panoramaterras aan het meer. De keuken serveert lokale streekgerechten.
Hotel Lavaux 2: route de Vevey 51, 1096 Cully, tel. 021-799 93 93, www.hotellavaux.ch, 2pk vanaf CHF 155. Modern hotel en dito kamers, familiekamers en appartementen, veel met eigen balkon; verhuur van e-bikes.

wordt 's zomers tussen 13 juli en 13 augustus iedere zaterdag van 10-13 uur een beroemde markt gehouden: de **Marché Folklorique** met muziek en gratis wijn. Je koopt een eerste glas dat je onbeperkt kunt bijvullen met diverse lokale wijnen van de plaatselijke boeren. Tot 13 uur of tot de wijn op is. Elke zaterdag andere wijnboeren. Blaaskapellen, alphoorns en wijnboeren in klederdracht zorgen daarbij voor de juiste stemming.

Alimentarium

Quai Perdonnet 25, 1800 Vevey, tel. 021 924 41 11, www.alimentarium. org, di.-zo. 10-18, 's winters tot 17 uur, CHF 13

Vevey heeft zijn huidige welstand voor een groot deel te danken aan voedingsmiddelenindustriereus Nestlé, die hier gevestigd is. Het Alimentarium aan de quai Perdonnet in een neoklassiek gebouw uit 1921 (de voormalige zetel van Nestlé) is helemaal aan het onderwerp voeding gewijd, met thema's te levensmiddelen, lichaam en samenleving. Met pedagogische groenten- en kruidentuin. Er zijn kookworkshops en proeverijen en in het bijbehorende restaurant maakt u een reis langs de smaak; zeer de moeite waard.

Chaplins World

Route de Fenil 2, 1804 Corsier-sur-Vevey, tel. 021 903 01 30, www.chaplin museum.com, dag. 10-18 uur, CHF 24

Boven Vevey langs de snelweg wordt sinds 2016 op het voormalige buitenverblijf van de familie Chaplin, Manoir de Ban, het leven en werk van Charlie Chaplins tentoongesteld. In het landhuis en het prachtige park met eeuwenoude bomen krijgen bezoekers inzicht in het leven van de kunstenaar Chaplin en in de nieuw gebouwde Hollywoodstudio staan zijn films centraal (met legendarische filmsets).

Musee Jenisch

Avenue de la Gare 2, 1800 Vevey, tel. 021 921 29 50, www.museejenisch.ch, di.-zo. 10-18, op do. tot 20 uur, CHF 12

In een neoklassiek gebouw toont de Jenisch Gallery haar prentenkabinet (met werken van Dürer, Rembrandt, Corot en Kokoschka) en de kantonale tekeningenverzameling en worden er tijdelijke kunstexposities gehouden, van oude, moderne en hedendaagse tekenkunst.

Musée Suisse du Jeu – leuk voor kinderen

Au Château, 1814 La Tour-de-Peilz, tel. 021 977 23 00, www.museedujeu. ch, di.-zo. 11-17.30 uur, CHF 9, tot 16 jaar CHF 3

Tegen Vevey aan, lopend bereikbaar via de promenade langs het Meer, ligt La Tour-de-Peilz, een oud stadje dat wordt beheerst door haar 13e-eeuwse chateau. In het kasteel is nu het spellenmuseum Musée Suisse du Jeu gevestigd. Ontdek (en speel) spellen van over de hele wereld en van alle tijden.

Montreux ▶ D 7

Vanaf de 18e eeuw zijn mensen van heinde en ver naar Montreux gekomen voor de schone lucht en het aangename klimaat. Bekende namen als Rousseau, Voltaire, Shelley en Byron duiken steeds weer op, terwijl het Russische hof zelfs een eigen perron had op het station waarlangs Tsjaikowski, Stravinsky en Tolstoj binnenkwamen. Tegenwoordig is Montreux een befaamd internationaal congrescentrum en festivalstad.

In juli leeft de hele stad op het ritme van het Montreux Jazz Festival: gedurende 16 dagen stromen 250.000 bezoekers naar de concerten. Aan de oevers van het meer ligt de benedenstad met huizen en hotels uit de *Belle Époque*, congrescentra en wandelpromenades vol bloemen, palmen, cipressen, marktkraampjes en jazzpodia. De markthal aan het water is geïnspireerd op de hallen van Parijs. Het staal voor deze hal is afkomstig van dezelfde smederij die het staal leverde voor de Eiffeltoren.

Queen, The Studio Experience

Rue du Théâtre 9, 1820 Montreux, tel. 021 962 83 83, www.queenstudio experience.com, dag. 10.30-22 uur, gratis toegang

Freddie Mercury, de zanger van de legendarische rockband Queen woonde in Montreux, waar de band er zijn beroemde Mountain Studios bezat. In het Casino Barrière Montreux is een tentoonstelling gewijd aan het werk van Queen, met originele muziekinstrumenten, songteksten en geluidsbanden.

Info en evenementen

Toeristenbureau: rue du Théâtre 5, 1820 Montreux, tel. 0848 86 84 84, montreuxriviera.com
Montreux Rivièra Card: Gedurende het verblijf in uw hotel, of op de camping krijgt u een voucher voor gratis reizen met openbaar vervoer in de regio Montreux Rivièra tot een straal van ongeveer 20 km. Ook voor de tandradbaan naar de bergen tot Caux, daarna verder naar Rochers-de-Naye de helft van de prijs. Ook 50 % korting op bootexcursies op het meer en de meeste musea.
Montreux Jazz Festival: Montreux Music & Convention Centre, avenue Claude-Nobs 5, tel. 021 966 44 44, www.montreuxjazz.com.
Montreux Jazz: Beroemd jaarlijks jazzfestival dat de eerste twee weken van juli gehouden wordt in het moderne congrescentrum aan het meer. Het hele jaar kunnen Jazzliefhebbers hier terecht in het Montreux Jazz Café,

avenue Claude Nobs 2, 1820 Montreux, tel. 021 962 13 00, dag. 11.30-22.30 en in de Funky Claude's Bar van 17-01 uur.
MAG Montreux Art Gallery: In november wordt ieder jaar een grote kunstbeurs gehouden van moderne en hedendaagse kunst (www.mag-swiss.com).

Eten & drinken

Terras boven het water – **l'Oasis:** rue du quai 6, 1844 Villeneuve, tel. 021 965 60 20, www.restaurantoasis.ch. Restaurant op de ponton boven het water (vroeger een aanlegsteiger), met uitzicht op de ondergaande zon, begeleid door eenden en zwanen; romantischer kan haast niet. Het restaurant heeft uiteraard een uitgebreide viskaart.

Overnachten

Rust en gastronomie – **Hostellerie Bon Rivage:** route de St-Maurice 18, 1814 La Tour-de-Peilz, tel. 021 977 07 07, www.bon-rivage.ch, 2 pk vanaf CHF 150. Historisch ***hotel aan de rand van Vevey met tuin aan het meer en kamers en suites, waarvan sommige met eigen balkon; restaurant van hoog niveau.
Sereen – **Au fil de l'eau:** rue du Lac 75, 1820 Montreux-Clarens, tel. 021 964 44 11, www.aufildeleau-clarens.ch, 2pk vanaf CHF 150. Klein landhuis aan het meer tussen Vevey en Montreux, omgeven door natuur en water. 7 kamers en suites, allemaal anders ingericht, en een gastronomisch restaurant.
Camping – **Les Grangettes:** route des Grangettes, Noville (Villeneuve), tel. +41 21 960 15 03, www.les-grangettes.ch. Rustige camping in het natuurreservaat Les Grangettes, tussen bos en het meer gelegen; pods (2-p-campinghut, CHF 95 per nacht) en tipi's te huur; hele jaar.

Château de Chillon

Omgeving van Montreux

Wandeling: Montreux Rivièra

Montreux – Villeneuve, 6 km, ca. 1,5 uur, terug met de trein. Informatie en kaart: www.wanderland.ch (tocht 146).

Deze wandeling van Villeneuve naar Montreux over een romantisch pad langs het Meer van Genève mag op uw vakantie zeker niet ontbreken. Op dit vlakke pad langs het meer is de oever vaak nog geen 10 m van het pad vandaan. Uit het mondaine Montreux voert de route langs het wereldberoemde Château de Chillon naar Villeneuve. Het tussen het meer en de oprijzende bergen gelegen Montreux heeft een mild klimaat en een subtropische vegetatie langs de oever. De wandeling eindigt in Villeneuve, dat zijn oorspronkelijke karakter heeft weten te bewaren. Het dorp is bekend om zijn heerlijke wijnen en goede restaurants. Maak deze wandeling bij voorkeur 's avonds, om de zon in het meer onder te zien gaan.

Boottocht Lac Léman

Compagnie Générale de Navigation, Av. de Rhodanie 17, 1007 Lausanne, tel. 0900 929 929, www.cgn.ch

Maak een bootexcursie op het Meer van Genève, of zoals de locals zeggen het *Lac Léman*. Er gaan verschillende lijndiensten en toeristenboten, sommige zijn prachtig onderhouden raderstoomboten, die stammen uit de *Belle Époque*.

Château de Chillon

Avenue de Chillon 21, 1820 Veytaux-Chillon, tel. 021 966 89 10, www.chillon.ch, dag. 9-18, okt.-mrt. 10-16 uur, CHF 12,50

Zonder meer het meest tot de verbeelding sprekende kasteel langs het Meer van Genève, gelegen op een rotspunt in het meer, net buiten Montreux. Het robuuste Château de Chillon ligt langs

Alpes Vaudoises

een aloude route van Frankrijk naar Italië. In de 9e was het kasteel bezit van de bisschoppen van Sion en fungeerde als controlepost voor verkeer te land en te water naar Wallis en het erachter gelegen Italië. In 1150 kwam de vesting in handen van Savoye en kreeg ze haar huidige vorm. Eeuwenlang hielden de heren van Savoye de burcht in bezit, tot ze in 1536 verslagen werden door de Berners. Deze vonden in de gotische kerkers de gevangene François de Bonivard, die naar verluidt zes jaren aan een zuil geketend was geweest.

Het verhaal van deze Geneefse gevangene die zich fel verzet had tegen de landhonger van Savoye en daarvoor in de kerkers van Chillon moest boeten, inspireerde de Britse dichter Lord Byron in 1816 tot het gedicht *The prisoner of Chillon*.

De eerste toeristen, geroerd door Rousseaus *Julie ou la Nouvelle Héloïse* (1761) dat rond Vevey speelt, togen eind 18e eeuw naar het Meer van Genève. Byrons gedicht was de definitieve aanzet tot een gestage stroom toeristen die jaar in jaar uit Chillon bezichtigt en griezelt bij de ketens van Bonivard.

Rochers-de-Naye (2042 m).

Direct voorbij Montreux begint het bergland van de Alpes Vaudoises. Het bekendste uitstapje in het achterland is de Rochers-de-Naye (2042 m), de *huisberg* boven Montreux, zie blz. 203.

Rhônedelta

Informatie: www.pronatura-grangettes.ch; www.tem-navigation.com

Aan de oostkant van het Meer van Genève mondt de Rhône uit in het meer en is een brede delta gevormd. Het natuurreservaat Les Grangettes (bij Noville en Villeneuve) is een rustplaats van internationaal belang voor trekvogels en een belangrijk leefgebied voor water- en waadvogels. Tot nu toe zijn er ruim 250 soorten geteld. Met geluk observeert u hier een zilverreiger, ijsvogel, of een van de bevers die hier leven. U kunt deelnemen aan een *watersafari* met een electroboot of een wandeling maken rond het natuurgebied (6 of 13 km).

Alpes Vaudoises

De Alpen van het kanton Vaud, de Alpes Vaudoises genaamd, liggen ten oosten van het Meer van Genève. Het gebied is niet zo groot en staat wat op zichzelf. Geologisch behoort het tot de Voor-Alpen, die voornamelijk uit kalkgesteenten bestaan. De grens met Wallis wordt gemarkeerd door 3000 m hoge toppen, die gletsjers dragen, zoals de Diablerets en de Grand Muveran.

De hellingen langs het brede Rhônedal zijn steil en dicht bebost, aan de voet ervan liggen wijndorpen als Yvorne, Aigle, Ollon en Bex.

Aigle en omgeving ▶ D 8

Le musée de la vigne et du vin

Place du Château 1, 1860 Aigle, tel. 024 466 21 30, ww.museeduvin. ch, dag. 10-18, 's winters tot 17 uur, CHF 11

Op de plaats in het Rhônedal waar de rivier de Grande Eau door de Ormontskloof uit het gebergte komt, ligt Aigle. Deze rivier heeft hier veel kalkpuin en zand afgezet, waarop de wijnstokken goed gedijen. Hoe de wijnen van Aigle (en andere Zwitserse wijnen) worden verwerkt, opgeslagen en hoe ze smaken, komt u uitgebreid te weten in de 17 zalen van dit wijnbouwmuseum. Het is gehuisvest in een prachtig historisch pand, het 12e-eeuws Château d'Aigle tussen de wijngaarden. Met museumwijnwinkel en restaurant La pinte du Paradis tegenover het museum.

Lavey-les-Bains thermen

Route des Bains 48, 1892 Lavey-Bains, tel. 024 486 15 15, www.lavey-les-bains.ch, 3 uur CHF 27

Ongeveer 10 km ten zuiden van Aigle, dicht bij de bergkam die de kantons Vaud en Wallis scheidt en die gemarkeerd wordt door de Dent de Morcles (2969 m), liggen de plaatsjes Bex en Lavey-Morcles, beide wijn- en fruitdorpen en badplaatsjes met zwavelhoudende bronnen. Het water voor de baden van Lavey komt uit de warmste thermale bron van Zwitserland 62°C tot 70°C, en verwarmt twee outdoor zwembaden en een binnenbad van 32-36°C; met groot saunacomplex, waterval, jacuzzi en luxe spahotel.

Zoutmijnen van Bex

Route des Mines de Sel, 1880 Bex, tel. 024 463 03 30, www.mines.ch, bezoek om 10.30 en 14.30, CHF 20

In de zoutmijn van Le Bévieux, aan de oostkant van Bex, wordt nog altijd zout gewonnen, zo'n 30.000 ton per jaar. Het 50 km lange labyrint van gangen en zalen in de mijn gaat tot 400 m diepte en is al tot voorbij Villars voortgeschreden. Een elektrisch treintje gaat 3 tot 5 maal per dag naar het hart van de mijn voor een rondleiding en een wandeling naar het 400 m diep in de berg gelegen restaurant. Vooral op een warme dag is het een aanbevelenswaardige en verkoelende tocht. Voor avontuurlijk ingestelde bezoekers worden er ook trekkings van 3 ½ uur door de mijn georganiseerd.

Les Diablerets ▶ D 8

Vanaf Aigle kunt u landinwaarts naar de voet van het bergmassief Les Diablerets; over de weg of met de smalspoortrein. Voorbij het gelijknamige dorp Les Diablerets (1162 m) ligt aan de voet van het massief de Creux de Champ, een indrukwekkend amfitheater vol watervallen, die het smeltwater van de gletsjers afvoeren.

Glacier 3000

Route du Pillon 253, 1865 Les Diablerets, tel. 024 492 09 23, www.glacier3000.ch, retour Col du Pillon – Scex Rouge CHF 79

Vanaf de Col du Pillon gaat een kabelbaan in twee etappes naar de toppen van Les Diablerets, de Scex Rouge (2970 m), tegenwoordig *Glacier 3000* genoemd. Vanuit het panoramarestaurant bij het bergstation hebt u zicht op 24 *vierduizenders*, van Jungfrau tot Mont-Blanc, en is van alles is te ondernemen. Op de gletsjer is een ongevaarlijke wandelroute aangelegd naar de Quille du Diable, worden hondensledetochten georganiseerd en kunt u het hele jaar door skiën en langlaufen. Nieuw is de spectaculaire *high peak walk*, een hangbrug tussen de toppen van het bergstation.

Favoriet

Rochers-de-Naye (2042 m)

Fantastische uitzichtberg, die hoog uittorent boven Montreux. Vanaf het meer kunnen sportievelingen de 2000 hoogtemeters te voet overwinnen, maar comfortabeler bereikt u dit uitkijkpunt met de tandradbaan vanuit Montreux. Van het eindstation kunt u verder wandelen naar een uitkijkpunt voor een spectaculair zicht op het Meer van Genève en de Alpen met de karakteristieke Dents du Midi aan de overkant. Te zien zijn er verder de alpenkruidentuin La Rambertia, met 1000 soorten planten en het *marmotten paradijs*, een reservaat voor alpenmarmotten. In het parkje leven 11 soorten Europese, Aziatische en Amerikaanse marmotten, die kunnen worden geobserveerd vanaf een uitkijkpost. Maar ook daarbuiten leven marmotten op de hellingen rond de top.

Bij het bergstation van de tandradbaan is een restaurant en wie wil kan er overnachten in een van de vijf originele Mongoolse Yurts.

Informatie: tel. 021 989 81 90, www.goldenpass.ch, retour CHF 68, overnachting Yurt het hele jaar op vr. en za., 's zomers iedere dag: CHF 120, incl. trein en halfpension.

IN EEN OOGOPSLAG

Wallis (Valais)

Hoogtepunten ✸

Aletsch Arena: het hele gebied rondom de Grote Aletschgletsjer, die vanuit de firnbekkens van de Jungfrau (4185 m) omlaag stroomt, staat op de UNESCO-Werelderfgoedlijst om zijn imposante sneeuw- en ijslandschappen en het Aletschwald, een schitterend bos aan de rand van de gletsjer. Zie blz. 227.

Matterhorn: het Mattertal is misschien het drukst bezochte dal van Zwitserland. Verwonderlijk is dat niet met Zermatt en de opvallende Matterhorn (4478 m) aan het eind. Voor het mooiste uitzicht op dit symbool van Zwitserland neemt u het beroemde tandradtreintje naar de Gornergrat op 3135 meter hoogte. Zie blz. 221.

Op ontdekkingsreis

Honden en een klooster: de Grote Sint-Bernhardpas: een van de belangrijkste Alpenpassen tussen het midden en zuiden van Europa. Beroemd om zijn legendarische klooster en zijn Sint-bernardshonden, die vroeger werden ingezet bij reddingen. Zie blz. 210.

Bezienswaardigheden

Abdij van Saint Maurice: Augustijnenklooster met een geschiedenis van 1500 jaar en een basiliek met een indrukwekkende kerkschat. Zie blz. 206.

Fondation Pierre Gianadda, Martigny: wisselende tentoonstellingen van 20e-eeuwse kunst en vondsten uit de Romeinse tijd. Zie blz. 207.

Grande Dixence: het Val d'Hérémence wordt aan het eind afgesloten door de gigantische stuwdam van Dixence, met zijn 285 meter de hoogste stuwdam ter wereld. Zie blz. 214.

Actief

Langs de Bisses van Hautes-Nendaz: water uit de bergen wordt via irrigatiekanaaltjes langs de hellingen geleid. De paden erlangs zijn schitterende wandelroutes. Zie blz. 213.

Chemin du vignoble (wijnroute): mooie wandel-, fiets- of autoroute over de zonnige zuidhelling van het Rhônedal. Zie blz. 213.

Sfeervol genieten

Grandhotel Bella Tola, Saint Luc: historisch hotel uit de *belle époque*. Nostalgische kamers geven het gevoel van een reis in de tijd. Zie blz. 217.

Leukerbad Therme: uitgebreid thermen- en wellnesscomplex, een van de grootste van Europa. Dobber op uw rug in het verwarmde openluchtbad onder de indrukwekkende rotswand van de Gemmipass. Zie blz. 218.

Uitgaan

Sion en lumieres: elke do.-, vr.- en za.-avond wordt 's zomers een gratis muziek- en lichtshow opgevoerd op de helling van de kasteelheuvel Château de Valère. Zie blz. 212.

Tschäggättä, Lötschental: traditioneel carnavalsfeest in het Lötschental, waarbij figuren in schapenvellen en met maskers vermomd, door de dorpen trekken. Zie blz. 220.

Tussen gletsjers en Rhônedal

Wallis (Valais) is het tweetalige kanton in het hart van de Alpen, rond het brede dal van de Rhône, die ontspringt uit de hoog gelegen Rhônegletsjer bij de Furkapas, en uitmondt in het Meer van Genève. In het Rhônedal liggen de historische steden Brig, Sierre, Sion en Martigny; stuk voor stuk een bezoek waard. In het dal heerst een warm en droog klimaat, met wijnbouw en teelt van perziken en abrikozen.

Links en rechts voeren zijdalen diep het gebergte in, bijna allemaal eindigend in sneeuwvelden en gletsjers en toppen van meer dan 4000 m hoogte: aan de noordflank de Berner Alpen met Jungfrau en Finsteraarhorn, in het zuiden de Walliser Alpen met de Monte Rosa, Matterhorn, Weisshorn, Dom en vele andere *vierduizenders*. Grote gletsjers stromen traag naar beneden, onderaan uitlopend op bruisende bergbeken die van de Rhône een steeds grotere rivier maken. Door de geïsoleerde ligging heeft ieder dal zijn eigen karakter ontwikkeld. Het Lötschental, pas na 1950 ontsloten, houdt zijn eeuwenoude tradities in ere. De Walliser bergdalen zijn bekend om hun arvenbossen, bloemenrijke alpenweiden en dorpen met bruin verweerde houten chalets.

Een groot net van wandelwegen – bijna altijd goed aansluitend op trein of postauto – brengt de wandelaar in mooie dorpen als Ernen en Grimentz, over bergweiden en tot vlak bij de gletsjers. Wallis bestaat uit een Frans- en een Duitssprekend gedeelte. De taalgrens ligt bij Leuk: ten westen daarvan spreekt men Frans. Het Franssprekende deel van Wallis maakte lang deel uit van het Koninkrijk Savoye en is altijd katholiek gebleven

INFO

Kaart: ▶ D-H 7-10

Toeristenbureaus
Wallis Tourismus/Valais Tourisme, rue Pré-Fleuri 6, 1951 Sion, tel. 027 327 35 70

Internet
www.valais.ch

Reis en vervoer
Wallis is vanuit het noorden per auto of trein te bereiken via de Furkapas of -tunnel, of in het westen vanaf het Meer van Genève. En vanuit het Berner Oberland kan de auto op de trein door de Lötschbergtunnel.
Er zijn in Wallis geen internationale vliegvelden.

Saint-Maurice ▶ D 8

Abdij van Saint-Maurice
Avenue d'Agaune 19, 1890 Saint-Maurice, tel. 024 485 15 34, www.abbaye-stmaurice.ch, di.-vr. 10-17.30, za., zo. 13.30-17.30 uur, CHF 14 (incl. rondleiding)

De brede Rhônedelta versmalt zich bij St-Maurice tot een enge doorgang tussen hoge rotswanden, een strategisch punt. Hier weigerde een Romeins legioen, onder leiding van de tot het christendom bekeerde Mauritius, in 287 orders uit Rome om medechristenen aan te vallen; het hele legioen stierf een martelaarsdood. Op die plaats werd in de 4e eeuw een kerkje, en later een klooster gesticht, dat al snel uitgroeide tot een belangrijk bedevaartsoord. Er wonen nog steeds augustijner monniken in deze abdij, die al 1500 jaar actief is. Het verhaal van Mauritius (Saint-Maurice) is afgebeeld in de glasramen van de basiliek die op diezelfde plaats werd herbouwd. Koningen en pelgrims brachten eeuwenlang geschenken. Zo ontstond een indrukwekkende kerkschat, een van de kostbaarste van de Christelijke wereld. Tijdens een rondleiding door de abdij bezoekt u ook de Trésor de l'Abbaye, de schatkamer herbergt kostbare religieuze voorwerpen, zoals een Merovingische koffer, een waterkan van Karel de Grote. Bijzonder zijn de reliekschrijnen van heiligen, die tijdens het Fête de la Saint-Maurice op 22 september worden meegedragen in een processie.

Grotte-aux-Fées
www.grotteauxfees.ch, dag. van half mrt. tot half nov., 10-17 of 18 uur
In de helling boven het kasteel bevindt zich de Grotte-aux-Fées, een bochtige gang in het gebergte van 900 m lang eindigend bij een meer met ondergrondse waterval. Het was een eeuw geleden de eerste grot in Zwitserland, die voor toeristen werd ontsloten (bij de ingang is een terras en restaurant).

Info

Toeristenbureau: avenue des Terreaux 1, 1890 Saint-Maurice, tel. 024-485 40 40, www.saint-maurice.ch

Overnachten

Luxe expeditietent – **Whitepod Eco-Luxury Hotel:** Les Cerniers, 1871 Les Giettes, tel. 024 471 38 38, www.whitepod.com, 2 p-pod vanaf CHF 330. In de bergen hoog boven St-Maurice staan midden in de natuur 15 luxueuze expeditie tenten van 40 m², met alle comfort van een hotelkamer. Het ecologische resort heeft ook een uitstekend restaurant, een bar en een Finse sauna.

Martigny ▶ D 9

Martigny werd gesticht door de Romeinen en is strategisch gelegen op het kruispunt van wegen naar Frankrijk, Italië en Centraal-Wallis. De stad maakte lang deel uit van Savoye als hoofdstad van Bas-Valais (West-Wallis). Martigny heeft een aardig centrum aan de voet van de burchtheuvel La Bâtiaz. Hier staan twee mooie barokke kerken en ligt de vernieuwde Place Central, een plein vol platanen en terrassen, waar een nonchalante Franse sfeer hangt. Aantrekkelijk zijn de vele kunstgaleries en de gezellige markt in de avenue de la Gare op donderdagmorgen.

Fondation Pierre Gianadda - Kunst en archeologie
Rue du Forum 59, 1920 Martigny, tel. 027 722 39 78, www.gianadda.ch, dag. 9-19, nov.-juni 10-18 uur, CHF 20
Martigny's hoofdattractie is het museum Fondation Pierre Gianadda dat in 1978 werd geopend op de plaats waar de resten van het oude Romeinse Forum (plein) zijn blootgelegd. Boven is het Gallo-Romeinse museum met vondsten uit de Romeinse tijd. Beneden zijn wisselende tentoonstellingen van belangrijke 20e-eeuwse kunst. Voorbij de bar vindt u oldtimers en Zwitserse auto's. Het museum wordt omringd door een park met beelden en Romeinse ruïnes (park gratis toegang).

Barryland - Musée et Chiens du Saint-Bernard
Rue du Levant 34, 1920 Martigny, tel. 027 720 49 20, www.fondation-barry.ch, dag. 10-18 uur, CHF 12, tot 12 jaar CHF 7 (30% korting in combinatie

met de Fondation Pierre Gianadda) In 2006 kreeg Martigny een tweede museum: het Sint-Bernhardmuseum. Het museum in het vroegere arsenaal, is gewijd aan de Grote Sint-Bernardpas en aan de bekende Sint-Bernardhonden, waarvan er een aantal in de kennel van het museum rondloopt. Elk jaar worden er ongeveer 20 hondjes geboren; als er puppies zijn, kunt u die via de museum-webcam observeren.

Info en evenementen

Toeristenbureau: avenue de la Gare 6, 1920 Martigny, tel. 027 720 49 49, www.martigny.com
Combat des reines: De beroemde gevechten van de zwarte Eringerkoeien uit het Val d'Herens en Val de Bagnes vinden elk jaar in september plaats in Martigny's Romeinse amfitheater.

Overnachten en eten

Verborgen paradijsje – **Maison d'hôtes Le Jardin de Kabîr**, rue du Bourg 19, 1920 Martigny, tel. 027 722 03 08, www.jardindekabir.ch, 2pk vanaf CHF 160. B&B in oosterse sfeer in de wijk Martigny-Bourg. Kies uit een van de drie ruime en individueel ingerichte kamers: la Chambre baldaquin, la Chambre coloniale, of la Chambre sous le toit. De kamers komen uit op een betegelde patio met een klein zwembad.
Heerlijk eethuisje – **Café-restaurant Les Trois Couronnes**, Place du Bourg 8, 1920 Martigny, tel. 027 723 21 14, www.les3couronnes.ch, zo. en ma. gesl. Eethuisje aan de Place du Bourg, in deze oude wijk ten zuiden van het centrum, in een fraai historisch pand. Het wisselende dagmenu heeft een uitstekende prijs-kwaliteitsverhouding en het terras is een van de mooiste van de stad.

Wijnkelder met gastenkamers – **La Régence Balavaud:** route Cantonale 267, 1963 Vétroz, tel. 027 346 69 40, www.regence.ch, 2pk CHF 250. Dit wijngoed bij Ardon, 20 km buiten Martigny heeft een moderne wijnbar, een sfeervol restaurant en 4 bijzondere gastenkamers, individueel ingericht door kunstenaars in oriëntaalse-, barok-, of Provençaalse stijl.

Verbier ▶ E 9

Gelegen op een zonnig balkon op 1500 m hoogte boven het Val de Bagnes, met uitzicht op omliggende bergen en toppen in de verte zoals de Mont Blanc en de Grand Combin. De kosmopolitische wintersportplaats heeft 320 km skipiste en 95 skiliften. De skipistes storen 's zomers een beetje, maar vanwege de goede accommodatie, uitstekende mountainbike- en wandelmogelijkheden werd Verbier ook een populaire zomerbestemming. In combinatie met de stoeltjesliften en kabelbanen kunt u vrijwel overal in de omgeving komen, zoals op Les Attelas (2727 m), de Mont Gelé (3032 m) of de Mont Fort (3329 m).

Met het jaarlijkse festival voor klassieke muziek verwierf Verbier ook op cultureel gebied een naam.

Info en evenementen

Toeristenbureau: Place Centrale, 1936 Verbier, tel. 027 775 38 88, www.verbier.ch
Verbier Festival: www.verbierfestival.com, 2e helft van juli, 17-dagen klassieke concerten met internationale artiesten.
Patrouille des Glaciers (gletsjerpatrouille): april, internationale ski-alpinismewedstrijd van het Zwitserse leger, waarbij ook civiele teams mee-

De Cabane Mont Fort, berghut van de Zwitserse Alpenclub boven Verbier

doen. De 110 km lange route tussen Zermatt en Verbier is afgeleid van de klassieke skitocht Haute Route en voert door de uitdagende Walliser Alpen. Bij de 5000 deelnemers zijn ook enkele Nederlandse teams; www.pdg.ch.

Overnachten

WoW! – **W Verbier,** rue de Médran 70, 1936 Verbier, tel. 027 472 88 88, www.wverbier.com, 2pk vanaf CHF 360. Nieuw designhotel, op dit moment het tophotel van Verbier, met luxe kamers en suites, eigen spa en restaurants.
B&B – **Les Sapins Bleus,** Chemin de Nifortsié 42B, 1936 Verbier, tel. 027 771 24 36, boeking via www.bnb.ch, 2pk CHF 160. Prachtig chalet boven in Verbier met drie mooi ingerichte kamers.

Actief

Pierre Avoi – Vanaf het eindstation van de kabelbaan Verbier-Savoleyres wandelt u in een halfuur naar de Pierre Avoi op 2472 m (van: *Pierre à voir*), een uitkijkrots van de eerste orde; het laatste stukje steil omhoog over een ladder.
Cabane du Mont fort – Schitterende hoogtewandeling langs de kanaaltjes La Raye des Verbiériens, van het kabelbaanstation Les Ruinettes naar de berghut Cabane Mont Fort (SAC), waar u kunt eten en overnachten (Cabane Mont-Fort, reserveren: tel. 027 778 13 84, www.cabanemontfort.ch).

Tip: de Cabane Mont Fort is een prima overnachtingsadres voor een korte skivakanie, super gelegen midden in het skigebied!

Beneden-Rhônedal

De heuvels en vlakten van het Rhônedal tussen Martigny en Sierre zijn, waar het klimaat het even toelaat, bezaaid met wijngaarden, perzik- en abrikozenboomgaarden. De zonnige hellingen zijn hier en daar zo droog en heet dat er alleen een steppevegetatie groeit. Indrukwekkende zijdalen voeren aan beide zijden van de Rhône het gebergte in. Ze eindigen bijna allemaal in, gletsjers en in *4000-ers*. ▷ blz. 212

Op ontdekkingsreis

Honden en een klooster: de Grote Sint-Bernhardpas

Het Val d'Entremont ten zuiden van Martigny dankt zijn naam *tussen de bergen* aan de ligging tussen twee grote bergmassieven: de Mont Blanc in het westen en de Grand Combin in het oosten. De hoofdweg voert via de Grote Sint-Bernardpas en -tunnel naar Aosta. Voorbij Bourg-St-Pierre **1**, het laatste dorp voor de pas, begint de bijna 6 km lange toltunnel **2** naar Italië. Sinds 1964 is daarmee een sneeuwvrije route van en naar Italië verzorgd. De pas zelf is alleen 's zomers geopend en voert over de ruige Col du Grand St-Bernard **3** (2469 m). Kaart: ▶ D/E 10

Van Romeinen tot Napoleon

De Romeinen maakten al veelvuldig gebruik van de pas op hun tochten naar het midden en het noorden van Europa. Later werd het de meest gebruikte route voor pelgrims, geestelijken en handelaren op weg van en naar Rome. In de loop der eeuwen trok een groot aantal legers over deze Alpenpas: in de middeleeuwen staken meer dan twintig keizers over, onder wie Frederik I Barbarossa in 1158. Tegen het eind van de 18e eeuw namen jaarlijks zo'n 8000 reizigers de pas. In 1800 leidde Napoleon persoonlijk 40.000 man de pas over richting Italië.

L'Hospice du Grand St-Bernard

Het Hospitium werd in de 11e eeuw gesticht door Bernard de Menthon, de aartsdeken van Aosta, die de strijd aanbond tegen struikrovers die de pas onveilig maakten. Hij is later heilig verklaard en naar hem is de pas genoemd. De monniken van het legendarische klooster met gastenverblijf bieden al eeuwenlang onderdak en een maaltijd aan pelgrims en reizigers. U kunt hier nog steeds het hele jaar overnachten op eenvoudige zalen; 's winters kunt u alleen op ski's het klooster bereiken. In het hotel tegenover het Hospice (alleen 's zomers open) is een klein museum over de geschiedenis van de pas.

Barry, de Sint-bernardshond

De kloosterlingen, die ook allemaal een opleiding kregen als berggids, zijn beroemd geworden met het fokken van de Sint-bernardshond, vroeger Barryhond geheten, een grote hond die ingezet kon worden bij reddingen. Het beroemde vaatje brandewijn om de nek van het dier, voor verkleumde reizigers, is een verzinsel. De beroemdste Sint-bernardshond was Barry, die van 1800 tot 1812 in het klooster leefde en het leven redde van 40 verdwaalde bergwandelaars en skiërs. Zijn verhaal heeft bijgedragen aan de goede naam van dit hondenras; daarom was er in het klooster altijd een hond met de naam Barry. Sinds enkele jaren zijn de kloosterlingen gestopt met het fokken van de honden. Nu kunt u ze bewonderen in de kennel annex museum *Barryland* in Martigny.

Wandelen

Om te ervaren hoe het vroeger was om te voet de pas over te steken, kunt u in Orsières of Bourg-St-Pierre als echte pelgrim beginnen aan het voetpad *chemin historique du Grand-Saint-Bernard* naar de Grote Sint-Bernardpas.

Overnachten

Naar keuze: klooster of luxe hotel? **L'Hospice du Grand Saint-Bernard** 1: voor pelgrims, wandelaars en reizigers, tel. 027 787 12 36, www.gsbernard.com, 2pk CHF 86; **Auberge de l'Hospice** 2: hotel tegenover het Hospice, geopend 1 juni-15 okt., tel. 027 787 11 53, www.aubergehospice.ch, 2pk vanaf CHF 144.

Saillon ▶ E 8

Aan de overkant van de Rhône ligt het middeleeuwse wijnstadje Saillon. Heerlijk om doorheen te slenteren, langs de ruïnes van de oude burcht, omhoog naar de ronde Tour Bayart uit de 13e eeuw (mooi uitkijkpunt).

De kleinste wijngaard ter wereld ligt boven Saillon. Drie wijnranken zijn gewijd aan de volksheld Joseph Samuel Farinet (1845-1880), een valsmunter, die munten van 20-rappen vervalste en ze discreet onder het volk uitdeelde. In het dorp is een klein museum gewijd aan Farinet en de valsmunterij (geopend wo.-zo.).

Bains de Saillon

Route du Centre Thermal 16, 1913 Saillon, tel. 027 602 11 11, www.bainsdesaillon.ch

Aan de zuidrand van Saillon ligt dit thermencomplex met verwarmde baden (28-34°C), een saunadorp en een groot hotel-restaurant.

Info

Toeristenbureau

Route du Centre Thermal, 1913 Saillon, tel. 027 743 11 88, www.saillon.ch.

Sion ▶ E 8

De hoofdstad van Wallis is Sion/Sitten, gelegen in het brede Rhônedal. Twee respectabele heuvels bepalen het beeld van de stad. Al in de steentijd werden deze heuvels gebruikt om te vluchten voor de overstromende rivier of voor vijanden. Op de hoogste heuvel (658 m) staat de burchtruïne Tourbillon, de vroegere zomerresidentie van de Aartsbisschop (het terrein is gratis toegankelijk; half mrt.-half nov. dag. 11-18, 's zomers vanaf 10 uur). Op de andere heuvel (611 m) staat de middeleeuwse burcht Château de Valère. Aan de voet van beide heuvels is Sion uitgegroeid tot een levendige provinciehoofdstad die de functie vervult van marktcentrum, knooppunt en uitgaansstad. De oude stad is grotendeels autovrij en ligt rond de mooie kathedraal Notre-Dame-du-Glarier uit de 15e eeuw.

Château de Valère

Terrein juni-sept. dag. 10-18, okt.-mei di.-zo. 10-17 uur

De burcht omringt de romaanse kerk Notre-Dame-de-Valère en huisvest het Musée d'histoire du Valais ('s zomers dag. 11-18uur). Het terrein is gratis toegankelijk; 's zomers worden er enkele keren per dag rondleidingen gehouden door de burcht en de kerk. In de vesting is een cafetaria met terras.

Musée des Beaux-Arts

Place de la Majorie 15, 1950 Sion, tel. 027 606 46 90, www.museen-wallis.ch/kunstmuseum, di.-zo. 11-17, 's zomers tot 18 uur, CHF 8

Aan de voet van de burchtheuvels ligt La Majorie, het voormalige winterpaleis van de bisschoppen. Dit imposante gebouw huisvest het Musée des Beaux-Arts, dat zich focust op drie kunstthema's: landschap, Walliser kunst van de *school van Savièse* en de berg als thema in de kunst van de 18e eeuw tot heden.

Info en evenementen

Toeristenbureau: Place de la Planta 2, 1950 Sion, tel. 027 327 77 27, www.sion-tourisme.ch

Sion en lumieres: Do.-, vr.- en za.-avond 21-22 uur, van juli tot oktober. Gratis muziek en lichtshow op de helling van het Château de Valère.

Combats des Reines: Begin mei in het

dorp Aproz. De kantonale finale van de Eringer koeiengevechten, waarbij de trotse koninginnen wedijveren om de eretitel *Reine des Reines* (koningin der koninginnen). Pendelbussen vanaf het busstation, www.finale-cantonale.ch.

Winkelen

Elke vr.-morgen – **Algemene markt:** in de rue du Grand-Pont, rue de Lausanne en rue du Rhône
Goede Vrijdag – **Paasmarkt:** grote markt met 200 kramen vormt de start van het zomerseizoen.

Overnachten en eten

Verwencomplex – **Hôtel Nendaz 4 Vallées & Spa:** chemin des Cibles 17, 1997 Haute-Nendaz, tel. 027 611 11 11 (hotel), 027 611 11 30 (spa), www.hotelnendaz-4vallees.ch, 2pk vanaf CHF 300. In het skigebied 4 Vallées ligt de Spa des Bisses, waar gasten genieten van warme baden, stoombaden en sauna's. Het grote bijbehorende luxehotel is gebouwd in moderne Walliser chaletstijl en heeft 62 kamers, suites en appartementen.
Walliser bier – **Brouwerij Valaisanne:** route du Rawyl 30, 1950 Sion, tel. 058 123 18 82, www.valaisanne.ch. Hier wordt het echte Walliser bier gebrouwen sinds 1865. Verkoop: di. 9-12, 13.30-18, vr. 13.30-18.30 uur; rondleiding door de brouwerij op aanvraag.

Actief

Wandelen langs het water – **Les Bisses de Hautes-Nendaz:** et droge Rhônedal ontleent deels zijn vruchtbaarheid aan het water dat uit de bergen via irrigatiekanaaltjes, *Bisses* of *Sunen*, over grote afstanden langs de hellingen wordt geleid. Een aantal van die bisses is in onbruik geraakt, maar de paden erlangs worden nu gebruikt als wandelpad. In vrijwel heel Wallis kan men wandelen langs de Bisses/Suonen, die soms kunstig tegen de wanden zijn gebouwd. De tochten staan beschreven in de brochure *Les Bisses/Die Suonen* van Zwitserland Toerisme.

Tip

Chemin du vignoble

In 2007 werd de **wijnroute** tussen Martigny en Leuk geopend, een pad voor wandelaars (66 km), een fietsroute (83 km) en een autoroute (kaart: www.veloland.ch). Een route langs de zonnige zuidhellingen van het Rhônedal. U kunt de route in enkele dagen lopen of fietsen, want langs de route liggen enkele *Chambres d'hôtes*, waar u kunt overnachten (en wijn proeven); alle adressen vindt u op www.weinweg.ch. Bijvoorbeeld een overnachting op het wijngoed/kasteeltje Colline de Daval (uit 1949) buiten Sierre, waar u overnacht op kamers met de kleuren en namen van druiven als petite arvine, cornalin of païen. Vijf ruime kamers en mogelijkheid om wijn te proeven (Monique et Bertrand Caloz-Evéquoz, Colline de Daval 5, 3960 Sierre, tel. 027 458 45 15, www.collinededaval.ch, 2pk CHF 140).

Val d'Hérémence en Val d'Hérens

Vanuit Sion voeren twee aantrekkelijke dalen de Walliser Alpen in: Val d'Hérens en Val d'Hérémence. Twee dunbevolkte dalen met karakteristieke boerendorpen, al heeft het Val d'Hérémence in landschappelijk opzicht duidelijk te lijden gehad van de aanleg van de hoogste stuwdam van Europa.

Lac de Dix en Grande Dixence

www.grande-dixence.ch, tel. 027 775 51 09, rondleidingen dag. van juni tot sept. 11.30, 13.30, 15.00, 16.30 uur, duur 1 uur, CHF 10

Het Val d'Hérémence oogt in het begin vriendelijk met weiden, bossen en chalets, maar wordt aan het eind ruw afgesloten door de gigantische stuwdam van Grande Dixence, de hoogste stuwdam ter wereld. Het smeltwater van 35 Walliser gletsjers rond Zermatt en het Val d'Hérens wordt via een stelsel van 100 km buizen en tunnels verzameld in het stuwmeer Grande Dixence.

Indrukwekkend is de rondleiding die u kunt krijgen in het binnenste van de damwand van het stuwmeer. Geopend van 15 juni-30 sept.; warme kleding aanbevolen. Dat de Zwitsers trots zijn op de 285 m hoge stuwdam is duidelijk, gezien de overstelpende hoeveelheid gegevens en getallen die over de bezoeker wordt uitgestort bij een bezoek aan de dam.

De stuwdam is een goed uitgangspunt voor wandelingen. Op de westelijke oever van het stuwmeer is de *Steinbock-Höhenweg* aangelegd, een rondwandeling van 4 uur langs de Cabane de Prafleuri (tel. 027 281 17 80).

Aardpiramides van Euseignes

Het vruchtbare Val d'Hérens geeft een interessant geologisch verschijnsel te zien: de aardpiramides van Euseigne die links en rechts van de weg staan. Het zijn de sterk geërodeerde resten van een moreneafzetting, door een gletsjer achtergelaten en deels tegen erosie beschermd door grote platte stenen. Ze behoren tot de belangrijkste geologische bezienswaardigheden van de Zwitserse Alpen en zijn dan ook beschermd.

Arolla ▶ E 9

Helemaal aan het eind van het dal ligt het hooggelegen Arolla (1998 m) dat tussen bossen met larikson en arven, alpenweiden en indrukwekkende bergen ligt. De Mont Collon (3637 m) steekt boven de Arollagletsjer uit met daarnaast de spitse Pigne d'Arolla en aan de andere kant de slanke Aiguille de la Tsa. Arolla is genoemd naar en beroemd om zijn arven: knoestige alpendennen (Pinus cembra of Arolle) die vrijwel als enige bomen kunnen leven in de vegetatiezone onder de gletsjers. Ze zijn te herkennen aan hun bundeltjes met vijf stugge naalden.

Info

Toeristenbureau: 1983 Evolène (Val d'Hérens), tel. 027 283 40 00, www.evolene-region.ch.

Overnachten

Kamers met historie – **Grand Hotel Kurhaus:** 1986 Arolla, tel. 027 283 70 00, www.arolla.com/kurhaus, 2pk vanaf CHF 100-200. Dit hotel in het klimmersdorp Arolla ontvangt al sinds 1896 alpinisten en andere gasten. Het hotel is fraai gelegen boven het bos en heeft stijlvolle kamers met veel arven- en larikshout; lid van *Swiss historic hotels*.

De aardpiramides van Euseignes

Midden-Rhônedal

Lac de Derborence
www.derborence.ch/randonnees
Vanuit Sion is het Berner Oberland over drie passen te bereiken, maar alleen voor wandelaars. Autowegen lopen dood tegen bergwanden en gletsjers. Het Vallée de Triquent begint voorbij het wijndorp Ardon. Een bergweg door het smalle dal eindigt bij de Refuge du Lac de Derborence (bereikbaar met de postbus), die uitkijkt op de Sommet des Diablerets (3210 m). Het kleine Lac de Derborence, ontstaan bij bergstortingen in 1749, ligt schitterend tussen weiden vol bloemen en is een goed uitgangspunt voor wandelingen. Achter het meertje ligt het oerbos l'Écorcha. Door de onherbergzaamheid van het gebied na de bergstortingen in de 18e eeuw hebben de bomen hier ongestoord door kunnen groeien, en blijven omgewaaide bomen liggen tussen de met mos begroeide rotsblokken.

Lac souterrain Saint-Léonard
Rue du Lac 21, 1958 Saint-Léonard, tel. 027 203 22 66, www.lac-souterrain.com, 15 mrt.-1 nov. dag. 10-17 uur, CHF 10
Tussen Sion en Sierre ligt het wijnbouwplaatsje St-Léonard, dat een groot onderaardse meer verbergt. Het is ontstaan in kalk- en gipslagen, die deels door water werden opgelost. Het meer is 300 m lang en het grillige gewelf van de grot verheft zich 20 m boven de waterspiegel. Bezoekers worden in platte bootjes rondgevaren.

Fondation Pierre Arnaud
Route de Crans 1, 1978 Lens, tel. 027 483 46 10, www.fondationpierrearnaud.ch, wo.-zo. 10-18 uur, CHF 18
Sinds 2012 staat aan het kleine Lac Louché in Lens (tussen Sion en Sierre op een terras boven het dal) dit strakke, moderne kunstcentrum. Afwisselend zijn er zomerexposities over surrealisme, naïeve kunst en Afrikaanse kunst, en winterexposities gewijd aan de grote kunststromingen tussen 1800 en 1950. De schilders uit de Alpen worden hier geconfronteerd met de grote internationale meesters.

Sierre-Salgesch ▶ F 8

De door zonnige wijngaarden omgeven stad Sierre is net als Sion op heuvels gebouwd. De oude binnenstad is vrij klein en herbergt een paar historische gebouwen en een brede winkelstraat: de avenue du Général-Guisan.

Musée du Vin & wijnwandeling

Museumplatz, 3970 Salgesch, tel. 027 456 35 25, www.museeduvin-valais.ch, mrt.-nov. wo.-vr. 14-18, za., zo. 11-18 uur, CHF 6

In Salgesch net buiten Sierre is een wijnbouwmuseum, het Musée valaisan du vin, dat via een informatieve wijnwandelroute (6 km; terug met de trein) is verbonden met de befaamde wijnkelder annex restaurant **Château de Villa** in Sierre, waar u kunt kiezen uit circa 650 Walliser Cru's (rue Ste-Catherine 6, 3960 Sierre). Trek een halve dag uit voor de wandeling en een bezoek aan beide locaties.

Info

Toeristenbureau: Place de la Gare 10, 3960 Sierre, tel. 027 455 85 35, www.sierretourisme.ch.

Val d'Anniviers

Ten zuiden van Sierre ligt een van de aantrekkelijkste zijdalen van de Rhône: het Val d'Anniviers, met groene weiden en diep ingesneden hellingen langs de bergbeek Navisence. De naam van het dal is afgeleid van *Anni Viatores* ofwel de *jaarreizigers* of nomaden, die vroeger met hun vee tussen de alpenweiden en het laaggelegen dal heen en weer trokken. Nog steeds is het vertrek (*Inalpe*) en de terugkomst (*Desalpe*) van de koeien naar de hoge weides een grote gebeurtenis in dit dal. Met voorafgaand aan de Inalpe de wedstrijden wie de *Reine* (koningin) van de alm wordt. De exacte data verschillen van jaar tot jaar.

Saint-Luc ▶ F 8

Vanuit de hoofdplaats Vissoie is het bergdorpje **St-Luc** (1655 m) te bereiken. De cabinebaan naar Tignousa zet u af in een schitterend wandelgebied. Daar ook het *Observatoire* gevestigd. Wie een indruk wil krijgen van de omvang van ons zonnestelsel, kan vanaf het bergstation van de kabelbaan van St-Luc de Planetenweg (13 km heen en terug) lopen. Hier hebt u schitterend uitzicht op de 4000-ers aan het daleinde.

Grimentz ▶ F 8

Na Vissoie splitst de weg; een tak gaat naar Grimentz, de andere naar Zinal. Het is heerlijk slenteren door het autovrije Grimentz met zijn witte kerkje dat omgeven wordt door prachtige houten huizen vol bloembakken.

Uniek is de lokale *Vin des Glaciers* (gletsjerwijn): een sherry-achtige wijn met een sterke smaak, die ontstaat doordat ieder jaar nieuwe wijn bij de oude wijn wordt gevoegd.

Zinal ▶ F 9

Helemaal aan het eind van het dal ligt Zinal (1678 m). De oude kern telt nog een paar typisch Walliser huizen en schuren, daar voorbij ligt het domein van wandelaars, klimmers en mountainbikers: Hoge toppen kijken links en rechts neer op het dorp waaronder de donkere top van de Besso tussen de gletsjers van de Zinalrothorn en Moming in. Rond Zinal is lang koper ge-

Val d'Anniviers met o.a. Besso, Matterhorn en Dent Blanche

wonnen. Van juni t/m okt. worden dagelijks rondleidingen gegeven in zo'n oude kopermijn, de Mine de cuivre La Lee (75 min. lopen, aanmelden bij het Office du Tourisme).

Info

Toeristenbureau: Ieder dorp in het Val d'Anniviers beschikt over een eigen Toeristisch Informatiepunt; centraal telefoonnummer: 027 476 16 00, www.valdanniviers.ch.

Anniviers Liberté pas: Bij boeking van een accommodatie ontvangt u deze pas, die toegang geeft tot veel activiteiten en gratis openbaar vervoer (waaronder de meeste kabelbanen).

Overnachten

Een brok romantiek – **Grandhotel Bella Tola:** 3961 St-Luc, tel. 027 475 14 44, www.bellatola.ch, 2pk vanaf CHF 172. Een historisch hotel uit de belle époque. Nostalgische kamers geven het gevoel van een reis in de tijd. Als u hier niet overnacht, vraag of u even mag rondkijken op de 1e etage, die is ingericht als historisch museum.

Alleen te voet bereikbaar – **Ancien Hotel Weisshorn:** 3961 St-Luc, tel. 027 475 11 06, www.weisshorn.ch, 2pk vanaf CHF 280. Hotel Weisshorn bestaat al meer dan 130 jaar en werd gebouwd om de eerste Engelse alpinisten te ontvangen. Het is nu nog steeds een van de parels van het Val d'Anniviers. Prachtig gelegen boven St-Luc op 2337 m hoogte; te voet bereikbaar in 1 ½ uur vanuit St-Luc, of in 2 ½ uur vanuit Zinal.

Verbouwde school – **L'Ecole de Pinsec:** Famille Droux, Pinsec, 3961 St-Jean, tel. 079 193 90 33, www.ecoledepinsec.ch, 2pk vanaf CHF 140. De familie Droux verbouwde de oude school van Pinsec tot een comfortabel *Chambre d'hôtes*; kamers of een eigen chalet. 's Avonds kunt u mee-eten van de *table d'hôtes*.

Vakantiedorp – **Reka vakantiedorp Zinal:** tel. 027 475 14 36, www.reka.ch. Vakantiedorp met 45 moderne appartementen, een gemeenschappelijk ruimte, activiteiten voor kinderen en een eigen overdekt zwembad.

Eten en drinken

Gletsjerwijn – **Vin des Glaciers**: uniek is de Walliser Vin des Glacier, een wijn met een sterke smaak, die ontstaat door het volgende principe: de wijnvaten worden nooit geleegd en ieder jaar wordt er nieuwe wijn bij de oude wijn gevoegd. De Gletsjerwijn is niet te koop en wordt uitsluitend in wijnkelders gedronken. De Cave de la Bourgeoisie in Grimentz organiseert 's zomers iedere maandag om 17 uur een gratis proeverij (vertrek vanaf het Toeristisch Informatie Punt, 2 uur, incl. dorpsrondleiding).

Actief

Wandelroute – **Zinal – St-Luc**: Hoogtewandeling **met** mooie uitzichten: Zinal (1678 m) – Ancien Hotel Weisshorn (2337 m) – St-Luc (1655 m); 5uur, postbus terug.

Leuk en Leukerbad ▶ F 8

Het oud stadje Leuk, aan het begin van het dal naar Leukerbad, heeft een mooi plein met oude patriciërshuizen en een 13e-eeuws slot. In deze historische setting vindt u enkele wijnlokalen, waar u de Walliser wijnen kunt proeven.

Leukerbad Therme

Rathausstrasse 32, 3954 Leukerbad, tel. 027 472 20 20, www.leukerbad-therme.ch, dagkaart CHF 30

Aan het eind van het dal ligt als een adelaarsnest in de bergen het autovrije dorp Leukerbad, ingesloten door indrukwekkende rotswanden. Leukerbad was al bij de Romeinen bekend om zijn geneeskrachtige warmwaterbronnen. Nu is het een uitgebreid thermen- en wellnesscomplex, een van de grootste van Europa. Water met een temperatuur tot 51 °C stroomt in verschillende openluchtbaden. Dobber op uw rug onder de rotswanden van de Gemmipas.

In juli is in dit kuuroord veel te beleven: een clowns- en cabaretfestival en een internationaal literatuurfestival.

Leukerbad Therme, onder de rotsen van de Gemmipas

Gemmipas (2314 m)

Behalve een badplaats is Leukerbad ook een populair wandelcentrum. Een gondelbaan voert naar de Gemmipas, beroemd om zijn alpentuin en wandelroute over de alpenpas naar het Berner Oberland.

Natuurreservaat Pfyn-Finges ▶ F 8

www.pfyn-finges.ch

Tussen Sierre in Midden-Wallis en Leuk in Oost-Wallis ligt op de Frans-Duitse taalgrens het regionale natuurpark Pfyn-Finges. Dit bosgebied op de bodem van het brede Rhônedal strekt zich uit over een lengte van 6 km aan beide zijden van het Rhônedal. Het ligt rond de grote prehistorische Illgraben-bergstorting. De Illgraben is nog steeds een van de actiefste stortbeken (*Wildbäche*) van Zwitserland met meerdere modderstromen of *Murgängen* per jaar. Deze modderstromen ontstaan na zware regenval en kunnen tienduizenden tonnen rotsblokken, stenen en aarde meevoeren; rotsen tot 2 m hoog en met een snelheid van 25 km per uur. Een angstaanjagend gezicht en gebulder!

Deze grote modderstromen konden nooit beteugeld worden en bepalen de dynamische bedding van de hier vrij meanderende Rhône. Langs de rivier wisselen steppevegetaties, bos van grove dennen met maretakken en donzige eiken af met drassige stukken. Dit is ook het ideale leefgebied van de bever.

Buthaanse hangbrug

In 2002, het internationale jaar van de bergen, werd in samenwerking met het koninkrijk Buthan begonnen met de bouw van een Buthaanse hangbrug. De brug werd in 2005 geopend en overspant met 133 m het dal van de Ilgraben en verbindt Frans- en Duitstalig Wallis. De brug bereikt u over een pad, dat begint ten westen van het dorp Susten.

Lötschental ▶ G 7

Het Lötschental ten noorden van Gampel is een bijzonder bergdal. Eeuwenlang van de buitenwereld geïsoleerd. Het dal werd pas bereikbaar toen in 1912 de spoorwegtunnel gereedkwam tussen Kandersteg in Berner Oberland en Goppenstein. En pas sinds in 1954 de weg van Goppenstein naar Blatten werd doorgetrokken, is het toerisme aangetrokken en is de welvaart in het arme dal geleidelijk gegroeid. De eeuwenlange isolering van het Lötschental heeft gezorgd voor een eigen cultuur en taal. Beroemd zijn de angstaanjagende houten carnavalsmaskers en de traditionele volksfeesten.

Het Lötschental telt enkele authentieke dorpen met getaande oude, houten huizen. In het hoofdplaatsje Kippel laat het Lötschentaler Museum zien hoe de mensen eeuwenlang in het dal wisten te overleven (juni-okt. di.-zo. 14-17 uur). In het kleine plaatsje Wiler ziet u de beroemde maskers van het Lötschental. Ze grijnzen u toe aan de buitenkant van enkele houtsnijderswinkels. Helemaal aan het eind van het dal ligt Fafleralp met een 100-jaar oud hotel, een camping en een groot parkeerterrein. Het is een ideaal uitgangspunt voor wandelingen, o.a. naar de Langgletscher die het dal afsluit.

Info en evenementen

Toeristenbureau: Dorfstrasse, 3918 Wiler, tel. 027 938 88 88, www.loetschental.ch

Bekendste feest in het Lötschental is het carnaval of de **Tschäggättä**, waarbij figuren in schapenvellen en met maskers vermomd, door de dorpen trekken (er zijn twee optochten, beide in februari). Kippel is bekend om zijn **Fronleichnams-Prozession** (Sacramentsdag) en om de optocht van de **Herrgottsgrenadiere** in hun rood-witte uniformen uit de tijd van Napoleon.

Overnachten

Voor elk budget – **Hotel Fafleralp:** Im Paradies, 3919 Blatten, tel. 027 939 14 51, www.fafleralp.ch, 2pk CHF 80-270. Vijftig jaar geleden schreef trouwe gast Charlie Chaplin 'Er is niets mooiers dan de Fafleralp' in het gastenboek. Een waarheid die ook nu nog geldt. Van eenvoudig toeristenverblijf tot wellness-suite: voor ieder budget een passend verblijf. In de oorspronkelijke gelagkamer geniet u van de fijnste Walliser specialiteiten. De eigen berggids van het hotel leidt ondernemende mensen naar de hoogste toppen.

Uit de Golden Age – **Hotel Nest- und Bietschhorn:** Ried 24, 3919 Blatten, tel. 027 939 11 06, www.nest-bietschhorn.ch, 2pk vanaf CHF 120. Het oudste hotel in het dal werd in 1868 gebouwd voor Engelse bergbeklimmers en hun aanhang. In de loop van de jaren werd het diverse malen gerenoveerd. Kamers in alle prijsklassen. In het gezellige restaurant met open haard worden de gasten verwend met culinaire lekkernijen door kok Erwin Bellwald, die voor zijn creaties de *guide-bleu-prijs* ontving.

Actief

Klimmen – **Bergcenter Lötschental:** tel. 079 774 83 20, www.bergcenter.ch; gletsjertrekkings en beklimmingen.
Steenarenden – Op een wandeling vanaf Falfleralp naar de Langgletscher hebt u grote kans om hoog boven de toppen steenarenden te zien die speuren naar een vette alpenmarmot.

Gemaskerde figuur tijdens het Tschäggättä (carnaval) in het Lötschental

Zermatt ✸ ▶ F 9

Het stadje Visp is een belangrijk verkeersknooppunt in het brede Rhônedal en vormt de toegang tot twee beroemde zijdalen: het Mattertal naar Zermatt en het Saastal naar Saas Fee. Het smalspoor Brig-Visp-Zermatt heeft hier een station waarover de Glacier-Express van St. Moritz naar Zermatt rijdt. Automobilisten die met de trein naar Zermatt willen, kunnen bij het station van Visp gratis parkeren.

Het Mattertal is misschien wel het drukst bezochte dal van Zwitserland. Verwonderlijk is dat niet met Zermatt en de opvallende Matterhorn (4478 m) aan het eind. Täsch is de plaats waar automobilisten die naar Zermatt willen, hun auto moeten achterlaten en tegen betaling parkeren op een gigantisch parkeerterrein. De trein naar het autovrije Zermatt doet er 13 minuten over. Sinds Whympers dramatische beklimming van de Matterhorn in 1865 is Zermatt uitgegroeid tot internationale vakantieplaats. Het bevindt zich tussen twintig 4000-ers en ligt aan de voet van de Matterhorn. Was het in de 19e eeuw nog een klein boeren gehucht, nu heeft de reiziger de keuze uit 15.000 bedden in 116 hotels en 1800 appartementen en een camping. Zermatt is daarmee uitgegroeid tot een hotelburcht, waar het aantal toeristen de plaatselijke bevolking van 5000 inwoners vele malen overtreft. Een deel van het oude dorp is bewaard gebleven en u vindt te midden van alle hotels opeens een kleine donkerbruine Walliser hooischuur of voorraadschuur. Het dorp is aangenaam vrij van rijdende en geparkeerde auto's (pas op de elektrokarretjes, u hoort ze niet aankomen!).

Er zijn nogal wat stoeltjesliften en gondelbanen die vanuit Zermatt de omringende hellingen binnen bereik brengen. Meer dan 400 km bewegwijzerde voetpaden bieden volop mogelijkheden de bergreuzen te ondergaan.

Diverse schitterende wandelgebieden zijn vanuit Zermatt te bestrijken: het gebied rond de bergbanen Sunnegga – Blauherd; Schwarzsee – Trockener Steg (2919 m), eventueel verder met de kabelbaan naar de Kleine Matterhorn en het gebied rond de tandradtrein naar de Gornergrat.

Matterhorn Museum Zermatlantis

Kirchplatz, tel. 027 967 41 00, www.zermatt.ch/museum, juli-sep. dag 11-18, daarbuiten 14-18 uur, gesl. nov.-half dec.

Onderaards museum over geschiedenis van de beklimming van de Matterhorn en de ontwikkeling van Zermatt. Veel over de klimmers en hun materialen, een van de touwen van de eerste beklimming ontbreekt niet. Ook enkele originele Walliser huizen, zoals een berghut uit de 19e eeuw en het eerste theehuis.

Info

Toeristenbureau: Bahnhofplatz 5, 3920 Zermatt, tel. 027 966 81 00, www.zermatt.ch

Zermatt Peak Pas: Met één pas onbeperkt toegang tot alle bergbanen naar de bergtoppen die Zermatt omgeven, zoals de Rothorn, Klein Matterhorn of Gornergrat. Geldigheid minimaal 3 dagen; prijs CHF 183, kinderen 6-16 jaar CHF 92, tot 6 jaar gratis.

Overnachten

Hoog niveau – **Riffelalp Resort:** 3920 Zermatt, tel. 027 966 05 55, www.riffelalp.com, 2pk vanaf CHF 400. Op 2222 m hoogte gelegen *****hotel,

Wallis

De Matterhorn, de meest gefotografeerde berg ter wereld

Gornergrat (3135 m)

De beroemde tandradbaan voert naar de Gornergrat op 3135 m hoogte, voor het mooiste uitzicht op de Matterhorn. Vanaf deze uitkijkpunten ligt de ijskoude bergwereld echt aan uw voeten en ziet u, behalve natuurlijk de Matterhorn, ook de toppen van het Monte Rosamassief: de Dufourspitze (4634 m) en de Lyskamm (4538 m). De Dufourspitze is de hoogste top van Zwitserland, hij wordt gedeeld met Italië.
's Zomers gaat elke do. tussen 4 en 6 uur 's morgens een extra trein naar de Gornergrat om daar de zon te kunnen zien opkomen.

Actief

Wandeling – **Zermatt-Gornergrat:** Heen (of terug) langs de tandradtrein. Een mooi wandelpad voert uit Zermatt (1630 m) via Winkelmatten (1673 m), Riffelalp (2222 m), hotel Riffelberg (2566 m) en Rotenboden (2815 m) in 5½ uur naar de Gornergrat (3131 m).

Saas Fee ▶ G 9

Het beboste, diep ingesneden Saastal voert naar Saas Grund en uiteindelijk Saas Fee op 1790 m hoogte. Freie Ferienrepublik Saas Fee doet niet veel onder voor Zermatt, al mist het natuurlijk de Matterhorn. Het kan zich daarentegen beroemen op het Mischabelmassief met als hoogste geheel Zwitserse top de Dom (4545 m) en nog 12 andere 4000-ers met uitgestrekte gletsjers ertussen. 's Zomers en 's winters wordt het dorp druk bezocht, onder meer als snowboardmekka. Toch is Saas Fee ook bekroond als duurzaamste toeristenplaats in de Alpen; bij het binnenrijden van het dorp worden automobilisten vanzelf een parkeergarage

bestaande uit traditionele chalets, aan de tandradbaan naar de Gornergrat. Met themakamers en suites *nostalgie*, *chalet*, of *Matterhorn*, de laatste uiteraard met uitzicht op de beroemde berg.
Klein berghotel – **Matterhorn Lodge:** www.matterhornlodge.ch, 2pk vanaf CHF 200. In 2012 gebouwd in alpiene stijl van oud hout, steen en glas. Stenen uit de Matterhorn-noordwand zijn gebruikt in de façade en de bar heet Solvayhütte, naar de beroemde berghut.
Enigszins betaalbaar – **Hotel Post:** Bahnhofstrasse 41, tel. 027 967 19 31, www.hotelpost.ch, 2pk vanaf CHF 229. Betaalbaar is in Zermatt een relatief begrip, maar in Hotel Post krijgt u waar voor uw geld. Met meerdere restaurants, bars, wellness en een fantastisch designhotel, zit u in Post – in het centrum van Zermatt – op de goede plek.
Modern alpien – **Hotel Alpenlodge:** Zer Bännu 22, 3920 Zermatt, tel. 027 966 97 97, www.alpenlodge.com, 2pk vanaf CHF 160. Aan de rand van Zermatt gelegen, modern kleinschalig hotel in alpiene stijl, met 10 kamers en 2 chalets. Ingericht met zelfgebouwde lokale houten meubelen; met kleine spa.

Saas Fee

binnengeleid. In alle rust de plaats binnenwandelen krijgt hierdoor iets betoverends, zeker als de zon wil schijnen op de gigantische Feegletsjer. In de pastorie van het moderne kerkje is een streekmuseum, het Saaser Museum, met voorwerpen die horen bij het boerenbestaan (juni-okt. 10-11.30, 13.30-17.30 uur, ma. gesl.). Het dorp heeft diverse oude huizen, maar nog veel meer hotels; op de website www.saas-fee.ch kunt u kiezen uit ongeveer 50 hotels en 600 vakantiewoningen.

Info

Toeristenbureau: Tegenover het busstation, 3906 Saas-Fee, tel. 027 958 18 58, www.saas-fee.ch
Hotel- en andere gasten van Saas-Fee (ook gasten van de jeugdherberg, appartementen, camper-parkeerplaats en campings in Saas Grund) ontvangen tegen betaling van de Kurtaxe van CHF 7 per dag, voor de duur van hun verblijf de **Bürgerpass** voor gratis gebruik van postbus en acht kabelbanen in het Saastal (uitgezonderd de Metro Alpin) en kortingen op bezienswaardigheden en attracties.

Overnachten

Appartement & hotel – **Elite Alpine Lodge:** Haltenstrasse 21, 3906 Saas-Fee, tel. 027 957 14 00, www.elite-saas-fee.ch, appartement vanaf 4 nachten CHF 750. Dit concept combineert de vrijheid van een appartement met het comfort van een hotel (ontbijtbuffet, wellness).
Budgethotel met sauna – **Wellness Hostel 4000:** Panoramastrasse 1, 3906 Saas-Fee, tel. 027 958 50 50, www.wellnesshostel4000.ch, 2pk CHF 123/149 (incl. toegang wellness). 's Werelds eerste jeugdherberg met een eigen Spa- en fitnessafdeling ligt op een rustige locatie aan de rand van Saas-Fee. Het moderne duurzame gebouw heeft 1-, 2-, 4- en 6-persoonskamers. De ruime Spa heeft een Finse sauna, kruiden-stoombad, whirlpool en 25m-zwembad.

Wandeling Gornergrat

Wallis

Eten en drinken

Michelinster – **Waldhotel Fletschorn:** 3906 Saas-Fee, tel. 027 957 21 31, www.fletschhorn.ch, 2pk vanaf CHF 350. Echt stijlvol uit eten kan in dit hotel, 25 minuten lopen van het busstation van Saas-Fee. Onder leiding van chef Markus Neff heeft het restaurant 1 Michelinster en 18 Gault-Millau punten. De prijs is er ook naar: lunchmenu CHF 90, avondmenu's vanaf CHF 180; voor hotelgasten zijn er aantrekkelijke halfpensionaanbiedingen.

Konditorei – Bij **Hotel Imseng:** Dorfplatz 35, 3906 Saas-Fee, tel. 027 958 12 58, kunnen liefhebbers van brood, koek, chocola en ijs dagelijks en gratis terecht in de *Konditorei* en het *Bäckermuseum*.

Actief

Kabelbanen – Rond Saas Fee zijn talloze bewegwijzerde wandelroutes en kabelbanen. Een topper is de **Alpin Express** naar de Mittelallalin (3457 m). Het eerste deel van de tocht erheen gaat per kabelbaan naar **Felskinn**, het laatste deel per kabelspoor deels door de berg heen naar Mittelallalin. Daar is een in de Feegletsjer uitgehakte ijsgrot (hoogseizoen dag. geopend) en een panoramarestaurant, waar u in een uur tijd met restaurant en al ronddraait. Vanuit Mittelallalin kan er het hele jaar geskied worden op de Allalingletsjer. Andere kabelbanen zetten u af op **Längflue** (tussenstop op **Spielboden**, waar de alpenmarmotten onder de kabelbaan foerageren) of bij **Plattjen**, waar een pad naar de Britanniahütte leidt.

Brig ▶ G 8

De bedrijvige hoofdstad van het Duitstalige Wallis ligt op een kruispunt van internationale handelswegen. Het is de belangrijkste plaats op de doorgaande route tussen de Simplonpas en de Lötschbergtunnel naar Berner Oberland. Het centrum van Brig ligt tussen het station aan de Rhône en het Stockalperpaleis en is grotendeels autovrij.

Stockalperpaleis

Alte Simplonstrasse 28, 3900 Brig, tel. 027 921 60 30, rondleidingen mei-okt., div. malen per dag., CHF 8

Stockalperpaleis, Brig

Midden in Brig ligt het karakteristieke Stockalperpaleis waarvan de uivormige torenspitsen de reiziger van verre tegemoet blinken. Vandaag de dag zou hij waarschijnlijk miljardair geweest zijn. Kaspar Jodok von Stockalper verdiende in de 17e eeuw een gigantisch vermogen met het drijven van handel en bouwde in Brig het Stockalperschloss. Binnenplaats en het museum over zijn leven zijn een bezoek waard!

Thermalbad Brigerbad

3900 Brigerbad, tel. 027 948 48 48, www.thermalbad-wallis.ch, dag. 9-21 uur, dagkaart CHF 24/32

Het al bij de Romeinen bekende thermencomplex groeide uit tot een groot zwem- en thermencomplex met 12 baden, sauna en hamam.

Info

Toeristenbureau: Bahnhofstrasse 2, 3900 Brig, tel. 027 921 60 30, www.brigsimplon.ch.

Simplonpas ▶ G 8

De Simplonpas verbindt het Rhônedal met het Italiaanse Domodossola. De Romeinen gebruikten deze pas al en de familie Stockalper werd in de 17e eeuw schatrijk door het bezit van de pas, waarop ze naar believen tol hief. Maar deze oversteek werd pas echt belangrijk toen Napoleon in 1808 van het muilezelpad, dat door de diepe Gondokloof leidde, een goede weg liet maken voor het vervoer van zijn troepen op weg naar Milaan. Sindsdien is de bochtige weg steeds verder verbeterd, in 1980 werd de 678 m lange Ganterbrücke in gebruik genomen die op pijlers van 150 m hoogte het Gantertal overspant. De Simplonpas is goed te berijden, het hele jaar geopend en biedt magifieke uitzichten. Op de pashoogte (2005 m) staat een grote adelaar als monument voor de Zwitserse mobilisatie in WOII en bevindt zich het Stockalper-Hospiz uit 1825. Na de pas begint de afdaling via het dorp Simplon en de wilde Gondokloof naar het grensplaatsje Gondo op 855m.

Overnachten

Pelgrims en reizigers – **Simplon Hospiz:** 3907 Simplon, tel. 027 979 13 22, www.hospice-simplon.ch, 2pk vanaf CHF 100 (of voordeliger *dortoir*). Het rozekleurige *Hospiz* is de grootste pasherberg van de Alpen en werd door Napoleon gebouwd en overgedragen aan de Abt van het beroemde Sint-Bernhardklooster. Die monniken beheren nog steeds ook dit klooster en de herberg, die vroeger plaats bood aan 300 gasten. De huidige herberg heeft het aantal kamers teruggebracht en biedt plaats aan 130 gasten. Een overnachting in de historische herberg is een leuke ervaring.

Goms ▶ H 7

Tussen Brig en Gletsch heeft het Rhônedal een eigen naam gekregen: het Goms. Dit deel van Wallis is ruig, de Rhône is er nog een bergbeek. Ten noorden van het Goms ligt de enorme barrière van de Berner Alpen met de Grote Aletschgletsjer, de Fieschergletsjer, de Ober- en de Unteraargletsjer. Fiesch is de laatste grote plaats in het Goms; daarachter liggen in het brede dal nog enkele authentieke Walliser dorpen als Ernen, Bellwald, Münster, Ulrichen en Oberwald. De Grimsel-, Furka- en Nufenenpas aan het einde vormen de doorgang met respectievelijk het Berner Oberland, Centraal-Zwitserland en Ticino.

Wallis

Aletsch Arena ✸

Het hele gebied rond de Aletschgletsjer wordt met de term *Aletsch Arena* aangeduid en is vermeld op de UNESCO-Werelderfgoedlijst om zijn hooggebergtelandschap en om het **Aletschwald**, een schitterend bos aan de rand van de gletsjer met arven en lariksen. Sommige arven zijn meer dan 900 jaar oud en daarmee de oudste bomen van Zwitserland. Het Aletschwald is al sinds 1933 beschermd en met geluk ziet u er herten, gemzen en hoenders.

De ijsstroom van de Aletschgletsjer kun je vanaf twee kanten bereiken: aan de noordkant via het dal dat bij Brig naar het noorden gaat (vanuit Naters, Blatten en Belalp), of vanuit het zuiden (uit Mörel, Betten en Fiesch). Er zijn drie uitkijkpunten per kabelbaan bereikbaar en u kunt uit Riederalp, Bettmeralp en Fiesch bijna dagelijks mee op gegidste gletsjertochten.

Wanderpass Aletsch+
Voor toegang tot alle bergbanen en treinen in het Aletschgebied. Passen van 1, 2, 3 of 4 dagen (op afzonderlijke dagen inzetbaar): CHF 49, 71, 90, 109; www.aletscharena.ch

Pro Natura Zentrum Aletsch: 3987 Riederalp, tel. 027 928 62 20, www.pronatura-aletsch.ch, half juni-half okt. dag. 9-18 uur. In Riederfurka is het Aletsch-bezoekerscentrum gevestigd in de bijzondere Villa Cassel uit 1902. Het informeert over het UNESCO-Werelderfgoed Jungfrau-Aletsch, heeft een Alpentuin, winkel, theesalon en u kunt u deelnemen aan wild- en marmottenexcursies. In het centrum kunt u ook overnachten op 2- tot 6-persoons kamers.

Toegang Blatten
Vanuit bergdorp Blatten (1322 m) gaat een gondelbaan naar Belalp (2086 m), waar bewegwijzerde wandelroutes beginnen, onder andere naar de Aletschgletsjer en de hangbrug naar Riederalp.

Toegang Riederalp
Vanuit Mörel gaan drie gondelbanen naar Riederalp in de buurt van de Aletschgletsjer. Riederalp, hoog boven het Rhônedal, is een autovrij dorp met chalets, hotels en restaurants, een golfbaan en een klein museum over het bergboerenleven (**Alpmuseum**, 20 juni-15 okt. di. 14-17 uur). Het gemakkelijkst is de Aletschgletsjer te bereiken door van Riederalp een van de stoeltjesliften te nemen naar Moosfluh (2335 m), heel dicht bij de Aletschgletsjer.

Hangbrug over de Massakloof
Vanaf Riederfurka voert een wandeling door het Aletschwald en over de nieuwe 124 m lange hangbrug naar de poort van de Aletschgletsjer (9km, 4 uur).

Toegang Bettmeralp
Vanuit het dal gaat een gondelbaan naar Bettmeralp (1950 m; via het dorp Betten of rechtstreeks). Hogerop in het rustige dorpje gaat de gondel naar de Bettmerhorn (2876 m), een van de uitzichtpunten op de Aletschgletsjer.

Toegang Fiesch
Fiesch is een grote plaats met mooie donkerbruine huizen en veel accommodatie. Uit Fiesch vertrekt een gondelbaan via Fiescheralp naar de Eggishorn (2869 m), voor het mooiste uitzicht op de gletsjer.

Overnachten en eten

Luxe B&B – **Baumhaus Fiesch:** Schulhausstrasse, ▷ blz. 228

Favoriet

Grote Aletschgletsjer

De Grote Aletschgletsjer is met zijn oppervlakte van 117 km² de grootste en langste ijsstroom van de Alpen. Over een lengte van 23 km kruipt hij traag vanaf de Konkordiaplatz omlaag. Bovenaan is hij 800 m dik en komt het ijs van de firnbekkens van Jungfrau (4185 m), Mönch (4099 m), Grünhorn (4044 m) en Aletschhorn (4195 m) bij elkaar. Verscheidene gletsjers vormen zo met elkaar die ene Grote Aletschgletsjer. Op de middenmorenen worden puin en gruis meegevoerd die als lengtestrepen over de gletsjer te zien zijn. Met een gemiddelde snelheid van 200 meter per jaar stroomt de gletsjer naar beneden; via de Massaschlucht stroomt zijn smeltwater bij Brig in de Rhône. Ook de Aletschgletsjer krimpt net als alle andere gletsjers; sinds 1880 is hij al 3 km kwijtgeraakt.
Het onderste gedeelte van de Grote Aletschgletsjer is voor wandelaars verrassend goed te bereiken. De mooiste uitkijkjes hebt u vanaf de *Panoramaweg*, een hoogtewandeling van Bettmeralp naar de Märjelensee.

Wallis

Hotel Ofenhorn in Binn

Binntal ▶ H 8

Ernen, aan het begin van het Binntal is het best bewaarde dorpsgezicht van Wallis. Om het grote vierkante plein staan opvallende huizen, zoals het met fresco's uit 1578 versierde Tellenhaus, het Sigristenhaus en het Rathaus. In het dorp staan prachtige oude linden. De St. Georgkirche heeft zo'n goede akoestiek, dat er jaarlijks een festival voor klassieke muziek wordt gehouden.

Goms hangbrug

Een nieuwe attractie is de in 2015 opengestelde Goms Brücke, een 280 m lange hangbrug die op 95 m hoogte de Rhône overspant. De brug is toegankelijk vanuit Fürgangen, maar kan ook worden bereikt via een wandelpad uit Ernen.

3984 Fiesch, tel. 027 971 01 93, www.baumhausfiesch.ch, 2pk vanaf CHF 120. Dit van stammen gebouwde *baumhaus* wordt door gasten hoog gewaardeerd om zijn 8 grote luxe kamers met veel hout, het gratis gebruik van zwembad en sportcentrum in Fiesch en de gratis taxidienst naar restaurant Gommerstuba.

Gourmetrestaurant – **Gommerstuba**: 3995 Niederernen, tel. 027 97 12 971, www.gommerstuba.com, ma. en di. gesl., menu vanaf CHF 65. In het dorpje Niederernen, 2 km buiten Fiesch, verwennen Franziska en Rolf Gruber u met hun creatieve kookkunst; 15 Gault Millau punten.

Bio kaas – **Bio Bergkäserei Goms**: 3998 Gluringen, tel. 027 973 20 80, www.biogomser.ch, ma.-za. 9-12 en 14-18, za. tot 17 uur. Deze kaasmakerij verwerkt en verkoopt kaas van kaasboeren uit het Goms, die op traditionele, biologische wijze produceren. In de winkel kunt u locale kazen kopen, die namen dragen als *Hobelkäse*, *Bascheli* of *Gluringer*.

Overnachten

Bekroond – **Hotel Ofenhorn**: Uf em Acher, 3996 Binn, tel. 027 971 45 45, www.ofenhorn.ch, 2pk vanaf CHF 90. Het in traditionele stijl gerenoveerde hotel Ofenhorn (1883) in Binn was *historisch hotel van het jaar 2013*, heeft moderne en Belle Époque-kamers en een prachtig terras onder de bomen.

Mineralen zoeken in het Binntal

Mineralenmuseum en -winkel André Gorsatt: 3996 Binn-Imfeld , op afspraak tel. 079 436 65 77, www.andre-gorsatt.ch; Mineralien Imhof, 3996 Binn, tel. 027 9233777, www.mineralien-imhof.ch

Het dorp Binn is met zijn camping bij Giesse een goede uitvalsbasis voor mineralenzoekers. Het is aan te raden eerst eens bij de Strahler (kristallenzoekers) Toni Imhof of André Gorsatt in hun mineralenmuseum/winkels binnen te lopen om te zien wat er zoal te vinden is. Bovendien verkopen en verhuren ze hamers en beitels en houden ze wekelijks mineralenzoekwandelingen. Een groot deel van het Binntal, tot aan de Italiaanse grens, heeft de status van natuur- en landschapsreservaat.

Furkapas ▶ J7

In Oberwald, het laatste boerendorp in Obergoms kunnen auto's inschepen voor de trein die door de Furkabasistunnel naar Realp rijdt en zo de Furkapas (2431 m) vermijden (dienstregeling: www.matterhorngotthardbahn.ch). Hierna slingert de weg omhoog langs de bruisende Rhônewaterval (die zich aan het oog van de automobilist onttrekt), met een onverwachte blik op de Rhônegletsjer naar het dorpje **Gletsch**. Vandaar gaat de weg verder omhoog, links naar de Grimselpas, rechts naar de Furkapas en het achterliggende Andermatt.

Rhônegletsjer

Op de Furkapas (2431 m) is het zicht op de blinkend witte Rhônegletsjer groots: ruim 20 km² ijs strekt zich uit tussen toppen van meer dan 3000 m hoogte. Aan de voet van de gletsjer staat Hotel Belvédère met ernaast een kleine in het ijs uitgehakte grot. In 1874 zijn over de Rhônegletsjer rijen gekleurde stenen gelegd, om de gletsjerbewegingen te onderzoeken. Het bleek dat het midden van de gletsjertong veel sneller stroomde dan de zijkanten ervan. U kunt goed zien dat het front zich sindsdien sterk heeft teruggetrokken: in 1818 lag de gletsjer nog vlak bij Gletsch.

Overnachten

Nostalgie uit de Belle Époque – **Grand Hotel Glacier du Rhône:** Furkastrasse, 3999 Gletsch, tel. 027 973 15 15, www.glacier-du-rhone.ch, 2pk vanaf CHF 170. Traditioneel hotel uit 1930, de beginperiode van het toerisme. U overnacht in nostalgische kamers en dineert in de grote eetzaal, of in de gezellige Walliser Stube. Wie liever kampeert, kan dat hier in de eigen tuin van het hotel (CHF 25 per tent of camper met gebruikmaking van de hotelfaciliteiten).

IJsgrot in de Rhônegletsjer

IN EEN OOGOPSLAG

Ticino (Tessin)

Hoogtepunten ✸

De burchten van Bellinzona: de drie machtige Lombardische vestingen Monte Bello, Castelgrande en Castello di Sasso Corbaro sloten het stadje af tegen vijanden en zijn beschermd als UNESCO-Werelderfgoed. Zie blz. 237.

Op ontdekkingsreis

In de sporen van de Walsers naar Bosco Gürin: het hooggelegen dorp, bereikbaar na een bochtenrijke rit vanuit het Lago Maggiore, werd ooit gekoloniseerd vanuit het noorden, over de Alpenhoofdkam heen. Zie blz. 246.

De meesterwerken van Mario Botta: de beroemde Tessiner architect ontwierp in Tessin kerken, kapellen, een bankgebouw en zelf een kabelbaan. Deze architectuurreis voert naar de kapel op de Monte Tamaro en de kleine kerk van Mogno. Zie blz. 254.

Bezienswaardigheden

Isole di Brissago: paradijselijke eilandjes in het Lago Maggiore met een subtropische botanische tuin. Zie blz. 244.

LAC: Lugano Arte e Cultura: cultuurcentrum met theater, concertzaal en kunstmuseum. Zie blz. 250.

Monte San Giorgio: UNESCO-Werelderfgoed Monte San Giorgio is het *Jurassic Parc* van Ticino, de berg bevat 200 miljoen jaar oude dinosauriërfossielen. Zie blz. 257.

Actief

Greina-hoogvlakte: 2-daagse wandeling over de hoogvlakte van Greina op de grens met Graubünden. Zie blz. 236.

De Tibetaanse brug van Carasc: spannende Tibetaanse hangbrug, hoog boven Bellinzona. Zie blz. 238.

Monte Lemma – Monte Tamaro: wandeling tussen twee bergtoppen op de scheiding van het Lago di Lugano en het Lago Maggiore. Zie blz. 255.

Sfeervol genieten

Centro Monte Verità: overnachten op de *berg van de waarheid*, een voormalige kunstenaarskolonie boven Ascona. Zie blz. 244.

Lido Locarno: ontspannen in het wellnesscentrum, met warme buitenbaden en spa. Zie blz. 240.

Uitgaan

Via ai Grotti: soms staan er maar twee granieten tafeltjes voor een Grotto. Maar als men kan kiezen uit meerdere Grotti, zoals in de Via ai Grotti in Biasca, dan kan de het een lange avond worden. Zie blz. 234.

Al Lido en **Etnic**, uitgaan in Lugano: een moeilijke keus? Eerst een etentje bij zonsondergang aan het strand van Lugano, dan een coole drink met Afrikaanse jazz in club Etnic. Zie blz. 252.

Italiaanse sfeer in Zwitserse bergen

Het Italiaanstalige Ticino (Duits Tessin) is het zuidelijkste kanton van Zwitserland. Het bevindt zich geheel aan de zuidkant van de Alpen en is genoemd naar de rivier de Ticino, die vanuit de besneeuwde bergen naar het Lago Maggiore stroomt. Een gebied van weelderig groene berghellingen en een warm klimaat met wijngaarden en palmen; Mediterrane sferen, geuren en kleuren. Langs de oevers van het diepblauwe Lago Maggiore en het Lago di Lugano liggen de mondaine steden Locarno, Ascona en Lugano. Het toeristische Ticino heeft ook tal van stille en onbekende uithoeken: aan de noordkant wordt het kanton omsloten door 3000m hoge bergen. Het Val Verzasca en het Vallemaggia, met kastanjebossen, kleine dorpen met nauwe straten en granieten huizen dringen er diep in door. De bruisende bergbeken uit deze dalen wateren af op de grote meren van Ticino. Mountainbiken en wandelen door de bergen, zeilen op de meren en zonnen aan het strand: in Ticino ligt het allemaal binnen handbereik.

INFO

Kaart: ▶ J-M 7-10

Toeristenbureau
Ticino Turismo, Via Lugano 12, 6501 Bellinzona, tel. 091 825 70 56

Internet
www.ticino.ch: toeristische info, met tips over eten en drinken, sport, festiviteiten en hotels.
www.tessin.ch: boekingssite voor hotels en vakantiewoningen en links naar goede restaurants.
www.ticinotopten.ch: toeristische website over de highlights van Ticino.

Reizen en vervoer
Vliegen: vanaf Zurich een binnenlandse vlucht op Lugano Airport.
Trein en bus: de Gotthardspoorlijn vormt de noord-zuid verbinding met Milaan. Doorgaande treinen stoppen in Airolo, Bellinzona, Lugano en Mendrisio. Bellinzona heeft een spoorverbinding met Locarno en met de Centovalli-smalspoorbaan naar Domodossola in Italië (www.centovalli.ch). Aansluitende postbussen bedienen alle bergdalen (www.postauto.ch).
Auto: Ticino bereikt u via de Gotthardtunnel en de snelweg A2.

Valle Leventina

De reis door Ticino begint aan de zuidkant van de Gotthard in het Valle Leventina, een groots en machtig dal. Voor de toerist uit het noorden de eerste kennismaking met het landschap aan de zuidflank van de Alpen. Met zijn Gotthardtunnel en autostrada is het de doorgaande route naar Italië. Het loont de moeite de snelweg te verlaten om het dal en zijn dorpjes te verkennen. De San Nicolao in Giornico geldt als een van de mooiste kerken van Ticino.

Op de hellingen van dit grote dal zijn wandeltochten te ondernemen, net als in de zijdalen Val Bedretto en Valle di Blenio, die een echt alpien karakter dragen. Het benedendal van Biasca tot Bellinzona draagt de naam *Rivièra*, waarschijnlijk afkomstig uit de begintijd van het toerisme. Hoogtepunt en afsluiting van het dal vormt Bellinzona met zijn drie indrukwekkende burchten.

Airolo ▶ J7

Airolo is met ruim 1500 inwoners de grootste plaats in het bovendal van Leventina. De gemeente was tot ver in de 19e eeuw belangrijk als laatste halte voor de Gotthardpas. De burgemeester bepaalde vroeger als enige of de pas 's winter werd gesloten of kon worden geopend. De aanleg van de spoor- en autotunnel degradeerde Airolo tot een halte langs de snelweg. Airolo vormt voor wandelaars een goed uitgangspunt voor berg- en skitochten.

Valle Bedretto ▶ J7

Bij Airolo ligt het Valle Bedretto dat aan de noordzijde wordt gedomineerd door de Pizzo Rotondo (3192m), de hoogste top van het Gotthardmassief. Hier ontspringt de rivier de Ticino. In het Val Bedretto merkt u weinig van de zuidelijke sfeer. Het is een stil hooggebergtedal met sparrenbossen, schuimende beekjes en granietpieken die oprijzen boven de bergweiden. Op deze hoogte liggen slechts enkele gehuchten. De weg door het Valle Bedretto stijgt naar de Nufenenpas (2478 m), de verbinding met Ulrichen in Wallis (open juni-okt.).

Tandradbaan Ambri – Piora

www.ritom.ch, mei-okt. 8.30-7.20 uur
Langs de oude weg gaat vanuit Ambri een tandradbaan naar het 1795 m hoog gelegen Piora. Een van de steilste tandradbanen ter wereld werd in 1917 aangelegd voor de bouw van het stuwmeer en in 1921 opengesteld voor publiek. Het 1380 m lange kabelspoor heeft een maximale helling van 88%.

Vanaf het bergstation voert een weggetje naar het achtergelegen Lago Ritóm (1850 m), een klein stuwmeer in een prachtig beschermd berglandschap en een mooi wandelgebied.

Info

Toeristenbureau: Viale Stazione (in het station), 6780 Airolo, tel. 091 869 15 33, www.leventinaturismo.ch, www.airolo.ch.

Overnachten

Klein maar fijn – **Chalet Stella Alpina:** 6781 Ronco Bedretto, tel. 091 869 17 14, www.stellaalpina.com, 2pk vanaf CHF 99 (2p in dortoir vanaf CHF 78). Verlaat bij Airolo het drukke Val Levantina en rij in 10 min naar het dorpje Ronco Bedretto, naar dit berghotel in een authentiek stenen chalet, met goede Tessiner keuken en wellnesscentrum. Variatie in kamers: van luxe suite tot dortoir.

Aan het stuwmeer – **Berggasthaus Lago Ritóm:** tel. 091 868 14 24, www.lagoritom.ch, 2pk CHF 90. Deze voordelige herberg is alleen 's zomers geopend en in 15 min. bereikbaar vanaf het bergstation van de tandradbaan Ambri – Piora.

Eten en drinken

Verrassende composities – **Ristorante Forni:** Via Stazione, tel. 091 869 12 70, www.forni.ch. Verrassend goede keuken van chefkok Simone Ciaranfi, die verrast met gerechten als visstrudel met venkel en mandarijnen, afgewerkt met een vleugje eucalyptus. In de winter wordt ook wild geserveerd.

Kaasparadijs – **Caseificio del Gottardo:** 6780 Airolo, tel. 091 869 11 80, www.cdga.ch, dag. 7-24, keuken ma.-vr. 11.30-14, 18.30-22, za., zo. 11.30-22 uur.

Aan de zuidkant van Airolo (bij de kabelbaan) ligt deze kaasmakerij, met museum en restaurant. Door de glazen ruiten kunt u meekijken bij de kaasbereiding. Proef in de winkel de lekkerste

Middeleeuwse brug en kerken, Giornico

kaassoorten en sla voor thuis een voorraadje in. In het restaurant voeren kaasgerechten natuurlijk de boventoon.

Giornico ▶ K 7

Op de onderste daltrede van de Leventina ligt het fraaie dorpje Giornico, een van de oudste dorpen in het dal. Omdat hier een eilandje in de rivier ligt, overspannen twee middeleeuwse boogbruggen de Ticino. Giornico is beslist een stop waard om zijn drie middeleeuwse romaanse kerken en een toren. De San Nicolao is een van de mooiste vroeg-romaanse kerken van Ticino. Het dorp bezit geen hotel, wel enkele zeer bijzondere restaurants.

San Nicolao

De kerk werd tussen de 12e en 15e eeuw gebouwd, opgetrokken uit rechte blokken graniet en voorzien van prachtige granieten dierfiguren: in de kapitelen, aan de voet van de portaalzuilen en op de doopvont. Het interieur bevat mooie romaanse en laatgotische fresco's.

Eten en drinken

Eilandgrotto – **Grotto dei due Ponti:** www.grotto2ponti.ch, mei-okt. 11-14.30 en 17-24 uur, di. gesl. Op een klein eiland in de Ticino ligt deze idyllische grotto, die via een boogbrug wordt bereikt. De inrichting is modern, de keuken behoort tot de betere.

Biasca ▶ K 8

Het dorp Biasca is een bedrijvig streekcentrum, strategisch gelegen op het kruispunt van de Gotthard- en de Lukmanierpas. Biasca is minder interessant om te overnachten, maar buiten het stadje liggen een aantal fantastische *grotti* (kleine tavernes, zie onder).

Gotthard-basistunnel

Infocentro Gottardo Sud, Pollegio, tel. 091 873 05 50, www.alptransit.ch, expositie di.-zo. 9-18 uur, gratis
In Pollegio ten westen van Biasca is een bezoekerscentrum over de bouw van de nieuwe 57 km lange HSL-treintunnel. De bouw van de *Gotthard-basistunnel* werd begonnen in 1999 en voltooid in 2016. Het is de langste spoortunnel ter wereld, met aparte buizen voor beide richtingen. Met alle dwarsbuizen en verbindingen is er in totaal 153,5 km tunnel geboord. In het bezoekerscentrum zijn multimediapresentaties over de spoorlijn en over thema's op het gebied van mobiliteit.

Eten en drinken

Grottoparadijs – **Via ai Grotti:** vanuit Biasca richting Lukmanierpas, staat met bordjes aangegeven. Er zijn in totaal ca. 150 grotti, de meeste zijn echter privé. Vier zijn er openbaar, alleen 's zomers vanaf de namiddag. Probeer ge-

woon een van de vier, als die vol is gaat u naar de volgende...
Grotto Petronilla: Via ai Grotti 36 a, tel. 091 862 39 29.
Grotto Pini: Via ai Grotti 34, tel. 091 862 12 21.
Grotto Del Mulo: Via ai Grotti 38, tel. 076-490 74 70, hele jaar geopend.
Grotto Lino: Via ai Grotti 40, tel. 091 862 45 47, mei-okt.

Val Blenio en de Lukmanierpas ▶ K 7

Vanuit Biasca kan men een excursie maken door het Val Blenio naar de Lukmanierpas/Passo Lucomagno. Het zonnige dal langs het riviertje de Brenno wordt ook Valle di sole genoemd en maakt een vriendelijke indruk met uitgestrekte bergweiden en bossen van tamme kastanjes en arven. Cultuurliefhebbers vinden hier een van de mooiste romaanse kerkjes van Ticino, de San Carlo Negrentino. Na Olivone, de hoofdplaats van het dal, gaat de weg met grote lussen richting Passo Lucomagno. De naam stamt van het Latijnse *lucus magnus* (grote woud). Toen de Romeinen deze overgang benutten, moesten zij door een woest berggebied en door heuvels die begroeid waren met dicht bos. De pas door het Valle Santa Maria voert nu door een beschermd natuurgebied van open alpenweiden, die in de zomer vol staan met kleurige bloemen.

San Carlo Negrentino

Vanuit Acquarossa kunt u een wandeling maken over historische paden naar de romaanse Chiesa San Carlo di Negrentino, een prachtige 11e-eeuwse kerk met kostbare romaanse en laatgotische fresco's, in een schilderachtige omgeving. In 2007 werd een voetgangershangbrug aangelegd, die kerk verbindt met het dorp Leontica. Achter de kerk van Leontica (bekend vanwege de jaarlijkse processies) kunt u op het muildierpad weer omlaag naar Acquarossa (de kerk is ook bereikbaar per auto).
Tip: haal eerst bij het restaurant in Prugiasco de sleutel van de kerk.

Toekomstig nationaal park

In Dangio (niet te verwarren met Dongio) begint een pad naar de Capanna Adula, een berghut aan de voet van de Rheinwaldhorn, met 3402 m de hoogste berg van Ticino. Het **Adulagebergte**, op de grens van Ticino en Graubünden wordt een toekomstig nationaal park.

Overnachten

Rustico – www.rustici.ch: een grote keus aan rustici in het Val di Blenio, die voor een vakantie gehuurd kunnen worden, vindt men op deze website.
Betoverend – **Casa Lucomagno:** Olivone, tel. 091 872 16 03, www.casalucomagno.ch, 2pk CHF 120. Vroegere zomerresidentie uit de 19e eeuw, zorgvuldig gerenoveerde kamers en vakantiewoningen met originele meubels, douche/WC op de gang.
Ecologisch – **Centro Pro Natura:** Strada del Lucomagno, Blenio (Acquacalda), tel. 091 872 26 10, www.pronatura-lucomagno.ch, 2pk CFH 150. Bij Aquacalda, op 1750 m, 5 km ten zuiden van de Lukmanierpas, biedt dit natuurcentrum hotelkamers, een natuurcamping en een ecologisch restaurant. Men kan er overnachten in een Mongoolse yurt en voor de hotelgasten is er een yurt-sauna.

Eten en drinken

Rustiek maar modern – **Osteria Centrale:** Via alla Chiesa, tel. 091 872 11 07, www.osteriacentraleolivone.ch. Een modern, gezellig restaurant met aantrekkelijke streekgerechten. Er zijn ook enkele kamers, 2pk CHF 90-110.

Biokaas – **Kaasmakerij Töira:** Olivone, vlak voor de afslag naar de Lukmanierpass, tel. 091 872 11 06, www.caseificio toira.ch, ma. gesl. Hier kunt u meekijken bij de kaasbereiding.

Actief

Sportklimmen – **Luzzone-stuwdam:** In Olivone vertakt het Valle di Blenio zich en gaat een zijweg naar Campo Blenio in het Val di Campo. De asfaltweg eindigt bij de stuwdam van Luzzone, waar Tessiner berggidsen een moeilijke en spectaculaire sportklimroute hebben aangelegd op de 165 m hoge stuwdam (moeilijkheid tot 7-, voor een borg van CFH 20 kan men een sleutel afhalen bij ristorante Luzzone, tel. 091 872 13 55, waarmee men een ladder verkrijgt om bij de route te komen).

Trekking – **Wandeling over de Greinahoogvlakte:** Deze 2-daagse wandeling voert over de uitgestrekte Greina-hoogvlakte op 2200 m op de grens met Graubünden. Volgens plannen uit 1950 zou de hoogvlakte gebruikt gaan worden voor de energiewinning. Waar de Rein da Sumvitg met wilde watervallen het dal in stroomt, zou een grote stuwdam worden aangelegd. Natuurbeschermers wisten in 1986 de energiemaatschappij tegen te houden en de Greina werd een beschermd landschap, een uitgestrekte, door de mens onberoerde hoogvlakte.

De wandeltocht is mogelijk tussen half juni en half oktober en voert langs berghutten naar het dorpje Vrin in Graubunden.

Informatie: startpunt: stuwdam van Luzzone; afstand 28 km, 1650 hoogtemeters; Capanna Motterascio: tel. 091 872 16 22, www.capannamotterascio.ch; Capanna Terri: tel. 081 943 12 05, www. terrihuette.ch.

Wandeling over de Greina

Valle Leventina

Castello di Montebello en (op de achtergrond) het Castelgrande, Bellinzona

Bellinzona ▶ K 8

La città dei castelli is de eerste grote plaats die je vanuit het noorden tegenkomt. Reeds van ver zie je drie middeleeuwse burchten oprijzen. Aan de voet van de burchten ligt de oude binnenstad van de kantonhoofdstad van Ticino. Het is een plezierig, gezellig stadje, met typisch Italiaanse piazza's (pleintjes) en statige patriciërshuizen met balkons en arcaden. Op de gezellige zaterdagmarkt op de centrale Piazza Collegiata en Piazza Nosetto worden Tessiner kaas en salami verkocht. Het is de meest 'Italiaanse' stad van Zwitserland. Van het station (met toeristenbureau) naar het centrum loopt de Viale Stazione met schaduwrijke bomen en aardige winkels. Aan de bogenrijke Piazza Nosetto ligt het in 1926 gebouwde Palazzo Civico, het stadhuis met prachtige binnenhof.

De burchten van Bellinzona ✳

Vanwege zijn strategische ligging op het kruispunt van twee grote paswegen, de St. Gotthard en de San Bernardino, en de weg naar Milaan, werd Bellinzona al sinds de Romeinse tijd betwist tussen Zwitsers en Italianen. Aan de hertogen van Milaan (13e-15e eeuw) heeft de stad zijn vestingen te danken. De drie burchten in Lombardische stijl zijn verbonden door vestingmuren, en hadden als doel het dal tegen de Zwitsers te beschermen. Dat voorkwam uiteindelijk niet dat de stad in 1500 door de Eedgenoten werd veroverd, en dit Italiaanstalige gebied Zwitsers werd. De grotendeels intacte burchten, muren, torens, kantelen en poorten van dit imposante vestingwerk zullen u zeker verrassen! Een pittige wandeling van ca. 1 ½ uur verbindt de drie burchten met elkaar (aangegeven met gekleurde verfpijlen).

Castelgrande

Museo di Castelgrande, tel. 091 825 81 45, nov.-mrt. dag. 10-17, april-okt. dag. 10-18 uur, CHF 5
Direct aan de westkant van het centrum ligt op een heuvel het Castelgrande met

het historisch museum dat archeologische en kunsthistorische collecties bevat. Klim vanaf de Piazza Nosetto door een van de steegjes omhoog, of neem de lift in de rotsen (vanaf de Piazza Collegiata) direct omhoog naar deze oudste burcht. Vraag naar de film van een halfuur, die een goed overzicht geeft van het hele vestingcomplex. In het hoogseizoen worden er operavoorstellingen gehouden op de binnenplaats van het Castelgrande.

Castello di Montebello

tel. 091 825 13 42, mrt.-nov. dag. 10.30-16, apr.-okt. 10-18 uur, CHF 5

Terug naar het centrum, en dan omhoog over de oostelijke helling komt u bij het Castello di Montebello, dat er nog steeds uitziet als een echte ridderburcht. In deze voormalige zetel van de Zwitserse landvoogd is het Museo civico gehuisvest, met onder meer archeologische vondsten en wapens.

Castello di Sasso Corbaro

tel. 091 825 59 06, mrt.-nov. dag.10.30-16, apr.-okt. 10-18 uur, CHF 5

En ten slotte brengt een stevige klim u bij het Castello di Sasso Corbaro, dat 230 m boven het dal op een uitstekende bergpunt oprijst en waar u vanaf de belvedère een mooi uitzicht heeft. Op de binnenplaats wacht de historische Osteria Sasso Corbaro op uw bezoek.

Ravecchia, Villa dei Cedri

Piazza S.Biagio 9, 6500 Bellinzona, tel. 091 821 85 20, www.villacedri.ch, wo.-vr. 14-18, za.,zo. 11-18 uur, CHF 10

In Ravecchia, een zuidelijk voorstadje van Bellinzona, staat de romaanse basiliek San Biagio, versierd met fresco's. Naast de San Biagio kunt u een bezoek brengen aan de kunstcollectie in de 19e-eeuwse Villa dei Cedri. Hier zijn werken te zien van 19e- en 20e-eeuwse kunstenaars als Segantini en Kokoschka.

Info

Toeristenbureau: In het station van Bellinzona, tel. 091 825 21 31, www.bellinzonaturismo.ch
Bellinzona Pass: voor toegang tot de drie burchten en hun musea, incl. kunstmuseum Villa dei Cedri (met of zonder toeristentreintje: 1 dag CHF 15/24, 1 week CHF 18/29).

Overnachten en eten

Historie in een modern jasje – **Hotel Internazionale:** Viale stazione 35, tel. 091 825 43 33, www.hotel-internazionale.ch, 2pk vanaf CHF 200. Het traditionele hotel bij het station is recent gerenoveerd. Met een kleine spa is het Bellinzona's aangenaamste hotel.

Op stand – **Osteria Sasso Corbaro:** Via Sasso Corbaro 44, www.osteriasassocorbaro.com. In het hof van de hoogste burcht van Bellinzona zit u op granieten banken onder de wijnbladeren.

Beroemde grotto – **Grottino Ticinese:** Via Luigi Lavizzari 1, grottinoticinesebellinzona.ch, tel. 091 826 39 64, 's winters zo. gesl. Vlak buiten het centrum ligt dit restaurant van Dario Joppini, die ongelooflijk lekker kookt; geliefd zijn de gnocchi en de vitello tonnato.

De Tibetaanse brug van Carasc

Kabelbaan Monte Carasso, Via Pedmünt, 6513 Monte Carasso, tel. 091 825 81 88, www.mornera.ch, dag. 06.30-21.30 uur

Boven Monte Carasso, ten westen van Bellinzona, werd in 2015 een spannende 270 m lange Tibetaanse hangbrug geopend tussen de dorpen Sementina en Monte Carasso. De brug hangt 130 m boven de kloof en is bereikbaar vanaf het tussenstation Curzútt van de kabelbaan uit Monte Carasso, of te voet op wandelroute *Via delle Vigne*.

Palmen aan het Lago Maggiore

Lago Maggiore

De hoge bergen verlenen een speciale charme aan het Lago Maggiore, ook Verbano genoemd, waarvan slechts een vijfde op Zwitsers grondgebied ligt. Als een lang en breed, blauwgroen lint golft het meer tussen de groene bergen door. Bij Magadino tegenover Locarno stroomt de kaarsrecht gekanaliseerde Ticino door een brede vlakte het meer in. Ook de beken uit de valleien van Verzasca en Maggia monden uit in het Lago Maggiore, en hebben grote delta's in het meer gevormd waarop de steden Locarno en Ascona liggen, omringd door weelderige parken en tuinen.

Locarno ▶ K 8

Het heerlijke klimaat en het grote aantal zonuren maken Locarno in voor- en najaar en zelfs in de winter, tot een geliefde verblijfplaats. Een wandeling over de promenade langs het meer is extra aangenaam door de vele bloemen en planten langs de oever en in de tuinen. Camelia's, magnolia's en mimosa bloeien vaak al in februari. En in maart is er een heus cameliafestival.

Dwars op de boulevard ligt de langgerekte Piazza Grande, de grootste piazza van Ticino, geplaveid met rivierkeitjes, 's zomers het toneel van rock- en filmfestivals, in de winter wordt ze omgetoverd in een feeërieke ijsbaan (Locarno on Ice). In augustus, als het internationale filmfestival wordt gehouden, gonst Locarno van de drukte en mengen de toeristen met de Ticinesi. Tijdens het filmfestival maakt een reusachtig scherm van Piazza Grande een enorme openluchtbioscoop. De Piazza wordt aan de westkant afgesloten door de resten van het Castello Visconteo met het museo civico over de geschiedenis van Locarno, en de kleine maar prachtige 16e eeuwse kerk San Francesco met naastgelegen kloosterhof. Achter de Piazza Grande ligt de compacte binnenstad van Locarno tegen de heuvel aangebouwd, met smalle steile steegjes en statige patriciërshuizen, die achter hun gevels patio's met galerijen, tuinen en fonteinen verbergen. U vindt er leuke winkeltjes en tal van cafés en eethuisjes.

Ghisla Art Collection

Via Antonio Ciseri 3, 6600 Locarno, tel. 091 751 01 52, www.ghisla-art.ch, wo.-zo. 14-17 uur, CHF 15

Vlak bij de haven in het centrum van Locarno staat het knalrode kubusvormige gebouw van de lokale architecten Moro & Moro. In acht vertrekken wordt de kunstcollectie van het echtpaar Martine en Pierino Ghisla tentoongesteld: moderne en hedendaagse kunst van onder meer Picasso, Mirò, Botero, Frank Stella, Appel en Basquiat.

Pinacoteca Casa Rusca

Piazza S. Antonio, 6600 Locarno, tel. 091 7 56 31 85, museocasarusca.ch, di.-zo. 10-12, 14-17 uur, CHF 10

Links van de barokke San Antonio Abate staat het Casa Rusca, een 17e-eeuws patriciërshuis met mooie binnenhof en gewelfde galerijen. Hier is de Pinacoteca gevestigd, met wisselende tentoonstellingen moderne en hedendaagse kunst. In de hof staan o.a. kunstwerken van Jean Arp.

Oeverpromenade

Voor een ontspannen wandeling volgt u de oeverpromenade Lungolago, vanaf de aanlegplaats van de boten, de Debarcadero, in zuidelijke richting. Voorbij de jachthaven ligt de Giardini Jean Arp, een beeldentuin ter nagedachtenis aan de kunstenaar Jean Arp, waarvan u hier enkele van zijn sculpturen kunt bewonderen. Dan langs het Lido di Locarno naar het Parco delle Camelie (cameliapark). De beste tijd om de camelia's in bloei te zien is maart-april.

Lido Locarno

Termali Salini & Spa, Lido Locarno, Via Respini 7, 6600 Locarno, tel. 091 786 96 96, www.lidospa-locarno.ch, dagkaart CHF 35

Het Lido van Locarno is een groot zwemcomplex met diverse buitenbanen en een verwarmd bad. Nog meer wellness ervaart men in de naastgelegen spa, met sauna, Turks bad en baden met zout water. Het buitenzwembad is zo aangelegd dat het lijkt alsof u in het meer zwemt.

Madonna del Sasso

Via Santuario 2, Orselina, tel. 091 743 62 65, www.madonnadelsasso.org, dag. 6.30-18.30 uur

Boven Locarno staat de bedevaartkerk Madonna del Sasso. Wandelaars nemen het pad door de kloof en anderen het kabeltreintje (funicolare Locarno – Madonna del Sasso), dat vertrekt vlak bij het station. In de barokke kerk zijn *de Vlucht naar Egypte* van Bramantino (1520), *de Graflegging* van de Ticinese schilder A. Ciseri (1865) en een 15e-eeuwse piëta bijzonder. Vanaf de zuilengalerij hebt u fraai uitzicht op Locarno.

Designkabelbaan Cardada

Als voortzetting van het kabeltreintje is er de designkabelbaan naar de huisberg van Locarno: de Cardada (1332 m). Mario Botta ontwierp dal- en bergstations en de gondels. Van het panoramaterras van staal bij het eindstation hebt u een spectaculair uitzicht op het Lago Maggiore en de Walliser Alpen. Een stoeltjeslift gaat nog verder omhoog, naar de Cimetta (1671 m), waar het uitzicht nog omvattender is. Het diepste en hoogste punt van Zwitserland in één oogopslag: het Lago Maggiore en de Dufourspitze op de Monte Rosa.

Info en evenementen

Toeristenbureau: Largo Zorzi 1, 6600 Locarno, tel. 091 791 00 91, www.locarno-ascona.com

Veerdiensten: Vervoer per boot is populair en vaak handiger dan met bus of trein. De snelle boot- ▷ blz. 242

Favoriet

Centovalli Express: Locarno – Domodossola

Honderd zijdalen telt *Centovalli*, of in ieder geval veel. Dichtbebost zijn ze en steil. Door het dal loopt een smalle bochtenrijke weg en een smalspoorlijn. Wie van het dal wil genieten laat zich het best vervoeren met de *Centovallispoorlijn*. Het treintje verbindt de Gotthard- met de Simplonspoorlijn en is uit Tessin via Domodossola (Italië) en de Simplontunnel de kortste weg naar Wallis. De treinreis is een belevenis en voert door de prachtige landschappen van het Centovalli en het Italiaanse Valle Vigezzo. De trein slingert over 18 imposante bruggen en door 28 tunnels, langs kloven en begroeide bergen, waartussen de schilderachtige dorpen liggen. Met een Zwitserse treinpas kunt u gratis gebruikmaken van het Italiaanse deel van het traject.

Tip

Ticino in oktober

Bezoek Ticino bij voorkeur in de herfst. Opvallend in de bergdalen zijn de kastanjebossen, die tot hoog op de hellingen groeien. Het mooist is een bezoek in oktober, wanneer de verkleurende bladeren het landschap ondergedompelen in een oranje gloed. En bovendien zijn er dan overal in Ticino wijn-, oogst- en kastanjefeesten.

dienst tussen Locarno en het Italiaanse Stresa doet ook Ascona en Brissago aan. Naar de andere plaatsen aan de Zwitserse oever gaan boten van de NLM (Navigazione Lago Maggiore). Dienstregeling bij het toeristenbureau en de bootsteiger aan het begin van de promenade.
Cameliafestival: 3 dagen, eind maart; www.camellia.ch.
Moon and Stars: juli, www.moonandstars.ch; internationale popsterren geven concerten op de Piazza Grande.
Filmfestival Locarno: 1e helft aug., www.pardo.ch.
Locarno on Ice: eind nov.-begin jan., www.locarnoonice.ch.

Overnachten

Locarno heeft een grote keuze aan hotels, in alle prijsklassen.
Statig stadskasteeltje – **Castello:** Via B. Rusca 9 / S. Francesco 7a, 6600 Locarno, tel. 091 751 2361, www.hotelcastello.ch. Historisch hotel in het centrum, maar rustig gelegen; zonnige tuin met zwembad.
Uitzichtrijk – **La Barca Blu:** Via al Parco 2, 6644 Locarno, tel. 091 743 47 60, 22, www.barcablu.ch, 2pk vanaf CHF 160. Hotel boven Locarno, vlak bij Santuario Madonna del Sasso; stijlvolle moderne kamers, veel ervan met balkon.
Jazzhotel – **Millennium Garni:** Via Dogana Nuova 2, tel. 091 759 67 67, www.millennium-hotel.ch, 2pk vanaf 140 CHF. Dit kleine hotel, het voormalige douanekantoor, noemt zichzelf *The Jazz Hotel*. De kamers dragen namen als Duke Ellington en Charlie Parker.
Voordelig stadshotel – **Garni Du Lac:** Via Ramogna 3, tel. 091 751 29 21, www.du-lac-locarno.ch, 2pk vanaf CHF 120. Ontving in 2013 de *Prix Bienvenue* als beste stadshotel. Centraal gelegen; 's zomers ontbijt u op het terras.
Om lang te blijven – **Campofelice Camping & Bungalows:** Via alle Brere 7, 6598 Tenero, tel. 091 745 14 17, www.campofelice.ch. Ruim opgezette en luxe camping, aan de monding van de Verzasca. Naar keuze overnachten in uw eigen tent, een van de 50 moderne 2- tot 6-persoons bungalows, appartement of hotelkamer. Kies zelf hoe luxe u wilt 'kamperen'.

Eten en drinken

Vis – **Ristorante Cittadella:** in de Albergo Cittadella, ma. gesl. Uitstekend visrestaurant in de oude binnenstad. Op de 1e verdieping eet men chic, op de begane grond is de kaart eenvoudiger.

Klein eethuis – Borghese: Via Borghese 20, tel. 091 751 04 98, ma.-vr. Een klein eethuisje met een binnenplaats, maar de keuken zet grootse gerechten op tafel, 's winters fondue en raclette.
Reuzenpizza – Al Torchio: Viale Verbano 15, Muralto, tel. 091 743 43 77, de tafeltjes buiten zijn geliefd en snel te klein als de enorme pizza's voor twee worden geserveerd, waar vier genoeg aan hebben.
Ontmoetingsplek – Gran Caffè Verbano: Piazza Grande 5, tel. 091 752 00 15, www.bar-verbano.ch. Hét café aan de Piazza Grande, een klassiek gebouw met een modern interieur. De ontmoetingsplek van vele generaties Locarnesi.

Ascona ▶ K 9

Aan Locarno grenst de toeristenplaats Ascona. Ooit een typisch Ticinees vissersdorp, nu een exclusief vakantieoord waar veel Duitsers en Duitstalige Zwitsers een tweede huis bezitten. Gezellig is de Piazza, de promenade aan het meer, met terrasjes langs het water. Typisch Ticinees gebleven is de oude Borgo, het dorp. Het is prettig slenteren door de pittoreske en geheel autovrije oude straatjes, pleintjes en steegjes met galerieën en boetiekjes.

Centro Monte Verità

Via Collina 84, tel. 091 785 40 40, www.monteverita.org, wo.-zo. 14.30-18 uur
Klim uit het centrum omhoog naar de Monte Verità (berg van de waarheid), waar rond 1900 artiesten en intellectuelen een kolonie stichtten, op zoek naar alternatieve waarden en levenswijzen. Tot 1940 was de kolonie een trefpunt van intellectuelen, anarchisten en veel kunstenaars – Carl Jung, Herman Hesse, Hans Arp, Walter Gropius, Marcel Breuer, Oskar Schlemmer, Paul Klee en Jawlensky verbleven er, kort, lang of voorgoed. Het Museo Monte Verità gaat in op de geschiedenis van deze kolonie van wereldverbeteraars. De tuinen met tropische planten en uitkijkpunten op het meer zijn openbaar toegankelijk en heerlijk om tot rust te komen. U kunt pauzeren in het theehuis of in een van de twee uitstekende restaurants.

Museo d'Arte Moderna

Via Borgo 34, tel. 091 759 81 40, www.museoascona.ch, mrt.-dec. di-za 10-12, 14-17; juli-aug. 10-12, 16-19; zo 10.30-12.30 uur
Het museum voor moderne kunst zit in het Palazzo Pancaldi aan de Via Borgo. Het toont werk van (Duitse) kunstenaars die een band hadden met Ascona zoals Richard Seewald, Paul Klee, Marianne Werefkin en Hermann Hesse.

Museo Ignaz e Mischa Epper

Via Albarelle 14, tel. 091 7 91 19 42, www.museo-epper.ch, apr.-okt. di.-vr. 10-12, 15-18, za., zo. 15-18, juli-aug. di.-vr. 10-12, 20-22, za., zo. 20-22 uur
Het Casa Epper toont schilderijen van Ignaz en Mischa Epper en andere 20e eeuwse expressionisten.

Info en evenementen

Toeristenbureau: Viale Papio 5, 6612 Ascona, tel. 091 791 00 91, www.ascona-locarno.com, www.ascona.ch.
Fietsverhuur: Bike Chiandussi, Via Circonvallazione 14, tel. 091 780 55 42. Mountainbikes, toer-, en racefietsen.
Jazz Ascona: juni, 200 jazzconcerten.
Straatartiestenfestival: juni, www.artistidistrada.ch
Settimane Musicali di Ascona: eind aug.-half okt., klassieke concerten in de Collegio Papiokerk.
Kastanjefestival: half oktober.

Overnachten en eten

De Caraïben? – **Albergo Losone**: Via dei Pioppi 14, 6616 Losone-Ascona, tel. 091 785 70 00, www.albergolosone.ch, 2pk CHF 350. Verscholen tussen de grootste palmentuin van Zwitserland. Het verwarmde zwembad met rietgedekte huisjes draagt bij aan het tropische gevoel. Viersterren hotel, ook voor kinderen; familiehotel van het jaar 2016.
Designhotel – **La Meridiana**: Piazza G. Motta 61, tel. 091 786 90 90, www.garni-la-meridiana.ch, 2pk v.a. 220 CHF. Elegant hotel in een historisch Tessiner huis, uitzicht op het meer vanuit alle kamers. leeszaal, fitness, huurfietsen.
Bauhaus – **Hotel Monte Verità**: Via Collina 84, tel. 091 785 40 40, www.monteverita.org, 2pk CHF 95-230. In de voormalige kunstenaarsoase kunt u overnachten in diverse gebouwen: het Bauhaushotel, de Jugendstilvilla of een van de drie bijbehorende vakantiewoningen; voor elke smaak en beurs.
Grotto met moderne touch – **Grottino Ticinese**: Via San Materno 10, 6616 Losone, tel. 091 791 32 30, www.grottinoticinese.ch. Deze sympathieke grotto is door zijn mix van typisch Tessiner keuken en zonnige groene tuin een favoriete plek van locals. Probeer hier eens een polenta (maisgriesmeelgerecht).

Isole di Brissago ▶ K 9

www.isoledibrissago.ch, tel. 091 791 43 61, bootverbinding vanuit Locarno, Ascona, Brissago en Porto Ronco, toegang CHF 8
De Isole di Brissago, tegenover Porto Ronco, vormen het onvermijdelijke, maar zeer terechte uitstapje voor gasten aan het Lago Maggiore. Op het Isola Grande, de grootste van de twee eilandjes, bevindt zich de veel geroemde botanische tuin van het kanton Tessin. Het milde klimaat zorgt ervoor dat hier op een klein oppervlak zo'n 1700 subtropische plantensoorten groeien. Op het eiland is een restaurant in de statige villa. Het kleinste eiland, St. Apollinare, is niet toegankelijk en wordt overgelaten aan de uitbundige natuur.

Isole di Brissago

Bergdalen van Ticino

Een uitstapje van het Lago Maggiore in een van de lange zijdalen in de *Alpi Ticinesi* mag op uw vakantie niet ontbreken. Naar keuze: Val Verzasca, Valle Maggia of het Centovalli. Door het kleinschalige toerisme heerst hier een rust die doet denken aan vervlogen tijden. Hebt u weinig tijd? Bezoek dan het Valle Verzasca, weliswaar toeristischer, maar snel te bereiken vanuit Locarno.

Valle Verzasca ▶ K 8

Vanuit Gordola, ten oosten van Locarno, klimt een weg naar het ruige Valle Verzasca, het bekendste bergdal van Ticino. Grootste attractie is de bergbeek met zijn smaragdgroene water tussen de grote rotsblokken. De weg voert langs schilderachtige dorpen. Eerst kronkelt de weg naar de 220 m hoge dam en het stuwmeer van Vogorno, dat zich als een fjord tussen de steile wanden uitstrekt.

De *Golden Eye* sprong

Golden Eye bungee-jump: Casa Rosina, Tegna, tel. 091 780 78 00/079 600 70 07, www.trekking.ch
Vanaf de parkeerplaats wandelt u over de stuwdam van Vogorno, duizelingwekkend uitzicht gegarandeerd! Hier werd een van de beste stunts uit de filmgeschiedenis uitgevoerd: James Bonds sprong vanaf de 220 m hoge stuwdam in de film *Golden Eye*. Treedt in zijn spoor en maak nu zelf de 007-sprong: de ultieme adrenalinekick.

Spookdorp Corippo

Voorbij het stuwmeer voert een brug naar het bergdorp Corippo, tot begin 20e eeuw een centrum van de linnenindustrie. Door concurrentie uit het buitenland werd de productie van vlas volledig onderuitgehaald en liep het dorp leeg. In 1975 werd het verlaten dorp in zijn geheel beschermd als architectuurmonument. In 1850 leefden hier 350 mensen, nu nog 22. Veel woningen worden nu verbouwd tot vakantiehuizen.

Ponte dei Salti

Belangrijkste attractie van Lavertezzo is de Ponte dei Salti, met zijn twee bogen (17e eeuw) en gereconstrueerd in 1960. Voor de middelste pijler werd gebruik gemaakt van een ontzagwekkend brok graniet dat daar toch al lag. Het is leuk om rond te struinen tussen de schitterende rotsblokken in de rivier of een duik te nemen in het ijskoude water. Maar pas op: na regenval kan dit levensgevaarlijk zijn!

Sonogno

De weg door het dal eindigt in het vrij toeristische dorp Sonogno, dat een goed bewaarde dorpskern bezit. Een wandeling van 20 minuten voert naar een hoge waterval, de Cascata La Froda. Veel dorpsbewoners werken in de wolbewerking, van schaap tot afgewerkt product. Deze op initiatief van *Pro Verzasca* geïntroduceerde huisindustrie heeft werkgelegenheid teruggebracht in dit met ontvolking bedreigde dal. Bezoek de dorpswinkel *Artigianato Pro Verzasca* voor handgesponnen en geverfde wol, aardewerk en houtsnijwerk.

Overnachten en eten

Bungalows – **Rustici della Verzasca**: 6632 Vogorno, tel. 091 745 16 84, www.rustici-verzasca.ch, vanaf CHF 399 per week. 17 rustico-stijl appartementen boven het meer van Vogorno; met sauna, sportfaciliteiten en osteria.
Verse vis – **Ai Piee**: Via Cantonale, 6634 Brione, tel. 091 746 15 44, www.piee.ch. Verse forel uit de Verzasca, gestoomd, gebakken of gevuld. ▷ blz. 249

Op ontdekkingsreis

In de sporen van de Walsers naar Bosco Gürin

Ook voor de huidige reiziger, die vanaf het Lago Maggiore de bergen inrijdt, ligt Bosco Gurin [1] erg afgelegen. Maar destijds, toen de kolonisatie van het Walserdorp begon, was de weg nog veel lastiger: namelijk vanuit het noorden, over de Tessiner bergen heen.

Kaart: ▶ J 8

Duur: dagtocht

Museum Walserhaus: tel. 091 754 18 19, www.walserhaus.ch, Pasen-okt. di.-za. 10-11.30, 13.30-17, zo. en feestdagen 13.30-17 uur, CHF 5.

Toeristenbureau Bosco Gurin: tel. 091 759 02 03, www.boscogurin.ch
Hotel Walser, 6685 Bosco Gürin, tel. 091 759 02 02, www.hotel-boscogurin.ch, 2pk met halfpension vanaf CHF 120. Modern comfortabel hotel aan de ingang van het dorp; sfeervol restaurant met grote open haard, sauna en fitnessruimte.

Van Locarno voert de Via Cantonale in noordelijke richting langs de Maggia naar Cevio, waar het dal zich opent. Vanaf Cevio slingert een smalle weg door het afgelegen Valle di Bosco omhoog naar het Walserdorp Bosco Gürin op 1506 m hoogte aan het eind van het dal. Bosco Gürin is het hoogste dorp van Ticino en een van de mooiste Zwitserse bergdorpen. Het is het enige in Ticino waar Duits de voertaal is. De reden: het dorp werd niet vanaf het Lago Maggiore, maar in 1253 over de Alpen vanuit het noorden gesticht door de 'Walser', inwoners van het Zwitserse kanton Wallis (uit Goms). Ze brachten hun taal en bouwstijl mee; dat ziet en hoort men tot op heden. Het schilderachtige dorp met zijn steegjes en zijn huizen met een stenen basis en houten opbouw is prachtig bewaard gebleven en kent 60 permanente bewoners. Vanwege zijn Walser erfenis en de mooie omgeving is het een geliefde vakantiebestemming.

Hout op steen

De kantonale weg eindigt voor Hotel Walser; auto's moeten hier buiten het dorp parkeren. Bij een wandeling door de steegjes vallen op de witte gevels de kleurrijke gravures op, zogenaamde sgrafitti. Veel ervan werden geschilderd door Hans Anton Tomamichel, in Bosco Gurin geboren en opgegroeid (1899-1984). Honderd huizen en eveneel schuren en stallen vormen het dorp. Maar niet alleen de gevels van de huizen, maar ook hun bouwwijze is opvallend: de huizen hebben een stenen basis met een houten opbouw.

Geschiedenis van de Walser

Zeer interessant is de geschiedenis van de Walser, omdat ze laat zien hoe de mensen zich in nieuwe gebieden vestigden. In de 9e eeuw werden, door het afsmelten van de gletsjers, de hoge bergdalen groener en de passen begaanbaar. De Alemannen trokken dieper het hooggebergte in: een reis naar de binnenste bergdalen rond het Gotthardmassief. In de Goms, het bovenste Rhônedal, ontstond het eerste belangrijke vestingsgebied van de bergboeren. Het leven was zwaar, de opbrengsten uit het hooggebergte waren mager.

Het Walsermuseum van Bosco Gurin is ondergebracht in een woonhuis uit 1386, een van de oudste boerderijen van Zwitserland. Hoe de dorpelingen leefden toont het museum, dat is ingericht met originele meubels en landbouwgereedschappen. Hoe karig de voeding was maakt de museumtuin met oude cultuurplanten duidelijk.

Zwaarden tot ploegscharen

Op grote hoogtes waar permanente bewoning ongewoon was, kapten in de 13e eeuw de Walser immigranten het bergbos, plantten er fruitbomen en weidden er vee. De Walser kolonisatie begon vanuit de Goms, in vogelvlucht half zo ver verwijderd van Bosco Gurin als het Lago Maggiore. De kolonisten trokken steeds verder de nog onbewoonde bergdalen in. De opbrengsten waren gering, maar daarvoor in de plaats kregen de kolonisten iets voor de middeleeuwen ongehoords: persoonlijke vrijheid. Zwaarden tot ploegscharen – deze bijbelspreuk zou een Walsermotto kunnen zijn, want ze dienden niet in het leger, hadden vrije keus van vestiging, vrijheid van huwlijk en betaalden vrijwel geen belastingen.

Tien moedige families

Guriner Furggu (Furka) heet de pasovergang naar het Val Rovana. Daar boven is tegenwoordig een skilift. Halfnomaden brachten in het voorjaar hun vee over de Furka naar de Maiensäss, de zomerweiden, en haalden het in de herfst weer terug. Op de almen bouwden ze eerst een schuilhut, dan een stevigere torba, met de typische 'muizenstenen' op de draagbalken, die het binnendringen van knaagdieren verhinderden. In Bosco Gurin bevinden zich nog 15 van zulke graanschuren. Omdat de erfenis 'geheel en ondeelbaar' moest worden doorgegeven, omdat opdeling van de schrale bergweiden niet genoeg opleverde om een familie te voeden, trokken de tweede erfgenamen en de andere zonen verder en werden kolonisten net als hun voorvaderen. Zo stichtten in 1244 tien families uit de Pomatt (in het huidige Italië) het dorp Gurin, bebouwden de almweiden en maakten van de torba een stevig Walserhuis.

Vliegende zielen

Hoe hard het leven daar boven in de bergen was toont ook de zogenaamde Seelabalgga in het museum: lag iemand op sterven, werd dit venster in het Walserhuis geopend, zodat zijn ziel naar de hemel kon vliegen. Midden in het dorp torent de kerk uit 1253. Witgekalkt ziet die er totaal anders uit dan de romaanse campanille in de andere Tessiner dalen. Op het kerkhof ernaast dragen de graven uitsluitend houten kruisen.

... wänn mu anandra liapa tüat

Duitse spreuken staan op de gevels. Het Gurinerduits – *Gurijnartitsch* –is een middeleeuws Alemaans, zegt men.

'Ze kletsen in een taal, die Dante zou doen blozen en Goethe zou doen huilen', schreef een taalonderzoeker rond 1900. Op een Guriner gevel is dat zo te lezen: 'D's Naeschtschi – Chlys, abar groaßas gnüag, wänn mu anandra liapa tüat' ('Het nest – klein, maar groot genoeg, als men van elkaar houdt').

Thuis spreken de Guriner hun Walserduits. Maar hoe lang nog? De zeven kinderen van Bosco Gurin gaan in Cevio naar school, omdat de basisschool in Gurin werd opgeheven. Het onderwijs in Cevio is in het Italiaans.

Met de skilift naar oude paden

Toerisme is voor Bosco Gurin het enige alternatief om de emigratie te stoppen. Zo werden de skiliften gemoderniseerd, die precies naar de bergpas omhoog voeren, waarover het dorp gekoloniseerd werd. Zo kan men zonder inspanning omhoog zweven naar de Guriner Furka, waarover 700 jaar geleden moedige kolonisten naar het zuiden trokken, om een dorp te stichten.

Lugano

Bezienswaardigheden
1 San Lorenzo
2 Piazza Riforma
3 Santa Maria degli Angioli
4 Lugano Arte e Cultura
5 Parco Civico

Overnachten
1 Villa Corona
2 Albergo Federale
3 Art Hotel Stella
4 Vakantiedorp Albonago
5 Hotel Pestalozzi

Eten en drinken
1 Cyrano
2 Antica Osteria del Porto
3 Grotto Morchino
4 Antico Ristorante Caprino
5 Canvetto Luganese

Uitgaan
1 Grand Café al Porto
2 Lido Bar
3 Etnic

Winkelen
1 Via Cattedrale
2 Via Canova
3 Foglia

Lugano ▶ K 9

Lugano is een kosmopolitische en elegante stad aan de oever van het gelijknamige meer. De stad strekt zich uit langs de beschutte baai, gelegen tussen de wachters: de Monte Brè en de Monte San Salvatore, beide circa 1000 m hoog. De grootste stad van Ticino trekt met zijn milde klimaat het hele jaar veel bezoekers. Lugano pronkt met moderne architectuur, een prachtige dom, kunstmusea en een gezellige historische binnenstad langs het meer. Wie met de Gotthardtrein aankomt op het station in de bovenstad kan met het tandradbaantje snel naar de benedenstad en het *Centro Storico* (historische binnenstad) langs het meer. In de nauwe, onregelmatige en bochtige straatjes verdringen zich de inwoners en de toeristen. Onderlangs het meer ligt de Riva, de groene boulevard, die 's avonds uitnodigt tot een *passegiata* (wandelingetje). Lugano is een levendig toeristencentrum met veel hotels en ieder denkbaar vertier. Goede wandelwegen en talrijke bus- en bootverbindingen met de omringende dorpen maken vele uitstapjes in het bergland mogelijk.

San Lorenzo 1

Tussen het oude centrum en het station

ligt op een terras (omgeven door lelijke nieuwbouw) de kathedraal San Lorenzo. De gebeeldhouwde, marmeren voorgevel (1517) met zijn strakke harmonieuze lijnen is een mooi voorbeeld van Lombardische renaissance.

Piazza Riforma

De zuidelijke toegang tot de binnenstad is de Piazza Riforma, het uitgaanscentrum van de stad. Nauwe straatjes met arcaden monden uit op dit grote plein met een ruime keus aan terrasjes. Aan de zuidkant ervan staat aan de Piazza R. Rezzonico de Municipio (stadhuis), met Tourist Office. Op de binnenplaats staat daar een standbeeld van Spartacus (1848) van Vincenzo Vela.

Santa Maria degli Angioli

Bij de Piazza B. Luini (Via Loreto), aan de zuidkant van de oude stad, staat de Santa Maria degli Angioli. De kerk werd gebouwd aan het eind van de 15e eeuw en is beroemd om de fresco's van de lijdensweg van Christus en het Madonnabeeld in de achterste kapel, beide van Bernardino Luini (16e eeuw), een leerling van Michelangelo.

LAC: Lugano Arte e Cultura

Palazzo Reali, Via Canova 10 (oude kunst), di., 14-17, wo.-zo. 10-17 uur, CHF 12; LAC, Piazza B. Luini 6, 6900 Lugano (moderne kunst), tel. 058 866 42 00, www.masilugano.ch, di.-do. 10-20, vr.-zo. 10.30-18 uur, CHF 15 (beide musea samen CHF 18)

Op een steenworp afstand van het meer aan de piazza Bernardino Luini staat sinds 2015 het opvallende architectonische hoogstandje LAC: *Lugano Arte e Cultura*, een cultuurcentrum met theater, concertzaal en museum voor moderne kunst. In 2010 fuseerden de stedelijke en cantonale kunstmusea tot het MASI – Museo d'arte della Svizzera italiana, het 'Museum van de Zwitsers-Italiaanse kunst'. Het museum is verdeeld over twee locaties: het renaissancegebouw Palazzo Reali toont oude kunst uit de periode 1400-1850, en het nieuwe LAC toont een zeer diverse collectie kunst van na 1850, onder meer Corot, Pisarro, Kandinsky, Schlemmer, Feininger, Arp.

Parco Civico

Aan de oostkant van het centrum ligt het stadspark Parco Civico en aangrenzend het Lido strandbad. Het stadspark vraagt gewoon om even lekker te ontspannen, in de schaduw van de hoge bomen, tussen de subtropische planten. Verderop in het Parco Civico ligt het Museo Cantonale di Storia Naturale (natuurhistorisch museum) met onder andere mineralen en fossielen uit Ticino (di.-za. 9-12 en 14-17 uur; gratis).

LAC: Lugano Arte e Cultura

Info

Toeristenbureau: Palazzo Civico, Riva Albertolli, 6901 Lugano, tel. 091 866 66 00, www.luganoturismo.ch

Overnachten

Romantisch – **Villa Carona** [1]: Via Principale 53, 6914 Carona-Lugano, tel. 091 649 70 55, www.villacarona.ch, 2pk vanaf CHF 220. Een 200 jaar oud patriciërshuis in Carona, waar Herman Hesse vaak verbleef, is opgeknapt tot een romantisch vakantieverblijf boven het meer van Lugano. Kamers met antieke meubels en een zonneterras met hot pool zorgen voor een onbezorgd *dolce far niente*.

Stijlvol – **Albergo Federale** [2]: Via Paolo Regazzoni 8, 6900 Lugano, tel. 091 910 08 08, www.hotel-federale.ch, 2pk vanaf CHF 185. Vlak bij het station, met grote moderne kamers, uitstekend restaurant en tuinterras.

Charmant designhotel – **Art Hotel Stella** [3]: Via F. Borromini 5, 6900 Lugano, tel. 091 966 33 70, www.albergostella.ch, 2pk CHF 140. Charmante villa met gezellige tuin met zwembad; dicht bij het station.

Leuk voor kinderen – **Reka vakantiedorp Albonago** [4]: Via Albonago 59A, 6962 Viganello, tel. 031 329 66 99, www.reka.ch. Ook op de helling van de Monte Brè ligt dit kindvriendelijke Reka-bungalowdorp met 45 chalets, veel activiteiten voor gezinnen en een eigen zwembad.

Een ontdekking – **Hotel Pestalozzi** [5]: Piazza Indipendenza 9, tel. 091 921 46

46, www.pestalozzi-lugano.ch, 2pk vanaf CHF 156 (met douche op de etage CHF 106). Op loopafstand van het centrum is in een oud palazzo dit designhotel ingetrokken. Functionele smaakvolle kamers en voor een redelijke prijs krijgt men bovendien een degelijk ontbijt. Let vooral op de mooie muurschildering van het Lago in de ontbijtzaal.

Eten en drinken

Edele keuken – **Cyrano** **1**: Corso Pestalozzi 27, tel. 091 922 21 82, za., zo. gesl. Dertien punten in de Gault Millau heeft het restaurant al kort na de opening verzameld. Koel design binnen of buiten dineren in de gezellige tuin.

Bezienswaardig – **Antica Osteria del Porto** **2**: Via Foce 9, tel. 091 971 42 00, www.osteriadelporto.ch, dag. 11-24 uur. Alleen al de ligging is een bezoek waard, in het groen bij de landtong van de beek, tussen Lido en Parco Ciani. Ook geschikt om alleen een glaasje te drinken.

Beroemd – **Grotto Morchino** **3**: Via Carona 1, Pazzallo, tel. 091 994 60 44, www.morchino.ch, ma. gesl. '...in het steile bergbos op een smal terras stonden stenen banken en tafels in de schaduw van de bomen, uit de rotskelder bracht de waard een koele wijn...', schreef Hermann Hesse en hij moet daarmee Morchino hebben bedoeld. Boven Lugano Paradiso, in een haarspeldbocht in het bos. Aangename atmosfeer, charmant geleid door Pier-Luigi Olgiati.

Grotto per boot – **Antico Ristorante Caprino** **4**: tel. 091 921 39 20, www.ristorantecaprino.ch, mei-okt. ma. gesl. Idyllischer kunt u een Grotto niet bereiken: u belt op en wordt vanaf de centrale bootsteiger in Lugano met een bootje opgehaald en naar de overkant gebracht; de nobele Grotto is alleen over het water te bereiken.

Stadsoase – **Canvetto Luganese** **5**: Via R. Simen 14 b (noordkant van het centrum). Een kleine oase in de stad, Tessiner keuken, ook vegetarische gerechten, voordelige lunchmenu's.

Uitgaan

Weense charme – **Grand Café al Porto** **1**: Via Pessina 3, tel. 091 910 51 30, www.grand-cafe-lugano.ch, 8-18.30 uur, zo. gesl. Oud gerenoveerd koffiehuis met patio; lekkernijen uit de bekendste Konditorei van Locarno.

Aan het meer – **Al Lido bar** **2**: Viale Castagnola 6, 6900 Lugano, tel. 091 971 55 00, www.allidobar.com. Het Lido van Lugano heeft een fijn zandstrand, verwarmde zwembaden en een relaxte strandbar. Het is hier tot laat gezellig en de openluchtbioscoop is tot middernacht geopend.

Afro – **Etnic** **3**: Quartiere Maghetti, www.etnic.ch, tel. 091 923 38 25, café ma.-wo. 11.45-14.30 en 17.30-01, do.,vr. tot 01, za. 12-15 en 18-01 uur. Afrikaanse jazzmuziek, Afrikaanse en Latijns-Amerikaanse keuken.

Winkelen

De autovrije Via Pessina en Via Nassa vormen één lange winkelstraat met veel modezaken; goedkoper aanbod ligt in de winkeltjes van de **Via Cattedrale** **1** (steil omhoog richting station).

Antiekmarkt – **Via Canova** **2**: za. 8-17 uur.

Bloemen, groenten en fruit – **Piazza della Riforma**, di. en vr. 7-12 uur.

Grappa – **Foglia** **3**: Via Bosia 4, Paradiso, tel. 091 994 52 05. Drankwinkel en grappaproducent, voordeliger dan de chique winkels in Lugano's voetgangerszone.

Piazza della Riforma, Lugano

Actief

De huisbergen van Lugano

Monte Brè

In de wijk Cassarate aan de Via Pico bevindt zich het dalstation van het kabelbaantje naar de Monte Brè. Om het half uur vertrekt een funiculare. Vanaf de Monte Brè (925 m) hebt u uitzicht op het meer en omgeving en kunt u misschien in het westen de witte toppen van de Monte Rosa en de Gran Paradiso zien oplichten. Er zijn mooie wandelingen te maken. Bijvoorbeeld naar de dorpen Brè (nu stadswijk van Lugano) en Cureggia. In Brè kunt u het **Wilhelm Schmid Museum** bezoeken (Contrada Prò 22; april-okt. do.-zo. 10-12 en 14-18 uur; toegang gratis). De Zwitserse schilder Schmid (1892-1971) kan worden gerekend tot het Duitse postexpressionisme en was een vertegenwoordiger van het magisch realisme.

Monte San Savatore

Vanuit Paradiso aan de zuidkant van Lugano gaat een kabeltreintje naar de Monte San Savatore (912 m), die andere markante huisberg van Lugano, waar u een prachtig panorama hebt op Lugano, het meer en bij helder weer de toppen van Wallis (elk half uur tot 23 uur).

Lago di Lugano ▶ K 9/10

De blauwgroene armen van het meer strekken zich naar verschillende richtingen uit, omlijst door begroeide heuvels en steile rotsen. De hoogste berg van het gebied, en volgens velen het mooiste uitzichtpunt, is de Monte Generoso. Maar zelfs van deze berg is het meer met zijn vertakkingen niet in zijn geheel te zien. De subtropische begroeiing langs het Lago di Lugano is overweldigend. De dorpen zijn omgeven door kastanjebomen, die verderop in de dalen uitdijen tot bossen. Olijfboomgaarden, cipressen en wijngaarden geven een warme zuidelijke noot aan het landschap. Door de geringe oppervlakte en grillige ▷ blz. 256

Op ontdekkingsreis

De meesterwerken van Mario Botta

Mario Botta is een beroemde architect uit Ticino (geboren in Mendrissio, 1943). Hij ontwierp toonaangevende musea, bankgebouwen en woonhuizen over de hele wereld. In Ticino staan twee opvallende kerken van hem: de een staat op de helling van de Monte Tamaro, de andere in het dorp Mogno aan het eind van het afgelegen Valle Maggia.
Kaart: ▶ K 9

De kapel van de Monte Tamaro

Zo'n 16 km ten noorden van Lugano vertrekt in Rivera de gondellift naar de Alpe Foppa (1530 m) op de flank van de 1962 m hoge uitkijkberg Monte Tamaro. Precies op de bergkam tussen Locarno en Lugano.

Vlak bij het bergstation bouwde Botta de kapel **Santa Maria degli Angeli** (1996) met een lange *boogbrug*. De kapel is gebouwd van beton en bekleed met porfier, een dieptegesteente met een rode glans. Vanaf de kapel staat u in een uur boven op de Monte Tamaro. Een bezoek aan de kapel is goed te combineren met de schitterende kamwandeling vanaf de Monte Lemma.

Wandeling Monte Lemma – Monte Tamaro

14 km; 4 uur; 960 hoogtemeters.
Vanuit Miglieglia (706 m) vertrekt de stoeltjeslift naar de Monte Lema (1620 m), waar de wandeling start over de bergkam naar de Monte Tamaro. Vanaf de top van de Monte Lemma hebt u uitzicht op het Lago Maggiore en de besneeuwde alpentoppen in Wallis. Het pad is breed en niet te missen. De route gaat voortdurend op en neer en de stijgingen vormen opgeteld aan het eind van de dag een stevige bergtocht. Het laatste stuk naar de Monte Tamaro is steil. Dan volgt de afdaling van 30 minuten naar de kabelbaan van Alpe Foppa en de kapel van Mario Botta.

Kabelbaan Monte Tamaro: www.montetamaro.ch, tel. 091 946 23 03, mrt.-nov. dag. 8.30-17 uur, retour CHF 24; combinatieticket met kabelbaan Monte Lemma en bustransfer terug: CHF 51.
Kabelbaan Monte Lemma: www.montelemma.ch, tel. 091 609 11 68, april-nov., dag. 8.30-17 uur, retour CHF 24

Wandeling Monte Lemma – Monte Tamaro

Chiesa di San Giovanni Battista

Chiesa di San Giovanni Battista

Een flink stuk rijden de andere kant op ligt aan het eind van het Val Lavizarra het dorp Mogno, waar Botta de Chiesa di San Giovanni Battista, een wonderschone kleine kerk heeft gebouwd (1996) op de plaats van de 17e-eeuwse kerk die in 1986 door een lawine werd weggevaagd. De wit-grijze cilinder, onderin ellipsvormig en bovenin rond, is gebouwd met marmer uit Peccia en graniet uit Riveo. In de boogvormen en in de wit-zwartafwisseling grijpt Botta terug op de romaanse bouwstijl.

De ruimtelijke werking in het serene interieur wordt grotendeels bepaald door het vele licht dat via het schuine glazen dak binnenvalt. Met de sterke, bolle rug naar de bergwand lijkt de kerk het dorp te behoeden voor nieuw lawinegevaar.

zeestervorm van het meer liggen alle bezienswaardigheden betrekkelijk dicht bij elkaar. Kort op elkaar wisselen de landschappen, doorkijkjes en uitzichten zich af. Door de verstedelijking van dit zuidelijke puntje van Zwitserland zijn de smalle wegen langs het meer druk. Maak daarom gebruik van de bootverbindingen over het meer.

Gandria ▶ K 9

Aan de in de rotsen uitgehouwen weg van Castagnola naar Porlezza ligt 5 km van Lugano het voormalige vissersdorp Gandria. De typische galerijenhuisjes liggen opeengestapeld tegen de rotswand, die steil in het meer afloopt. Door de smalle, autoloze straatjes slenteren het hele jaar toeristen. De nadering van Gandria per boot over het meer (20 min. vanuit Lugano) is het aantrekkelijkst. Aan te raden is ook de *olijvenwandelweg* van Lugano via Cassarate en Castagnola langs het meer naar Gandria.

Zwitsers douanemuseum

Cantine di Gandria, 6978 Paradiso, www.afd.ch, april-okt. 13.30-17.30 uur, gratis

Aan de overkant van het meer is een oude grenspost Cantina di Gandria omgebouwd tot het Zwitsers douanemuseum, over de bewaking van de grenzen in de bergstaat Zwitserland. Een interessant museum met actuele thema's in de wereld van open grenzen, migratie en vluchtelingenstromen. Het museum is per boot bereikbaar vanuit Lugano en alleen geopend in het scheepvaartseizoen tussen april en oktober.

Museo delle Culture

Via Cortivo 24, 6976 Castagnola, tel. 058 866 69 60; stadsbus lijn 1: halte Posta; di.-zo. 10-18 uur; park: dag., gratis

U vindt dit bijzondere museum in de Villa Heleneum langs de oever op de *olijvenwandelweg* van Lugano naar Gandria. De villa huisvest een collectie buiten-Europese etnografische kunst. Het park rond de villa is ingericht met subtropische palmen en citrusbomen, zeldzame camelia's, agapanthus en gemberplanten.

Mendrisiotto

Het zuidelijkste puntje van Zwitserland, ten zuiden van het Lago di Lugano, Mendrisiotto, lijkt met zijn heuvels met wijngaarden en cypressen al meer op Italië dan op de Zwitserse Alpen. Wie de snelweg E35 verlaat vindt hier enkele prachtige dorpjes, wijngaarden en excursiemogelijkheden naar de uitzichtberg Monte Generoso of de fossielenberg Monte San Giorgo.

Monte Generoso ▶ K 10

www.montegeneroso.ch, april-okt. dag. 1 x per uur

Een trip vanaf Capolago met het tandradspoor naar de Monte Generoso (1701 m) is een grote toeristenattractie. In 2017 heropent de baan met een nieuw futuristisch bergrestaurant op de top.

In 36 minuten klimt het treintje via San Nicolao en Bella Vista naar Generoso Vetta (top). Op de stations onderweg zijn restaurants en albergo's. Vanaf het eindstation is het 100 m naar de top, waar u een schitterend uitzicht geniet over het Lago di Lugano, een groot deel van de Alpenketen en de Povlakte tot aan de Apennijnen. Op heldere dagen moet u de spits van de dom van Milaan kunnen zien en in het noorden de witgekartelde horizon van de Monte Rosa. Vanaf de diverse treinhaltes zijn wandelingen uitgezet.

Monte San Giorgo - een berg vol fossielen ▶ K 10

Tijdens een boottocht over het Meer van Lugano lijkt de Monte San Giorgo vanuit de verte slechts een klein verhoging in het landschap. Naarmate de boot echter dichter deze 1096 m hoge berg nadert, wordt hij steeds indrukwekkender. Hoe ongenaakbaar deze berg ook lijkt, 200 miljoen jaar geleden bestond hij niet. Destijds lag hier een zee waar op de bodem laag na laag werd afgezet en in die lagen kwamen dieren terecht die fossiliseerden. Tijdens de Alpiene plooiing tussen 65 en 2,5 miljoen jaar geleden werd het gebied opgeheven en kwam als gebergte te voorschijn met zijn laag na laag gefossileerde dieren. Geen berg in heel Zwitserland herbergt zoveel fossielen als deze Monte San Giorgo. De berg werd in 2003 tot UNESCO-Werelderfgoed verklaard. Naast grote aantallen ongewervelde dieren, werden er 50 soorten vissen en 25 soorten zoutwaterreptielen gevonden, sommige wel 6 m lang. Twee nieuwe soorten werden opgegraven, de ruim 2 m lange Ceresiosaurus en de nog iets langere Ticinosaurus ferox, een dier dat op grond van zijn uiterlijk de toevoeging *ferox* of *woest* kreeg. In het Museo dei Fossili in Meride zijn veel fossielen uit de berg te bezichtigen. Op het *Sentiero naturalistico*, natuurleerpad, over de berg komt u langs diverse groeven waar sauriërskeletten werden gevonden (4 ½ uur lopen, bergschoenen aanbevolen).

Fossielenmuseum
Via Bernardo Peyer 9, 6866 Meride, tel. 091 640 00 80, www.montesangiorgio.org, di.-zo. 9-17 uur, CHF 12
Het hooggelegen dorp Meride heeft vele mooie stegen en pleintjes. Het door architect Mario Botta verbouwde fossielenmuseum toont originelen, kopieën en afbeeldingen van sauriërs, vissen en ongewervelde dieren uit het Trias-tijdperk (240 - 200 miljoen jaar geleden) van de Monte San Giorgo.

Uitzicht vanaf de Monte Generoso

IN EEN OOGOPSLAG

Graubünden

Hoogtepunten ✦

Oberengadin: Een breed hooggebergtedal, op een hoogte van 1800 meter. Diepblauwe meren liggen er ingebed tussen bergketens die reiken tot 4000 meter. Een eldorado voor wandelaars, klimmers en wintersporters. Zie blz. 274.

Klooster van Müstair: Het kleine nonnenklooster St. Johann van Müstair is bekend om zijn de eeuwenoude schilderingen in de kloosterkerk St. Johann. De wandschilderingen stammen uit de Karolingische tijd, omstreeks 810. Zie blz. 286.

Op ontdekkingsreis

Albulabahn en Bernina Express: De combinatie van de spoorlijnen Albulabahn en Bernina Express verbindt het koude noorden met het zonnige zuidpuntje van Graubünden. Het is een van de mooiste treinritten van Europa; niet voor niets op de UNESCO Werelderfgoedlijst. Zie blz. 266.

Bezienswaardigheden

Chur: De oudste stad van Zwitserland en de hoofdstad van Graubünden heeft een Altstadt met schilderachtige steegjes en pleintjes, gezellige restaurants en een paar prachtige musea. Zie blz. 260.

Davos: Het vroegere chique kuuroord groeide uit tot de grootste wintersportplaats van Zwitserland. Zie blz. 264.

Guarda: Dit Unterengadiner dorp met zijn fraaie stenen huizen behoort tot de mooiste dorpen van Graubünden. Zie blz. 286.

Actief

Zwitsers nationaal park: Op 170 km² krijgt de natuur alle ruimte. Op een wandeling door het Val Trupchun is het spotten van wild bijna gegarandeerd! Zie blz. 285.

Muottas Muragl: Combineer een rit met de tandradbaan naar dit uitzichtpunt op de Engadiner-meren met een wandeling over het even beroemde pad naar Pontresina. Zie blz. 283.

Sfeervol genieten

Palazzo Salis: Een onvergetelijke ervaring, overnachten in dit historische paleisje in het Bergeller bergdorp Soglio, met uitzicht op de granietpieken rond de Piz Badile. Zie blz. 278.

Therme Vals: De moderne architectuur van Peter Zumthor zorgt voor een strenge en unieke wellness-ervaring in dit afgelegen badplaatsje. Zie blz. 273.

Uitgaan

Chur: Gezellige uitgaansstad met unieke kroegen als Toms beer box of de Giger bar voor liefhebbers van aliens. Zie blz. 263.

Sankt Moritz, Festival da Jazz: Gerenommeerde internationale artiesten van verschillende jazzstijlen verdelen zich over de clubs en hotels van deze chicste wintersportplaats van Zwitserland. Zie blz. 280.

Land van 150 dalen

Graubünden is het grootste kanton van Zwitserland en beschikt over 937 bergen, 150 dalen en 615 meren. In veel afgelegen bergdalen wordt hier het Retoromaans gesproken, de vierde officiële taal, die nog door zo'n 40.000 Zwitsers wordt gesproken. Graubünden heeft uitdagende mountainbikeroutes en duizenden kilometers wandelpaden, maar ook diverse luxe wellnesscentra. Een bijzondere plaats neem het **Engadin** in, het mooie dal van de Inn, dat zich uitstrekt vanaf de oorsprong van de rivier boven de Malojapas tot aan de grens met Oostenrijk. Het **Oberengadin** is een hooggelegen dal met grote meren en bekende toeristenplaatsen als St. Moritz. Het **Unterengadin** is een kloofdal met kleine dorpen met grote Engadiner huizen. Het spoorwegnet van de *Rhätische Bahn* biedt fantastische mogelijkheden om de diverse uithoeken van het kanton te verkennen.

INFO

Kaart: ▶ K-P 5-8

Toeristenbureau
Graubünden Tourismus, Alexanderstrasse 24, 7001 Chur, tel. 081-254 24 24

Internet
www.graubuenden.ch

Reis en vervoer
De snelste route voert per auto of trein via Basel en Zürich (A3) naar Chur, de toegangspoort en hoofdstad van Graubünden. Vliegen kunt u op Zürich, en vandaar verder per trein of huurauto.

Chur ▶ M 5

Deze enige echte stad in Graubünden is tevens de oudste stad van Zwitserland. Chur is met 35.000 inwoners een middelgrote stad en maakt een plezierige en ontspannen indruk. De vrijwel geheel autovrije Altstadt met zijn bezienswaardige gebouwen, fonteinen en steegjes is sfeervol – u voelt dat u al wat dichter bij Italië komt.

De Romeinen maakten Chur tot hoofdstad van hun provincie Raetia Prima, die zich uitstrekte van de Bodensee tot het Lago Maggiore. Daarna werd Chur als bisschopsstad een van de oudste cultuurcentra van de christelijke kerk in het Alpengebied. Sinds Graubünden in 1803 bij het Eedgenootschap kwam, is Chur kantonshoofdstad en ontwikkelde het zich tot cultureel en economisch centrum van het Bündnerland. Chur is een bezoek waard om zijn Altstadt en twee prachtige musea.

Altstadt

De meeste bezienswaardigheden en de leukste straatjes en pleinen vindt u in het zuidelijk deel van de binnenstad. Het gezelligste plein is de **Arcasplatz** 1. Van het Chur Festival tot de Hit Parade, alles gebeurt op dit plein in het hart van Chur. Het driehoekige plein wordt omgeven door historische panden en heeft 's zomers veel terrasjes en restaurants.

St. Martinskirche 2

Als kenmerk van Chur torent de 15e-eeuwse Martinskerk met zijn spitse toren boven de binnenstad uit. Vanaf de kansel predikte hier in 1523 Johannes Comander de Reformatie en on-

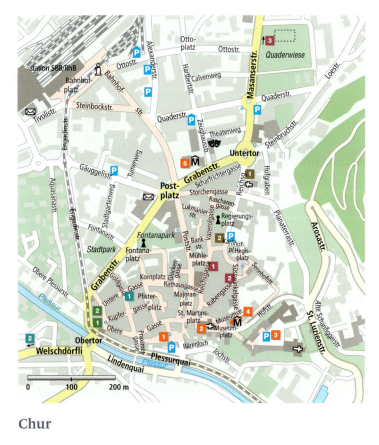

Chur

Bezienswaardigheden
1. Arcasplatz
2. St. Martinskirche
3. Hof
4. Rätisches Museum
5. Bündner Kunstmuseum

Overnachten
1. Romantik Hotel Stern
2. Ambiente Hotel Freieck

Eten en drinken
1. Cafestübli
2. Süsswinkel
3. Klein Waldegg

Uitgaan
1. Tom's beer box
2. Giger Bar

Winkelen
1. Zuckerbäckerei Obertor
2. Membrini

dergroef de autoriteit van de slechts 200 m verder residerende bisschop. In het schip zijn drie prachtige glasramen van Augusto Giacometti uit 1918.

Hof 3

Via een trap en de romaanse poort betreedt u de Hof waar eertijds ook de Romeinse nederzetting heeft gelegen.

Graubünden

De Arcasplatz in Chur

Hier bevinden zich de kathedraal en het bisschoppelijke slot. De kathedraal werd in de 12e en 13e eeuw in laatromaanse stijl gebouwd. Het hoogaltaar van de Ravensburger Jakob Russ wordt beschouwd als het belangrijkste laatgotische houtsnijwerkaltaar van Zwitserland. Links aan de Hof liggen de barokke gebouwen van het bisschoppelijk slot (niet te bezichtigen).

Musea

Rätisches Museum [4]
Hofstrasse 1, tel. 081 257 48 40, www.raetischesmuseum.gr.ch, di.-zo. 10-17 uur, CHF 6
Het 17e-eeuws Haus Buol, tegenover de Hof, huisvest het mooie en uitgebreide museum over de (pre)historie en cultuurgeschiedenis van Graubünden.

Bündner Kunstmuseum [5]
Bahnhofstrasse 35, 7000 Chur, tel. 081 257 28 70, www.buendner-kunstmuseum.ch, di.-zo. 10-17, do. tot 20 uur, CHF 12
Aan de rand van de Altstadt ligt het belangrijkste kunstmuseum van Graubünden. De neoclassicistische Villa Planta werd in 2016 door architectenbureau Barozzi/Veiga voorzien van een ultramoderne uitbouw en verbonden door een ondergrondese gang. De vaste collectie concentreert zich op de belangrijkste schilders uit Graubünden van de 18e-20e eeuw, onder wie Angelica Kauffmann, Giovanni Segantini, de familie Giacometti (Augusto, Giovanni en Alberto), Cuno Amiet en de expressionisten rond de Duitse schilder Kirchner (woonde in Davos). De nieuwbouw toont hedendaagse Zwitserse kunst.

Info en evenementen

Toeristenbureau: Bahnhofplatz 3, 7001 Chur, tel. 081 252 18 18, www.churtourismus.ch.
Elke wo.-middag zijn er rondleidingen door de Altstadt (1,5 uur, CHF 22). Of kies voor de gratis individuele audiotour voor mobiel of MP3.
Chur Festival: eind aug., de binnenstad verandert in een groot toneel met muziek, theater, artiesten, eten en drinken (www.churerfest.org).
Weihnachtsmarkt: eind nov., grote regionale Kerstmarkt in de binnenstad (www.weihnachtsmarkt-chur.ch).

Overnachten

Klassiek – **Romantik Hotel Stern** 1: Reichsgasse 11, tel. 081 258 57 57, www.stern-chur.ch, 2pk vanaf CHF 236. Smaakvol 4-sterrenhotel, ingericht met veel arvenhout. Goede service en uitstekend restaurant. Maak kennis met klassieke Bündnergerechten *capuns*, *maluns* of *pizzocheri*.

Centraal – **Ambiente Hotel Freieck** 2: Reichsgasse 44, tel. 081 255 15 15, www.freieck.ch, 2pk vanaf CHF 160. Vriendelijk hotel in de Altstadt, moderne ruime kamers, ingericht volgens de principes van feng shui. Met eigen parkeerplaatsen vlak bij het hotel.

Eten en drinken

Chur heeft de hoogste horecadichtheid van Zwitserland. Werkelijk alles is hier, van gourmetrestaurant tot tapasbar.

Trefpunt – **Cafestübli** 1: Reichsgasse 57. Populair café in het geboortehuis van de schilder Angelica Kauffmann met bijbehorend winkeltje. Rijke selectie koffie en thee, ook Flammkuchen.

Brasserie – **Süsswinkel** 2: Süsswinkelgasse 1, tel. 081 252 28 56. Gezellig en geliefd trefpunt midden in de Altstadt met rustig binnenhofje.

Boven de stad – **Klein Waldegg** 3: Bondastrasse 128, 7000 Chur, tel. 081 353 27 07, purcatering.ch/kleinwaldegg. Chantal en Jan Munnikhuizen runnen dit hoog boven Chur gelegen restaurant met groot uitzichtterras; surprisemenu CHF 58/72.

Winkelen

De Altstadt van Chur heeft meer dan 100 winkeltjes, met een bont aanbod aan mode, souvenirs en delicatessen.

Gänggelimarkt – **Vlooienmarkt:** eerste za. in de maand op de Arcasplatz.

Nusstorte en Röteli – **Zuckerbäckerei Obertor** 1: Untere Gasse 32. U kunt hier terecht voor de *Bündner Nusstorte*, een rijk gevulde, smakelijke notentaart, of *Churer Röteli*, een aparte kersenlikeur.

Bergkristallen – **Membrini** 2: Untere Gasse 26/Ochsenplatz, www.membrini.ch. Liefhebbers van mineralen en versteend hout moeten beslist een kijkje nemen in de winkel van de familie Membrini, beroemde *Strahler* (kristallenzoekers) uit Graubünden.

Uitgaan

Cult bar – **Tom's beer box** 1: Untere Gasse 11. Hét trefpunt in de Altstadt, 140 soorten bier.

Aliens – **Giger Bar** 2: Comercialstrasse 23 (buitenwijk van Chur), bar met design van Hans Ruedi Giger, bekend van de decors uit de film *Alien*.

Omgeving Chur

Heididorf

Bahnhofstrasse 1, 7304 Maienfeld, tel. 081 330 19 12, www.heididorf.ch, CHF 14,80, tot 14 jaar CHF 4,90

Maienfeld is het centrum van de wijnstreek Bündner Herrschaft op de rechter Rijnoever. Sinds van het beroemde Heidiverhaal, in 1888 geschreven door Johanna Spyri, televisieseries zijn gemaakt trekt het schilderachtige *Städtli* vooral Japanners en toeristen uit alle werelddelen. Johanna Spyri liet zich voor haar roman inspireren door de omgeving van Maienfeld. De idylle die ze in haar verhalen over het weeskindje Heidi heeft beschreven kunt u in het *Heididorf* beleven. Kinderen kunnen zich onderdompelen in de wereld van Heidi en Peter en over het *Heidi-belevenispad* wandelen.

Davos ▶ N 6

Boven aan het eind van het dal Prättigau ligt het stadje Davos, te midden van alpenweiden, 3000 m hoge bergen en omgeven door stille dalen zoals het Dischmatal, Sertigtal en Flüelatal. Het op 1500 m hoogte gelegen Wallser boerendorp Davos gaf in de 19e eeuw de aanzet tot het toerisme in Graubünden en groeide vooral door de opkomst van de wintersport in honderd jaar uit tot echte 'Alpenstad'.

Davos is een aparte mix van stedelijke flair en grootse bergnatuur. Het World Economic Forum vergadert sinds 1960 in Davos, een bijeenkomst van captains of industry, staatshoofden en politici. Davos heeft een enorm aanbod aan hotels, gastronomie en culturele evenementen.

Geschiedenis

De expansie begon nadat in de tweede helft van de 19e eeuw de Duitse arts dr. Alexander Sprengler de heilzame werking van het hooggebergteklimaat voor lijders aan longziekten ontdekt had. Samen met de Nederlandse hotelier Willem Jan Holsboer (1834-1898) maakte hij van Davos een gerenommeerd herstellingsoord.

Na de kuurpatiënten kwamen als snel de eerste wintertoeristen. Sinds de ontdekking van de antibiotica en de succesvolle behandeling van TBC werd Davos steeds meer een wintersportplaats en congrescentrum. Met de aanleg van 's werelds eerste skilift in 1935 en de ontsluiting van het Parsennskigebied groeide Davos uit tot grootste wintersportplaats van Zwitserland.

Davos-Platz

Het langgerekte stadje bestaat uit twee dorpskernen: Davos-Dorf in het noorden en het grotere Davos-Platz in het zuiden. Het plein bij hotel Alte Post vormt het hart van Davos-Platz, met de Bubenbrunnen en een klokkenspel, dat in 1977 door Nederland aan Davos werd geschonken. Op de Postplatz begint de hoofdslagader van Davos: de Promenade, die geflankeerd door winkels, restaurants en hotels naar het Kurpark loopt. Vlak bij de Platz staat de fraaie Pfarrkirche, met in het koor gebrandschilderde ramen van Augusto Giacometti (1928).

Volgt u de Promenade langs de kabelbaan en het Kirchnermuseum, dan komt u langs het Congrescentrum en het Kurpark, een oase van rust in het drukke stadje. Hier staat het grote sportcomplex met een overdekte ijsbaan voor ijshockey en kunstrijden en een grote natuurijsbaan.

Wintersportmuseum

Promenade 43, tel. 081 413 24 84, www.wintersportmuseum.ch, di., do. 16.30-18.30 uur, CHF 5
In het vroegere Postkantoor is een klein Wintersportmuseum ingericht over de geschiedenis van diverse wintersporten.

Kirchnermuseum

Kirchner-Platz /Promenade 82 (tegenover Hotel Belvedere), tel.081 410 63 00, www.kirchnermuseum.ch, di.-zo. 10-18, buiten het seizoen 14-18 uur, CHF 12
Het museum van beton, staal, glas en hout (1992) van architecten Gigon/ Guyer herbergt een grote collectie schilderijen, tekeningen en beelden van de Duitse expressionistische schilder Ernst Ludwig Kirchner. De schilder woonde van 1917 tot zijn dood in 1938 in Davos, waar hij de depressies probeerde te verwerken die hij tijdens WO I opliep. Tijdens het nazibewind raakte Kirchner vervreemd van Duitsland, omdat zijn kunst als *Entartet* werd beschouwd.

Schatzalp

Kabelbaan 8-23 uur, iedere 15-30 min., retour 16 CHF

Vanuit Davos-Platz vertrekt een kabelbaan naar Schatzalp en het gelijknamige Berghotel. De Schatzalp en een sanatorium in Davos vormden in 1912 de inspiratie voor Thomas Manns roman *Der Zauberberg*.

Vlak bij ligt op 1864 m hoogte het **Alpinum**, een uitgestrekte botanische alpentuin, met 3500 planten (juni-sept. dag. 9-17 uur, CHF 5). Na het bezoek kunt u in razende vaart afdalen over de 500 m lange *Sommerschlittelbahn*, en 's winters op de besneeuwde *Rodelbahn*.

Berghotel Schatzalp, Davos

Davos-Dorf

Davos eindigt in het wat dorpse Davos-Dorf bij de Davoser See, geschikt voor surfen, zeilen en zwemmen. Hier is het dalstation van de kabeltrein (Parsennbahn) naar het Weissfluhjoch (2693 m). Daar bevindt zich het Zwitsers instituut voor sneeuw- en lawineonderzoek. Een zweefbaan gaat 's winters nog verder naar de Weissfluh op 2817 m; in de toekomst gaat deze kabelbaan mogelijk ook 's zomers open.

Skisturzbrunnen

Het origineelste werk van de lokale kunstenaar Wilhelm Schwermann staat in Davos-Dorf. Midden in het drukke verkeer staat voor hotel Seehof de Skisturzbrunnen uit 1936, een zeshoekige fontein met tuimelende skiër.

Heimatmuseum Davos

Museumstrasse 1, tel. 081 416 26 66, www.heimatmuseum-davos.ch, di.-zo. 15-17 uur, gratis

Aan de overkant van de Landwasser ligt het Heimatmuseum Davos, een cultuurhistorisch museum in een boerderij uit de 16e eeuw van de familie Jenatsch, die sinds 1942 als museum fungeert. Bijzonder is de nagebouwde Berghof, een sanatorium, gebaseerd op onder meer de roman *De Toverberg* van Thomas Mann.

Info en evenementen

Toeristenbureau: Talstrasse 41, 7270 Davos-Platz, tel. 081 415 21 21, www.davos.ch.

Davos Klosters Card: Gasten van de regio Davos-Klosters ontvangen 's zomers deze kortingskaart voor onder meer gratis gebruik van alle bergbanen (tijden: 's zomers 9-17 uur, elk half uur).

Davos Sounds Good: juli. Groot jazzfestival met 80 concerten in Davos en Klosters en een bonte *Streetparade* (www.davos-sounds-good.ch).

Swissalpine: eind juli. Grote ultrabergloop; afstanden tot 78,5 km door het gebergte (www.swissalpine.ch).

▷ blz. 269

Op ontdekkingsreis

Albulabahn en Bernina Express: Chur/Davos – Sankt Moritz – Berninapas – Tirano

De combinatie van de spoorlijnen Albulabahn en de Bernina Express verbindt het koude noorden van Graubünden met het zonnige zuidpuntje van het kanton. Het is een van de mooiste treinritten van Europa. Sinds 2009 staan beide trajecten met hun tunnels, keerlussen en spoorbruggen op de UNESCO-Werelderfgoedlijst.
Kaart: ▶ N 6-O 8

Albulabahn

De Albulabahn is het eerste deel van de Rhätische Bahn – de spoorwegmaatschappij van Graubünden – van Chur over Tiefencastel, Filisur en Samedan naar St. Moritz. De lijn werd gebouwd van 1898-1908. Het eerste spectaculaire punt, vlak voor Filisur is het **Landwasserviadukt** 1, met 64 m hoge brugpijlers een van de mooiste spoorviaducten van Zwitserland. Voorbij Filisur draait de trein het dal van de Albula in en begint het echte bergtraject. Steeds weer door tunnels schroeft de lijn zich, soms spiraalvormig, naar boven. Er zijn vier viaducten en drie keertunnels waarvan er twee boven elkaar liggen. Spectaculair en verrassend is het traject tussen Bergün en Preda. Als u Bergün voor het eerst passeert, ligt het dorp rechts. Als de trein vervolgens uit de eerste tunnel komt, ziet u Bergün links wat weggezonken liggen. Opnieuw verdwijnt de trein in een tunnel en dan ligt het dorp ineens rechts, wat lager in de diepte.

Bahnhistorisches Lehrpfad 1

Voor treintjesgekken en fotografen is er een speciaal wandelpad van Preda naar Bergün, het *Bahnhistorisches Lehrpfad* met informatiepanelen over de bouw en ligging van de spoorlijn, en waarop ook de passeertijden van de trein zijn aangegeven. Op het wandelpad daalt u in twee uur 400 m af en houdt u steeds zicht op de spectaculaire Albulaspoorlijn, tunnels en viaducten.

Spoorwegmuseum Albula 2

Platz 2A (tegenover het station), 7482 Bergün, tel. 081 420 00 06, www.bahnmuseum-albula.ch, di.-vr. 10-17, za., zo. 10-18 uur; Ortsmuseum, modelspoor in werking: wo., do., za, en zo. 14-17; wo. ook 19-21 uur; combiticket voor beide musea CHF 18,50.

Tegenover het station van Bergün staat sinds 2012 het Bahnmuseum Albula (spoorwegmuseum), met diverse exposities, historisch treinmaterieel en een modelbaan van Bernhard Tarnutzer, schaal 1:45 van de Albulabahn. Het Ortsmuseum, eveneens in Bergün bezit ook een modelspoorlijn van de Albula Bahn Club, Preda-Bergün schaal 1:87.

Sleetje rijden Preda-Bergün

De autoweg van Bergün stijgt langs de spoorlijn naar Preda en is 's winters voor auto's afgesloten. Dan wordt dit 6 km lange traject gebruikt als rodelbaan. Huur bij het station een sleetje en suis omlaag naar Bergün!

Albulatunnel

Bij Preda gaat de lijn de Albulatunnel in, om er na 5866 m bij Spinas weer uit te komen (op dit traject is autovervoer mogelijk). Via Bever komt de spoorlijn in het Oberengadin en eindigt in St. Moritz.

Bernina Express

Tweede deel van de ontdekkingsreis start in St. Moritz, waar u de trein kunt nemen voor weer zo'n fascinerende rit door het gebergte, een van de spectaculairste die u in Zwitserland met de trein kunt maken. De in 1910 voltooide Berninabahn is de hoogste spoorweg van Europa, dat wil zeggen zonder tand-

rad. Het hoogste punt, de Berninapas, ligt op 2256 m, maar hij blijft het gehele jaar in werking. Het mooie van deze spoorlijn is dat u onderweg overal kunt uitstappen voor een wandeling.

Berninapas 3

Langs de stationnetjes van Morteratsch en Diavolezza rijdt de trein naar de Berninapas op 2256 m en volgt het indrukwekkendste gedeelte van het traject, aan de zuidzijde van de pas. Tussen het Bernina Hospiz en Poschiavo wordt een groot hoogteverschil overwonnen met bochten en keertunnels.

Alp Grüm 4

Bij het stationnetje Alp Grüm (2091 m) hebt u vanaf het zonnige terras uitzicht op de Piz Palü (3901 m), de Palügletsjer en het Val Poschiavo.

Val Poschiavo

Van de hoge alpiene wereld met zijn gletsjers daalt de spoorbaan af in het warme Val Poschiavo. In het zuidpuntje liggen de uitgestrekte wijnbergen van de Veltliner wijn. Men spreekt hier Italiaans en is zowel geografisch als economisch georiënteerd op Italië. De trein gaat verder naar Tirano in Italië, maar het is de moeite waard om uit te stappen in een van de laatste Zwitserse plaatsen: Poschiavo 5, een dorp met stedelijke allures en een mediterrane sfeer. Uit armoede gingen in het verleden veel inwoners werken in het buitenland, in Spanje bijvoorbeeld. Zij keerden vaak rijk terug en lieten voorname paleisjes bouwen, de zogenaamde Palazzi Spanioli.

Info

De **UNESCO Welterbe Pass** geeft voor CHF 72 twee dagen toegang op de treinen tussen Thusis en Tirano (meer info: www.rhb.ch).

Overnachten

Kurhaus Bergün: Puoz 112, 7482 Bergün, tel. 081-407 22 22, www.kurhausberguen.ch, 2pk vanaf CHF 70. Art-nouveauhotel met uitstekend restaurant met lokale en ecologische producten.

Hotel Alp Grüm: tel. 081 844 03 18, www.daprimo.com/ch, 2pk vanaf CHF 160. Een overnachting in dit hotel annex station heeft iets heel speciaals: uit uw raam kijkt u direct in de ijswanden van de Piz Palü.

Hotel Albrici: Plazza da Cumün 137, 7742 Poschiavo, tel. 081 844 01 73, www.hotelalbrici.ch, 2pk vanaf CHF 190. Historische hotel aan de schilderachtige Piazza Comunale. Antieke meubels en modern comfort. Vanuit de vensters aan het plein kunt u het gezellige dorpsleven gadeslaan. In het restaurant geniet u van knapperige houtovenpizza's.

Overnachten en eten

Hoog boven Davos – **Berghotel Schatzalp:** tel. 081 415 51 51, www.schatzalp.ch, 2pk vanaf CHF 230. Voormalig sanatorium met origineel Jugendstil-interieur boven Davos. Een van die hele mooi historische hotels in Zwitserland... een soort droom om te zijn, met eigen lift en parkeerplaats in het dorp.

Mooi uitzicht – **Chalet-Hotel Larix:** Obere Albertistrasse 10, tel. 081 413 11 88, www.hotel-larix.ch, 2pk vanaf CHF 140. Klein, gezellig hotel in chaletstijl met een lange historie, rustige ligging met uitzicht op de Jakobshorn; kleine sauna, zeer goede keuken.

Excentriek – **Bistro Gentiana:** Davos-Platz, Promenade 53, tel. 081 413 56 49, wo. gesl. Kleine gezellige bistro met zelfgemaakte taart, Bündner specialiteiten en kaasfondues; overdag fijn terras in de zon. 's Avonds reserveren.

Chinees – **Zauberberg:** in Hotel Europe, Promenade 63, tel. 081 415 42 00, 's winters dag., 's zomers di.-zo.-avond. De naam doet het niet vermoeden, maar hier is een zeer goede Chinese keuken.

Après-ski – **Bolgen Plaza:** Skistrasse 26, tel. 081 413 58 18, www.bolgenplaza.ch, 's zomers ma., di. gesl. Hét trefpunt – en niet alleen na de piste.

Actief

Hoogtewandelpad – **Hohe Promenade:** In elk seizoen een belevenis, de hoogtewandeling van 2,5 km tussen Davos-Dorf en Davos-Platz. Het pad is het hele jaar begaanbaar; 's winters als een sneeuwwandelpad. Het pad begint in Davos-Dorf achter Hotel Seehof.

Waterplezier – **Eau-là-là:** Promenade 90, tel. 081 413 64 63, ma.-za. 10-22, zo. 10-18 uur, zwembad/wellness CHF 9/26. In 2004 geopend wellnessbad met sauna, whirlpool en een reuzenglijbaan.

Julierpas ▶ N 7

Van de drie paswegen tussen Chur en het Engadin (Julier-, Albula- en Flüelapas) is de Julier de belangrijkste, snelste en gemakkelijkste verbinding en als enige het hele jaar geopend. De pas begint bij het plaatsje Tiefencastel, schilderachtig gelegen in een keteldal waar vier wegen samen komen.

Bij Bivio splitst de weg zich (bivio betekent tweesprong). In de Romeinse tijd was Bivio een belangrijke handelsplaats en kon men hier kiezen: rechtsaf over de Septimerpas (2310 m), of linksaf over de Julierpas. Het pad over de Septimerpas naar het Val Bregaglia is in vergetelheid geraakt, maar nog steeds in trek bij wandelaars. Uiteindelijk heeft de Julierpas in belangrijkheid de Septimerpas overtroffen en werd het de hoofdroute naar Sankt Moritz. Op de Julierpashoogte (2284 m) ligt een klein meer, het Hospiz en de resten van twee Romeinse zuilen. Aan de andere kant daalt de weg naar het Engadin, met uitzicht op meren en besneeuwde bergen.

Savognin ▶ M 7

Een drukke wintersportplaats, gelegen aan weerszijden van de rivier de Gelgia. Beide dorpsdelen waaruit Savognin bestaat hebben elk hun barokke kerk. De mooiste van die kerken is de St. Martin, hoog boven de linkeroever. Het interieur heeft een koepelgewelf, dat in 1681 op imponerende wijze werd beschilderd door Carlo Nuvolone uit Milaan.

Acht jaar woonde de Italiaanse schilder Giovanni Segantini in Savognin. Tegenover zijn huis werd in 1999, honderd jaar na zijn dood, de kunstgalerie Sala Segantini gebouwd. Voor zijn schilderijen moet u echter naar het museum in St. Moritz (zie blz. 281).

Graubünden

Hinterrheintal

Dit ooit moeilijk toegankelijke dal is door de aanleg van een autosnelweg en de San Bernardinotunnel een doorgaande autoroute geworden op weg naar Ticino. Het is nog steeds een wild dal, gevormd door de Hinterrhein, een van de bronrivieren van de Rijn.

Thusis ▶ M 6

De grootste plaats in het dal van de Hinterrhein is Thusis. Dit knooppunt van wegen was van oudsher een handelsplaats; hier waren de Gilden van transporteurs gevestigd die de handel beheersten over het gevaarlijke muildierpad door de *Via Mala* (Kwade Weg) naar het zuiden, naar de Splügenpas en de San Bernardinopas.

Ten zuiden van Thusis kolkt de Rijn in twee diepe kloven: de Rofflaschlucht en de Via Mala. Beide ooit berucht om hun ontoegankelijkheid, zijn nu toeristische attracties geworden.

Plafond van de St. Martinuskirche in Zillis

St. Martinuskirche, Zillis

Am Postplatz, Zillis, www.zillis-st-martin.ch, apr.-okt. dag. 10-17, mei-sep. 9-18 uur

In Zillis bij Thusis staat de romaanse St. Martinuskerk, beroemd om zijn beschilderde plafond uit de 12e eeuw. Het plafond is verdeeld in 153 vakken van 90 x 90 cm. De voorstellingen tonen scènes uit het Nieuwe Testament, op een manier zoals middeleeuwse boeken werden geïllustreerd. Om de nekspieren te ontzien zijn er handspiegels beschikbaar. Op de Postplatz is een expositie over de schilderingen en de kerk.

Via Mala

www.viamala.ch, eind mrt.-nov., dag. 9-18, 's zomers 8-19 uur, CHF 6

Op de oude weg vanuit Thusis komt u bij de plek, waar het Rijndal zich versmalt tot de nauwe, 600 meter diepe kloof *Via Mala*, waar amper daglicht doordringt. In de diepte kolkt de rivier. In het verleden moesten reizigers over de nodige moed beschikken om met hun lastdieren het bergpad te volgen. Waar de rotsen te steil waren voor een pad, werden balken in de rotswand gedreven, waarover planken en aarde werden gelegd. Over de kloof spannen zich 3 historische bruggen. Bij een ervan daalt een trap met 321 treden af tot vlak bij de stuivende waterval. Meer dan 100 jaar na de ontsluiting van de Via Mala werd in 2014 met de opening van een bezoekerscentrum, uitkijkplatform en een nieuwe voetgangersbrug een bezoek aan de kloof nog interessanter.

Roflakloof

7440 Andeer, www.rofflaschlucht.ch, eind mrt.-nov. do.-zo. 9-18 uur, mei-nov. dag., CHF 3,50

De Rofflaschlucht bevindt zich tussen Andeer en Avers. Mooi, maar minder spectaculair dan de Via Mala. Een bijzondere familiegeschiedenis ligt aan de basis van de ontsluiting van de kloof. In 1907 keerde de Amerikaanse immigrant Christian Pitschen-Melchior naar zijn vaderland terug en nam het Gasthaus bij de Rofflakloof over. Geïnspireerd door de Niagara-watervallen nam Christian zich voor om van de waterval in de kloof een toeristenattractie te maken en begon hij zich een weg door de kloof te banen. Zeven jaar werkte hij aan het pad, waarbij hij meer dan 8000 explosieven gebruikte om een tunnel naar de waterval te maken. Het voetpad langs de razende Rijn is een imposante belevenis. Het pad naar de kloof begint bij het historische *Gasthaus*, waar ook een restaurant en een klein museum is.

Overnachten

Vakantiehotel – **Hotel Fravi:** Veia Granda 1, 7440 Andeer, tel. 081 660 01 01, ww.fravi-hotel.ch, 2pk vanaf CHF 130. Kasteelachtig kuur- en vakantiehotel; ontving in 2015 de *prix bienvenue*.
Sfeervol Walserhuis – **Gasthaus Alpina:** 7428 Tschappina, tel. 081 651 13 86, www.gasthaus-alpina.ch, 2pk vanaf CHF 104. Rustig gelegen klein bergpension midden in het natuurpark Beverin met zeven kamers in een gerenoveerd Walserchalet uit 1900. Het jonge echtpaar Sandra en Roli Jufer zorgt met een goede keuken, hot tub en sauna voor ontspanning van vermoeide reizigers, wandelaars en fietsers.

Splügen ▶ L 7

Dit stille dorp is de hoofdplaats van het Rheinwald, het bovenste deel van het dal van de Hinterrhein. Het plaatsje was in de 18e eeuw een belangrijke halteplaats aan de handelsroutes over de Splügenpas. Een stop waard om zijn historische *Gasthäuser*: het Bodenhaus uit 1822 en het Weiss Kreuz, beide nog steeds hotels.

Overnachten

3 eeuwen historie – **Weiss Kreuz:** Oberdorf 66, 7435 Splügen, tel. 081 630 91 30, www.weiss-kreuz.ch, 2pk vanaf CHF 187. Oude herberg met 3 eeuwen historie. De dikke muren en oude dakbalken werden zorgvuldig gerestaureerd en zorgen voor karaktervolle hotelkamers.

San Bernardinopas ▶ L 7

Het laatste dorp voor de San Bernardinotunnel en de aanvang van de pas is Hinterrhein. Voorbij het dorp takt een pad af langs de Hinterrhein naar de Zapporthütte (2276 m), waar de Hinterrhein ontspringt als gletsjerbeek

Nieuwe natuurparken

In Graubünden zijn de afgelopen jaren twee nieuwe grote natuurparken ontstaan: Parc Ela en Naturpark Beverin

Parc Ela

www.parc-ela.ch
Sinds 2012 verenigden 19 gemeenten in het gebied rond de bergpassen Albula, Julier en Septimer zich en vormden samen het grootste regionale natuurpark van Zwitserland: Parc Ela.

Naturpark Beverin

www.naturpark-beverin.ch
Het dal van de Hinterrhein tussen Thusis en Splügen en het grootste deel van het naastgelegen Safiental is beschermd in het 413 km² grote park, dat is genoemd naar de hoogste berg in het gebied: de Piz Beverin, 2998 m.

Graubünden

van de Rheinwaldgletsjer. Na Hinterrhein hebt u 's zomers ('s winters is de pas gesloten) de keus: 10 minuten door de tunnel of een uur over de oude pas? Na de 7 km lange San Bernardinotunnel komt u aan de zuidzijde bij het dorp San Bernardino en wordt de lange afdaling ingezet, de warmte en de palmbomen tegemoet van het Valle Mesolcina.

Vorderrheintal ▶ K/L6

Het Vorderrheintal (of Surselva) doorklieft noordelijk Graubünden van oost naar west. Het heeft enkele mooie, rustige zijdalen en aan het eind geeft de Oberalppas toegang tot Andermatt en buigt het Val Medel naar de Lukmanierpas, een oude pasovergang naar Ticino.

Ruinaulta - De Grand Canyon van Zwitserland
www.rheinschlucht.ch
Tussen Illanz en Reichenau stortten 10.000 jaar geleden bij Flims vele miljoenen kubieke meters rots het dal in. Daarin heeft de Rijn de reusachtige Ruinaulta-canyon uitgeslepen, waar het lichtblauwe water tussen indrukwekkende rotsformaties slingert. De kloof is bereikbaar over het water, te voet, met de trein of op de fiets.

Caumasee
Door de bergstorting van Flims ontstonden drie beroemde meertjes: de Laaxersee, de Crestasee bij Trin Mulin en de Caumasee in het bos bij Flims Waldhaus. De laatste is ongetwijfeld de mooiste van alle drie; met ondiep water dat 's zomers snel opwarmt. Zwem naar het eilandje in het midden.

Info

Toeristenbureau: Surselva Information, Bahnhof RhB, 7130 Ilanz, tel. 081 920 11 05, www.surselva.info.

Caumasee bij Flims

Vorderrheintal

Actief

Fietsroute – **Veloroute Rheinroute:**
Volg met de fiets of mountainbike de smalle weg van Ilanz naar Reichenau (24 km). Na Versam wordt het weggetje smal en slecht, maar juist daar hebt u het mooiste zicht op het landschap van rotswanden en de slingerende rivier.

Bergwandeling – **Senda Ruinaulta:**
Een van de mooiste wandelingen vanaf Flims voert langs de Caumasee naar een uitkijkpunt, *il Spir*, hoog boven de Ruinaulta (8,5 km, 3 uur). Met een Ruinaulta-ticket (CHF 17) kunt u de Rijnkloof verkennen met de trein en postbus; handig bij het plannen van wandeltochten.

Valsertal ▶ L 6

Rampen hebben het Valsertal veelvuldig geteisterd. Nog in 1951 sloeg de witte dood toe: lawines stortten zich in het dal. Negentien mensen kwamen om en Vals was dagenlang van de buitenwereld afgesloten.

Vanuit Ilanz voert een weg het 23 km lange dal in. Aan het eindpunt ligt Vals-Platz, een schilderachtige wintersportplaats van donkere Walser chalets, die met zware platen graniet of gneis zijn gedekt. Door de aanwezigheid van warme minerale bronnen is Vals een drukbezocht kuuroord geworden.

Therme Vals

Hele jaar 11-22 uur, CHF 45/80 (met of zonder Gästekarte)
Als grote attractie geldt het Wellnesscomplex Therme Vals, een must voor liefhebbers van warm water en moderne architectuur. Het badgebouw uit 1996 is ontworpen door architect Peter Zumthor en werd al na twee jaar tot beschermd erfgoed verklaard. Met 60.000 gestapelde stroken donker kwartsiet schiep hij een warme, grijze sluimerwereld. De sobere, indrukwekkende architectuur van *Stein, Berg, Wasser* voegt iets toe aan de beleving van de waterbaden. Baden wordt hier een serene ervaring.

Info

Toeristenbureau: Poststrasse 45, 7132 Vals, tel. 081 920 70 70, www.vals.ch.

Overnachten

Designhotel – **Hotel Therme:** 7132 Vals, www.7132.com, 2pk vanaf CHF 460 (incl. entree Therme). Architecten Peter Zumthor, Tadao Ando, Thom Mayne en Kengo Kuma ontwierpen naast de prachtige thermengebouwen de interieurs van Hotel Therme. Kamers en suites met muren van kwartsiet of hout, met designmeubels, geen tv maar wel audio met een smaakvolle selectie cd's. En wie zich het luxe penthouse kan veroorloven, kan zich vanuit elke plek in Zwitserland met de helikopter laten ophalen.

Disentis ▶ K 6

Klooster Disentis

7180 Disentis, tel. 081 929 69 00, www.kloster-disentis.ch, dag. 8.30-17 uur
Boven het dorp, tegen de groene beboste hellingen, lichten de grote gebouwen van het klooster wit op. Een verlaten woestenij, *Desertina*, moet het bovendal van de Vorderrhein geweest zijn, toen de Frankische monnik Sigisbert hier omstreeks 750 een benedictijnenklooster stichtte. De huidige barokke kloosterkerk (rond 1700) is een pronkstuk, waarschijnlijk gebouwd naar plannen van Caspar Moosbrugger, die ook de schepper is van de klooster-

Waar ontspringt de Rijn?

De langste rivier van West-Europa vindt zijn oorsprong in Graubünden maar waar precies de bron moet worden gevonden, daarover lopen de meningen uiteen. De enige echte bron bestaat dan ook niet, zeker is echter dat er twee hoofdtakken bestaan, de Vorderrhein en de Hinterrhein. De bewoners van Surselva vinden dat de meertjes van Toma bij de Oberalppas het begin van de Rijn vormen, de mensen in het Rheinwald eisen dezelfde eer op voor hun Rheinwaldgletsjer.

Natuurlijk hebben ze allemaal gelijk. Maar toch, als u in de Glacier-Express over de Oberalppas rijdt, wordt in alle talen gemeld dat de Tomasee als de echte oorsprong van de Rijn wordt beschouwd.

Wandeling naar de bron van de Rijn

kerk te Einsiedeln. Het interieur maakt indruk door zijn ruimtewerking die wordt geaccentueerd door het binnenvallende licht. De kloostergebouwen dienen nu als internaat. Er is ook een klein museum met beelden en textiel.

Info

Toeristenbureau: Via Alpsu 62, 7188 Sedrun, tel. 081 920 40 30, www.disentissedrun.ch

Actief

De bron van de Rijn – **Lai da Tuma:** Het hoogste deel van het dal van de Vorderrhein heet Val Tavetsch. De weg erdoorheen stijgt naar de Oberalppas (2044 m). Even onder de pas takt zuidwaarts een voetpad af, dat voert naar Lai da Tuma of Tomasee (2345 m; 1½ uur), de oorsprong van de Vorderrhein.

Omdat de Rijn in Nederland uitmondt in de Noordzee bij Katwijk staat er bij het startpunt van de wandelroute een replica van de vuurtoren van Katwijk aan Zee.

Oberengadin ✸

Het Oberengadin is een breed hooggebergtedal, op 1800 m hoogte, met een hele rij diepblauwe meren. De hellingen zijn bedekt met alpenweiden en met bossen van sparren, arven en lariksen. Daar bovenuit rijzen de besneeuwde toppen van de Berninagroep. In deze schitterende wereld ontwikkelde Sankt Moritz zich als een van de eerste tot een wintersportoord van wereldnaam. De winter is hier hét seizoen, zeker zes maanden lang, gevolgd door het voorjaar met zijn alpenbloemen, en een bijna mediterrane zomer. In die wereld kwam Nietzsche tot zich-

Oberengadin

Herfstsfeer aan het meer van Sils

zelf en was de Alpenschilder Giovanni Segantini getroffen door het oorspronkelijke landschap en de talloze schakeringen van kleur en licht. Het Oberengadin is een wandelgebied van wereldklasse, met tochten naar beroemde uitzichtpunten als Muottas Muragl en Fuorcla Surlej.

Silvaplana ▶ N 7

Op het punt waar de weg over de Julierpas in het Oberengadin uitmondt, ligt Silvaplana, een aantrekkelijke verblijfplaats op de brede landtong tussen de Silvaplaner See en de Champferer See. Hoog boven deze meren kan 's zomers behalve gewandeld ook geskied worden in het **Corvatschgebied**. De Corvatsch-zweefbaan brengt de skiër naar een hoogte van ruim 3300 m (met zonneterras en restaurants). Voor wandelaars is het tussenstation Murtel (2702 m) een geschikt uitgangspunt voor bijvoorbeeld een wandeling van drie kwartier naar de Fuorcla Surlej (2760 m), voor een schitterend uitzicht op de Berninagroep.

Sils ▶ N 7

Tussen de Silser- en de Silvaplaner See ligt in een bosrijke omgeving Sils im Engadin. Deze plaats bestaat uit twee delen: Sils-Maria aan de ingang van het Fexdal, en Sils-Baselgia aan de Silser See. In Sils-Baselgia, met zijn oude huizen en kerkje uit 1446, hebt u mooi uitzicht op het natuurreservaat en schiereiland Chasté. Rond het schiereiland kunt u een mooie wandeling maken, langs de resten van een burcht en een gedenksteen voor de filosoof Friedrich Nietzsche, die zeven zomers in Sils doorbracht (1881-1888). Het huis waar hij verbleef, het Nietzsche-Haus, is te bezichtigen (di.-zo. 15-18 uur, rondleiding wo. 11.30 uur).

Oude Engadiner huizen, de barokke kerk en de hotels bepalen het aanzien van Sils-Maria. Vooral het stille autovrije Fextal leent zich goed voor wandelingen. Met de nostalgische ouderwetse paardenkoets kunt u zich laten afzetten bij het hotel aan het eind van dit prachtige bergdal.

Overnachten

Nostalgisch – **Hotel Fex:** Via da Fex 73, 7514 Fex/Sils, tel. 081 832 60 00, www.hotelfex.ch, 2pk CHF 125-195. Dit berghotel uit de begintijd van het bergtoerisme werd oorspronkelijk in St. Moritz gebouwd, maar later in stukken afgebroken en in het autovrije Fextal op een prachtige plek weer in elkaar gezet. Een romantsich hotel met veel originele historische details. Gasten worden opgehaald door de hotelbus of met de paardenkoets.

Maloja ▶ N 7

Langs de Silser See voert de vlakke weg naar het kleine Maloja. Vóór het dorp ligt links van de weg het in neorenaissancestijl (1884) gebouwde Maloja Palace, sinds 2009 weer hotel. Het uitzonderlijke van de Malojapas (1815 m) is dat hij slechts één helling heeft. Bij Hotel Kulm (1815 m) ligt de pashoogte. Vooral in de late namiddag is het uitzicht vanaf de rots prachtig.

Segantiniatelier

Atelier 's zomers di.-zo. 15-17; Belvedèretoren 's zomers dag. 8-17 uur
Tegenover de opvallend rijk bewerkte gevel van hotel Schweizerhaus staat het huis van de Italiaanse schilder Giovanni Segantini (1858-1899), die begraven ligt op het kleine bergkerkhof. In zijn ronde atelier zijn enkele van zijn Alpenlandschappen te zien. Naast dit atelier leidt een weggetje naar de Belvedèretoren, waar regelmatig exposities worden gehouden.

Info

Toeristenbureaus:
Silvaplana: Via dal Farrer 2, 7513 Silvaplana, tel. 081 838 60 00.
Sils: Chesa Cumünela, 7514 Sils-Maria, tel. 081 838 50 50.
Maloja: Strada principale, 7516 Maloja, tel. 081 824 31 88.
All Inclusive Card: In de zomer is in de overnachtingsprijs van circa 100 hotels vanaf de 2e nacht het gebruik inbegrepen van alle kabelbanen en bussen in het Oberengadin.

Actief

Kunstwandeling – **Sentiero Segantini, Maloja:** Een rondwandeling vanaf het atelier van Segantini, langs 15 plaatsen waar Segantini heeft geschilderd.
Gletsjermolens – **Marmiti dei Giganti:** Voorbij de Belvederetoren ligt een natuurreservaat met hoogveen, dennen en alpenroosjes, en een aantal gletsjermolens (kolkend smeltwater met stenen en gruis maakte grote gaten in het gesteente). De grootste gletsjermolens, de *Marmiti dei Giganti*, zijn 15 m diep en liggen op 10 minuten lopen van Maloja.
De bron van de Inn – **Lej dal Lunghin:** Een van de mooiste wandeltochten is die naar het meertje op 2484 m hoogte, waaruit de Inn met een waterval ontspringt (2,5 uur). Voorbij het meertje staat een richtingaanwijzer, die aanduidt dat de Piz Lunghin de waterscheiding vormt tussen de Maira (via de Po naar de Adriatische Zee), de Julia (via de Rijn naar de Noordzee) en de Inn, die in de Donau naar de Zwarte Zee stroomt.

Bergell (Val Bregaglia)

Van de Malojapas daalt de weg met talrijke bochten af in het Val Bregaglia met zijn Italiaanssprekende bevolking. Ongeveer 20 km van het dal ligt op Zwitsers grondgebied. Over deze afstand is het hoogteverschil ruim 1100 meter en krijgt de vegetatie een steeds zuidelijker karakter. Het dal wordt omgeven door granietmassieven tot 3500 m hoogte, een eldorado voor klimmers. Ook onder wandelaars is het dal geliefd, vooral in het najaar wanneer de kastanjebossen beginnen te kleuren en de hoge bergtoppen al een winterkleed dragen. De aantrekkingskracht van het Val Bregaglia bestaat niet alleen uit het natuurschoon van bossen en hoge bergen, maar ook uit schilderachtige dorpjes met hun oude boerenwoningen.

Kastanjeoogst bij Soglio in het Bergell

Stampa ▶ M 8

De hoofdplaats van het Val Bregaglia is genoemd naar de machtige familie Stampa, die hier haar zetel had. Het op het eerste gezicht niet zo aantrekkelijke plaatsje is een stop waard om twee interessante musea.

Ciäsa Granda

Strada Principale 131, 7605 Stampa, tel. 081 822 17 16, juni-okt. dag. 14-17 uur, CHF 8

Joannes Stampa liet in 1581 het Ciäsa Granda bouwen. Dit grote huis is nu ingericht als streekmuseum. Een ondergrondse aanbouw is gewijd aan de kunstenaarsfamilie Giacometti en de schilder Varlin. Er zijn enkele belangrijke werken van Giovanni Giacometti, en zijn zoon Alberto te zien.

Palazzo Castelmur

7605 Stampa, tel. 081 822 15 54, www.palazzo-castelmur.ch, juni-okt. di.-zo. 14-17, juli t/m sept vanaf 11 uur, CHF 5

Een van de merkwaardigste gebouwen van het Bergell is het Palazzo Castelmur, een neogotische burcht, die werd aangebouwd tegen een patriciershuis uit 1723. Het kasteeltje verbergt een fraai 19e-eeuws interieur met trompe-l'oeil muurschilderingen. Er worden regelmatig concerten gegeven.

Bondo ▶ M 8

Bij Promontogno vindt een verandering plaats in de plantengroei. Het alpiene bovendal, de Sopraporta, gaat over in het met kastanje-, noten- en fruitbomen begroeide benedendal, de Sottaporta. Het gehucht Bondo ligt aan de ingang van het Val Bondasca en is het mooiste dorp van de vallei. In Bondo staan aan de schilderachtige, smalle straatjes talrijke met sgraffito versierde huizen. Het dorpje wordt beheerst door de romaanse toren van de kerk en het Palazzo Salis uit 1774.

Graubünden

Albigna en Bondasca

Deze afgelegen bergdalen zijn onder klimmers en wandelaars al lang bekend. U bereikt het **Albignadal** met zijn hoge granietbergen met een kleine kabelbaan, die naar de Albignastuwdam op 2000 m hoogte gaat (gedeeltelijk zelfbediening, juni-okt. dag. 7.15-11.45, 13.15-16.45 uur). Voor ervaren klimmers is er een klimtuin vlak bij de stuwdam en kan de beroemde rotspiek *Fiamma* (vlam) worden beklommen. Wandelaars lopen naar de Albignahut aan het eind van het stuwmeer.

Het wilde **Bondascadal** is nog indrukwekkender en kunt u vanuit Bondo verkennen. Langs klaterende beekjes geniet u van de stille kracht van de bergen, op weg naar de Sasc-Fura en Sciora-berghutten, aan de voet van de Piz Badile.

Info

Toeristenbureau: Strada Principale 101, 7605 Stampa, tel. 081 822 15 55, www.bregaglia.ch

Overnachten

Stijlvol – **Albergo Palazzo Salis:** Villaggio 131, 7610 Soglio, tel. 081 822 12 08, www.palazzo-salis.ch, 2pk incl. HP vanaf CHF 290. *Aankomen en de tijd vergeten* is het motto van dit behagelijke hotel met 16 unieke kamers. Aan de voorkant uitzicht op de pieken van de Scioragroep en achter het palazzo vormt de tuin een oase van rust. Was al eens historisch hotel van het jaar.

Kleinschalig – **Albergo Corona**, 7603 Vicosoprano, tel. 081 822 12 35, www.hotelcorona.ch, 2pk vanaf CHF 130. Wie een voordelig hotel zoekt kan terecht in deze sympathieke albergo in een patriciërshuis uit de 16e-eeuw in Vicosoprano, het grootste dorp van de vallei. Deels eenvoudige kamers.

Actief

Hoogtepad – **Panoramica:** Er is nauwelijks iets mooiers, dan op een zonnige herfstdag de Panoramica te bewandelen boven het Val Bregaglia. De wandelroute geldt nog altijd als goed

Wandeling op de Panoramica

Favoriet

Panorama Soglio

Op de zonnige noordhelling 300 m boven het dal ligt boven een groot tamme kastanjebos Soglio, een van de mooiste en meest authentieke dorpjes van Zwitserland. De schilder Giovanni Segantini noemde het *la soglia del Paradiso, de drempel van het paradijs*. In dit boerendorp met zijn nauwe straatjes bouwde de familie Salis maar liefst vijf paleizen. Er is een prachtig uitzicht over het dal heen op de bergen en gletsjers van het Val Bondasca. Een van de Salishuizen, het Casa Battista uit 1630, waar de Duitse dichter Rainer Maria Rilke in de zomer van 1919 verbleef, is nu een hotel (Palazzo Salis).

bewaard geheim. Onderweg geniet u van het contrast tussen de steile granietpieken, de schilderachtige dorpjes en het grootste kastanjebos van Europa. Route: Casaccia (1460 m) - Soglio (1095 m) - Castasegna (690 m), 19 km, 400 m stijgen, 1200 m afdalen, duur: ca. 5 uur; terug per postbus.

Sankt Moritz ▶ N 7

Het dorp was lang synoniem voor aristocratie en geld: bontjassen, Rolls-Royces en Afghaanse windhonden. Hier brengt de happy few traditioneel hun wintervakantie door. Sankt Moritz heeft de grootste concentratie luxehotels van Zwitserland. Skiën kan men hier acht maanden per jaar. Zelfs in de zomer wordt hoog in het gletsjergebied van de Corvatsch en Diavolezza geskied. Als de sneeuw eenmaal gesmolten is, dan kan St. Moritz tegenvallen. Het is leuk om er langs de luxueuze etalages te slenteren en vanaf een terras de beau monde aan u voorbij te zien trekken. Maar oorden als Silvaplana, Sils, Celerina of Samedan zijn dan prettiger, gemoedelijker en goedkoper.

Historie

In 1864 nodigde Johannes Badrutt, grondlegger van een hoteldynastie, de eerste Engelse gasten uit om ook eens in de winter te komen. Hij haalde ze over met de belofte van zonneschijn – gemiddeld schijnt de zon hier 322 dagen per jaar. De Britten introduceerden curling, bobsleeën en wintergolf. Als trendsetter bleef St. Moritz nieuwe wintersporten ontwikkelen: paardenrennen (1907) en windhondenraces op de sneeuw (1937), de eerste skischool (1929), en twee keer de Olympische Spelen (1928 en 1948). Het voormalige ski-oord voor de rijken ontkwam niet aan de popularisering. Duizenden gewone skiërs bezoeken nu elke winter dit gerenommeerde wintersportoord.

Curling, een door de Engelsen in Sankt Moritz uitgevonden sport

Sankt Moritz-Dorf

Hart van Sankt. Moritz ligt aan de noordoever van de St. Moritzsee. De helling lijkt geheel bedekt met hotelpaleizen, gedomineerd door het Badrutt's Palace Hotel met zijn markante toren. Vanuit de parkeergarage Serletta aan het meer voert een lange roltrap, die tevens als kunstgalerie dient, omhoog naar het autovrije centrum en winkelstraten met shops van Prada, Gucci, Versace en Armani. Opvallende moderne architectuur is onder meer het met larikshout bedekte appartementengebouw Chesa Futura (2004) van de Engelse architect Norman Foster. Oude huizen en gezellige hoekjes vindt u in St. Moritz niet, en de culturele bezienswaardigheden zijn beperkt tot de 13e-eeuwse scheve klokkentoren van de in 1890 afgebroken St. Mauritiuskirche en twee musea: het Engadiner Museum en het Segantini Museum. Maar St. Moritz heeft andere pluspunten: sport, gastronomie en hotels. 's Winters als het bevroren meer het toneel voor paardenrennen, cricket- en polotoernooien wordt volgt het ene na het andere evenement.

Engadiner Museum

Via dal Bagn 39, 7500 St. Moritz, tel. 081 833 43 33, www.engadiner-museum.ch, winter 14-18, zomer 10-18, di. gesl., do. tot 20 uur, CHF 13

Het compleet heringerichte museum is gehuisvest in een historisch gebouw en heeft geënsceneerde historische interieurs, samengesteld uit originele meubels en objecten die zijn bijeengebracht uit het hele Ober- en Unterengadin en de omringende valleien.

Segantini Museum

Via Somplaz 30, 7500 St. Moritz, tel. 081 833 44 54, www.segantini-museum.ch, di.-zo. 10-12, 14-18 uur, CHF 10

Het in 1999 gerenoveerde museum bezit werken van de bekende Alpenschilder Giovanni Segantini, waaronder zijn bekendste werk het (onvoltooide) Alpendrieluik *Werden-Sein-Vergehen*, dat in de koepelzaal de bekronende afsluiting van een bezoek vormt.

Info

Toeristenbureau: Via Maistra 12, 7500 St. Moritz tel. 081 837 33 33, www.engadin.stmoritz.ch
All Inclusive Card: In de zomer is in de overnachtingsprijs van circa 100 hotels vanaf de 2e nacht het gebruik inbegrepen van alle kabelbanen en bussen in het Oberengadin.

Evenementen

Snow Polo World Cup: januari, polotoernooi op het bevroren meer (www.snowpolo-stmoritz.com).
White Turf: februari, paardenraces op het bevroren meer.
Snow & Symphony: maart/april, festival van klassieke muziek.
Engadiner skimarathon: maart, langlaufmarathon met 12 000 deelnemers.
Engadiner wielermarathon: juli, nog jong, nu al een klassieker – 211 km met 3800 hoogtemeters en vijf passen. Start in Zernez.
British Classic Car Meeting: juli, *vintage cars* met rally en grote show (www.bccm-stmoritz.ch).
La Tavolata: eind juli, een 400 m lange eettafel wordt opgesteld in St. Moritz en biedt lekkernijen.
Festival da Jazz: juli/augustus, jazzfestival in talloze clubs en hotels (www.festivaldajazz.ch).
Art Masters: augustus, heel St. Moritz wordt een kunstexpositie (www.stmoritzartmasters.com).

Overnachten

Vrijwel alle hotels van St. Moritz (in totaal 13.000 bedden), met inbegrip van de vijfsterrenhotels Carlton en Kulm, hebben aanbiedingen om mensen te trekken, met uitzondering van Badrutt's Palace Hotel, dit blijft nog altijd even exclusief.

Whisky – **Waldhaus am See:** Via Dim Lej 6, tel. 081 836 60 00, www.waldhaus-am-see.ch, 2pk vanaf CHF 320 (incl. HP). Misschien het beste 3-sterrenhotel van Zwitserland, met geëngageerde directeur, wijnkelder met meer dan 50.000 flessen en de grootste whiskybar ter wereld (2500 labels).

Rust gegarandeerd – **Chesa Salis:** Fuschigna 2, 7502 Bever-Sankt Moritz, tel. 081 851 16 16, www.chesa-salis.ch, 2pk vanaf CHF 300. In het dorpje Bever, vlak buiten St. Moritz lijkt de tijd te hebben stilgestaan en staat tussen de historische patriciërshuizen van het dorp dit prachtige historische hotel.

Trendy hideaway – **Ley da Staz:** 7500 St. Moritz-Celerina, tel. 081 833 60 50, 2pk vanaf CHF 160. Klein hotel met 10 kamers aan de idyllische Lej da Staz buiten St. Moritz. Een wandeling of de gratis shuttlebus brengt u naar uw hotel in dit autovrije natuurgebied.

Budget – **Jugendherberge:** St. Moritz-Bad, Via Surpunt 60, tel. 081 836 61 11, www.youthhostel.ch/st.moritz, vanaf CHF 37 per persoon. De moderne rustig gelegen jeugdherberge is de beste budget-optie voor wie een voordelige wintervakantie zoekt in dit super skioord.

Pontresina ▶ N 7

Dit mondaine Oberengadiner dorp hoeft de concurrentie met St. Moritz niet te schuwen. Het langgerekte Pontresina ligt in het zonovergoten dal van de Bernina, te midden van alpenweiden, lariks- en arvenbossen. In het oude dorpsdeel staan nog enkele Engadiner boerenhuizen, versierd met sgraffito. In de herberg Zum Weissen Kreuz begon in 1850 het toerisme. En al is Pontresina uitgegroeid tot een van de bekendste hoteldorpen van Zwitserland, men is bij de bouw doorgaans voorbeeldig te werk gegaan. Pontresina bezit een congrescentrum en de grootste Bergsteigerschule van Zwitserland, gericht op tochten in de Berninagroep.

Museum Alpin

Via Maistra 199, 7504 Pontresina, tel. 081 842 72 73, ma.-za. 15.30-18, CHF 8
Een mooi Engadiner huis met collecties over de natuur, cultuurhistorie en de ontwikkeling van het toerisme in Pontresina en het alpinisme in de Berninagroep.

Santa Maria

Via Giarsun 58, 7504 Pontresina, juni ma., wo., vr. 15.30-17.30, juli-okt. ma.-vr. 15.30-17.30, dec.-april ma., wo., vr. 14.30-16 uur, toegang vrij
Belangrijkste culturele bezienswaardigheid is het kleine kerkje Santa Maria bij het kerkhof boven het dorp, met haar romaanse toren. De wanden en het houten plafond zijn voorzien van schilderingen uit de 13e en 15e eeuw.

Info

Toeristenbureau: Via Maistra 133, 7504 Pontresina, tel. 081 838 83 00, www.engadin.stmoritz.ch/pontresina

Overnachten en eten

Pure luxe – **Grand Hotel Kronenhof:** Via Maistra 130, 7504 Pontresina, tel. 081 830 30 30, www.kronenhof.com, 2pk vanaf CHF 495 (HP). Deftig en sprookjesachtig luxehotel uit het eind van de 19e eeuw, met neobarok balzaal-restaurant en een top wellnessafdeling.

Modern – **Hotel Müller:** Via Maistra 202, 7504 Pontresina, tel. 081 839 30 00, www.hotel-mueller.ch, 2pk vanaf CHF 240. Mooi gerenoveerd historisch pand met vriendelijke uitstraling en gebruik van natuurlijke materialen.

Vis en zoet – **Kochendörfer:** in Hotel Albris, Via Maistra 228, 7504 Pontresina, tel. 081 838 80 40, www.albris.ch. Overdag verwent het traditionele café met originele Engadiner Nusstorte, 's avonds serveert het restaurant heerlijke visgerechten.

Vers van de alp – **Sennerei Pontresina:** Via Cruscheda 3, 7504 Pontresina. Grote keus aan kazen, bv. van de Alpschaukäserei Morteratsch, melkproducten en delicatessen.

Actief

Gletsjertocht op de Morteratschgletsjer

Klimmen – **Bergsteigerschule Pontresina:** Via Maistra 163, tel. 081 842 82 82, www.bergsteiger-pontresina.ch. Bergtochten in de rots- en gletsjerwereld. Populair is de gletsjertocht over de Morteratschgletsjer vanuit Diavolezza.

Omgeving Pontresina

Muottas Muragl

's Zomers dag. 7.45-23 uur, enkel/retour CHF 24/33

De tandradbaan uit 1907 klimt met een stijging van 52% naar het uitzichtpunt Muottas Muragl (2453 m), met hotel en restaurant. Vanwege het panorama op het merengebied bij St. Moritz is dit een drukbezocht punt. Maar er is nog een reden: van Muottas Muragl loopt een zeven kilometer lange *Höhenweg* zonder noemenswaardige hoogteverschillen naar Alp Languard boven Pontresina, waarschijnlijk het meest belopen hoogtepad in Graubünden.

Hoogtewandeling Muottas Muragl-Pontresina

Imposant hoogtepad met grootse vergezichten. Kabelspoor naar Muottas Muragl (2456 m), via de Segantinihütte (2731 m) naar Alp Languard (2270 m) en vanaf daar met de stoeltjelift afdalen naar Pontresina. Wie dit rondje doet, is het goedkoopst uit met een combinatieticket voor beide banen.

Val Roseg

Tegenover Pontresina mondt het Val Roseg in het Val Bernina uit, dat toegang geeft tot de gletsjerwereld van de Bernina. Dit dal is verboden voor auto's, maar vanaf het station van Pontresina kunt u met paardenkoets naar Restaurant Roseg (1999 m), waar u uitzicht hebt op de Roseggletsjer. Van het restaurant is het nog één uur wandelen naar de gletsjer.

Morteratschgletsjer

Buiten Pontresina begint de weg naar de Berninapas en passeert u het gehucht Morteratsch, dat uit niet meer bestaat dan een stationnetje, een hotel en een camping. U kunt hier naar de voet van de Morteratschgletsjer lopen, waar een gletsjerleerpad uitleg geeft over de sporen die het ijs achterliet.

Diavolezza

Volgende attractie, 6 km voor de Berninapas, is het dalstation waar de kabelbaan vertrekt naar Diavolezza, een uitzichtpunt (met hotel en restaurant) op bijna 3000 m, met een panorama op gletsjers en beroemde bergen als de Piz Palü, Bellavista en Piz Bernina. Op de gletsjer kan het hele jaar door worden geskied en gesnowboard.

Berninapas ▶ O 7

De weg stijgt, passeert het stuwmeer Lej Alv en bereikt spoedig het Bernina Hospiz. U hebt hier uitzicht op de Piz Cambrena (3603 m) met zijn gletsjer. De tocht over de Berninapas (2328 m) behoort tot de mooiste routes van Zwitserland, en dat niet alleen vanwege de grandioze bergwereld van de Bernina.

De overgang van het sneeuw en ijs bedekte hooggebergte naar het zuiden, met zijn weelderige, bijna subtropische plantengroei, voltrekt zich nergens zo snel en treffend als juist hier. De Berninapas vormt de verbinding tussen het Oberengadin en het Italiaanse Valtellina. In de middeleeuwen bestond er een levendig verkeer tussen het Engadin en het destijds Zwitserse Valtellina, vanwaar de wijn in grote hoeveelheden naar het noorden vervoerd werd.

Zuoz ▶ O 7

In dit welvarende dorp hangt een echte Engadiner sfeer in de schilderachtige stegen en pleintjes. Op het dorpsplein staat de Bärenbrunnen. De beer in de fontein staat symbool voor het geslacht van de machtige familie Planta, die hier tot in de 19e eeuw de scepter zwaaide. Zetel van de familie is nog steeds het imposante Plantahaus in Zuoz. Iets onder het dorpsplein staat de laatgotische kerk San Luzi (sleutel bij het toeristenbureau). Het witte interieur staat in contrast met de kleurige glas-in-loodramen van Augusto Giacometti en de Constant Könz uit Zuoz.

Info

Toeristenbureau: 7524 Zuoz, tel. 081 854 15 10, www.engadin.stmoritz.ch/zuoz. Iedere maandag om 16 uur is er een dorpsrondleiding, verzamelpunt is de Giardin San Luzi.

Overnachten en eten

Designhotel – **Hotel Castell:** Via Castell 300, tel. 081 851 52 53, www.hotelcastell.ch, 2pk vanaf CHF 230. Traditioneel kuurhotel met modern interieur en veel hedendaagse kunst; rustig gelegen buiten het dorp. De moderne Hamam en bar werden ontworpen door kunstenaars Pipilotti Rist en Gabrielle Hächler.

Uniek – **Dorta:** Via Dorta 73, tel. 081 854 20 40, ma. gesl. Culinaire *belevenisgastronomie* in een verbouwde voormalige hooischuur. Sfeervol restaurant met uitgebreide originele Engadiner keuken met zelf gebakken brood, en gerechten als hooisoep, *Zuozer Pizokel* (Spätzli) of fondue.

Unterengadin

Bij Zernez begint het Unterengadin, dat de oude Engadiner sfeer beter heeft weten te bewaren en bescheidener is dan het Oberengadin. Hoog boven de rivier de Inn liggen op zonnige terrassen juweeltjes van boerendorpen als Guarda en Ardez. Een andere sfeer ademt Scuol, de grootste toeristenplaats van het dal, dat zich door de aanwezigheid van heilzame bronnen heeft ontwikkeld tot badplaats. Zernez, het eerste dorp in het Unterengadin, is de toegangspoort tot het nationaal park.

Steenbokken in het Zwitsers nationaal park

Zwitsers nationaal park

Nationalparkzentrum, Via d'Urtatsch 2, 7530 Zernez, tel. 081 851 41 41, www.nationalpark.ch, half mei-okt. dag. 8.30-18, CHF 7

Het Zwitsers nationaal park werd opgericht in 1914 en is daarmee het oudste park van de Alpen. De natuur is heer en meester in het 170 km² grote gebied. Hier vinden alle diersoorten van de Alpen een schuilplaats, tot beren en lammergieren aan toe; met 80 kilometer wandel- en educatieve natuurpaden.

Aan de uitvalsweg naar het nationale park staat het Nationalparkzentrum, een ontwerp uit 2008 van architect Valerio Olgiati. Met exposities over de flora, fauna en geologie van het park en alle benodigde wandelinformatie (ook toeristenbureau). Bekijk er via een webcam de lammergieren op hun nest.

Wild kijken – Val Trupchun

Het wildrijkste dal van het hele Nationaal Park is het Val Trupchun. Een garantie krijgt u niet op het waarnemen van wild, maar in geen enkel ander dal is de kans om edelherten, gemzen, steenbokken, marmotten en steenarenden te zien zo groot als hier. Vanaf de parking loopt u zo het dal binnen en bereikt na een half uur al een gezellige berghut. Verderop neemt de kans op wild toe, ook overdag (start bij P Prasüras bij S-chanf – bordje *Parc naziunel*, wit-rode wandelroute).

Overnachten en eten

Smaakvol – **Hotel Crusch Alba:** Röven 53, 7530 Zernez, tel. 081 856 13 30, www.cruschalba-zernez.ch, 2pk vanaf CHF 230. Zeer stijlvolle mix van oud en nieuw, uit hout, steen en glas. Het restaurant is ook een gezellig trefpunt voor de plaatselijke bewoners.

In het nationaal park – **Hotel Parc Naziunal:** Il Fuorn, 7530 Zernez, tel. 081 856 12 26, www.ilfuorn.ch, 2pk CHF 130-196. 14 km van Zernez aan de weg naar de Ofenpas, ideaal uitgangspunt voor wandelen in het park.

Val Müstair ▶ P 6

Weg 28 voert dwars door het park naar de Ofenpas (2149 m) en vanaf daar naar het wat zuidelijk aandoende Val Müstair (Münstertal), waar akkerbouw en fruitteelt plaatsvindt. Het dal zet in op

Graubünden

Wintersfeer in de steegjes van Guarda

duurzaam toerisme en is samen met het aangrenzende Nationaal Park erkent als eerste Zwitserse UNESCO-Biosfeerreservaat. Santa Maria is het mooiste dorp van het dal, met fraaie huizen aan smalle straatjes. Het is een prettig verblijfplaatsje voor rustzoekers.

Klooster St. Johann, Müstair ✸

Tel. 081 851 62 28, www.muestair.ch, museum: mei-okt. dag. 9-17, zo. 13:30-17, nov.-apr. dag. 10-12, 13.30-16.30 uur, CHF 12

Het vriendelijke dorp Müstair is bekend om zijn kleine nonnenklooster en de eeuwenoude schilderingen in de kloosterkerk St. Johann. Het Benedictijnerklooster moet zijn gesticht door Karel de Grote en de wandschilderingen stammen uit de Karolingische tijd, omstreeks 810. De kerk is opgenomen op de UNESCO-Werelderfgoedlijst en is dagelijks geopend. In de 1000 jaar oude woontoren van abdis Angelina von Planta (15e eeuw) is een kloostermuseum en winkel.

Overnachten en eten

Historisch – **Chasa Chalavaina:** Plaz Grond 24, 7537 Müstair, tel. 081 858 54 68, www.chalavaina.ch, 2pk CHF 128-190. Historisch hotel in een mooi ingericht huis uit 1499.

Camping – **Muglin:** Via Muglin 223, 7537 Müstair, tel. 081 858 59 90, www.campingmuglin.ch. Rustige camping aan de rivier, met sauna in de oude hooischuur.

Likeur – **Antica distilleria Beretta:** Curtin da Plaz 18, 7532 Tschierv, tel. 081 850 39 20, www.distilleriaberetta.ch. Sinds 1792 worden hier allerlei heerlijke likeurtjes en kruidenmengsel gebrouwen, van bloemen, kruiden, arvenappels, wilde vruchten etc.

Guarda ▶ O 6

Op de linker helling hoog boven de Inn ligt het mooiste dorp van Graubünden: Guarda. Het autovrije plaatsje heeft een beschermd dorpsgezicht van nationaal belang met goed onderhouden Engadiner huizen, prachtig versierd met sgraffito en schilderingen. De massieve gebouwen, poorten en steegjes ademen de sfeer van vervlogen tijden.

Info

Toeristenbureau: 7545 Guarda, tel. 081 862 23 42, www.scuol.ch/guarda.

Overnachten

Lange historie – **Hotel Meisser**, Dorfstrasse 21, 7545 Guarda, tel. 081 862 21 32, www.hotel-meisser.ch, 2pk vanaf CHF 178. Heerlijk hotel: arvenhouten vertrekken, eetzaal in Jugendstil en een lounge met bibliotheek en open haard

Bad Scuol ▶ P 6

De grootste en belangrijkste toeristenplaats in het Unterengadin. Zowel bronnenbadplaats als *luftkurort*, vanwege de droge en gezonde bos- en berglucht. Scuol heeft schilderachtige pleintjes en straatjes. Bovenin, in het *Oberdorf* bevindt zich het recreatiebad. Als u afdaalt naar Scuol Sot, het *Unterdorf* met zijn wirwar van straatjes en pleintjes, ziet u de mooiste Engadiner huizen. Aan de voet van de kerk ligt de Brunnen, een fontein met 7 verschillende bronnen, waar je 7 verschillende smaken water kunt tappen. Water uit de ene kraan is licht koolzuurhoudend, uit de andere scherp ijzerhoudend.

Museum d'Engiadina Bassa

Plaz, 7550 Scuol Sot, tel. 079 438 36 64, juni-okt. di.-vr. 16-18 uur, CHF 5
Het Unterengadiner museum is ondergebracht in het mooie *Cha Gronda*, het 'Grote Huis' met de arcaden.

Bogn Engiadina Scuol

Via dals Bogns 23, 7550 Scuol, tel. 081 861 26 00, www.engadinbadscuol.ch, dag. 8-21.45 uur, vanaf CHF 26,50
Scuol beschikt over maar liefst 20 minerale bronnen. In het *Engadiner Bad* sproeit, klatert en stoomt het overal. Het centrum heeft warmwatergrotten, stoombaden, sauna's, een Romeins badhuis en een Thais restaurant (Nam Thai, tel. 081 864 81 43, di. gesl.).

Schloss Tarasp

Sparsels, 7553 Scuol-Tarasp, tel. 081 864 93 68, www.schloss-tarasp.ch, rondleidingen mei-okt. dag. 14.30, 15.30, juli-aug. ook 11, 16.30, Kerst-Pasen di., do. 16.30 uur, CHF 12
Het laatste bastion van de Habsburgers in het Engadin staat op een heuvel, hoog boven het dal van de Inn. De 11e-eeuwse burcht behoorde tot 1803 bij Tirol en vormde een Habsburgse enclave in Zwitserland. Het kasteel is nu in handen van de hertog van Hessen en is alleen tijdens rondleidingen te bezichtigen.

Info

Toeristenbureau: 7550 Scuol (treinstation), tel. 081 861 88 00, www.scuol.ch.

Overnachten en eten

Wellness – **Hotel Astras:** Stradun 325, tel. 081 864 11 25, www.astras.ch, 2pk vanaf 300 CHF (HP en toegang tot Bogn Engiadina Scuol). Hotel met directe toegang tot het wellnesscomplex.
Houtbouw – **Hotel Engiadina:** Rablüzza 152, tel. 081 864 14 21, www.hotel-engiadina.ch, 2pk vanaf CHF 184. Engadiner Haus uit de 16e eeuw, ingericht met veel arvenhout.
Biokeuken – **Pizzeria Giovanni:** in Hotel Curuna, Stradun 210a, tel. 081 864 14 51, wo.-ma. avond. Pizza, pasta en andere Italiaanse specialiteiten, met gebruik van biologische producten.

Piz Amalia

De 2918 m hoge Piz Amalia ligt in de buurt van Scuol. Deze vroeger naamloze berg werd in 2004 door een Zwitsers-Nederlandse delegatie omgedoopt tot Piz Amalia, ter ere van de doop van de Nederlandse kroonprinses Amalia. In het kader van de relatie tussen de beide landen vindt elke herfst een muziekfestival voor jong talent plaats (deels in Scuol, deels in Den Haag). Het festival start in Scuol telkens met een beklimming van de Piz Amalia. Succesvolle beklimmers van de berg kunnen lid worden van de *Piz Amalia Club*.

Toeristische woordenlijst

Algemeen

goede morgen/dag	guten Morgen/Tag	bonjour	buon giorno
goedenavond	guten Abend	bonsoir	buona sera
tot ziens	auf Wiedersehen	au revoir	arrivederci
sorry	Entschuldigung	pardon	scusa
hallo	hallo/grüß dich	salut	ciao
alstublieft	bitte	s'il vous plaît	prego/per favore
bedankt	danke	merci	grazie
ja/nee	ja/nein	oui/non	si/no

Op reis

auto/bus	Auto/Bus	voiture/le car	màcchina/autobus
bushalte	Haltestelle	arrête	fermata
kaartje	Fahrkarte	ticket	biglietto
tankstation	Tankstelle	station d'essence	stazione di servizio
rechts/links	rechts/links	à droite/à gauche	a destra/a sinistra
rechtdoor	geradeaus	tout droit	diritto
inlichtingen	Auskunft	information	informazione
postzegels	Briefmarken	timbres	francobolli
station	Bahnhof	gare	stazione
vliegveld	Flughafen	aéroport	aeroporto
eenrichtingverkeer	Einbahnstraße	rue à sens unique	senso ùnico
ingang	Eingang	entrée	entrata
open	geöffnet	ouvert	aperto/-a
gesloten	geschlossen	fermé	chiuso/-a

Tijd

uur/dag	Stunde/Tag	heure/le jour	ora/giorno
week/maand	Woche/Monat	semaine/mois	settimana/mese
jaar	Jahr	année	anno
vandaag/gisteren	heute/gestern	aujourd'hui/hier	oggi/ieri
morgen	morgen	demain	domani
's morgens/'s avonds	morgens/abends	le matin/le soir	di mattina/di sera
's middags	mittags	le midi	a mezzogiorno
maandag	Montag	lundi	lunedì
dinsdag	Dienstag	mardi	martedì
woensdag	Mittwoch	mercredi	mercoledì
donderdag	Donnerstag	jeudi	giovedì
vrijdag	Freitag	vendredi	venerdì
zaterdag	Samstag	samedi	sàbato
zondag	Sonntag	dimanche	doménica

Nood

help!	Hilfe!	au secours!	Soccorso!/Aiuto!
politie	Polizei	police	polizìa
arts/tandarts	Arzt/Zahnarzt	médecin/dentiste	mèdico/dentista

apotheek	Apotheke	pharmacie	farmacìa
ziekenhuis	Krankenhaus	l'hôpital	ospedale
ongeluk/pech	Unfall/Panne	l'accident	incidente/guasto
ambulance	Ambulance	ambulance	ambulancia

Overnachten

hotel/pension	Hotel/Pension	l'hôtel/pension	albergo/pensione
eenpersoonskamer	Einzelzimmer	chambre individuelle	camera singola
tweepersoonskamer	Doppelzimmer	chambre double	camera doppia
met/zonder badkamer	mit/ohne Bad	avec/sans salle de bains	con/senza bagno
toilet	Toilette	toilet	bagno, gabinetto
douche	Dusche	douche	doccia
met ontbijt	mit Frühstück	avec petit-déjeuner	con prima colazione
halfpension	Halbpension	avec demi-pension	mezza pensione
bagage	Gepäck	bagage	bagagli
rekening/betalen	Rechnung/bezahlen	note/payer	conto/pagare

Einkaufen

winkel	Geschäft	magasin	negozio
markt	Markt	marché	mercato
creditcard	Kreditkarte	carte de crédit	carta di crédito
geld	Geld	argent	soldi
geldautomaat	Geldautomat	bancomat	bancomat
levensmiddelen	Lebensmittel	aliments	alimentari
duur	teuer	cher/chère	caro/-a
goedkoop	billig	bon marché	a buon mercato

De belangrijkste zinnen

Algemeen

Ik spreek geen ...	Ich spreche kein Deutsch	Je ne parle pas francais	Non parlo italiano
Ik heet ...	Ich heiße ...	Je m'apelle	Mi chiamo ...
Hoe heet jij/u?	Wie heißt du/heißen Sie?	Comment tu t'appelles/vous appellez?	Come ti chiami/si chiama?
Hoe gaat het?	Wie geht es dir/Ihnen?	Ça va?	Come stai/sta?
Dank u, goed.	Danke, gut.	Merci, bien	Grazie, bene.
Tot ziens!	Auf wiedersehen!	Au revoir!	Arrivederci!

Nood

Kunt u mij helpen alstublieft?	Können Sie mir bitte helfen?	Pourriez-vous m'aider?	Mi può aiutare, per favore?
Ik heb een arts nodig.	Ich brauche einen Arzt.	J'ai besoin d'un médecin.	Ho bisogno di un mèdico.
Hier doet het pijn.	Hier tut es weh.	Ça me fait mal ici.	Mi fa male qui.

Culinaire woordenlijst

Ontbijt

Zmorge	ontbijt
Birchermüesli	müesli van havervlokken, citroensap, melk, geraspte appel en hazelnoten
Weggli	broodjes
Gipfeli	croissant

Lunch/diner

Zmittag	middageten
Zvieri	tussendoortje in de namiddag
Znacht	avondeten

Soepen

Busecca (Ticino)	soep met groenten en kalfsingewanden
Bündner Gerstensuppe	stevige gerstesoep
Mehlsuppe (Basel)	gebonden vleessoep
Risi e bisi (Ticino)	rijstsoep met erwtjes, spek en reuzel
Zuppa pavese (Ticino)	bouillon met eidooiers
Zuppa di pesci	vissoep
Zuppa di trippa	soep met aardappel, groenten, spek en pens

Kaasgerechten

Chäs	kaas
Chässchnitte/Croute au fromage	brood met gebakken kaas
Walliser Käseschnitte	brood met gebakken kaas en omelet
Fondue	kaasfondue
Fondue Moitié-moitié	kaasfondue van half gruyère, half vacherin
Raclette (Wallis)	bij houtvuur gesmolten, geschraapte kaas
Vacherin Mont-d'Or	Jurakaas uit de oven

Aardappelgerechten

Gschwellti	aardappel in de schil
Gummelisalat	aardappelsalade
Maluns (Graubünden)	geroosterd gepaneerd aardappelkruimel
Ommelette di patate e maiale (Ticino)	omelet met aardappel en spek
Papet (Vaud)	aardappelschotel met prei en rookworst
Rösti	gebakken geraspte, gekookte aardappelen

Pasta- en meelgerechten

Hörnli/Makrönli	macaroni
Älplermagronen	gratin van aardappel, pasta, kaas en room
Pizzoccheri	boekweitnoedels met groenten en kaas
Polenta (Ticino)	maisbrij met kaas of vleesragout

Vis

Äsche	zalm
Egli	rivierbaars
Forelle blau	gekookte forel
Hechtli	gebakken snoek
Rötel	zalmforel
Truite à la mode du Doubs	gekookte forel

Vlees en gevogelte

Berner Platte	schotel van vlees, worst bonen en zuurkool
Bündnerfleisch	gedroogde, gerookte ham
Capuns (Graubünden)	stamppot van gerst, groenten en spek
Churer Fleischtorte	vleestaart uit Chur
Chügelipastete	pastei met kalfs- en varkensvlees, paddenstoelen en room
Fondue bourguignon (Lausanne)	vleesfondue in hete olie
Mistchratzerli	gevuld gegrild haantje
Mostbröckli	gemarineerd en gedroogd rundvlees
Ofeguggi, Ofetorti	omelet met spek
Salzis (Graubünden)	Bündner salami
St. Galler Bratwurst	kalfsworst, ui en rösti
Zürcher Geschnetzeltes	kalfsvlees met champignons en room

Groenten

Capuns	snijbietrollade gevuld met pasta
Cholera	Walliser groentekoek
Marroni	(geroosterde) tamme kastanjes
Nüsslisalat	veldsla/rapunzel

Nagerechten en taart

Glacé	ijs
Meringue/Baiser	eiwitgebak geserveerd met slagroom
Vermicelli	gekookte gesuikerde kastanjes in spaghetti vorm

Koek, taart en koffie

Biber	peperkoek (taai-taai)
Birnbrot	brooddeeg gevuld met gedroogd fruit/noten
Engadiner Nusstorte	taart met noten, karamel, honing en room
Giraffentorte	taart met chocola, hazelnoot en schnapps
Kirschtorte	gebak met kirschlaag
Leckerli (Basel)	amandelkoekjes met honing
Quarktorte	kwarktaart
Rüblitorte	wortejestaart
Café crème/lungo	(grote) zwarte koffie
Kaffi Fertig	gezoete koffie met gedestilleerd
Schoggi Mélange	warme chocolodemelk met slagroom

Dranken

Bier	grote bier
Gazosa	Ticiner limonade
Gespritzter	wijn en mineraalwater
Mineral	mineraalwater
Ovomaltine	instant granendrank
Panage/panacé	bier met limonade
Rivella	frisdrank uit wei
Spezi/Stange	glas bier

In het restaurant

Nederlands	Duits	Frans	Italiaans
Kan ik een tafel reserveren	Ich möchte einen Tisch reservieren	Est ce que je peux réserver un table	Vorrei prenotare una távola
Ober/juffrouw	Kellner/Kellnerin	garçon/madame	cameriere/cameriera
De menukaart, a.u.b.	Die Speisekarte, bitte.	La carte, s'il vous plait	Il menù, per favore
De wijnkaart	Weinkarte	carte du vin	lista dei vini
Eet smakelijk!	En Gute!	bon apetit!	buon apetito!
Soep	Suppe	potage	minestra/zuppa
Voorgerecht	Vorspeise	entrée	antipasto/primo piatto
Hoofdgerecht	Hauptgericht	plat de résistance	secondo piatto
Dagschotel	Tagesgericht	plat du jour	menù del giorno
Nagerecht	Nachspeise	dessert	dessert/dolce
Bestek	Gedeck	couvert	coperto
Mes	Messer	couteau	coltello
Lepel	Löffel	cuillère	cucchiaio
Vork	Gabel	fourchette	forchetta
Glas	Glas	verre	bicchiere
Fles	Flasche	bouteille	bottiglia
De rekening a.u.b.	Die Rechnung, bitte	L'addition, s.v.p.	Il conto, per favore
Zout/peper	Salz/Pfeffer	sel/poivre	sale/pepe

Register

Aarau 91
Aareschlucht 162
agrarisch toerisme 25
Aigle 202
Airolo 233
Ajoie 77
alarmnummers 32
Albulabahn 266
Aletsch Arena 226
Älggi Alp 171
alp 52
Alpes Vaudoises 201
Alp Grüm 268
Alpstein 146
Altdorf 179
ambassades 32
Andermatt 179
apotheken 32
Appenzell 144
Appenzellerland 144
Arolla 214
Ascona 243
– Centro Monte Verità 243
– Museo d'Arte Moderna 243
– Museo Ignaz e Mischa Epper 243
Bad Scuol 287
bankgeheim 44
Basel 66
– Altstadt 67
– Barfüsserplatz 67
– Basler Papiermühle 72
– Beursplein 73
– Botanische tuin 71
– Drielandenpunt 73
– Fondation Beyeler 73
– Handwerkersbuurt 70
– Kaserne Basel 70
– Kleinbasel 69
– Kunsthalle 67
– Kunstmuseum 71
– Lohnhof 71
– Marktplatz en Rathaus 70
– Mittlere Rheinbrücke 70
– Münsterkirche 68
– Münsterplatz 67
– Museum für Gegenwartskunst 72
– Museum Tinguely 72
– Spalentor 70
– St. Alban 71
– Tinguely-fontein 67
– Villa Wenkenhof 73
Bellinzona 237
– Castelgrande 237
– Castello di Montebello 238
– Castello di Sasso Corbaro 238
– Villa dei Cedri 238
bergbeklimmen 28
Bergell 277
berghutten 25
Bergün 267
Bern 102
– Albert Einstein Haus 103
– Albert Einsteinmuseum 107
– Bahnhofplatz 102
– Bärenpark 104
– Berner Münster 105
– Botanischer Garten 106
– Historisches Museum 107
– Kornhausforum 103
– Kunstmuseum 107
– Museum für Kommunikation 107
– Naturhistorisches Museum 107
– Rathaus 103
– Rosengarten 104
– Zeitglockenturm 103
– Zentrum Paul Klee 107
Berner Oberland 150
Bernina Express 266
Berninapas 268, 284
Bettmeralp 226
Biasca 234
Biel 82, 111
Bielersee 111
Binntal 228
Biosfeerreservaat Entlebuch 98
Blatten 219, 226
Bodensee 139
Bondo 277
bootvervoer 23
Bosco Gurin 246
Brienzer Rothorn 161
Brienzersee 160
Brig 224
– Stockalperpaleis 224
– Thermalbad Brigerbad 225
Brunnen 174
budgetaccommodatie 24
bungeejumpen 29
Burgdorf 95
Bürgenstock 170
bus 23
canyoning 29
Caumasee 272
Centovalli 241
Château de Chillon 200
Chur 260
– Altstadt 260
– Bündner Kunstmuseum 262
– Hof 261
– Rätisches Museum 262
– St. Martinskirche 260
Churfirsten 147
Col de la Vue des Alpes 84
consulaten 32
Corippo 245
Creux-du-Van 86
Davos 264
– Davos-Dorf 265
– Davos-Platz 264
– Heimatmuseum Davos 265
– Kirchnermuseum 264
– Schatzalp 265
– Skisturzbrunnen 265
– Wintersportmuseum 264
Delémont 81
Disentis 273
douane 21
Eedgenootschap 42
Einsiedeln 134
elektriciteit 32
Emmental 94
Engelberg 171
Entlebuch 97
Ernen 228
eten en drinken 26
Euseignes 214
evenementen 30
Fafleralp 219
feestagenda 31
feestdagen 32
feesten 30
Fiesch 225, 226
fietsen 28
Filisur 266
Franches Montagnes/Freiberge 79
Freiburg 115
Fribourg 114, 115
Furkapas 229
Gandria 256
geld 32
Gemmipas 219
Genève 183
– Bâtiment des Forces Motri-

Register

ces 185
- Carouge 186
- Cathédrale St-Pierre 183
- CERN & Microcosm 189
- Île Rousseau 183
- Jet d'Eau 183
- Les Paquis 186
- Mont Salève 189
- Musée d'Art et d'Histoire 185
- Musée d'Art Moderne et Contemporain 185
- Musée de la Reforme 184
- Musée etnographique de Genève 185
- Muur van de Reformatie 184
- Palais des Nations 186
- Rode Kruismuseum 186
- Ville Vieille 183
geschiedenis 38
Giessbachfälle 161
Giornico 234
gletsjers 58
golf 29
Goms 225
Goppenstein 219
Gotthardpas 176, 179
Gotthardtunnel 177
Grand Tour 46
Greina-hoogvlakte 236
Grimentz 216
Grimselpas 163
Grindelwald 159
Grote Aletschgletsjer 227
Grote Sint-Bernhardpas 210
Gruyères 116
Guarda 286
Hallwilersee 92
Haslital 163
Hautes-Nendaz 213
Hinterrheintal 270
hotels 24
informatie 18
Interlaken 154
- Mystery Park 154
- Schynige Platte 155
- Tourismusmuseum 154
internet 18
Isole di Brissago 244
Ittingen 140
Julierpas 269
Jungfraujoch 160
Jungfrauregion 156

Jura 77
kamperen 25
Kandersteg 153
Kippel 219
Kloostereiland Ufenau 134
Klooster St. Urban 94
Kultur- und Kongresszentrum Luzern 165
Lac de Derborence 215
Lac de Dix 214
La Chaux-de-Fonds 81, 83
Lago di Lugano 253
Lago Maggiore 239
Langnau 95
Lausanne 191
- Cathédrale Nôtre-Dame 191
- Château St-Maire 192
- Collection de l'Art brut 192
- Fondation l'Hermitage 194
- Jardin botanique 194
- MUDAC 192
- Musée des Beaux-Arts 192
- Musée historique 192
- Olympisch museum 194
- Ouchy 192
- Place de la Palud 191
Lauterbrunnental 156
Lavaux 196
Lavertezzo 245
Le Chasseral 83
Le Locle 81
Lens 215
Lenzburg 91
Les Diablerets 202
Leuk 218
Leukerbad 218
Lobhornhütte 157
Locarno 239
- Designkabelbaan Cardada 240
- Ghisla Art Collection 240
- Madonna del Sasso 240
- Oeverpromenade 240
- Pinacoteca Casa Rusca 240
Lötschental 219
Lugano 249
- Lugano Arte e Cultura 250
- Monte Bré 253
- Monte San Savatore 253
- Parco Civico 250
- Piazza Riforma 250
- San Lorenzo 249
- Santa Maria degli Angioli 250

Lukmanierpas 235
Luzern 165
- Altstadt 167
- Bourbaki Panorama 167
- Gletsjertuin 167
- Hofkirche 167
- Jesuitenkirche 165
- Kapelbrug 165
- Kultur- und Kongresszentrum Luzern 165
- Löwendenkmal 167
- Museggmauer 167
- Rathaus 167
- Sammlung Rosengart 165
- Verkehrshaus der Schweiz 167
Maienfeld 263
Maloja 276
Marbach 101
Mario Botta 254
Martigny 207
- Barryland 207
- Fondation Gianadda 207
Mattertal 221
media 33
medische verzorging 33
Meer van Genève 182
Meiringen 162
Mendrisiotto 256
Meride 257
Mittelland 90
moderne kunst 50
Monte San Giorgio 257
Montreux 198
- Montreux Riviera 200
- Queen, The Studio Experience 199
Mont Vully 115
Môtier 115
Môtiers 85
mountainbiken 28
Mürren 156
Murten 113
nationale feestdag 30
Nationale parken 56
Natuurpark Beverin 271
Natuurreservaat Pfyn-Finges 219
Neuchâtel 82, 112
Niesen 152
Nyon 190
Oberengadin 274
openbaar vervoer 23

293

Register

openingstijden 33
overnachten 24
parapente 29
Parc Ela 271
Pilatus 170
Piz Amalia 287
Pontresina 282
– Diavolezza 284
– Morteratschgletsjer 284
– Muottas Muragl 283
– Museum Alpin 282
– Santa Maria 282
– Val Roseg 283
Preda 267
Promontogno 277
Rapperswil 134
referendum 43
reisseizoen 19
reizen met een handicap 33
restaurants 27
Rhônedelta 201
Rhônegletsjer 229
Riederalp 226
Rigi 172
Rochers-de-Naye 201, 203
Roflakloof 270
Ruinaulta 272
Rütliwiese 174
Saas Fee 222
Saas Grund 222
Saastal 222
Saignelégier 79
Saillon 212
Sainte-Croix 82
Saint-Imier 81
Saint-Léonard 215
Saint-Luc 216
Saint-Maurice 206
Saint-Ursanne 77
San Bernardinopas 271
Sankt Gallen 140
– kathedraal 140
– Kulturzentrum Lokremise 142
– Kunstmuseum 142
– Museum im Lagerhaus 142
– Rode plein 142
– Stiftgebied 140
– Textilmuseum 142
Sankt Moritz 280
– Engadiner Museum 281
– Sankt Moritz-Dorf 281
– Segantini Museum 281
Sankt Petersinse 111

Säntis 146
Sattel 173
Savognin 269
Schaffhausen 138
– Rheinfall 138
– Schloss Laufen 138
Schilthorn 158
Schloss Tarasp 287
Schweizer Nationalpark 56
Schwyz 173
Sierre-Salgesch 216
Sils 275
Silvaplana 275
Simplonpas 225
Sion 212
– Château de Valère 212
– Musée des Beaux-Arts 212
Soglio 279
Solothurn 92
Sonogno 245
Splügen 271
sporten 54
Stampa 277
Stanserhorn 171
Stechelberg 156
Stockhorn 153
Sustenpas 162
tandrad- en kabelbanen 23
Täsch 221
telefoon 33
Tellskapelle 174
Thun 150
Thunersee 151
Thusis 270
trein 23
Unterengadin 285
Unterwasser 147
vakantiewoningen 24
Val Blenio 235
Val Bregaglia 277
Val d'Anniviers 216
Val de Travers 85
Val d'Hérémence 214
Val d'Hérens 214
Valle Bedretto 233
Vallee de Joux 82
Valle Leventina 232
Valle Verzasca 245
Val Müstair 285
Val Poschiavo 268
Valsertal 273
Val Trupchun 285
veiligheid 33
Verbier 208

verkeersbureaus 18
vervoer in Zwitserland 22
Vevey 195
– Alimentarium 198
– Chaplins World 198
– Marché Folklorique 195
– Musee Jenisch 198
– Musée Suisse du Jeu 198
Via Mala 270
Vierwoudstedenmeer 164
Visp 221
Vitznau 173
Vorderrheintal 272
wandelen 28
Wasserauen 146
Watch Valley 80
watersport 29
weer 19
Weggis 173
wellness 29
Wengen 158
Wiler 219
Wilhelm Tell 43
wintersport 60
Winterthur 136
– Altstadt 136
– Fotomuseum Winterthur 136
– Kunstmuseum Winterthur 136, 137
– Mseum Oskar Reinhart am Römerholz 136
– Museum Oskar Reinhart am Stadtgarten 136
– Science Center Technorama 136
Zermatt 221
Zillis 270
Zinal 216
zomerskiën 29
Zuoz 284
Zürich 120
– Altstadt 121
– Bahnhofstrasse 121
– Bürkliplatz 124
– Fraumünster 124
– Grossmünster 124
– Kunsthalle Zürich 129
– Kunsthaus Zürich 126
– Lindenhof 122
– Migros Museum für Gegenwartskunst 129
– Museum Bellerive 126
– Museum Rietberg 126

Register

- Niederdorf 125
- Schweizerisches Landesmuseum 126
- Sechseläutenplatz 125
- St. Peter Hofstatt 122
- Uetliberg 133
- Uhrenmuseum Beyer 121
- Urania sterrenwacht 122
- Weinplatz 122
- Zoo Zürich 127
- Zürichhornpark 126
- Zürich-West 128

Zürichsee 133
zwemmen 29
Zwitserse Rivièra 195
Zwitsers nationaal park 285

Fotoverantwoording en colofon

Omslag: Landwasserviaduct (Shutterstock)

ANWB: 224 (ANWB), 242 (Maarten Stolp), 82 (Margriet Spangenberg)

Dumont Bildarchiv: 121, 262, 265, 272, 281 (Dumont), 230, 246, 253 (Florian Werner), 132 (Jan-Peter Boening/Zenit/laif), 119, 147 (Johann Scheibner), 259 (Max Galli/laif), 142 (Rainer Kiedrowski), 239, 270, 275, 277 (Roland Gerth), 285 (Schmidt)

Geneve Tourisme: 186, 187 (Geneve Tourisme), 189 (Greg Martin)

Henk Filippo: 8, 12, 50, 51, 64, 65, 71, 73, 77, 78, 84, 86-87, 88, 89, 91, 93, 94, 96, 98, 99, 101, 103, 106, 109, 111, 113, 114, 117, 161, 164, 168, 231, 234, 237

MOB: 12, 180, 203

Nico Bleeker: 210

Sasso San Gottardo: 177

Switzerland Tourism: 244 (Alfonso Zirpoli), 44 (Andre Meier), 283 (Andrea Badrutt), 61 (Andrea Hess), 12, 34-35, 222, 227 (Andreas Gerth), 48, 49, 154, 195 (Andy Mettler), 25, 181 (Castelberg & Maurice), 46-47 (Charly Tscharner), 16-17, 10, 258, 258 (Christian Perret), 180, 217 (Christof Schuerpf), 9, 54, 55, 58-59, 62-63, 135, 139, 145, 176, 209, 230, 254, 255, 266 (Christof Sonderegger), 13, 20, 279 (Die Post), 250-251 (Fotostudio Pagi), 258 (Franziska Pfenniger), 13, 137 (Ivo Scholz), 257 (Jacques Perler), 13, 118, 124-125, 129, 148, 157, 174, 200-201 (Jan Geerk), 218 (Leukerbad Tourismus), 149, 171 (Lucia Degonda), 52 (Marcel Steiner), 13, 215, 241 (Marcus Gyger), 7 (Martin Maegli), 60 (Mattia Frederiksson), 153 (Mattias Nutt), 56, 57 (Nico Schaerer), 80, 196 (Peter Maurer), 173 (Peter Rueegger), 190 (Philippe Dutoit), 128 (Raphael Zubler), 228 (Renato Bagattini), 43, 205 (Roland Gerth), 158-159 (Schilthornbahn AG), 118 (Stephan Schacher), 141 (Stephan Schacher), 148, 151 (Swiss Cities / Studer), 42 (Walter Storto)

Valais/Wallis Promotion: 53, 213 (Christian Perret), 27 (Christof Schuerpf), 204 (Pascal Gertschen), 11, 211 (Thomas Andenmatten)

Hulp gevraagd!

De informatie in deze reisgids is aan verandering onderhevig. Het kan dus wel eens gebeuren dat u ter plaatse een andere situatie aantreft dan de auteur.
Is de tekst niet meer helemaal correct, laat ons dat dan even weten. Ons adres is:

ANWB Media
Uitgeverij ANWB
Redactie KBG
Postbus 93200
2509 BA Den Haag
anwbmedia@anwb.nl

Productie: Uitgeverij ANWB
Coördinatie: Els Andriesse
Tekst en opmaak: Henk Filippo, Langbroek
Tekstbijdragen van Harry Schuring, Roswitha van Maarle en Maarten Mandos
Eindredactie: Quinten Lange, Amsterdam
Coördinatie opmaak: Hubert Bredt, Amsterdam
Ontwerp binnenwerk: Jan Brand, Diemen
Ontwerp omslag: DPS, Amsterdam
Concept: DuMont Reiseverlag, Ostfildern
Grafisch concept: Groschwitz/Blachnierek, Hamburg
Cartografie: DuMont Reisekartografie, Fürstenfeldbruck

© 2017 ANWB bv, Den Haag
Eerste druk
ISBN: 978-90-18-04004-8

Alle rechten voorbehouden
Deze uitgave werd met de meeste zorg samengesteld. De juistheid van de gegevens is mede afhankelijk van informatie die ons werd verstrekt door derden. Indien die informatie onjuistheden blijkt te bevatten, kan de ANWB daarvoor geen aansprakelijkheid aanvaarden.